刑事訴訟法判例総合解説
上訴の申立て

● 刑事訴訟法判例総合解説 ●

上訴の申立て

大渕 敏和 著

信山社

判例総合解説シリーズ

はしがき

　刑事訴訟法における上訴の規定は，その規定内容自体が簡潔であるうえ，一義的には定まらない事項も多く含んでいるため，実務の解釈に委ねられた事項が少なくない。また，上訴という性格自体に由来する技術的要素も加わり，問題が一層複雑化している。そこで，同じような問題に対する解決方法等も必ずしも統一されてはおらず，複数の見解が対立している場合も少なくはない。

　本書においては，そのような実情を考慮し，できるだけ多くの裁判例を登載して，実務における取扱いの実際を示したつもりである。もっとも，「上訴の理由」といっても，非常に広い範囲を包含しており，雑多な事項も含まれているため，ややまとまりに欠けたところもあるとの感も否めない。さらに，現行刑事訴訟法になってからの裁判例だけでは十分な問題点の分析ができないこともあり，その場合，旧刑事訴訟法，さらには旧々刑事訴訟法時代の大審院の裁判例を引用したため，読みづらい部分もあるかもしれない。

　ところで，裁判員の参加する刑事裁判に関する法律が平成21年5月21日から施行されることになったが，いわゆる裁判員裁判が開始された場合には，これまでの実務が大きな見直しを迫られることは必至である。当然に上訴についても大きな影響を受けることが予想されるため，本書に登載された現状の裁判例の考えが今後も維持されるのか否かは相当に疑問が残るところである。とはいえ，現在の実務の状況について把握することは，その妥当性等を再び考慮する必要性を生じさせるにせよ，重要であることは明らかである。

　なお，本書の執筆依頼を受けたのは，平成16年初め，筆者が東京地方裁判所八王子支部勤務当時であったが，その後，広島高等裁判所，福井地方・家庭裁判所，大阪高等裁判所と，短期間のうちに勤務場所が変わり，職務内容も大きく変化したため，その度に執筆作業が中断のやむなきに至り，文字どおり，遅々として進まない状態が続き，その間には，監修者の一人であった松浦繁教授が逝去されるという思いもしなかった事態まで発生した。松浦教授が生前のいつもの口調で，「大渕君，まだできないのかい」と言われているように感じつつ，何とか執筆作業を終えたというのが，率直な感想である。

　問題の整理や分析等において，不十分さが目立つのは否定できないが，ご海容のほどをお願いしたい。なお，担当者の稲葉文子氏には，改めて感謝の言葉を述べておきたい。

平成20年7月

　　　　　　　　　　　大　渕　敏　和

目　次

はしがき

上訴の申立て

第1章　上訴制度 …………………………………………… 3

第1節　上訴制度の目的 ………………………………… 3

第2節　上訴の種類 ……………………………………… 3

第3節　上訴の効力 ……………………………………… 4
　　1　原裁判の停止 …………………………………… 4
　　2　移　　　審　【1】～【3】 …………………… 4

第2章　上訴申立権者 ……………………………………… 7

第1節　控訴及び上告 …………………………………… 7
　　1　検　察　官　【4】 …………………………… 7
　　2　被　告　人　【5】～【10】 ………………… 8
　　　(1)　無　　　罪 ………………………………… 10
　　　(2)　免　　　訴 ………………………………… 10
　　　(3)　公　訴　棄　却 …………………………… 11
　　　(4)　管　轄　違　い …………………………… 12
　　3　弁　護　人　【11】～【16】 ………………… 13
　　4　そ　の　他　【17】 …………………………… 18

第2節　抗告及び特別抗告 ……………………………… 19
　　1　検　察　官 ……………………………………… 19
　　2　被　告　人 ……………………………………… 19
　　3　弁　護　人 ……………………………………… 19
　　4　そ　の　他　【18】～【24】 ………………… 19

目　次

第3章　上訴の期限 【25】 … 27

第1節　判決宣告手続の違法と上訴提起期間 【26】・【27】 … 28

第2節　裁判書謄本の送達が固有の上訴権者と他の上訴権者に時期を異にした場合の上訴提起期間 【28】 … 30
1　上告棄却決定に対する異議申立て 【29】 … 31
2　保釈請求却下決定に対する準抗告棄却決定に対する特別抗告 【30】 … 31
3　刑事補償法に関する特別抗告 【31】 … 32
4　そ　の　他 … 32

第3節　在監者の上訴申立ての特則である法366条1項の準用ないし類推適用 … 33
1　上記特則の準用ないし類推適用が肯定された事例 … 33
　(1)　判決訂正の申立て 【32】 … 33
　(2)　再審請求事件の特別抗告 【33】 … 33
　(3)　再審請求事件の異議申立て 【34】 … 34
　(4)　保釈保証金没取決定に対する特別抗告 【35】 … 34
　(5)　刑の執行猶予言渡しの取消請求事件の特別抗告 【36】 … 35
2　上記特則の準用ないし類推適用が否定された事例 … 36
　(1)　控訴趣意書の提出 【37】 … 36
　(2)　付審判請求事件の特別抗告 【38】・【39】 … 36
　(3)　刑事補償請求事件の特別抗告 【40】 … 37

第4章　上訴の方式 … 39

第1節　電報による上訴申立て 【41】～【44】 … 39
第2節　電子複写機を使用したコピーによる上訴申立て 【45】 … 41
第3節　署名のない申立書による上訴申立て 【46】～【48】 … 42
第4節　肩書の誤記又は遺脱ある者からの上訴申立て 【49】 … 43
第5節　方式違背の上訴に対する処理 【50】～【52】 … 44

第5章　上訴の放棄・取下げ及び上訴権の回復 … *49*

第1節　上訴の放棄・取下げの趣旨・方式・効果 … *49*
1 上訴申立前の上訴取下げと上訴提起後の上訴放棄　【53】・【54】 … *49*
2 上訴の放棄・取下げの効力発生時期　【55】・【56】 … *51*
3 在監者の特則の看過の影響　【57】 … *52*
4 上訴の放棄・取下げの効果　【58】～【60】 … *53*

第2節　上訴の放棄・取下げの無効 … *55*
1 錯　　誤　【61】～【64】 … *55*
2 訴訟能力の欠如と上訴の放棄・取下げ　【65】～【68】 … *57*
3 上訴の放棄・取下げの有効性を認めた場合の措置　【69】 … *59*

第3節　上訴権の回復 … *60*
1 制　度　趣　旨 … *60*
2 代人の帰責事由　【70】～【73】 … *61*
3 上訴権回復請求が肯定された事例 … *63*
　(1) 裁判所側の過誤　【74】～【77】 … *63*
　(2) 郵便局側の違法措置等による遅延　【78】～【80】 … *65*
4 上訴権回復請求が否定された事例 … *68*
　(1) 郵便の延着が予想される場合　【81】 … *68*
　(2) 行政検束された場合　【82】 … *68*
　(3) 弁護人による上訴申立てがあったと誤信した場合　【83】・【84】 … *69*
　(4) 病気のため，医師より絶対安静を命じられていた場合　【85】 … *71*
　(5) 外国旅行中であった場合　【86】 … *72*
5 他の申立てへの準用の有無 … *72*
　(1) 高等裁判所の決定に対する異議申立て　【87】 … *72*
　(2) 最高裁判所の決定に対する異議申立て　【88】 … *73*
　(3) 訴訟費用負担の裁判に対する執行免除の申立て　【89】・【90】 … *74*

目　次

第6章　一部上訴 …………………………………………………… *75*

第1節　一部上訴が許される場合 ………………………………… *75*
　1　一部有罪及び一部無罪　【91】〜【95】 …………………… *75*
　　(1)　併合罪について全部無罪 ………………………………… *79*
　　(2)　刑法48条1項による罰金刑と他の科刑の併科　【96】 … *79*
　2　一部上訴が許されない場合 ………………………………… *80*
　　(1)　裁判が不可分　【97】〜【100】 ………………………… *80*
　　(2)　付加刑及び付随処分　【101】〜【103】 ………………… *84*

第7章　趣意書 ………………………………………………………… *87*

第1節　趣意書の提出者　【104】 ………………………………… *87*
第2節　趣意書提出（差出）最終日の指定　【105】・【106】 … *89*
第3節　不適法とされる趣意書 …………………………………… *91*
　1　趣意の内容が具体性を欠くもの　【107】・【108】 ……… *91*
　2　趣意書に添付されていない文書を引用するにとどまるもの
　　　【109】〜【113】 ………………………………………………… *92*
　3　書面性を欠いたり，日本語を使用しないもの　【114】〜【117】 … *94*
　4　趣意書提出最終日を経過した後に提出されたもの　【118】 …… *96*
　5　不適法な趣意に対する措置　【119】 ……………………… *96*
第4節　趣意の撤回 ………………………………………………… *97*
　1　被告人による弁護人の趣意の撤回　【120】 ……………… *97*
　2　弁護人による被告人の趣意の撤回　【121】・【122】 …… *98*

第8章　被告人からの不適法な上訴の理由 ………………… *101*

第1節　原判決に比して不利益な主文を主張　【123】〜【125】 … *101*
第2節　原判決が認定していない罪の成立を主張　【126】・【127】 … *102*
第3節　原判決が認定した罪より重い罪の成立を主張

　　　　　【128】～【132】……………………………………………… *103*

　第4節　原判決が認定した被害数量等より多い被害数量等を主張
　　　　　【133】・【134】…………………………………………… *105*

　第5節　原判決が一罪と認定したのに数罪の成立を主張
　　　　　【135】～【137】……………………………………………… *106*

　第6節　そ　の　他　【138】・【139】…………………………… *107*

第9章　控訴の理由 …………………………………………… *111*

　第1節　法377条の控訴理由 …………………………………… *111*
　　1　法律に従って判決裁判所を構成しなかったこと（1号）
　　　　【140】～【147】……………………………………………… *111*
　　2　法令により判決に関与することができない裁判官が判決に
　　　　関与したこと（2号）　【148】……………………………… *116*
　　3　審判の公開に関する規定に違反したこと（3号）　【149】 …… *117*
　　4　保証書の添付　【150】…………………………………… *118*

　第2節　法378条の控訴理由 …………………………………… *119*
　　1　不法に管轄又は管轄違を認めたこと（1号）　【151】～【153】… *119*
　　2　不法に公訴を受理し又はこれを棄却したこと（2号）………… *121*
　　3　審判の請求を受けた事件について判決をせず，審判の請求
　　　　を受けない事件について判決をした違法（3号）
　　　　【154】～【168】……………………………………………… *121*
　　4　判決に理由を附せず又は理由にくいちがいがあること（4号）… *133*
　　（1）理由不備　【169】～【182】……………………………… *133*
　　（2）理由齟齬　【183】～【195】……………………………… *141*

　第3節　法379条の控訴理由（判決に影響を及ぼすことが明ら
　　　　かな訴訟手続の法令違反）…………………………………… *149*
　　1　訴因の記載　【196】………………………………………… *149*
　　2　裁　判　官　【197】・【198】…………………………… *150*

目　次

```
　　　3　検 察 官 ····················································································· 151
　　　4　弁 護 人　【199】〜【203】 ······················································ 151
　　　5　訴因変更手続，訴因の補正手続　【204】・【205】 ······················ 154
　　　6　証 拠 調 べ　【206】・【207】 ······················································ 155
　　　7　証拠の記録への編綴　【208】 ···················································· 156
　　　8　簡易公判手続　【209】 ······························································ 158
　　　9　公 判 調 書　【210】 ······································································ 158
　　10　正 式 裁 判　【211】 ······································································ 158
　　11　判決宣告手続　【212】〜【219】 ················································ 159
　　12　余 罪 処 罰　【220】 ······································································ 164
　　13　簡易裁判所の科刑権制限　【221】・【222】 ································ 165
　　14　判 決 書　【223】〜【230】 ······················································ 166
　第 4 節　法 380 条の控訴理由（判決に影響を及ぼすことが明ら
　　　　　かな法令適用の誤り）······················································· 171
　　　1　刑罰法令のあてはめ　【231】〜【239】 ···································· 171
　　　2　共　　　犯　【240】・【241】 ······················································ 174
　　　3　両 罰 規 定　【242】 ······································································ 175
　　　4　白地刑罰法規　【243】 ······························································ 176
　　　5　刑罰法令のあてはめと判決への影響　【244】〜【254】 ············ 177
　　　6　加重減軽規定　【255】〜【278】 ················································ 183
　　　7　未決勾留日数の算入　【279】・【280】 ······································ 194
　　　8　労役場留置　【281】 ···································································· 195
　　　9　没収と追徴　【282】・【283】 ······················································ 195
　第 5 節　法 381 条の控訴理由（量刑不当）　【284】〜【287】 ············· 196
　第 6 節　法 382 条の控訴理由（判決に影響を及ぼすことが明ら
　　　　　かな事実誤認）······························································· 200
　　　1　構成要件該当事実の誤認　【288】〜【293】 ······························ 200
　　　　(1)　未遂と既遂　【294】・【295】 ··············································· 202
　　　　(2)　共　　　犯　【296】〜【302】 ··············································· 203
　　　　(3)　確定的殺意と未必的殺意　【303】〜【306】 ························ 205
```

(4)　犯罪の日時場所等　【307】・【308】 …………………… *207*
　　2　違法阻却事由，責任阻却事由の誤認　【309】・【310】 ………… *208*
　　3　処罰条件の誤認　【311】 ………………………………………… *209*
　　4　附加刑の前提事実の誤認　【312】 ……………………………… *210*
　　5　加重減免事由の誤認　【313】・【314】 ………………………… *210*
　　6　量刑に関する事実誤認　【315】・【316】 ……………………… *211*

　第7節　法383条の控訴理由 ………………………………………… *211*
　　1　再審請求の事由があること　【317】・【318】 ………………… *211*
　　2　原判決後の刑の廃止，変更又は大赦があったこと
　　　　【319】～【321】 ………………………………………………… *213*

第10章　上告の理由 ……………………………………………… *217*

　第1節　憲　法　違　反 ……………………………………………… *217*
　　1　憲法違反に名をかりた主張　【322】 …………………………… *217*
　　2　欠前提の主張　【323】・【324】 ………………………………… *218*
　　3　原審不経由の主張　【325】・【326】 …………………………… *219*
　　4　原判決の余論，傍論等に対する主張　【327】 ………………… *220*
　　5　原判決に対する具体的論難を欠く主張　【328】 ……………… *221*
　　6　その他の不適法な主張 …………………………………………… *222*

　第2節　判　例　違　反 ……………………………………………… *222*
　　1　判例と相反する判断　【329】・【330】 ………………………… *222*
　　2　不適法な判例違反の主張 ………………………………………… *224*
　　　(1)　判例違反に名をかりた主張　【331】・【332】 …………… *224*
　　　(2)　事案を異にする判例を引用しての判例違反の主張
　　　　　【333】～【335】 ……………………………………………… *224*
　　　(3)　原判決の余論，傍論等に対する判例違反の主張　【336】 ……… *225*
　　　(4)　具体的判例指摘の欠如　【337】 …………………………… *226*
　　　(5)　法律判断を欠如した判例の引用　【338】・【339】 ……… *227*
　　　(6)　適切ではない判例の引用　【340】～【345】 …………… *228*

判　例　索　引 ………………………………………………………… *231*

判例集等略称

大　判	大審院民事部判決	高刑集	高等裁判所刑事判例集
最判(決)	最高裁判所判決(決定)	東高時報	東京高等裁判所刑事判決時報
高　判	高等裁判所判決	高検速報	高等裁判所刑事裁判速報
地　判	地方裁判所判決	判決特報	高等裁判所刑事判決特報
支　判	支部判決	裁判特報	高等裁判所刑事裁判特報
刑　録	大審院刑事判決録	下級刑集	下級裁判所刑事判例集
民　集	大審院民事判例集	刑裁月報	刑事裁判月報
	最高裁判所民事判例集	家裁月報	家庭裁判所月報
刑　集	大審院刑事判例集	判　時	判例時報
	最高裁判所刑事判例集	判　タ	判例タイムズ
裁判集	最高裁判所裁判集　刑事	評　論	法律評論

＊　判例の引用文中，「よつて」「あつた」等は，便宜のため拗音「よって」「あった」とした。また同様に，「訴訟カ」「非ス」等は、「訴訟ガ」「非ズ」と濁点を付した。

上訴の申立て

刑事訴訟法判例総合解説

第1章　上訴制度

第1節　上訴制度の目的

　裁判は，具体的事件に対する裁判所の公権的判断であり，これが容易に変更されることになれば，法的安定性を害して，国民の裁判に対する信頼を動揺させるにとどまらず，裁判の結果得られた当事者の利益を害するとともに，迅速な紛争解決という裁判の本質的要請にも反することになる。

　しかしながら，裁判が一定の制約のもとになされる活動である以上，事実認定や法令の解釈，適用の誤りを生ずることもあり得るところであるから，そのような過誤に対する救済手段を設ける必要があることも当然のことである。

　このように，上訴制度は，事実認定や法令の解釈，適用の誤りによって不当に利益を侵害された当事者の具体的救済を図ることを第1の目的とするものではあるが，他方では，同一の法令について，各裁判所間でその解釈，適用が異なる場合には，法的安定性や国民の信頼確保の要請にも反することになるから，全国の裁判所における法令解釈を統一するため，上級の裁判所に法令の解釈，適用に関する誤りを是正させるという第2の目的をも併有していることになる（注釈刑事訴訟法［新版］第6巻3頁以下［藤永幸治執筆］）。

第2節　上訴の種類

　地方裁判所，家庭裁判所若しくは簡易裁判所による1審の判決に対する上訴としては，2審としての高等裁判所に対してなされる控訴と，3審としての最高裁判所に対してなされる上告があるが，このような上告の例外として，規則254条所定の跳躍上告や，高等裁判所が1審として言い渡した裁判につき2審

第1章 上訴制度

としての最高裁判所に対してなされる上告がある。

また、地方裁判所、家庭裁判所もしくは簡易裁判所による1審の決定に対する上訴としては、2審としての高等裁判所に対してなされる抗告及び即時抗告と、3審としての最高裁判所に対してなされる特別抗告があり（少年の保護事件については「再抗告」と呼ばれる。）、その例外として、地方裁判所がした準抗告について最高裁判所に対して直接なされる特別抗告がある。

なお、裁判官がした裁判に対する準抗告、高等裁判所がした決定に対する異議は、厳密には上訴とはいえないが、実質的には上訴と類似した機能を有している。

第3節　上訴の効力

1　原裁判の停止

上訴がされた場合、一般には、原裁判の確定及び執行が停止される。

しかし、抗告については、即時抗告を除いて、執行停止の効力がなく、必要に応じて、決定により執行を停止することになる（法424条、425条、432条、434条）。

上訴申立てが上訴期間経過後にされた場合には、既に原裁判が確定していることになるが、上訴申立てと上訴権回復請求があったときには、決定で原裁判の執行を停止することができる（法365条）。

なお、仮納付の裁判は、直ちに執行力を生じることとされている（法348条3項）。

2　移審

上訴がされた場合、観念上、原審の訴訟係属を離脱し、上訴審に訴訟が係属することになるが、その時期を巡っては、裁判宣告時説、上訴の申立時説及び訴訟記録等の上訴審への送付時説のほか、その修正説等がある（その詳細は、大コンメンタール刑事訴訟法第6巻7頁以下［原田國男執筆］）。

従来は、裁判宣告による審級離脱を根拠として、各種の効力を検討する考え方が強く、例えば、旧刑訴法時代のものではあるが、次のような裁判例からもそのような考え方をうかがうことができる。

【1】　大判大14・9・29刑集4・551

事実　被告人は、第1審である東京区裁判所において、公務執行妨害、傷害事件で有罪判決の言渡しを受けた後、弁護士Aの弁護人選任届を第1審裁判所に提出し、同弁護人が第1審判

決に対して控訴の申立てを行った。なお，第1審裁判所は，同弁護人から請求された被告人の保釈を許可していた。

判旨　「刑事訴訟法第379条ハ原審ニ於ケル代理人又ハ弁護人ハ被告人ノ為上訴ヲ為スコトヲ得ト規定スルガ故ニ被告人ノ為ニ上訴ヲ為シ得ル弁護人ハ訴訟ガ原審ニ係属セル時ニ於テ弁護人タリシ者ニ限ラルルモノト解スベキモノトス然ラバ既ニ訴訟ガ裁判ノ宣告ニ因リ其ノ審級ヲ脱離シタル後ニ於テ弁護人トシテ弁護届ヲ提出シタル者ノ如キハ原審ニ於ケル弁護人ト謂フニ由ナキヲ以テ上訴ヲ為スヲ得ザルヤ勿論ナリ而シテ之ヲ本件ニ見ルニAガ各被告人ノ弁護人トシテ第1審裁判所ニ其ノ届出ヲ為シタルハ第1審判決ノ宣告後ナルコト記録上明白ナルガ故ニ同弁護人ガ為シタル所論各被告人ノ為メニスル控訴申立ハ不適法ナリト謂フベク仮令同弁護人ガ第1審裁判所ニ於テ保釈ノ請求ヲ為シタル事実アレバトテ之ガ為第1審ニ於ケル弁護人ナリト為スベキニアラザレバ原審ガ同弁護人ヨリ為シタル各被告人ノ為ノ控訴ヲ棄却シタルハ相当ナリ」

【2】　大判昭7・12・1刑集11・1756

事実　被告人は，昭和7年7月29日，網走区裁判所において，窃盗教唆，贓物運搬幇助，贓物牙保事件で有罪判決の言渡しを受けた後，弁護士Aの弁護人選任届を第1審裁判所に提出し，同年8月4日，同弁護人が第1審判決に対して控訴の申立てを行った。

判旨　「刑事訴訟法第379条ハ原審ニ於ケル代理人又ハ弁護人ハ被告人ノ為上訴ヲ為スコトヲ得ト規定スルヲ以テ被告人ノ為ニ上訴ヲ為シ得ル弁護人ハ訴訟ガ原審ニ係属セル時ニ於テ弁護人タリシ者ニ限ラルルモノト解スベキモノトス而シテ訴訟ノ審級ハ判決ノ宣告ヲ以テ終了スルモノナレバ第1審ガ有罪判決ノ宣告ヲ為シタルトキハ訴訟ハ之ニ依リテ其ノ審級ヲ離脱スルモノト謂ハザルベカラズ所論刑事訴訟法第384条乃至第391条第396条第397条等ハ孰レモ上訴ニ関スル規定ニシテ当該申立若ハ請求ヲ原裁判所ニ為シ又ハ原裁判所ヲシテ之ニ関スル裁判ヲ為サシムルハ全ク手続上ノ便宜ヲ図リタルニ外ナラズシテ訴訟ガ第1審ヲ離脱セザル為ニ非ザルコト疑ヲ容レズ然ラバ第1審ガ有罪ノ判決ヲ宣告シタル後被告人ノ選任シタル弁護人ガ原審ニ於ケル弁護人ト謂フコトヲ得ザルヲ以テ被告人ノ為控訴ヲ為スコトヲ得ザルヤ論ヲ俟タズ」

ところが，原判決宣告後の被告人からの公判調書の閲覧請求権に関して，次の裁判例が現れた。

【3】　最決平4・12・14刑集46・9・675（判時1446・160，判タ808・162）

事実　申立人は，福岡地方裁判所小倉支部において，有印公文書偽造，同行使，詐欺，窃盗事件で，国選弁護人を付されて審理を受け，平成4年1月21日，有罪判決の言渡しを受けて，翌22日，同裁判所に対して，同事件の公判調書の閲覧を請求したが，担当の裁判所書記官は，その段階では被告人に付された国選弁護人選任の効力が持続しているとして，これに応じなかった。そして，申立人は，同月27日，第1審判決に対して控訴を申し立てたほか，第1審裁判官について，正当な理由がないのに，職権を濫用して，申立人の上記事件の公判調書の閲覧請求を拒否したとし

て，福岡地方検察庁小倉支部に対し，公務員職権濫用の嫌疑で告訴したが，嫌疑なしを理由として，不起訴処分がされた。そこで，申立人は，福岡地方裁判所小倉支部に対して，第1審裁判官に対する付審判請求を申し立てたが，同裁判所は，弁護人選任の効力は，判決の確定又は上訴申立てまでは継続するから，第1審裁判所の措置は相当であるとして，上記付審判請求を棄却し，抗告審である福岡高等裁判所も同旨の判断を示したところ，これに対して特別抗告の申立てをした。

判旨「申立人は，有印公文書偽造等被告事件の被告人として国選弁護人を付されて審理を受け，判決を宣告された翌日に，当該裁判所に対し，上訴申立てのため必要であるとして，同事件の公判調書の閲覧を請求したが，これを許されなかったことが認められるところ，弁護人選任の効力は判決宣告によって失われるものではないから，右のような場合には，刑訴法49条にいう「弁護人がないとき」には当たらないと解すべきである。したがって，申立人の公判調書閲覧を許さなかった処置に違法はないとした原判断は，正当である。」

これと同様の問題は，原判決後の原審弁護人からの勾留，保釈等に関する申立権やその却下決定に対する抗告申立権，記録閲覧謄写請求権，接見交通権等についても派生して生じる問題である（藤島昭裁判官は，【3】の補足意見において，これらの点に関する原審弁護人の権限を肯定している）。

そうすると，結局のところ，原判決宣告後の原審弁護人の権限については，大審院判例のように抽象的に考察された移審の時期を前提とするのではなく，むしろ，各種規定の趣旨等に照らして，問題とされる点を個別的・具体的に考慮して判断していく必要性があることになろう。

第2章　上訴申立権者

第1節　控訴及び上告

上訴権者として，法351条は検察官及び被告人を，法353条は被告人の法定代理人及び保佐人を，法355条は原審における代理人及び弁護人を各規定している。

1　検　察　官

検察官は，訴訟の当事者であり，被告人とともに，固有の上訴権者とされている。法262条以下の準起訴手続において検察官の職務を行う指定弁護士も，検察官と同様に，固有の上訴権者とされている。

そして，訴訟の当事者であるとともに，公益の代表者である検察官は，被告人に不利益な上訴，例えば，無罪判決や，有罪判決であっても，より重い罪名あるいはより重い量刑を求めて上訴することができる（最判昭25・11・8刑集4・11・2215，最判昭26・1・19刑集5・1・42，最判昭26・10・23刑集5・11・2281，最判昭60・5・23裁判集240・47等）ほか，裁判に誤りが存する場合には，法の正当な適用を求めて，その是正を図るため，結果的に被告人に利益となる上訴もできることになる。

また，検察官による被告人に不利益な上訴が，アメリカ合衆国憲法修正5条の「二重の危険（doubule jeopardy）」の条項を継受したとされる憲法39条に違反するかどうかという点について，次の裁判例がその合憲性を肯定した。

【4】　最判昭25・9・27刑集4・9・1805（判タ6・41）

事実　被告人は，昭和22年勅令第1号違反，衆議院議員選挙法違反により，富山地方裁判所魚津支部において，罰金刑に処せられたが，これに対して，検察官が控訴を申し立て，名古屋高等裁判所金沢支部において，禁錮3月の実刑判決に処せられたことから，検察官控訴の違憲性を主張して上告した。

第 2 章　上訴申立権者

> 判旨　「元来一事不再理の原則は，何人も同じ犯行について，二度以上罪の有無に関する裁判を受ける危険に曝さるべきものではないという，根本思想に基くことは言うをまたぬ。そして，その危険とは，同一の事件においては，訴訟手続の開始から終末に至るまでの一つの継続的状態と見るを相当とする。されば，1審の手続も控訴審の手続もまた，上告審のそれも同じ事件においては，(略)いかなる段階においても唯一の危険があるのみであって，そこには二重危険（ダブル，ジェバーディ）ないし二度危険（トワイス，ジェバーディ）というものは存在しない。それ故に，下級審における無罪又は有罪判決に対し，検察官が上訴をなし有罪又はより重き刑の判決を求めることは，被告人を二重の危険に曝すものでもなく，従ってまた憲法39条に違反して重ねて刑事上の責任を問うものでもないと言わなければならぬ。」

同旨の判断を示すものとして，他にも，最判昭28・5・1裁判集80・13，最判昭29・9・28裁判集98・833，最判昭31・12・25裁判集116・381，最判昭45・3・26裁判集175・511，最判昭46・2・23裁判集179・97，最判昭49・2・21裁判集191・159等があり，現在では，検察官の上訴が違憲であるという見解は特にみられないようである。

なお，検察官による上訴の場合には，被告人について，上訴棄却時の訴訟費用の不負担（法181条3項），その費用補償（法188条の4）が定められているほか，未決勾留日数の法定通算（法495条2項）の特別規定が設けられている。

2　被告人

被告人は，固有の上訴権者であるが，検察官とは異なり，自己に不利益な上訴は，「上訴の利益」を欠くことを理由に，不適法とされる。また，法人が被告人であるときの法人の代表者は，法351条1項による上訴権者に該当する。

そして，裁判が被告人にとって利益であるか不利益であるかの判断基準として，判決主文を標準として客観的に定めるべきであって，被告人の主観的事情を考慮すべきではない，とした旧刑訴法の時代の次の裁判例が参考となる。

【5】　大判大13・11・27刑集3・804

> 事実　被告人は，東京区裁判所において，名誉毀損事件で，心神喪失を理由として無罪の判決の言渡しを受けたが，このような判決言渡しを受けるのは，死以上の不利益な苦痛であるとして，控訴を申し立てたところ，控訴審である東京地方裁判所において，弁護人を付されることもなく，陳述も許されずに，控訴棄却の判決を言い渡されたため，その違法を主張して上告を申し立てた。

> 判旨　「凡被告人ノ為ニスル上訴ハ下級裁判所ノ裁判ニ対スル不服ノ申立ニシテ不利益ノ裁判ヲ是正シテ利益ト為スコトヲ求ムルヲ以テ其ノ本質ト為スモノナルガ故ニ被告人ハ下級裁判所ノ裁判ガ自己ニ不利益ナル場合ニ非ザレバ之ニ対

シ上訴権ヲ有セザルモノトス而シテ裁判ガ被告人ニ不利益ナルヤ否ヤハ一ニ其ノ主文ヲ標準トシテ客観的ニ定ムルコトヲ要シ裁判ノ理由及被告人ノ主観的事情ノ如キハ之ヲ問フコトヲ要セザルモノトス何トナレバ裁判ハ理由ノ如何ヲ問ハズ一ニ其ノ主文ニ依リテ定マリ而シテ其ノ利益不利益トハ主文ノ内容ニ関スル刑事訴訟法上ニ於ケル価値判断ニシテ即チ被告人ヲシテ刑事ニ関スル責任ヲ一時若クハ永久ニ免レシムルノ結果ニ至ルヤ否ニ依テ決スベキモノナレバナリ本件抗告人ハ同人ニ対スル名誉毀損被告事件ニ付大正13年6月24日東京区裁判所ニ於テ無罪ノ判決ヲ受ケ之ニ対シ東京地方裁判所ニ控訴ヲ申立テタル所同裁判所ニ於テ控訴棄却ノ判決ヲ受ケ更ニ之ニ対シ此院ニ上告ノ申立ヲ為シタルモノナリ而シテ無罪ノ判決ハ其ノ理由ノ如何ヲ問ハズ起訴ノ事実ニ付テハ刑法上ノ責任ナキコトヲ確定スルモノナルヲ以テ刑事訴訟法上抗告人ニ最モ利益ノ判決ナリト謂フベク従テ抗告人ハ此ノ判決ニ対シテ上訴権ヲ有セザルコト明白ナルノミナラズ控訴審ガ此ノ判決ニ対スル抗告人ノ控訴ヲ棄却シタルハ之ニヨリテ1審ニ於ケル無罪ノ判決ヲ保持セシムル所以ニシテ二者相俟テ刑事訴訟法上抗告人ニ最モ利益ノ判決ナルコトヲ認メ得ルガ故ニ抗告人此ノ判決ニ対シテモ亦上告権ヲ有セザルモノト謂ハザルベカラズ」

　上訴の利益を客観的に判断する以上は，当事者の感情等の主観的利益を考慮しないことになるのは当然の帰結であろう。

　そして，以下の諸裁判例からも明らかなように，無罪，免訴，公訴棄却，管轄違いの判決に対しては，被告人の「上訴の利益」が否定される結果，結局のところ，有罪判決に対してのみ被告人の上訴が許容されることになる。

　なお，刑の免除の判決は有罪判決の一種であるから，旧刑訴法以前の次の裁判例が指摘するように，刑の免除の判決に対する被告人の上訴は許されると解されている。

【6】　大判大3・10・14刑録20・1853

事実　被告人は，賭場開帳図利，賭博，横領のほか，偽証事件で起訴され，静岡地方裁判所において，偽証事件については，偽証した当該事件の裁判確定前に自白したことを理由に，刑の免除の言い渡しがされ（現行の刑法170条も，裁判確定前の自白について，刑の減軽又は免除できる旨規定している。），他の事件については，懲役1年に処されて，全事件について控訴の申立てをしたところ，東京控訴院は，偽証事件について判決をしなかったため，弁護人がその違法性を上告趣意において主張した。

判旨　「被告人ハ偽証ヲ為シタルモ其証言シタル事件ノ裁判確定前自白シタル故ヲ以テ第1審裁判所ニ於テハ刑法第170条ニ依リ刑ノ免除ノ言渡ヲ為シタルモノニシテ而シテ右刑ノ免除ノ言渡ニ対シ被告ハ上訴ノ申立ヲ為スコトヲ得ザルヤ否ヤヲ審按スルニ刑事訴訟法第207条ニ対席判決ニ因リ刑ノ言渡アリタルトキハ裁判長ヨリ其言渡ヲ受ケタル者ニ其判決ニ対シ上訴ヲ為スコトヲ得ベキコトヲ告知スベキ旨規定アルヲ以テ本件ノ如ク刑ノ言渡ヲ受ケタルコトナク却テ其免除ノ判決ヲ受ケタル者ニ在リテハ上訴ヲ為スコトヲ許サザルガ如ク解スル者ナキニ非ズト雖モ該免除ノ判決ハ被告ニ対シテ無罪ノ言渡ヲ為シタルモノニ非ズ却テ被告ヲ有罪ト認メ相当ノ刑ヲ科スベキモノナルモ被告ハ裁判確定前自白シタルガ為メ特ニ其刑ヲ免除スルニ過ギズ被告ガ其犯罪ヲ為シタル

第2章　上訴申立権者

事実ハ判決ニ依リテ確認セラレタルモノニシテ被告ハ縦令之ガ為メ身体及自由ニ関スル処刑上ノ苦痛ヲ免カルルコトヲ得ルモ其名誉信用上至大ナル不利益ヲ受クルノミナラズ民事上ニ於テモ亦其行為ニ対スル責任ヲ負フニ至ルヤ知ルベカラズ故ニ被告ガ自己ノ利益ヲ保護スルガ為メ上訴ノ方法ニ依リ該判決ノ変更ヲ求ムルハ誠ニ当然ノ措置ト謂ハザル可カラズ」

　大判大9・6・26刑録26・405も同旨の判断を示している。

(1)　無　　　罪

　最高裁判所として，【5】の見解を維持することとして，無罪判決に対する被告人の上訴権を否定したのが，次の裁判例である。

> 【7】　最決昭37・9・18裁判集144・651（判時318・34）

事実　被告人は，大阪地方裁判所において，傷害，誣告被告事件の審理を受け，傷害事件については有罪，誣告事件については無罪の言渡しを受けたが，検察官から右判決の全部につき控訴の申立てがあり，大阪高等裁判所は，検察官控訴を棄却するとの判決を言渡したところ，被告人は，無罪とされた誣告事件についての原判決の理由が不服であるとして，上告の申立てをした。

判旨　「被告人は，無罪の判決については，その理由の如何を問わずこれに対し上訴権を有しないこと大審院の判例」（【5】）「とするところであるから，右1審判決中の無罪部分を維持した原判決に対しても上訴権を有しないものである。よって，被告人の本件上告は不適法としてこれを棄却すべきものと」する。

　【5】で述べたとおり，上訴の利益は主文から客観的に判断するとする以上は，その理由中の判断に不服があるからといって，上訴の申立てを許すことはできないのである。これと，同様の判示をするものとして，最決昭39・3・31裁判集150・937がある。

(2)　免　　　訴

　免訴判決に対する被告人の上訴権を否定したものとして，次の裁判例がある。

> 【8】　最判昭23・5・26刑集2・6・529（プラカード事件）

事実　被告人は，昭和21年5月19日に行われた通称食料メーデーに際し，「詔書（ヒロヒト曰ク）国体はゴジされたぞ，朕はタラフク食ってるぞ，飢えて死ね，ギョメイギョジ，日本共産党，田中精機細胞」という標語をプラカードに記載して，これに参加して行進し，刑法74条1項所定の天皇に対する不敬行為に及んだとして起訴され，昭和21年11月2日，東京地方裁判所において，懲役8月に処せられたが，翌3日，昭和21年勅令第511号大赦令が公布，施行されたことから，昭和22年6月28日，控訴審である東京高等裁判所において，免訴の言渡しを受けた。これに対して，無罪を主張して上告したのが本件である。

第 1 節　控訴及び上告

判旨「裁判所が公訴につき，実体的審理をして，刑罰権の存否及び範囲を確定する権能をもつのは，検事の当該事件に対する具体的公訴権が発生し，かつ，存続することを要件とするのであって，公訴権が消滅した場合，裁判所は，その事件につき，実体上の審理をすすめ，検事の公訴にかかる事実が果して真実に行われたかどうか，真実に行われたとして，その事実は犯罪を構成するかどうか，犯罪を構成するとせばいかなる刑罰を科すべきやを確定することはできなくなる。これは，不告不理の原則を採るわが刑事訴訟法の当然の帰結である。本件においても，既に大赦によって公訴権が消滅した以上，裁判所は前に述べたように，実体上の審理をすることはできなくなり，ただ刑事訴訟法第 363 条に従って，被告人に対し，免訴の判決をするのみである。従って，この場合，被告人の側においてもまた，訴訟の実体に関する理由を主張して，無罪の判決を求めることは許されないのである。若し，訴訟の実体に関する問題をいうならば，被告人側にいろいろの主張はあるであらう。公訴にかかる事実の存在を争ふこともその一であり，その事実の法律上罪とならぬことを主張するのもその一であり，その他，各種の免責事由の主張等いろいろあるであらうけれど，既に公訴の基礎をなす公訴権が消滅する以上，これらは一切裁判所が取上げることができないと同様，被告人も，また，これを主張して無罪の判決を求めることはできないのである。」

　免訴の判決は，実体上の理由に基づくものでないから，実体上の理由を根拠として，上訴を許さないとするのは，当然の帰結である。その後も，最判昭 29・11・10 刑集 8・11・1816，最判昭 30・12・14 刑集 9・13・2775 等が同旨の判断を示している。
　さらに，最判平 20・3・14 刑集 62・3・185（判時 2006・26）は，旧刑訴法適用事件についての再審開始後の審判手続における免訴判決に対する不服申立てに関し，「通常の審判手続において，免訴判決に対して，被告人が無罪を主張して上訴できないことは，当裁判所の判例であるところ（【8】等），再審の審判手続につき，これと別異に解すべき理由はないから，再審の審判手続においても，免訴判決に対し被告人が無罪を主張して上訴することはできないと解するのが相当である。」と判示している。

(3)　公訴棄却

　公訴棄却の決定に対する被告人の上訴権も否定されるというのが，旧刑訴法の時代からの解釈であり，大判明 32・10・6 刑録 5・7 のほか，最高裁判所においても，最決昭 24・7・24 裁判集 12・925 等の裁判例において一貫して同様の解釈をが示しているところであるが，次の裁判例では注目すべき反対意見が付されている。

【9】　最決昭 53・10・31 刑集 32・7・1793（判時 907・123，判タ 372・83）

事実　被告人は，対立する過激派集団構成員に対する兇器準備集合罪で起訴されたが，保釈釈放後，水死体で発見されたため，第 1 審において，公訴棄却の決定を受けたところ，弁護人から即時抗告の申立てがあり，抗告審は，「刑訴法 339 条 1 号による公訴棄却の決定に対しては，そ

の決定の当否に拘わらず，被告人・弁護人から上訴することはできないものと解すべきであ（る。）」として，即時抗告を不適法として棄却する決定をした。これに対して，弁護人が，上記即時抗告棄却決定は，憲法 32 条，76 条 1 項，刑訴法 339 条 2 項に違反するとして，特別抗告の申立をしたものである。

判旨　「公訴棄却の決定に対しては，被告人・弁護人からその違法・不当を主張して上訴することはできないものと解すべきであるから，原決定に所論のような違法はない。」
「裁判官団藤重光の意見は，次のとおりである。
　私見によれば，訴訟条件は実体的審判の条件であって，訴訟条件が具備するかぎりは，被告人は自己に利益な実体的裁判（ことに無罪判決）を求める権利を有する。憲法 32 条に規定する「裁判を受ける権利」は，刑事訴訟においては，被告人のかような権利を意味するものといわなければならない。したがって，本件においても，もし被告人が実際には生存しているのにかかわらず，死亡したものとして公訴棄却の決定がされたと仮定するならば，被告人・弁護人はその公訴棄却決定に対して上訴を申し立てて争うことができるはずである。多数意見が，およそ公訴棄却の決定に対して被告人・弁護人からの上訴が許されないものと解する点には，わたくしは同調することができない。
　ただ，訴訟条件が存在することについて挙証責任を負うのは検察官であり，訴訟条件の存否が不明のときは，訴訟条件が具備しないものとして形式的裁判によって手続が打ち切られなければならない。ところで，本件においては，検察官みずからが被告人の死亡の事実，すなわち訴訟条件の欠如を主張しているのである。このばあいにも，弁護側は，被告人に利益な実体的裁判を求めるために被告人の生存を主張，立証することは許されるべきであるが，本件においては，弁護人らは，被告人が検察官の主張とは異なる経緯によって死亡したことを主張するにすぎない。したがって，本件に関するかぎり，抗告裁判所が抗告を棄却したのは正当である。」

　最高裁判所は，公訴棄却の決定に対する被告人側の上訴権を否定する大審院判例を維持したのであるが，学説の大部分や実務家はいずれもこの見解に賛成しており，この見解は今後とも変更されることはないと思われる。

(4) 管轄違い

　旧刑訴法以前の裁判例として，森林法違反事件について，東京控訴院がした管轄違いの判決に対する上告審の判断として，次の裁判例があり，その理由付けの当否はともかくとして，その結論については，現行法においても同様の解釈となると思われる。

【10】　大判明 37・6・27 刑録 10・1416

判旨　「凡ソ上訴ハ訴訟関係人各自ノ利益ノ為メ前裁判ノ不当ヲ矯正スルコトヲ得セシムルカ為メ設ケタルモノナレバ縦シ前裁判ニ不当ノ廉アルモ之ガ矯正ヲ求ムルニ付利益ヲ有スル者ニ非ザレバ上訴ヲ為スコトヲ得ザルモノトス故ニ被告人ヨリ上告ヲ為スニ付テモ必ズ被告人自己ノ利益ニ関スル場合ナラザルベカラズ之ニ反シ若シ被告人ノ不利益ニ帰スルモノナルトキハ其上告ハ不適法ナリトス而シテ裁判管轄ノ点ニ付被告人ノ利害関係如何ヲ審按スルニ裁判所ニ於テ若シ不当ニ

管轄ヲ認メンカ其結果被告人ハ正当管轄裁判所ノ裁判ヲ受クルノ権利ヲ奪ハルヽニ至ルヲ以テ其判決ニ対シ上告ヲ為シ之ガ矯正ヲ求ムルコトヲ得ルハ勿論ナレドモ之ニ反シ裁判所ニ於テ管轄ヲ否認シ管轄違ノ言渡ヲ為シタルトキハ其判決ノ当否如何ニ拘ハラズ其結果トシテ被告人ハ既ニ受ケタル公訴ノ関係ヲ離脱シ未ダ被告人トナラザル以前ノ状態ニ復シ恰モ免訴又ハ公訴不受理ノ宣告ヲ受ケタル場合ニ異ナラズ但シ後ニ至リ再ビ正当管轄裁判所ニ訴追セラルヽコトナキヲ保シ難シト雖モ是畢竟未必ノ事ニ属シ時ニ再ビ訴追ヲ受クルコトナク永遠ニ犯罪ノ嫌疑ヲ免カレ得ルモ亦知ルベカラザルニヨリ其判決ハ結局被告人ニ利益ナル性質ノモノタルコト疑ヲ容ルベカラズ然レバ管轄違ヲ言渡シタル判決ヲ不当トシ其破毀ヲ求ムルタメ上告ヲ為スハ宛ラ公訴不受理ノ判決ニ対シ受理審判ヲ求ムルト均シク被告人ノ不利益ニ帰スルモノニシテ其上告ハ結局不適法ナリト云ハザルベカラズ」

3 弁護人

法355条は、原審における弁護人についての上訴権を規定している。

旧刑訴法にも同様の規定があり、大審院はこれを厳格に解して、原判決宣告後に選任された弁護人について、原審における弁護人には該当しないから、被告人のために上訴をすることができないとしていたが(例えば、【1】【2】)、最高裁判所は、上記大審院判例を変更して、原判決宣告後に被告人が選任した弁護人は、原審における弁護人には該当しないものの、被告人が弁護士に上訴審の弁護を依頼した場合には、上訴をすることも依頼したと解するのが相当であり、そのような弁護士である弁護人は、被告人を代理して被告人のために上訴をすることができると判示した(最判昭24・1・12刑集3・1・20、最判昭24・2・8刑集3・2・69)。

しかし、原判決宣告後、法30条2項に基づいて、被告人の妻や父母らにより選任された弁護人については、上訴権を否定するのが判例とされていたところ(最決昭44・9・4刑集23・9・1085[判時573・96、判タ240・220]、最決昭47・5・18判時668・97)、次の裁判例において、強い反対意見が述べられた。

【11】 最決昭54・10・19刑集33・6・651(判時945・134、判タ401・69)

事実 被告人は、昭和54年4月18日、函館地方裁判所において、住居侵入、暴力行為等処罰に関する法律違反事件で、有罪の判決宣告を受けたが、被告人及び1審弁護人からの控訴申立てはなく、同月19日に被告人の妻が選任した弁護人A作成の控訴申立書が、同月20日に同裁判所に提出された。これに対して、札幌高等裁判所が、上記控訴申立てについて、法令上の方式に違反した不適法なものであるとして、法385条1項による控訴棄却の決定をし、その異議審も同様の理由により異議申立を棄却したため、弁護人Aから特別抗告の申立てがなされた。

判旨 「1審判決後被告人の妻によって選任された弁護人が被告人のために控訴の申立をする権限を有しないことは、当裁判所の判例(略)とするところであって、いま直ちにこれを変更しなければならないものとは思われない。
(略)

第2章　上訴申立権者

　裁判官江里口清雄の反対意見は，次のとおりである。（略）
　多数意見は，そこで引用している判例からみると，刑訴法355条により被告人のため独立して上訴をすることができる原審における弁護人とは原審判決宣告時迄に選任された弁護人に限られ，判決宣告後新たに選任された弁護人は，その中に含まれないから，被告人のため独立して上訴をすることはできない。ただ，判決宣告後新たに選任された弁護人であっても被告人が選任して上訴の申立又は上訴審における訴訟行為を依頼したものであるときは，その弁護人は被告人の上訴権を代理行使して上訴をすることができるが，被告人のため上訴申立の権限を有しない被告人の妻が選任した弁護人は，委任による代理人としても上訴をすることができない，とするものと解される。
　私は，刑訴法355条にいう原審弁護人は原審判決宣告時における弁護人に限られるものではなく，判決宣告後に選任された弁護人もこれに含まれるべきものと解する。判決宣告後もそれが確定して訴訟が終了するか上訴の申立により移審の効力が発生する迄は，訴訟は引き続き原審に係属している。訴訟が原審に係属中に原審宛の弁護届により新たに選任された弁護人は，被告人によって選任されたか又はそれ以外の選任権者によって選任されたかにかかわりなく，当然に同条の原審における弁護人にあたるといわなければならない。刑訴法355条，356条の規定は，法律専門家である弁護人の地位職責にかんがみ，原審弁護人に対して被告人のため独立して上訴をなしうる特別の権限を付与し，かつ，被告人の明示の意思に反しない限り黙示の意思に反してでもその資格においてこれをなしうることを明らかにして，弁護権を拡充強化し被告人の防禦権の行使に遺憾なからしめようとした趣旨にでたものである。有罪判決の宣告後に新たな弁護人を選任するのは，上訴の申立をして更に争わんとする場合であるといって差し支えない。この弁護人の上訴申立を適法なものとすることこそ法の趣旨に沿うものであって，右の原審における弁護人を制限解釈して右申立を不適法なものとすることは理解できない。
　弁護人は，被告人の意思に反しない限り，訴訟係属中特別の授権なくとも被告人のなしうるすべての訴訟行為を代理することができる。従って，仮に百歩を譲って同条にいう原審の弁護人が判決宣告時弁護人であった者に限られるとしても，判決宣告後新たに選任された弁護人は，弁護人の右包括代理権に基づいて被告人の上訴権を代理行使して被告人のために上訴することができる。その際ことさらに被告人の代理である旨を明示することを要するものではないから，弁護人の名義ですることは差し支えない。判決宣告後新たに被告人の妻によって選任された弁護人は，選任者の委任代理人としては選任者の有しない上訴権を代理行使することはできないが，被告人自ら選任した弁護人と同じく被告人の弁護人であるから，被告人の包括代理人であることに変りはない。そして刑訴法355条，356条の規定の趣旨は前記のとおりであるから，このために右弁護人の包括代理権が却って縮少され，被告人の上訴権をその意思に反しない限りにおいて代理行使することが許されなくなるものと解することはできない。」

　江里口裁判官の上記反対意見にあるように，被告人以外の者によって選任された弁護人であっても，被告人の弁護人であることに変わりはなく，被告人の明示の意思に反しない限り，被告人がなし得る訴訟行為をすべて行うことができるのであるから，被告人以外の者によって選任された弁護人についても上訴権を認めるべきであるとの有力な批判があったところ，最高裁判所は，このような批判を受

け入れて，次の裁判例によって判例変更を行った。

【12】 最決昭63・2・17刑集42・2・299（判時1267・16，判タ662・60）

事実 昭和43年12月7日生の少年である被告人は，昭和62年6月17日，大阪地方裁判所堺支部において，業務上過失傷害事件で，懲役1年以上1年6月以下の不定期刑に処せられたが，翌18日被告人の母が被告人の法定代理人親権者母として弁護士Aを被告人の弁護人に選任した旨の大阪高等裁判所宛の弁護人選任届を提出し，A弁護人が被告人のために控訴申立書を同支部に提出した。ところが，被告人は，昭和61年12月11日Bとの婚姻届出をしているため，民法735条により，成年に達したものとみなされ，被告人の母は，被告人の法定代理人たる地位を喪失しており，被告人のために上訴をする権限を有しない者であったことになる。そこで，大阪高等裁判所は，A弁護人には被告人のために控訴申立てをする権限がなく，本件申立ては法令上の方式に違反するとして，法385条により決定で控訴を棄却し，その異議審も異議の申立てを棄却した。これに対して特別抗告が申し立てられた。

判旨「弁護人は，被告人のなし得る訴訟行為について，その性質上許されないものを除いては，個別的な特別の授権がなくても，被告人の意思に反しない限り，これを代理して行うことができるのであり，このことは，その選任者が被告人本人であるか刑訴法30条2項所定の被告人以外の選任権者であるかによって，何ら変わりはないというべきであり，上訴の申立をその例外としなければならない理由も認められないから，原判決後被告人のために上訴をする権限を有しない選任権者によって選任された弁護人も，同法351条1項による被告人の上訴申立を代理して行うことができると解するのが相当である。これと異なり，このような弁護人には，被告人のため上訴申立をする権限がないとした当裁判所の判例」（【11】等）「は，いずれもこれを変更すべきものである。

したがって，前記A弁護人に控訴申立をする権限がないとした原原決定及びこれを維持した原決定には，刑訴法の解釈を誤った違法があり，他に本件控訴申立を不適法とすべき理由も見当たらないから，これを取り消さなければ著しく正義に反するといわなければならない。」

この結果，原審弁護人だけではなく，被告人以外の上訴申立権を有しない者により選任された弁護士である弁護人についても，当然に上訴申立権が肯定されることになった。

次に，規則18条は，弁護人選任方式を定めているところ，これに反した弁護人選任届が提出された場合には，弁護人として取り扱われないことになることを，次の裁判例が示している。

【13】 最決昭40・7・20刑集19・5・591（判時419・56，判タ180・114）

事実 被告人は，氏名等が不詳のまま，軽犯罪法違反で起訴され，名古屋簡易裁判所において，国選弁護人A出席のもと審理を受け，有罪の判決を宣告され，A弁護人が控訴を申し立てた。名古屋高等裁判所は，被告人の特定方法として「元名古屋拘置所旧1階37房183番氏名不詳」と，被告人署名欄は「氏名不詳」と記載され，そ

第2章 上訴申立権者

の下部には指印が押されている弁護士Aらの弁護人選任届の提出を受け，検察官の反対意見を押し切って，A弁護人らを適法に選任された私選弁護人として控訴審の審理を行い，同様の弁護人選任届の効力を否定した1審の訴訟手続は違法であるとして，1審判決を破棄した上，改めて有罪の判決を宣告した。これに対して，A弁護人が原審弁護人として上告申立てをした。

判旨「弁護士Aは，本件について，原審における弁護人として上告の申立をしている。ところで，弁護士が原審における弁護人として上告の申立をするについては，その弁護士が原審において弁護人に選任されたものであることを必要とすることはいうまでもないところである。そして，公訴提起後における私選弁護人の選任は，弁護人になろうとする者と被告人とが連署した書面を差し出してしなければならないことは，刑訴法30条1項，刑訴規則18条の明定するところであり，ここに連署とは，弁護人になろうとする者と被告人とがそれぞれ自己の氏名を自書し押印することであることは，同規則60条によって明らかである。

ところが，原審に提出された同弁護士の弁護人選任届の被告人の署名欄には，「氏名不詳」という記載があるだけで，被告人の署名は存在しない。

しかして，被告人の氏名について黙秘権がないこと，および被告人に氏名を記載することができない合理的な理由がないことは，被告人氏名不詳者の上告申立について説示したとおりであり，法が弁護人の選任を前記のように要式行為としている理由および訴訟法上の権利を誠実に行使しなければならないことは，前記被告人氏名不詳者の上告申立について説示したところと同様であるから，被告人の署名のない前記弁護人選任届によってした弁護人の選任は無効であり，同弁護士は原審における弁護人ではないものといわなければならな

い（なお，この点に関する原審の判断には賛成できない。）。」

また，原審弁護人が上訴申立てをした場合には，上訴審において弁護人として訴訟活動をするには，弁護人選任届の提出が必要となるとはいえ，弁護人選任届提出前であっても，上訴趣意書を提出することはできるのであるから，上訴趣意書を提出した場合には，上訴趣意書提出期間経過後であっても，上訴審における弁護人選任届の追完が認められることになるし，原審弁護人ではない弁護士も，弁護人選任届を提出して，上訴を申し立てることができるのであるが（最判昭24・1・12刑集3・1・20），原審弁護人ではない弁護士が，控訴申立期間最終日に控訴申立書を提出した上，その翌日に弁護人選任届を提出した事例に関して，上記控訴申立ては，無権限者によるものとして不適法であり，上記弁護人選任届の追加提出により適法有効なものとなるものではないと判断したのが，次の裁判例である。

【14】最決昭45・9・24刑集24・10・1399（判時608・171，判タ254・217）

事実 被告人は，昭和45年1月23日，東京地方裁判所において，業務上過失傷害事件で禁錮10月に処せられ，1審弁護人ではなかった弁護士Aに控訴審の弁護を依頼したことから，A弁護士は，同人作成名義の控訴申立書と弁護人選任届を作成し，事務員に一括して1審裁判所に提出するように指示したが，事務員は，控訴提起期間最終日である同年2月6日に控訴申立書を1審

裁判所に提出したものの，弁護人選任届を事務所に置き忘れ，翌日になってこれを1審裁判所に提出した。そして，東京高等裁判所は，控訴の申立てが法令上の方式に違反していることを理由に，控訴棄却の決定をし，異議審も同様の理由により異議申立てを棄却した。そこで，控訴申立ての適法性を主張して特別抗告が申し立てられたのに対し，最高裁判所が次のような決定をした。

判旨　「弁護人Aが申し立てた所論控訴申立は，無権限者のしたものとして不適法であり，控訴提起期間経過後に同弁護士を弁護人に選任する旨の届出が追加提出されたとしても，これにより右控訴申立が適法有効なものとなるものではないとした原決定の判断は正当である。」

　原審弁護人ではない弁護人からの控訴申立ての際には，適法に作成された弁護人選任届を要することは明らかであるから，上記判断は当然のことであろう。

　さらに，弁護人を含む法353条ないし355条に規定する上訴権者が有する上訴権については，法356条が「被告人の明示した意思に反してこれをすることができない」と規定していることからして，検察官及び被告人のような固有権ではなく，被告人の上訴権を独立して代理行使する権限であるとするのが通説であり，旧刑訴法当時から裁判例の指摘するところであり（【15】），最高裁判所においても同旨の判断を示している（【16】）。

【15】　大判大13・4・28刑集3・378

事実　被告人は，大正12年11月6日，東京区裁判所において，窃盗事件で有罪の判決を受け，同月7日，これに対して控訴の申立てをしたが，同月8日，控訴を取り下げ，更に，同月10日，改めて控訴の申立てをした。他方で，1審弁護人は，同月12日，控訴の申立てをした。控訴審である東京地方裁判所は，被告人の控訴申立てについては，上訴の取下げをした者は，再び上訴の申立てをすることは許されず，また，弁護人の上訴は，被告人の明示した意思に反して行うことは許されないとして，いずれの控訴申立ても効力がないとした。これに対する不服申立てが本件である。

判旨　「弁護人ハ独立ノ上訴権ヲ有スルモノニ非ズシテ被告人ノ上訴権ヲ行使スルニ過ギザルガ故ニ被告人ニ於テ上訴ヲ取下ゲ上訴権ヲ喪ヒタルトキハ最早弁護人ヨリ上訴ノ申立ヲ為スコトヲ得ザルモノト謂ハザルベカラズ」

【16】　最判昭24・6・16刑集3・7・1082

事実　被告人は，昭和23年9月21日，名古屋地方裁判所において，殺人，死体損壊，死体遺棄事件で，死刑に処せられ，即日，控訴の申立てをし，1審弁護人も，同月27日，控訴の申立てをしたが，同年10月18日，被告人から控訴取下書が控訴審裁判所に提出され，その後，同年11月4日，被告人から「控訴を御願します」との申出があった。これに対して，名古屋高等裁判所は，被告人の控訴取下げは適法であり，1審弁護人の

第2章　上訴申立権者

控訴は，被告人の控訴取下げにより効力を失うとしたほか，被告人の再度の控訴申立ては，控訴権消滅後の控訴の申立てとして，不適法却下した。そこで，弁護人から1審弁護人の控訴申立ての適法性が主張されたという事例である。

> 判旨　「弁護人は，固有の独立した上訴権を有するものではなく，被告人の上訴権をその明示した意思に反しない限り，行使し得るに過ぎないものであること，旧刑訴第378条の規定の明文と同379条の規定の明文とを対照し且つ弁護人には上訴の放棄は勿論その取下をも認めなかった立法の趣旨に照し，明白なところであるから，弁護人の控訴申立権は，被告人の控訴権の存続を前提とするものと解すべきである。従って，前記弁護人の控訴申立も亦た右被告人の控訴取下により消滅し，存続するを得ないものといわねばならぬ。」

他にも，最決昭27・3・6裁判集62・155が同様の判断を示している。

4　その他

法353条は，被告人の法定代理人又は保佐人が被告人のために上訴をすることができると規定している。

法定代理人とは，民法818条，819条に規定する親権者，民法839条ないし847条に規定する後見人であって，親権者においては，民法上の親権行使の原則とは異なり，法28条によって，父母が各自独立して代理権を行使することができる。

保佐人とは，民法11条に規定する「精神上の障害により事理を弁識する能力が著しく不十分である者」すなわち，心神耗弱者に付されるものであって，民法876条の2第3項所定の臨時保佐人も含まれる。

なお，被告人に訴訟能力がない場合には，法28条，29条の場合を除き，法314条1項により公判手続が原則として停止され，法314条1項により，無罪，免訴，刑の免除，公訴棄却の裁判すべきことが明らかなときだけ，公判手続を停止しないで直ちに裁判をすることができるというのであるが，既述のとおり，被告人には無罪，免訴，公訴棄却の裁判に対しては上訴権が認められないのであるから，結局のところ，本条によって法定代理人が上訴できるのは刑の免除の裁判に対してのみということに帰する。

また，法定代理人又は保佐人ではない父が上訴権を有しないことは，次の裁判例が明らかにしている。

【17】　最判昭26・4・10刑集5・5・820

> 事実　被告人は，山口地方裁判所下関支部において，窃盗，贓物牙保事件で，有罪の判決を受け，即日，父名義で控訴申立てがされたが，広島高等裁判所は，成年である被告人の父には控訴申立権がないとして，旧法400条により，不適法として棄却した。

> 判旨　「旧刑事訴訟法第378条の規定上法定代理人でない父に上訴権のないことは明白であって，本件控訴は不適法と言わざるを得ない。」

論旨は原判決のこの解釈を形式論理的と非難するが，もしこの場合に父の上訴権を認めるならば，被告人にその意思がある以上父とは言わず親族友人その他たれからでも上訴を許さねばならぬ結論になるのであって，それは訴訟制度の根本をくつがえすものなのである。」

　法定代理人又は保佐人ではない親族に上訴申立権がないことは，規定上明白であり，上記裁判例は，改めてそのことを明らかにしたものである。
　最決昭33・11・24刑集12・15・3531がこれと同旨の判断を示しているほか，法定代理人でない母についても，最決昭30・4・11刑集9・4・836が同旨の判断を示している。

　さらに，法355条は，原審における代理人についても上訴権を認めている。
　原審における代理人とは，刑法39条ないし41条が適用されない罪の事件に関して，被告人が意思能力を有しないときの法定代理人（法28条），それがいないときの特別代理人（法29条），法人が被告人であるとき原審に出頭した代理人（法283条）及び軽微事件の被告人の代理人（法284条ただし書）を指称するが，法28条の法定代理人は法353条により上訴権が認められているから，それ以外の代理人が該当することになる。

第2節　抗告及び特別抗告

1　検察官

　訴訟の当事者であるとともに，公益の代表者でもある検察官には，控訴及び上告の場合と同様に，基本的に抗告及び特別抗告に関する不服申立権すべてが認められることになる。
　もっとも，少年法の事件について，少年法32条の4は，検察官には抗告受理の申立てのみが許される旨規定していることに留意する必要がある。

2　被告人

　被告人も，検察官と同様に，基本的には抗告及び特別抗告に関する不服申立権が認められることになる。
　ただし，少年法20条による検察官送致決定に対しては，特別抗告の申立てをすることができず（最決平17・8・23刑集59・6・720［判時1953・177，判タ1227・200］），抗告の申立てをすることもできない（東京高決昭45・8・4家月23・5・108）。

第2章 上訴申立権者

3 弁護人

弁護人についても，被告人の場合と同様の基準により，抗告及び特別抗告に関する不服申立権が認められることになる。

なお，法廷等の秩序維持に関する法律に基づき地方裁判所がした制裁を科する裁判に対する本人を補佐する弁護士の抗告申立権について，東京高決平19・4・25判夕1251・347は，「補佐人は，法廷等の秩序維持に関する法律（以下「法」という。）による制裁を科する裁判の手続内において，本人の行為に関する意見を述べるなどして本人を援助し得るにとどまり，弁護人のような固有の権利を有するものではない。法5条が，抗告の申立権を本人のみに認めていることからしても，原決定前に選任された補佐人は，刑訴法355条の原審弁護人のような自ら抗告を申し立てる権限を有しないものと解するのが相当である。」と判示している。

4 その他

(1) 法352条は，「検察官又は被告人以外の者で決定を受けたものは，抗告をすることができる。」と規定している。

具体例としては，身体検査又は証人の召還を受けたが，正当な理由がなく，出頭せずに，過料及び費用賠償を命じられた者（法133条，150条），出頭したが，正当な理由がなく，身体検査を拒否し，あるいは，宣誓，証言を拒否して，過料及び費用賠償を命じられた者（法137条，160条），同様の決定を受けた鑑定人（法171条），通訳人・翻訳人（法178条），第三者として訴訟費用の負担を命じられた者（法186条），押収の決定を受けた者（法99条），押収物の還付・仮還付の決定を受けた者（法420条2項）等が挙げられる。

被告人以外の者で，保釈保証金を納付し，又は保証書を差し出し，保証金没取決定を受けた者について，最決昭31・8・22刑集10・8・1273（判夕63・49），最決昭34・2・13刑集13・2・153は，法352条には該当しないとしていたが，その後，次の裁判例によって判例変更が行われた。

【18】 最決昭43・6・12刑集22・6・462（判夕222・138）

事実　Aは，詐欺，有価証券偽造，同行使事件で勾留され，昭和39年6月10日，東京高等裁判所で懲役3年に処せられた後，同月24日，同裁判所の保釈許可決定により釈放され，その保証金の一部である20万円については，当時の弁護人Bが差し出した保証書でまかなわれたが，上記判決が昭和41年5月26日に確定したものの，所在不明となったため，同年12月22日，東京地方裁判所において，検察官の請求により，保釈保証金全部の没取決定がなされた。これに対して，Bが抗告を申し立てたが，東京高等裁判所は，Bは法352条の被告人以外の者で決定を受けたものに

は当たらないとして，不適法な申立てであるとして棄却したため，Ｂから特別抗告があった。

判旨「被告人以外の者が保釈保証金もしくはこれに代わる有価証券を納付し，または保証書を差し出すのは，直接に国に対してするのであり，それによってその者と国との間に直接の法律関係が生ずるのであって，その還付もまた国とその者との間で行なわれるのである。してみれば，この場合の保釈保証金を没取する決定は，その者の国に対する保釈保証金もしくはこれに代わる有価証券の還付請求権を消滅させ，またはその者に対して保証書に記載された保証金額を国庫に納付することを命ずることを内容とする裁判だといわなければならないから，その者はまさしく刑訴法352条にいう「検察官又は被告人以外の者で決定を受けたもの」に該当し，その者も没取決定に対し不服の申立（抗告）をすることができると解するのが相当である。」

また，最高裁判所がした保証金没取決定を受けた者について，異議の申立てを認めたのが次の裁判例である。

【19】　最決昭 52・4・4 刑集 31・3・163（判時859・105，判タ 352・324）

事実　恐喝事件の被告人Ａに対し，福岡高等裁判所が，控訴棄却の判決を言い渡した後，即日保釈許可決定をし，保釈保証金のうち 10 万円は申立人差出しの保証書でまかなわれたが，上告を申し立てた被告人が制限住居に違反したとして，検察官から，保釈取消し及び保釈保証金没取の請求があり，最高裁判所が上記保釈許可決定を取り消し，保釈保証金を全部没取する決定をしたため，申立人から異議の申立てがなされた。

判旨「保釈保証金没取決定は，保釈保証金もしくはこれに代わる有価証券を納付し又は保証書を差し出した者に対し，その者の国に対する保釈保証金等の還付請求権を消滅させ，また，その者に対して保証書に記載された金額を国庫に納付することを命ずることを内容とする裁判であるから，これら保釈保証金の納付者らに対し，あらかじめ告知，弁解防禦の機会を与えないで保釈保証金没取決定をし，かつまた，これに対する不服の申立をも許さないとすることは，適正な手続による裁判ということはできず，憲法31条，29条の容認しないところであるが，保釈保証金没取決定に対し，事後に不服申立の途が認められれば，あらかじめ告知，弁解防禦の機会が与えられていなくても，上記憲法の規定に違反するものではなく，このことは，最高裁判所大法廷決定」（上記【18】）「の趣旨に徴し明らかである。

ところで，保釈保証金没取決定は，その性質上，迅速処理を要請されるものであるから，右決定に先き立ち，保釈保証金等を納付し又は保証書を差し出した者に対し，その旨を告知し，弁解防禦の機会を与えることは，かえって被告人の身柄の確保等に支障を生ずる場合があり，また，かかる事前告知の手続は法規上その履践を保障されたものではない。他面，保釈保証金没取決定は，元来，不服申立をすることができる性質の裁判であるが，最高裁判所がこれをした場合に不服申立を許す規定がないのは，最高裁判所が終審裁判所であるという制度上の制約によるものである。しかし，最高裁判所がした裁判であっても，判決に対し刑訴法 415 条は訂正の申立を認め，また，上告棄却の決定に対し同法 414 条，386 条 2 項による異議の申立が認められている（略）。これらは，いずれも，本案事件の裁判に関するものであり，しかも，判決または決定の内容に誤りのあることを発見した

第2章　上訴申立権者

場合にのみ許される訂正を求める手続であるが，右の訂正制度が認められていることからすると，終審裁判所である最高裁判所のした決定であっても，合理的理由と法律的必要性の認められるかぎり，右の訂正と同趣旨において，不服申立を許容すべきものと解するのが相当である。

　前判示のとおり，事前告知の手続は，事実上その履践には困難，不都合を伴う場合があり，また，法規上もその履践が保障されていないのであるから，最高裁判所がした保釈保証金没取決定について不服申立を許容することは憲法31条，29条に適合するところであり，この場合の不服申立の方法は，上訴の許されない決定についての同一審級裁判所に対する不服申立手続という形式的な類似性に着目し，刑訴法428条の準用を認めて，異議の申立を許容するのが相当である。」

　不利益な決定を受けた者について，不服申立ての機会を保障することは必要であり，そのような観点からは，【18】【19】は当然の判断であろう。もっとも，最高裁判所の決定に対する異議が認容されることは，事実上考え難いところである。

　さらに，付審判請求事件において，提出命令を受けた者も，法352条により，抗告申立権を有することを認めたのが，次の裁判例である。

【20】　最決昭44・9・18 刑集23・9・1146（判時567・90，判タ240・220）

事実　福岡地方裁判所は，特別公務員暴行陵虐等の付審判請求事件について，テレビ放送局4社に対し，法99条2項による所持するフィルムの提出命令を発し，これに対して，上記4社から，特別抗告の申立てがされた。

判旨　「刑訴法433条によれば，最高裁判所に特別抗告をすることが許されるのは，その対象である決定または命令に対し同法により不服を申し立てることができない場合に限られるのであって，原決定または命令に対し，同法上抗告もしくは異議の申立をすることができる場合には，直接最高裁判所に特別抗告を申し立てることが許されないことは明らかである。そして，同法420条1項によれば，「裁判所の管轄又は訴訟手続に関し判決前にした決定」に対しては，特に即時抗告を許す旨の規定のある場合のほかは抗告をすることはできないのであるが，本件各提出命令は，判決を直接の目標とする訴訟手続においてなされたものではないが，付審判請求手続において，終局決定をするため，その前提として裁判所によってなされた個々の決定の一つであるから，「訴訟手続に関し判決前にした決定」に準ずるものとして同条同項にいう「決定」には該当するものというべきである。しかしながら，提出命令は，命令を受けた者がこれに応じて，その対象となった物件を提出し，裁判所が領置することにより押収の効力が生ずるのであるから，同条2項にいう押収に関する決定にあたるものと解するのが相当である。そうすると，同条1項による制限は解除され，しかもこのような裁判に対し，不服を許さないとする特別の規定も存しないから，本件各提出命令は，同法419条にいう「裁判所の決定」として，これを受けた者は同法352条により高等裁判所に通常の抗告をすることができるのである。しからば，本件各提出命令は，刑訴法により不服を申し立てることができる決定にあたるから，直接当裁判所に申し立てた本件特別抗告は，刑訴法433条の要件を備えない不適法なものであ」る。

規定上は明確ではなかった付審判請求事件に関する提出命令に対する不服申立ての方法として、通常抗告が許容されるとした点は、画期的なものであった。

なお、司法警察職員がした押収処分に関する裁判について、検察官に事件を送致した後の司法警察職員による抗告申立権を否定したのが、次の裁判例である。

【21】 最決昭44・3・18刑集23・3・153（判時548・22、判タ232・344）

事実　司法警察職員Aは、いわゆる新宿騒擾事件捜査のため、東京簡易裁判所から発付された捜索差押許可状により、B大学映画研究会室において、16ミリフィルムを押収したが、同研究会代表Cから本件捜索差押許可の裁判と差押処分の取消し等を求める準抗告があり、東京地方裁判所は、本件差押処分を取り消す旨決定した。そこで、検察官のほか、司法警察職員Aから、この決定に対する特別抗告が申し立てられ、司法警察職員Aからの申立適格を判断したものである。

判旨　「司法警察職員は、事件を検察官に送致した後においては、当該事件につき司法警察職員がした押収に関する処分を取り消しまたは変更する裁判に対して抗告を申し立てることができないものと解すべきである。したがって、司法警察員の本件抗告の申立は不適法として棄却すべきものである。」

もっとも、最決平17・11・25刑集59・9・1831（判タ1227・195）は、司法警察職員が事件を検察官に送致した後、検察官に送致しなかった写真類について、被疑者の弁護人からその写真類の押収を求める証拠保全の請求があり、これを認容した裁判官による写真類の押収がされたところ、上記押収の裁判に対する準抗告の申立権が否定された経緯のある検察官についてはもちろんのこと、写真を保管中の司法警察職員も準抗告の申立権を有するとして、上記押収請求を却下するとした原決定に対して、「捜査機関が収集し保管している証拠については、特段の事情が存しない限り、刑訴法179条の証拠保全手続の対象にならないものと解すべきであるから、これと同旨の原判断は相当である」としていることに留意する必要があろう。

次に、法88条1項による被告人の法定代理人、保佐人、配偶者、直系親族、兄弟姉妹からの保釈請求を却下した裁判について、これらの者に抗告・準抗告申立権を認めるかどうかについて、従来の裁判例の多くはこれを否定していたが（例えば、東京地決昭49・1・8刑裁月報6・1・101［判タ307・301］、東京高決昭62・7・2判時1253・140）、札幌高判平7・11・7判時1570・146はこれを肯定し、最高裁判所も、次の裁判例によって従来の下級裁判所の裁判例による否定の取扱いを変更してこれを肯定した。

第2章　上訴申立権者

【22】　最決平17・3・25刑集59・2・49（判時1893・158，判タ1177・148）

事実　さいたま地方裁判所川越支部は，被告人の養父からされた保釈請求を却下し，この却下決定に対して，養父から準抗告の申立てがなされたところ，同裁判所は，養父は法352条所定の「決定を受けたもの」には当たらないとして，不適法であるとして排斥した。これに対して，養父から特別抗告の申立てがなされた。

判旨　「勾留された被告人の配偶者，直系の親族又は兄弟姉妹は，刑訴法88条1項により保釈の請求をすることができるのであるから，それらの者が自ら申し立てたその保釈の請求を却下する裁判があったときは，同法352条にいう「決定を受けたもの」又は同法429条1項にいう「不服がある者」として抗告又は準抗告を申し立てることができるものと解するのが相当である。」

（2）　法354条は，勾留理由開示の請求をした者も，被告人のため上訴をすることができる旨規定しており，法82条2項は，勾留理由開示請求権者として，被告人，弁護人のほかに，被告人の法定代理人，保佐人，配偶者，直系親族，兄弟姉妹その他利害関係人を挙げていることから，これらの者は，勾留に対する上訴，すなわち，抗告・準抗告の申立権を有することになる。

（3）　法355条の原審における代理人の該当性に関して，執行猶予言渡しの取消請求手続において，被請求人から権限の委任を受けた弁護士以外の者については，即時抗告の申立権が認められないとしたのが，次の裁判例であるが，これには詳細な反対意見が付されている。

【23】　最決平17・3・18刑集59・2・38（判時1896・155，判タ1181・190）

事実　刑の執行猶予言渡しの取消請求手続において，福岡簡易裁判所において，成人の被請求人に対する執行猶予の言渡しを取り消したところ，被請求人の母から即時抗告の申立てがあり，福岡高等裁判所は，被請求人の母は法353条，355条所定の代理人に該当しないから，申立権のない者からの不適法な申立てとして，棄却する決定をした。これに対して，代理人弁護士から特別抗告の申立てがなされた。

判旨　「刑法26条1号の規定による本件刑の執行猶予言渡しの取消請求手続において，被請求人（成人）から刑訴法349条の2第1項に基づく求意見に対する回答を含む一切の権限の委任を受けたとする被請求人の母は，刑訴法355条にいう「原審における代理人」に該当せず，本件刑の執行猶予言渡しの取消決定に対して，被請求人のため即時抗告を申し立てる権限はないと解すべきである。また，反対意見が指摘するように，被請求人の母親は，上記委任とは別に，被請求人から即時抗告に関する権限の委任を受けているが，上訴について，弁護士以外の者による委任代理は明文の規定がない以上許すべきではないから，母親のした本件即時抗告の申立ては，この委任に基づくものとしてみても，不適法である。（略）

裁判官泉德治の反対意見は，次のとおりである。

私は，被請求人の代理人Aによる本件即時抗告の申立ては適法であるから，原決定を破棄し，原々決定を取り消して，被請求人に対する刑の執

第2節　抗告及び特別抗告

行猶予言渡しの取消請求を却下すべきであると考える。その理由は，次のとおりである。

　原決定は，本件即時抗告の申立人は被請求人の母親であるAであるところ，Aには即時抗告の申立権がないから，本件即時抗告の申立ては申立権のない者によってなされた不適法なものであるとして，刑訴法426条1項の規定により本件即時抗告を棄却した。しかし，本件即時抗告の申立人は被請求人本人である。福岡簡易裁判所から原々決定である刑の執行猶予言渡しの取消決定の送達を受けた被請求人は，「私は，Aを代理人と定め，刑の執行猶予言渡取消決定に対する即時抗告に関する一切の権限を委任します。」との委任状をAに交付し，Aは，この委任状を添えて，被請求人を抗告人，Aを抗告人代理人と表示した本件即時抗告の申立書を福岡簡易裁判所に提出した。Aは，被請求人の本件即時抗告の申立てを代理した者にすぎない。刑事訴訟においても，当該行為が代理を許してならないものでない以上，正規の弁護士を代理人として代理名義で訴訟行為をすることができるものであることは，当裁判所の判例とするところである（略）。そして，即時抗告の申立ては，代理に親しむ行為である。問題は，弁護士資格を有しない一般人が即時抗告の申立てを代理することができるか否かということであるが，少なくとも，刑の執行猶予言渡しの取消決定に対する即時抗告の申立ては，一般人が代理できると解するのが相当である。刑の執行猶予言渡しの取消手続において，被請求人にとり最も重要な行為は，刑訴法349条の2第1項の規定により意見を述べることであるが，同項は，一般人が刑の執行猶予の言渡しを受けた者の代理人として意見を述べることを認めている。このように，刑訴法が，刑の執行猶予言渡しの取消手続において，最も重要な部分で一般人の代理を認めていることからすれば，刑の執行猶予言渡しの取消決定に対する即時抗告の申立てについても，一般人の代理を許容している

と解するのが相当である。本件においても，母親であるAが，入院中の被請求人の代理人として委任状を添付の上，刑訴法349条の2第1項の規定による意見書を提出し，福岡簡易裁判所は，同意見書の提出により被請求人の意見を聴いたものとして，原々決定である刑の執行猶予言渡しの取消決定を行っているのであり，被請求人において，同決定に対する即時抗告の申立てもAを代理人として行えるものと考えたとしても，無理からぬものがあるというべきである。」

　本件の問題点は，執行猶予言渡しの取消請求手続の際，法349条の2第1項は意見聴取の対象として「代理人」を掲げており，本件の母親は右「代理人」に該当するのではないか，また，法355条は「原審における代理人」が上訴権を有する旨規定することから，本件の母親の上訴は適法と考えられるのではないか，というものである。

　最高裁判所は，前段の問題点には全く触れないで，本件母親が「被告人のために上訴をすることができる」原審代理人には該当しない旨判断した上，反対意見が指摘する弁護士以外の者に対する委任代理に基づく上訴に関して，これを否定することを明らかにしたものである。

　さらに，商法20条所定の支配人が法355条の代理人に該当しないと判断したのが，次の裁判例である。

上訴の申立て

第2章　上訴申立権者

【24】　最決昭 43・1・17 刑集 22・1・1（判時 510・76，判タ 218・205）

事実　被告人は，業務上過失致死事件で布施簡易裁判所が発した略式命令の告知を受けたが，被告人の代理人支配人Ａが書面で同裁判所に対して正式裁判の請求をして，Ａが被告人の支配人である旨の支配人登記簿謄本を添付していた。同裁判所は，この正式裁判の請求は，法令上の方式に違反したものであるとして，棄却の決定をし，Ａからの抗告申立てを受けた大阪高等裁判所は，Ａが被告人を代理して正式裁判の請求をする権限はないとして，上記棄却決定を維持したため，Ａから特別抗告の申立てがなされた。

判旨　「略式手続における代理人または弁護人および被告人の法定代理人または保佐人に該当しない被告人の支配人からの正式裁判請求は不適法であるとした原決定の判断は相当である」。

第3章　上訴の期限

控訴及び上告の提起期間は14日であり（法373条，414条），即時抗告の提起期間は3日であり（法422条），即時抗告が許される高等裁判所がした決定に対する異議申立ての提起期間も3日であり（法428条3項後段），特別抗告の提起期間は5日である（法433条2項）。通常抗告に関しては，申立ての利益がある限り行うことができ（法421条），抗告が許される高等裁判所がした決定に対する異議申立ての提起期間も同様である（法428条3項後段）。

また，上訴の申立ては原審裁判所に書面を差し出すことによりされることと規定されているが（法374条，414条，423条1項，434条），同様の規定を有していた旧刑訴法時代のものとはいえ，上訴審裁判所に上訴申立ての書面が差し出された場合の上訴の効力を論じたのが，次の裁判例である。

【25】　大判昭8・5・22刑集12・687

事実　被告人は，昭和7年12月28日，静岡地方裁判所浜松支部において，放火事件により有罪の判決の言渡しを受け，同月29日付けで東京控訴院あてに書留郵便により控訴申立書を郵送したところ，昭和8年1月1日に東京控訴院に到着し，そこで，静岡地方裁判所浜松支部に回送したものの，同裁判所に到着したのは，同月7日であり，既に当時の刑訴法が7日間と定めていた控訴申立期間を徒過していた。そこで，東京控訴院は，控訴権消滅後の不適法な控訴であるとして控訴棄却の判決をした。

判旨　「按ズルニ控訴ハ上級裁判所ニ対シテ事件ノ覆審ヲ求ムル不服申立ノ方法ニ外ナラザルガ故ニ控訴申立書ニ其ノ宛名ヲ表示セントセバ須ラク控訴ノ管轄裁判所ヲ記載スルヲ正当ナリトス此ノ意味ニ於テ控訴ハ控訴裁判所ニ対シテ為サルベキモノナルコト洵ニ所論ノ如シト雖凡ソ適法ニ控訴ヲ提起スルニハ法定ノ期間内ニ控訴申立書ヲ判決ヲ受ケタル第1審裁判所ニ差出スベキモノナルコト刑事訴訟法第395条第396条ノ規定ニ照シ疑ヲ容レザル所ナルガ故ニ控訴権ヲ有スル者控訴ヲ提起スルニ当リ控訴申立書ヲ直ニ控訴裁判所ニ提出スルモ適法ナル控訴ノ効ナキモノト云フ

第3章　上訴の期限

ベク只郵便等ニ依リテ控訴裁判所ニ送致シタル場合ニ於テ控訴裁判所之ヲ受取リ更ニ第1審裁判所ニ回送シタルトキノ如キハ控訴期間内ニ第1審裁判所之ヲ受理シタル場合ニ限リ控訴ノ効ヲ生ズルモノト解スルヲ正当ナリトス本件ハ被告人ニ対スル放火被告事件ニ付昭和7年12月28日静岡地方裁判所浜松支部ニ於テ言渡シタル有罪判決ニ対シ被告人ヨリ控訴ノ申立ヲ為シタルモノナルトコロ該控訴申立書ハ書留郵便ヲ以テ東京控訴院ニ郵送セラレ昭和8年1月1日同院宿直ニ於テ一旦之ヲ受領シタルモ同年1月6日付付箋ノ上静岡地方裁判所浜松支部ニ回送セラレ同裁判所ハ同月7日受理シタルモノナルコト記録上明瞭ナリ然レバ該被告人ノ控訴ノ申立ハ其ノ申立書ヲ差出スベキ裁判所ヲ誤マリ然モ控訴期間内ニ第1審タル浜松支部ニ受理セラレタルモノニ非ザルコト明ナルガ故ニ冒頭説明ノ理由ニ照シ本件控訴ハ控訴権消滅後ニ為サレタル控訴タルニ帰シ不適法タルヲ免レザルモノトス」

　この理は，大判大14・10・29刑集4・635が既に明らかにしていたほか，名古屋高決昭30・3・22高刑集8・4・445も，同旨の判断を示している。したがって，上訴の提起期間内に上訴裁判所に対して上訴申立書を提出しても適法な上訴の効力を生じることはなく，上訴裁判所から上訴提起期間内に原裁判所に上訴申立書が到達した場合に限り，適法な上訴申立ての効力が認められることになる。

第1節　判決宣告手続の違法と上訴提起期間

　違法な判決宣告手続が行われた場合の上訴提起期間を明らかにしたのが，次の裁判例である。

【26】　最決昭38・10・31刑集17・11・2391
　　　（判時353・50）

　事実　被告人は，法定刑が罰金5万円以下の道路交通法違反で起訴されたが，静岡簡易裁判所は，昭和37年6月26日，被告人不出頭のまま，有罪の判決を宣告し，その判決主文とともに，その旨被告人に通知し，この通知が同月27日に被告人に到達した。そして，被告人は，同年7月11日，同裁判所に対し，控訴申立書を提出したが，同裁判所は，控訴期限である同月10日を徒過しており，控訴権消滅後の申立てであるとして，控訴棄却の決定をした。即時抗告審である東京高等裁判所は，上訴の提起期間は裁判が宣告された日から進行するとして，1審決定を支持し，これを棄却したため，被告人から特別抗告がなされた。

　判旨　「本件は，第1審裁判所が，被告人（申立人をいう。以下同じ。）に対する有罪の判決を宣告し，被告人がこれに対して控訴を申立てたところ，同裁判所は，控訴提起期間経過後の申立であるとして決定でこれを棄却し，原裁判所は，

第1節　判決宣告手続の違法と上訴提起期間

右決定を相当としてこれを維持したものである。

　記録によれば，本件公訴事実は，被告人が昭和37年2月7日一方通行の道路において，前方道路の標識に注意し，一方通行の場所でないことを確認して運転すべき義務を怠りこれに気づかないで，その出口の方向から入口方向に第2種原動機付自転車を運転通行したとの事案であり，判決で右事実が認定された場合には，右は道路交通法119条2項，1項1号に該当し，所定の刑は罰金5万円以下であるから，然る以上被告人が公判期日に出頭しなければ，右被告事件につき判決を宣告することを許されないことは，刑訴285条，286条に照らし明らかであるのに，第1審裁判所は，この点を看過し，昭和37年6月26日の公判期日に被告人不出廷（弁護人の選任，出廷もない）のまま右公訴事実につき被告人に対する有罪の判決を宣告した上，刑訴規則222条による判決の通知を行い，該通知は同月27日被告人に到達したことが認められる。

　右の訴訟関係によれば，第1審判決は，その宣告手続における右の瑕疵に拘わらずその効力を妨げられることなく，これに対する上訴提起の期間は，右宣告の日から進行するものと解するほかない。」

　違法な判決宣告手続が行われた場合であっても，これに対する上訴期限は，判決宣告の翌日から進行すると判断したものである。もっとも，【26】は，本件の控訴申立書には，併せて上訴権回復請求申立ても含まれており，その申立ては理由があるとして，1審決定及び即時抗告棄却決定が取り消され，上訴権回復請求が許容されている。

　なお，控訴審がした控訴取下げに基づく訴訟終了宣言について，法428条2項，3項の趣旨に照らして，抗告に代わる異議の申立てとしての高等裁判所に対する不服申立てが許容されることを明らかにしたのが，次の裁判例である。

【27】　最決昭61・6・27刑集40・4・389（判時1204・146，判タ611・31）

事実　被告人は，昭和61年3月18日，徳島地方裁判所において，恐喝未遂事件で有罪の判決を言い渡され，即日控訴の申立をしたが，同年5月9日控訴取下げの書面を提出し，その後控訴取下げを撤回する旨の書面を提出したところ，高松高等裁判所は，同月19日，控訴取下げ当時判断能力の欠如をうかがわせる資料はないから，取下げが無効とはいえず，本件控訴は取下げにより終了しているから，もはや取下げの撤回は認められないとして，「本件控訴は，被告人の昭和61年5月9日付書面による控訴取下によって終了した。」旨の決定をしたため，被告人から特別抗告の申立てがなされた。

判旨　（高等裁判所の訴訟終了宣言の決定に対しては，）「その決定の性質に照らして，これに不服のある者は，3日以内にその高等裁判所に異議の申立をすることができるものと解するのが相当である（刑訴法428条2項，3項，422条参照）から，右決定は，刑訴法433条1項にいう「この法律により不服を申し立てることができない決定」に当たらない。本件特別抗告は不適法として棄却を免れない。」

　1審の控訴取下げに基づく訴訟終了宣言に対しては，即時抗告が許されているのである

第3章　上訴の期限

から，控訴審における訴訟終了宣言についても，何らかの不服申立制度を考慮する必要があることになり，抗告に代わる異議の申立てを許容するのは，当然といえよう。

第2節　裁判書謄本の送達が固有の上訴権者と他の上訴権者に時期を異にした場合の上訴提起期間

　裁判書謄本が本人及び代理人に送達される場合，送達日を異にすることは多々あるところ，上訴提起期間については，本人に送達された日を基準とするのが，以下に示すように，裁判例の考え方である。

【28】　最決　昭27・11・18刑集6・10・1213
　　　　（判タ26・43）

事実　被告人は，昭和21年勅令第277号，第311号事件で起訴され，福岡高等裁判所で懲役10月に処するとの判決を受けたが，その後，一部について大赦を受けたため，刑法52条の「併合罪ニ付キ処断セラレタル者或罪ニ付キ大赦ヲ受ケタル場合ニ於テハ特ニ大赦ヲ受ケザル罪ニ付キ刑ヲ定ム」との規定が適用され，刑事訴訟法施行法2条は，「新法施行前に公訴の提起があった事件については，新法施行後も，なお旧法及び応急措置法による。」と規定し，旧刑事訴訟法375条1項は，「刑法52条又ハ58条ノ規定ニ依リ刑ヲ定ムベキ場合ニ於テハ其ノ犯罪事実ニ付最終ノ判決ヲ為シタル裁判所ノ検事其ノ裁判所ニ請求ヲ為スベシ」，同2項は「前項ノ請求アリタルトキハ裁判所ハ被告人又ハ其ノ代理人ノ意見ヲ聴キ決定ヲ為スベシ此ノ決定ニ対シテハ即時抗告ヲ為スコトヲ得」と規定していたため，同裁判所が，昭和27年8月12日に懲役6月に変更して定める旨の刑の変更決定を行い，その決定が，被告人に対しては同月19日，その代理人である弁護士Aに対しては同月28日に送達され，代理人である弁護士Aから，同年9月1日異議の申立てをしたところ，同裁判所は，同月9日に異議には理由がないとしてこれを棄却する決定をしたため，弁護人Aから，特別抗告の申立てがなされた。なお，応急措置法（日本国憲法の施行に伴う刑事訴訟法の応急的措置に関する法律）18条1項は，「刑事訴訟法の規定により不服を申し立てることができない決定又は命令に対しては，その決定又は命令において法律，命令，規則又は処分が憲法に適合するかしないかについてした判断が不当であることを理由とするときに限り，最高裁判所に特に抗告をすることができる。」，同2項は，「前項の抗告の提起期間は，5日とする。」と規定していた。

判旨　「本件は，福岡高等裁判所が昭和27年8月12日刑法52条による刑の変更決定をしたのにはじまるのであるが，被告人Aに対する昭和21年勅令第277号及び第311号違反被告事件は昭和23年に起訴せられ，旧刑訴の適用せられる事件であったから，刑の変更に当って適用すべき刑訴の条文は，刑訴施行法2条の規定により旧刑訴375条であって，新刑訴350条349条2項の規定ではない。従ってこの点において原々決定は適用法条を誤ったのであるが，この決定に対して

第2節　裁判書謄本の送達が固有の上訴権者と他の上訴権者に時期を異にした場合の上訴提起期間

は，刑訴応急措置法18条によって，当裁判所に特別抗告の申立ができることがある外には，原裁判所に対しては，異議の申立ができなかったところである。仮に新刑訴の規定を適用して異議の申立ができるものと解したところで，原々決定は昭和27年8月19日被告人に対し書留郵便に付して送達されているから，本件申立（9月1日受理）は，期間経過後になされたことになる（尤も代理人Bに対しては，同年8月28日郵便による送達がされているが，本人にも送達がなされている場合における異議申立期間は，本人に対し送達がされた時から進行をはじめると解すべきものである）。」

同様の趣旨を明らかにしたのが，以下個別に述べる裁判例である。

1　上告棄却決定に対する異議申立て

最高裁判所による上告棄却決定について，同決定謄本が被告人本人に送達されたときを上訴提起期間の起算日としたのが次の裁判例である。

【29】　最決昭32・5・29刑集11・5・1576

事実　被告人に対する麻薬取締法違反，外国為替及び外国貿易管理法違反事件について，最高裁判所は，昭和32年4月6日，上告棄却の決定をし，この決定は，被告人には同月9日，弁護人には同月11日送達され，同月15日に弁護人から異議の申立てがなされた。これに対し，最高裁判所は，法422条の法定期間経過後の不適法な申立てであるとして，異議申立てを棄却するとの決定をした。そこで，上記弁護人から，特別抗告の申立てがなされた。

判旨　「最高裁判所がした決定に対しては，特別抗告の申立は許されない（略）のであるから，本件申立は不適法であって棄却を免れない。（なお，所論の上告棄却決定謄本は，被告人と弁護人である本件申立人の双方に送達され，その日時は，被告人には昭和32年4月9日，弁護人には同月11日であること一件記録に徴し明白であり，かような場合における所論異議申立期間は，本人に対し送達された時から進行をはじめると解すべきものである。（略））」

2　保釈請求却下決定に対する準抗告棄却決定に対する特別抗告

準抗告の決定について，同決定謄本が被告人本人に送達されたときを上訴提起期間の起算日としたのが次の裁判例である。

【30】　最決昭43・6・19刑集22・6・483（判時524・81，判タ224・183）

事実　被告人は，窃盗未遂事件で，勾留されたまま，川越簡易裁判所に起訴され，第1回公判期日前の弁護人からの保釈請求について，同裁判所裁判官が却下したところ，弁護人から準抗告の申立てがあり，浦和地方裁判所川越支部は，昭和43年3月2日に準抗告棄却の決定をし，その決定謄本は，被告人には同月5日，弁護人には同月7日に送達された。これに対して，弁護人から，同月12日に特別抗告の申立てがなされた。

第3章　上訴の期限

判旨　「本件抗告の申立は，昭和43年3月12日にされたものであって，刑訴法433条2項に定める5日の期間経過後のものであるから，不適法である（なお，所論の準抗告申立棄却決定謄本は，被告人と申立人である弁護人Aの双方に送達され，その日時は，被告人には同月5日，右弁護人には同月7日であることが記録上明らかであり，かような場合における抗告申立の期間は，被告人本人に対し送達された時から進行をはじめると解すべきである。」）

3　刑事補償法に関する特別抗告

刑事補償請求事件に関する即時抗告棄却決定について，同決定謄本が被告人本人に送達されたときを上訴提起期間の起算日としたのが次の裁判例である。

【31】　最決昭55・5・19刑集34・3・202（判時968・127，判タ419・91）

事実　請求人は，恐喝被告事件について無罪の判決が確定したため，身柄拘束中の刑事補償を請求したところ，神戸地方裁判所は，昭和55年1月9日に一部の請求を認めたが，その余の請求を棄却した。そこで，即時抗告を申し立て，大阪高等裁判所は，同年3月18日，即時抗告棄却の決定をし，その決定謄本は，請求人には同月20日，代理人弁護士には同月21日に送達された。これに対して，代理人弁護士から，同月26日に特別抗告の申立てがなされた。

判旨　「本件抗告の申立は，昭和55年3月26日にされたものであるところ，記録によると，本件刑事補償請求事件についての原々決定に対する即時抗告を棄却した原決定の謄本は，同月20日に右刑事補償請求人本人に対して送達され，同月21日に右即時抗告申立代理人Aに対して送達されていることが明らかである。このような場合における刑事補償法23条によって準用される刑訴法433条2項に定める5日の抗告申立の期間は，請求人本人に対して原決定の謄本が送達されたときから進行を始めるものと解するのが相当であり」（【29】【30】等参照），「本件抗告の申立は，右期間経過後のものというべきであるから，不適法である。」

4　その他

これらと同様の判示をした裁判例は多数存在しており，例えば，最決昭43・10・25裁判集169・209（保釈請求却下決定に対する準抗告棄却決定に対する特別抗告），最決昭43・12・4裁判集169・607（上訴権回復の請求申立棄却決定に対する即時抗告棄却決定に対する特別抗告），最決昭45・1・21裁判集176・7（勾留執行停止申請に関する準抗告棄却決定に対する特別抗告），最決昭45・4・30裁判集176・277（裁判官の忌避申立についての即時抗告棄却決定に対する特別抗告），最決昭51・9・30裁判集201・569（控訴棄却決定に対する異議申立棄却決定に対する特別抗告），最決昭52・9・14裁判集205・519（裁判官忌避申立却下決定に対する準抗告棄却決定に対する特別抗告），最決昭58・10・19裁判集232・415（刑の執行猶予言渡取消決定に対す

る即時抗告棄却決定に対する特別抗告），最決昭 62・7・20 裁判集 246・1363（裁判官忌避申立却下の裁判に対する準抗告棄却決定に対する特別抗告）等がある。

第 3 節　在監者の上訴申立ての特則である法 366 条 1 項の準用ないし類推適用

　在監者の上訴申立ての特則である法 366 条 1 項がいかなる場合にまで準用ないし類推適用されるのかの判断基準については，以下に述べるように，最高裁判所においては，「刑事上の処分の手続の性質」の有無を挙げている。

1　上記特則の準用ないし類推適用が肯定された事例

(1)　判決訂正の申立て

　最高裁判所の上告棄却判決に対する判決訂正の申立て（法 415 条）については，次の裁判例が上記特則の準用ないし類推適用を認めている。

【32】　最決昭 41・4・27 刑集 20・4・332（判時 447・98，判タ 191・148）

判旨　「被告人Aに対する詐欺被告事件（略）について，昭和 41 年 3 月 22 日当裁判所の言い渡した上告棄却の判決に対し，申立人から別紙のとおり判決訂正の申立があったが（右申立書は，昭和 41 年 3 月 31 日に，申立人が勾留されている名古屋拘置所の長の代理者に差し出され，同年 4 月 2 日に当裁判所が受理したものであるが，判決訂正の申立についても刑訴法 366 条 1 項の準用があるものと解するのが相当であるから，本申立は，同法 415 条 2 項に定める申立期間内になされたものとみなすべきである。），右申立書に記載されている事由をもってしては，判決訂正申立の理由とならない」。

(2)　再審請求事件の特別抗告

　再審請求事件に関する最高裁判所への特別抗告の申立てについては，次の裁判例が上記特則の準用ないし類推適用を認めている。

【33】　最決昭 50・3・20 裁判集 195・639

判旨　「本件抗告期間の最終日は，昭和 49 年 12 月 28 日であるところ，申立人は，本件抗告の申立書を同年 12 月 26 日在監中の府中刑務所長に差し出し，同所長は，同月 27 日郵送に付したが，原裁判所は，期間後である同月 29 日，本件抗告の申立書を受け付けたことが認められる。しかし，刑訴法 444 条が再審の請求及びその取下につ

第3章　上訴の期限

いて，同法366条を準用しているのは，再審が確定判決に対し，当該判決手続で刑事上の処分を受けた本人の救済をその直接の目的とする非常救済手続であることによるものと（略）解するのが相当である。よって，本件抗告は，同法433条2項に定める提起期間内になされたものとみなされる。」

(3) 再審請求事件の異議申立て

【33】と同様の理由により，高等裁判所がした再審請求棄却決定に対する異議申立てについても，上記特則が準用ないし類推適用されることを明らかにしたのが次の裁判例である。

【34】　最決昭54・5・1刑集33・4・271（判時928・120，判タ388・73）

判旨　「高松高等裁判所は申立人からの再審請求事件（同裁判所昭和51年（お）第1号）につき昭和51年10月29日再審請求棄却の決定をし，右決定の謄本が同年11月3日徳島刑務所在監中の申立人に送達され，申立人はこれに対し同月5日異議申立書（標題は「即時抗告」とあるが，高等裁判所がした決定に対しては即時抗告の申立は許されないので，異議の申立をしたものと認める。）を同刑務所長に差し出したところ，同所長はこれを郵送に付し，高松高等裁判所は同月8日これを受け付けたが，原裁判所は，本件異議の申立はその期間経過後である同月8日にされた不適法なものであるとして，異議申立棄却決定をしたことが明らかである。

しかし，刑訴法366条の規定は，再審の請求の

みならず再審請求棄却決定に対する異議の申立についても準用されるものと解するのが相当である」（【33】参照）「から，本件異議の申立は，同法428条3項，422条に定める提起期間内にされたものといわなければならない。」

(4) 保釈保証金没取決定に対する特別抗告

保釈保証金没取決定に対する最高裁判所への特別抗告の申立てについては，次の裁判例が上記特則の準用ないし類推適用を認めている。

【35】　最決昭56・9・22刑集35・6・675（判時1016・130，判タ452・97）

事実　申立人は，業務上過失傷害，犯人隠避教唆事件で勾留され，昭和55年2月1日，青森地方裁判所において，懲役8月の判決宣告を受けた後，保釈保証金を80万円と定めた保釈許可決定を受け，同日弁護士Aが保釈保証金を納付して，身柄を釈放され，同年6月4日，仙台高等裁判所において，控訴棄却の判決宣告を受けた後，同月16日，控訴審弁護人B請求による保釈許可決定を受け，同月23日の保釈保証金流用，代納許可により，上記80万円が保釈保証金とされた。一方，申立人は，同月11日，上告の申立てをしたが，最高裁判所は，同年11月18日，上告棄却の決定をし，同年12月2日上記事件が確定した。ところが，申立人は，所在をくらまし，昭和56年4月2日に収監されたことから，同月6日に検察官から保釈保証金全部の没取請求があり，同月9日，青森地方裁判所は，保釈保証金全部の没取を決定し，同

第3節　在監者の上訴申立ての特則である法366条1項の準用ないし類推適用

月16日にされた申立人からの抗告について，仙台高等裁判所は，同年6月2日，抗告棄却の決定をし，その決定謄本は同月11日被告人に送達された。そして，申立人は，同月13日，特別抗告申立書を新潟刑務所に提出したところ，同月18日にこれが最高裁判所に直接到着したため，直ちにこれを仙台高等裁判所に回送したが，同裁判所に到着したのは翌19日であった。

判旨　「本件抗告期間の最終日は，昭和56年6月16日であるところ，申立人は，本件抗告の申立書を同月13日在監中の新潟刑務所に差し出したが，同所はこれを当裁判所に直送したため，当裁判所から回送を受けた原裁判所は，期間後である同月19日，本件抗告の申立書を受け付けたことが認められる。しかしながら，刑訴法96条3項による保釈保証金没取請求事件は，刑事被告事件の確定後の手続ではあるが刑事上の処分の手続の性質を有するものであるから，右保釈保証金没取請求事件の特別抗告の申立についても，同法366条1項の準用があるものと解するのが相当であり，従って，本件申立は適法である。」

(5) 刑の執行猶予言渡しの取消請求事件の特別抗告

刑の執行猶予言渡しの取消決定に対する最高裁判所への特別抗告の申立てについては，次の裁判例が上記特則の準用ないし類推適用を認めている。

【36】　最決平16・10・8刑集58・7・641（判時1882・158，判タ1173・166）

事実　申立人は，平成11年6月に恐喝，傷害事件で懲役1年6月，3年間執行猶予に処せられた後，平成12年6月に強盗事件で懲役4年に処せられ，平成13年3月21日に名古屋地方裁判所で上記執行猶予の言渡しを取り消され，刑務所に服役中であったが，平成16年6月25日に上記執行猶予言渡取消決定に対し，「抗告訴状」と題する書面を提出し，同地方裁判所は，これを即時抗告として取り扱い，同年7月7日に即時抗告期間経過後の申立てとして，法375条により棄却した。そこで，申立人は，「異議申立書」と題する書面を提出したため，名古屋高等裁判所は，これを即時抗告として取り扱い，同月13日に名古屋地方裁判所の決定に違法な点はないとして棄却した。この決定謄本は，同月15日に刑務所で服役中の申立人に送達されたが，同月20日に特別抗告申立書を担当看守に差し出したところ，同刑務所職員はこれを最高裁判所に直接郵送し，回送された名古屋高等裁判所に到着したのは特別抗告期間である同月20日を経過した同月22日であった。

判旨　「刑の執行猶予言渡しの取消請求事件は，刑事上の処分の手続の性質を有するものであるから，本件抗告の申立てには刑訴法366条1項が類推適用されるものと解するのが相当であり，本件申立ては適法である。」

第3章　上訴の期限

2　上記特則の準用ないし類推適用が否定された事例

(1)　控訴趣意書の提出

控訴趣意書の提出については，次の裁判例が上記特則の準用準用ないし類推適用を否定している。

> 【37】　最決昭29・9・11刑集8・9・1490

事実　被告人は，窃盗控訴事件について，福岡高等裁判所が定めた控訴趣意書差出最終日である昭和29年3月20日に「上申書」と題する書面（内容としては1審判決の事実誤認，量刑不当を主張するもの）を小倉拘置所担当者に提出し，これが同裁判所に到着したのは，同月24日であった。そして，同裁判所は，この控訴趣意に対する判断を示さなかったため，弁護人が上告趣意においてその違法を主張した。

判旨　「所論控訴趣意書（上申書と題するもの）は法定期間経過後の提出にかゝるものであるからこの場合刑訴規則238条を適用すべき場合でない限り，原審が同趣意書に対し判断を与えなかったことは当然である。所論引用の判例は適法期間内に提出された控訴趣意書に関する場合であって，本件の場合に当てはまるものではなく，また所論刑訴366条は所論もいうとおり，上訴申立に関する規定であって控訴趣意書に準用あるものとは解されないから，所論はすべて採ることができない。」

(2)　付審判請求事件の特別抗告

付審判請求事件の特別抗告については，以下の裁判例が上記特則の準用ないし類推適用を否定している。

> 【38】　最決昭43・10・31刑集22・10・955
> （判時539・79，判タ228・165）

事実　申立人は，釧路地方裁判所において，強盗殺人事件で無期懲役の判決宣告を受けたが，この判決は，陪席裁判官が判決書に虚偽の事実を記載して，虚偽公文書を作成，行使して，職権を濫用して申立人に違法な刑罰を科したとして，陪席裁判官を被疑者として検察庁に告訴したが，検察官は不起訴処分にした。そこで，申立人は，釧路地方裁判所網走支部に付審判請求を申し立て，同裁判所は，虚偽公文書作成，同行使罪は付審判請求の対象犯罪に該当せず，職権濫用罪は公訴時効が完成しているととして，請求を棄却した。これに対して，申立人は抗告を申し立てたが，札幌高等裁判所はこれを棄却し，この決定謄本は，網走刑務所で服役中の申立人に昭和43年8月2日に送達されたため，申立人は，特別抗告提起期間の最終日である同月7日に特別抗告申立書を同裁判所あての封筒に入れて同刑務所係官に手渡し，直ちに投函された上記封筒は，翌8日に同裁判所に到着した。

判旨　「本件抗告の申立書は，昭和43年8月8日に原裁判所が受け付けているのであって，刑訴法433条2項に定める5日の期間経過後の申立であるから，不適法である（なお，申立人は，右抗告期間の最終日である同年8月7日に，本件申立書を刑務所の係官に手交している事実が

第3節　在監者の上訴申立ての特則である法366条1項の準用ないし類推適用

認められる。しかしながら，付審判請求事件は，刑法193条等の罪について告訴または告発をした者が，検察官の不起訴処分に不服のあるとき，事件を裁判所の審判に付することを請求する手続であって，刑事上の処分を受けた本人の救済をその直接の目的としたものではなく，従って，その申立棄却決定に対する不服申立も，本来の刑事被告事件の上訴申立とは，その性質を異にするものというべきであるから，在監者の上訴申立に関する刑訴法366条1項は，付審判請求事件の特別抗告申立には準用ないし類推適用されないものと解すべきである。そうすると，本申立を同法433条2項に定める申立期間内にされたものとみなすことはできない。）。」

【39】　最決平16・10・1裁判集286・349（判タ1168・138）

判旨　「在監者の上訴申立てに関する同法366条1項は付審判請求には準用されておらず，また，類推適用されないものと解するのが相当であり，これと同旨の原判断は相当である。」

付審判請求事件は，「刑事上の処分の手続の性質」を有しているとは必ずしもいえないし，最高裁判所のこのような見解は確立したものといえる。

(3)　刑事補償請求事件の特別抗告

刑事補償請求事件の特別抗告については，【40】が上記特則の準用ないし類推適用を否定している。

【40】　最決昭49・7・18刑集28・5・257（判時746・112，判タ312・279）

事実　申立人は，傷害事件等により懲役2年に処せられ，刑の執行も受け終わり，その後，別事件で大阪刑務所に服役中であったが，上記傷害事件について無罪判決があったとして刑事補償の請求をしたところ，前橋地方裁判所は，無罪判決はなかったとして請求を棄却し，これに対する即時抗告について，東京高等裁判所も棄却の決定をした。この決定謄本は，昭和49年6月17日，大阪刑務所長に送達され，申立人は，同月21日午前に特別抗告申立書を同裁判所あての封筒に入れて同刑務所係官に手渡し，投函された上記封筒は同月24日に同裁判所に到着した。

判旨　「本件抗告の申立書は，昭和49年6月24日に原裁判所に受理されているのであって，刑事補償法23条によって準用される刑訴法433条2項に定める5日の期間経過後の申立であるから，不適法である。

なお，申立人は，右抗告期間の最終日の前日である同年6月21日に，本件申立書を刑務所の係官に手交している事実が認められる。しかしながら，刑事補償請求事件は，無罪の裁判を受けた者等が，未決の抑留若しくは拘禁又は刑の執行等による補償を請求する手続であって，刑事上の処分を受けた本人の刑事手続内における救済をその目的としたものではなく，したがって，その申立棄却決定に対する不服申立も，本来の刑事被告事件の上訴申立とは，その性質を異にするものというべきであるから，在監者の上訴申立に関する刑訴法366条1項は，刑事補償請求事件の特別抗告申立には準用ないし類推適用されないものと解すべきである。」

第 3 章　上訴の期限

　刑事補償請求は，その実質は損害補償請求であると考えられ，刑事上の処分そのものを争うものではないことに照らしても，法366条 1 項の準用ないし類推適用を考慮する余地はないから（最高裁判所判例解説刑事篇昭和49年度34頁以下［今井功執筆］），上記判旨について，異論はあるまい。

第4章　上訴の方式

上訴の申立ては，書面によることが必要とされている（法374条，414条）。したがって，書面性を欠くものについては，法令の方式に違反した不適法な申立てとされる。

第1節　電報による上訴申立て

1　電報による上告申立てを不適法としたのが，旧刑訴法時代の次の裁判例である。

【41】　大判昭7・1・27 刑集11・10

事実　広島控訴院は，昭和6年11月17日，被告人山下源蔵に対して，偽証，背任事件で判決を言い渡し，被告人は，同月24日，これに対して，「ジブンヒコクジケンジョウコクスヤマシタゲンゾ」という電報により，上告申立てをしたところ，同裁判所は，同月26日，電報による上告申立ては不適法であるとして，棄却決定をした。なお，当時の刑訴法の規定は，419条「上告ヲ為スニハ申立書ヲ原裁判所ニ差出スベシ」，73条「官吏又ハ公吏ニ非ザル者ノ作ルベキ書類ニハ年月日ヲ記載シテ署名押印スベシ」，290条1項「公訴ノ提起ハ書面を以テ之ヲ為スベシ」，同条2項「予審ノ請求ハ急速ヲ要スル場合ニ限リ口頭又ハ電報ヲ以テ為スコトヲ得口頭又ハ電報ヲ以テ予審ノ請求ヲ為シタルトキハ之ヲ調書ニ記載シ予審判事裁判所書記ト共ニ署名捺印スベシ」と規定していた。

判旨　「刑事訴訟法ニ於ケル書面ニ関スル幾多ノ規定就中第73条第74条第272条第290条第391条第396条等ノ規定ヲ按ズルニ所論上告申立書ハ上告申立人自ラ署名捺印シテ之ヲ作成スルコトヲ要セザルハ勿論ナルモ少クトモ申立人ノ作成名義ノ文書ト解シ得ラルルモノナルコトヲ要スルモノト謂ハザルベカラズ然ルニ電報即チ電報送達紙ハ私人ノ発信ニ係ル場合ト雖受信局名義ノ公文書ト解スベク発信人名義ノ文書ト解スベカラザルヲ以テ電報ニ依ル上告申立ハ刑事訴訟法第419条ニ所謂申立書ヲ以テシタルモノト解スベカラズ然ラバ右ト同趣旨ニ出デタル原審決定ハ相当ニシテ本件抗告ハ理由ナシ」

第4章　上訴の方式

2　この考えは，最高裁判所においても維持されており，上告申立てについて次の判断が示された。

【42】　最決昭25・12・5刑集4・12・2489（判タ10・54）

判旨　「被告人は，昭和25年7月24日東京高等裁判所の言い渡した判決に対して同年8月7日電報により又同年9月2日書面により上告の申立をしたものであることは記録により明らかである。刑訴法414条374条によれば，上告をするには申立書を原裁判所に差し出さなければならないのであって，訴訟手続の明確を期する趣旨から見れば，電報はここにいう書面に該当しないものと解するのを相当とする。従って電報による上告の申立は法令上の方式に違反したものであるし，又その後に提出された上告申立書は，上告権の消滅後にされたものであることが明らかである。」

3　また，この考えが上告審の判決に対する判決訂正申立てに際しても適用されることを，次の裁判例が明らかにしている。

【43】　最決昭27・12・26刑集6・12・1473

事実　申立人Aは，昭和27年2月29日，最高裁判所において，略取教唆事件について，上告棄却の判決の宣告を受けたが，同年3月8日，「26れ1920告訴権無き者の告訴ゆえ刑訴415に依り訂正乞ふA」「又親告罪なるもAに対する告訴無し」という電報を同裁判所に到着させたほか，同年9月5日，判決訂正申立補充書を同裁判所に提出した。

判旨　「申立人に対する前記被告事件について昭和27年2月29日当裁判所の宣告した判決に対し，申立人から同年3月8日電報により，及び同年9月5日判決訂正申立書補充書と題する書面により，判決訂正申立のあったことがわかる。しかし，刑訴415条，刑訴規則267条によれば，判決訂正の申立は判決の宣告があった日から10日以内に書面でこれをしなければならないとされているのであって，右申立期間延長申立についても同様に規定されている。そして，訴訟手続の明確を期する必要上，電報は右にいわゆる書面に該当しないものと解するのを相当とし，従って，電報による判決訂正の申立は法令上の方式に違反したものといわなければならない。また，その後提出された判決訂正申立書補充書と題する書面は10日の申立期間経過後に提出されたものであることが明かである。

よって，本件申立はこれを採用することができない」。

なお，最決昭35・2・27刑集14・2・206も，同旨の判断を示している。

4 電報による異議の申立てについても，次の裁判例において，同様の処理がされている。

> 【44】 最決昭 57・8・11 裁判集 228・267（判時 1078・27）

判旨 「昭和57年6月22日当裁判所がした上告棄却の決定に対し，申立人から異議の申立（特別抗告をするというが，当裁判所がした右決定に対し特別抗告をすることは許されないので，異議の申立をしたものと認める。）があったが，電報は刑訴法423条にいう申立書に該当せず，右申立は不適法である」。

最決昭30・5・24裁判集105・1007，最決昭37・5・29裁判集1582・74も同旨の判断を示している。

第2節　電子複写機を使用したコピーによる上訴申立て

電子複写機を使用してコピーを作成することは広く行われているが，そのようなコピーによる上訴申立ての効力を判示したのが，次の裁判例である。

> 【45】 最決平 17・7・4 刑集 59・6・510（判時 1908・177，判タ 1908・177）

事実 外国人である被告人は，平成16年7月8日，那覇地方裁判所において，強制わいせつ未遂，器物損壊事件により，懲役1年，3年間執行猶予の判決宣告を受け，控訴提起期間最終日である同月22日午後11時40分ころ，原審弁護人が同裁判所夜間受付に赴き，被告人の署名部分を含む全体が電子複写機によって複写された被告人名義の「控訴申立書」と題する書面を提出し，その後，上記書面が編綴された控訴事件記録が福岡高等裁判所那覇支部に送付された。同裁判所は，平成17年1月27日，本件控訴申立ては，法374条，規則60条に違反する無効なものであるとして，法385条1項により控訴棄却の決定をした。これに対して，同月30日，弁護人から異議申立てがあり，福岡高等裁判所は，同年3月28日に上記棄却決定は正当であるとして，異議申立てを棄却したため，弁護人から特別抗告の申立てがなされた。

判旨 「電子複写機によって複写されたコピーであって，作成名義人たる外国人である被告人の署名がない控訴申立書による控訴申立ては，同書面中に被告人の署名が複写されていたとしても，無効と解すべきである」。

電子複写機を使用したコピーは，原本性を欠くことは明らかであるから，この判断は正当である。

第4章　上訴の方式

第3節　署名のない申立書による上訴申立て

　法414条が準用する法374条は，「控訴をするには，申立書を第1審裁判所に差し出さなければならない。」と規定しており，規則18条は，「公訴の提起後における弁護人の選任は，弁護人と連署した書面を差し出してこれをしなければならない。」と規定している。この規定に反して，氏名の記載を欠いた被告人からの上告申立書による上告申立ての無効を論じたのが，次の裁判例である（弁護人選任届の無効とその弁護人による上告申立てについて判断がされた【13】と同じ裁判例である。）。

【46】　最決昭40・7・20刑集19・5・591（判時419・56，判タ180・114）

事実　本件の経緯等は，【13】を併せて参照されたい。なお，被告人の上告申立書には，「氏名不詳年齢20歳位の男，昭和39年2月15日当時名古屋拘置所において183番と呼称され昭和39年8月19日名古屋高等裁判所において森下東治として判決を受けた男」という記載と，「年齢20歳位の男」という記載の下部に指印が押されているのみで，被告人の署名はない。

判旨　「上告の申立をするには，申立書を第2審裁判所に差し出さなければならないことは，刑訴法414条，374条に明定するところであり，被告人がする上告の申立書には，被告人がこれに署名押印しなければならないことは，刑訴規則60条に規定するところであって，ここにいう署名が自己の氏名を自書することであることはいうまでもないところである。

　ところが，本件について差し出された氏名不詳者作成の上告申立書には，「氏名不詳年令20歳位の男，昭和39年2月15日当時名古屋拘置所において183番と呼称され昭和39年8月19日名古屋高等裁判所において森下東治として判決をうけた男」という記載があるだけで，被告人の署名は存在しない。

　しかるところ，被告人の氏名について黙秘権がないことは当裁判所大法廷の判例（略）とするところであり，法が上告の申立を前記のように要式行為としている理由は，手続を厳格丁重にして過誤のないようにしようとするためであり，被告人が訴訟の主体として誠実に訴訟上の権利を行使しなければならないものであることは，同規則1条2項の明定するところであるから，氏名を記載することができない合理的な理由もないのに，これに違反して，申立人の署名のない申立書によってした右上告は，無効なものと解するのが相当である。」

　同様に，署名のない特別抗告申立書について，【47】が不適法であることを指摘しているほか，弁護人からの申立てがいわゆる記名代印によりなされている事例について，【48】が不適法であると指摘している。

【47】 最決昭 48・6・5 裁判集 189・267（判時 711・139）

判旨　「申立人から特別抗告申立書と題する書面の差出があったが，右書面には申立人の氏名が記載されておらず，かつ，氏名を記載することができない合理的な理由があるとは認められないので，右書面をもってする本件抗告の申立は法令上の方式に違反している。」

【48】 最決昭 50・11・18 刑集 29・10・921（判時 800・107）

事実　名古屋高等裁判所に係属中の強姦致傷事件の弁護人Aは公判廷において，弁護人B，C，D，E，F，Gは連名の書面で，裁判官3名の忌避を申し立てたところ，A及びBの忌避申立ては訴訟を遅延させる目的でされたとして，法24条1項により，その余の申立ては記名代印による申立てであるから不適法であるとして，各申立却下の決定をした。これに対し，弁護人らから異議の申立てがあったが，全員の氏名をタイプ印刷し，A及びBの名下には氏名に符合する印影があったが，その余の4名の名下にはいずれもAの印影があり，「代」と記載されていた。異議審は，弁護人A及びBの忌避申立てを法24条1項により簡易却下したのは相当であり，記名代印による申立てを不適法としたのも正当であり，異議申立てについても，弁護人A及びB以外の申立ては記名代印によるものであるから不適法であり，法律上無効であるとした。そこで，弁護人らから特別抗告の申立てがなされたのであるが，この書面についても，弁護人A及びBは記名押印，その余は記名代印で作成されていた。

判旨　「いわゆる記名代印によって作成された本件忌避申立書等の書類は，刑訴規則60条，61条の法意に徴し，不適法であるから法律上無効というべきであって，これと同趣旨の原判断は，相当である。」

それまでの裁判例においては，規則60条が作成者の署名押印を要求していることから，特に各種申立書に関しては，署名のない特別抗告の申立書（最決昭41・2・3 裁判集158・263，最決昭48・6・5 裁判集189・267），弁護人選任届（【46】），法廷等の秩序維持に関する法律による制裁の裁判に関する特別抗告（最決民集225・1061）を無効としており，当該申立人本人の意思に基づいて作成されたことの担保として，少なくとも押印を要求したことに問題はあるまい。

第4節　肩書の誤記又は遺脱ある者からの上訴申立て

検察庁法は，簡易裁判所に対応するのが区検察庁，地方裁判所及び家庭裁判所に対応するのが地方検察庁であると規定し（2条1項，2項），検察官においては，その属する検察庁に対応する裁判所の管轄事項について職務を行うとされているところ（5条），上訴申立書における検察官の肩書の誤記が問題とされ

第4章　上訴の方式

たのが，次の裁判例である。

【49】　最決　昭38・10・25　刑集17・9・1786
　　　（判時354・47）

[事実]　被告人は，昭和36年7月18日，水戸簡易裁判所において，窃盗事件で懲役1年，5年間保護観察付き執行猶予の判決宣告を受けたところ，同月26日，水戸区検察庁の事務を取り扱う水戸地方検察庁検察官検事Aが控訴の申立てをしたが，控訴申立書に肩書を水戸地方検察庁検事Aと記載し，同年9月28日付け控訴申立補正申立書を東京高等裁判所に提出して控訴申立書中の肩書部分の補正を申し立て，同年11月2日付け釈明書に水戸地方検察庁執務規程写しを添付して同裁判所に提出し，同日の第1回公判期日において，「水戸地方検察庁検事Aは，検察庁法9条2項，12条に基づき水戸地方検察庁検事正が制定実施した水戸地方検察庁執務規程5条1項により水戸区検察庁の事務を併せて取り扱う者である。本件控訴申立ては，水戸簡易裁判所の対応検察庁である水戸区検察庁の検察官の資格をもってしたもので，したがって，本件控訴申立書も水戸簡易裁判所に差し出したのであり，控訴申立書に検察官Aの資格を水戸地方検察庁としたのは誤記であるから訂正したい。」と申し立て，弁護人は，本件控訴申立ては不適法であると主張した。東京高等裁判所は，明白な誤記であるとして，本件控訴申立ての適法性を肯定し，1審判決を破棄し，被告人に対し懲役1年の判決を宣告した。これに対して，弁護人が本件控訴申立ての違法を主張して上告した。

[判旨]　「本件控訴申立書によると，水戸簡易裁判所の言い渡した判決に対し，水戸地方検察庁検察官検事Aが控訴の申立をしたように記載されているが，同検察官は，水戸区検察庁検察官事務取扱の職務もあわせて担当していることが記録上明らかであり，右申立はその資格をもってしたものと認められるから，原判決が右検察官の資格に関する記載を誤記又は遺脱したにすぎないと判断し，控訴の申立を適法と認めたのは相当である。」

単なる誤記であることは明白であり，申立資格にも問題はないのであるから，当然の判断である。

第5節　方式違背の上訴に対する処理

旧刑事訴訟法397条は，「控訴ノ申立法律上ノ形式ニ違反シ又ハ控訴権消滅後ニ為シタルモノナルトキハ第1審裁判所ハ検事ノ意見ヲ聴キ決定ヲ以テ之ヲ棄却スベシ」と規定していたが，現行法375条は，「控訴の申立が明らかに控訴権の消滅後にされたものであるときは，第1審裁判所は，決定でこれを棄却しなければならない。」と規定する。

ところで，法令上の方式違反として考えられるのは，法374条による控訴提起の方式違反，規則60条等の書類作成方式の違反のほか，上訴の利益を欠く場合等がある。

そして，控訴申立権者でない者からの控訴

第 5 節　方式違背の上訴に対する処理

申立てについて、第 1 審裁判所が決定でこれを棄却したことが、次の裁判例では違法とされた。

【50】最決昭 33・11・24 刑集 12・15・3531

事実　成人である被告人は、松山地方裁判所において、恐喝事件等で有罪の判決宣告を受けたが、これに対し、被告人の父から控訴の申立てがされた。そこで、高松高等裁判所は、父は被告人の法定代理人でも保佐人でもないから、本件控訴は控訴権のない者からされたもので、法令上の方式に違反し不適法であるとして、法 385 条 1 項により決定でこれを棄却したところ、1 審弁護人から、本件控訴申立ては被告人の意思に合致しており、被告人の控訴と同視できる、1 審裁判所は控訴申立ての適否を審査すべきであり、補正等の措置を促すべきであるのに、そのような措置を講ぜずに受理したのであるから、控訴申立ての棄却決定をすることは許されないなどとして、異議の申立てをした。異議審も、原決定を支持して、異議申立てを棄却したため、特別抗告の申立がされた。

判旨　「按ずるに、被告人のため上訴をすることができる者は原審における代理人又は弁護人（刑訴 355 条）及び被告人の法定代理人又は保佐人（同 353 条）に限られているのであって、何等これらに該当しない被告人の父 A からの本件控訴申立は法令上の方式に違反する不適法なものである（略）。そして第 1 審裁判所は、控訴の申立が明らかに控訴権の消滅後にされたものである場合を除いては、公判調書の記載の正確性についての異議申立期間（刑訴 51 条 2 項、規則 52 条 2 項）の経過後、速やかに訴訟記録及び証拠物を控訴裁判所に送付することを要し（規則 235 条）、控訴の申立が法令上の方式に違反していることを理由として右申立を棄却することはできない（刑訴 375 条、旧刑訴 397 条参照）。そして、第 1 審裁判所が本件控訴申立書を受理した後、その誤りを発見して、好意的に当事者に注意を促がすことはあり得たとしても、そのような措置をしなかったからといって、その不措置自体違法というべきものではなく、また控訴裁判所を拘束すべき何らの効力を有するものではない。」

1 審裁判所には、控訴権消滅後の控訴申立てについては、法 375 条により決定で棄却する権限が付与されているのであるが、それ以外の場合には、自ら棄却決定をすることは許されず、控訴審に記録を送付すべきことになる。したがって、1 審裁判所の本件措置には明らかな違法性があるとはいえない。もっとも、通常は、1 審裁判所は、被告人からの控訴申立てについては、種々の注意を促して、補正の機会を与えるようにしていると思われ、それが望ましい措置であることはいうまでもないが、特に弁護人が付されているような場合には、そのような措置がされなかったからといって、1 審裁判所の違法を主張することはできないのであり、本件判断は正当である。

さらに、即時抗告期間経過後に申し立てられた即時抗告について、これを法 375 条の類推適用により棄却した 1 審裁判所の措置を違法としたのが、次の裁判例である。

上訴の申立て

第4章　上訴の方式

【51】　最決平18・4・24刑集60・4・409（判時1932・171、判タ1210・81）

事実　申立人は、昭和57年7月に確定の覚せい剤取締法違反被告事件の有罪判決について、平成17年9月に和歌山地方裁判所に再審請求を申し立て、同裁判所は平成18年1月12日に再審請求を棄却する決定をし、この決定謄本は、同月13日に申立人に送達された。これに対する申立人からの即時抗告申立書が同裁判所に到達したのは、即時抗告提起期間経過後の同月17日であったため、同裁判所は、同月18日に即時抗告提起期間経過後の申立てであるとして、法375条の類推適用によりこれを棄却した。そこで、申立人は、更に即時抗告を申し立てたが、大阪高等裁判所は、同年2月23日、最初の即時抗告申立ては即時抗告提起期間経過後のものであるから、申立ては理由がないとして、これを棄却したため、申立人から特別抗告の申立てがされた。

判旨　「抗告については、控訴に関する刑訴法375条に相応する規定がなく、即時抗告の申立てを受理した裁判所が、同条を類推適用してその申立てを自ら棄却することはできないと解するのが相当である。そうすると、同条により原々申立てを棄却した原々決定及びこれを維持した原決定は、法令の解釈適用を誤った違法があるといわざるを得ない。しかしながら、上記のとおり、原々申立ては再審請求棄却決定に対する即時抗告提起期間経過後のものであることが明らかであって、これを抗告裁判所で採り上げても、不適法なものとして棄却を免れないことにかんがみると、前記の違法があっても、原決定及び原々決定を取り消さなければ著しく正義に反するとまでは認められない。」

提起期間を徒過した即時抗告については、1審裁判所としては、法375条のような明文が存在しないのであるから、立法論はともかくとして、【50】が指摘するように、記録を控訴審に送付するしかないのであり、自ら決定で棄却することはできないのであって、【51】は当然の結論である。

もっとも、特別抗告の上訴権回復請求を棄却する場合には、併せて原審が特別抗告を棄却できるとしたのが、次の裁判例である。

【52】　最決昭48・6・21刑集27・6・1197（判時709・108、判タ298・337）

事実　申立人は、高松高等裁判所において、殺人事件等で審理を受けていたが、検察官請求の書面の証拠調べについて、公判期日外で異議の申立てをしたところ、昭和47年11月28日に異議申立棄却決定を受けた。そして、同裁判所は、同年12月8日に申立人からされた上記決定に対する特別抗告の上訴権回復請求及び特別抗告の申立てについて、同月12日に上訴権回復請求の棄却を決定した上、昭和48年1月12日に特別抗告を棄却する決定をした。これに対して、申立人は、特別抗告棄却決定に対し、即時抗告に代わる異議申立てを行い、特別抗告を自ら棄却したのは違法であると主張したが、高松高等裁判所から、回復を求める上訴の申立ては、手続上は上訴権回復請求と表裏一体の関係にあると同時に、その成否は上訴権回復請求に対する原裁判所の当否の判断にかかっており、上訴権回復請求が棄却された場合には、上訴裁判所における本案の上訴の適否、理由の有無の審査、判断の余地はなく、そのような事情を考慮すると、上訴権回復請求に伴う期間の定

第5節　方式違背の上訴に対する処理

めのある抗告の申立てについては，法375条，414条を類推適用して，上訴権消滅後の抗告申立てを原裁判所が自ら棄却することができると解するのが相当であるとして，異議申立てを棄却する決定を受けたため，これを不服として特別抗告を申し立てた。

判旨　「上訴権回復請求を受理した裁判所が，これを棄却する場合には，刑訴法375条，414条を類推適用して，右請求と同時にされた特別抗告の申立を自ら棄却することができるとした原判断は，正当である。」

本案の上訴については，法375条，414条により，上訴権消滅後の申立てについては，原審が自ら棄却の決定をすることが許されているが，抗告についてはそのような規定がないため，上訴権回復請求に伴う抗告の場合，原裁判所が上訴権回復請求を棄却したときにも，自ら抗告を棄却することができないと解する余地があった。しかしながら，そのような抗告の適否は，上訴権回復請求が認められるか否かにかかっているのであるから，【52】は，当然の判断をしたものと評価できよう。

第5章　上訴の放棄・取下げ及び上訴権の回復

第1節　上訴の放棄・取下げの趣旨・方式・効果

　上訴の放棄は，裁判の告知を受けた後，上訴の提起前の上訴提起期間中に，上訴権を行使しない意思を表示したものであって，法361条により，その効果として，上訴権が消滅することになる。そして，法360条の3，規則223条は，上訴放棄の申立ては，原裁判所に書面を提出して行うべきことを規定している。もっとも，死刑又は無期懲役もしくは無期禁錮の判決については，法360条の2が上訴放棄はできない旨規定している。

　これに対して，上訴の取下げは，裁判の告知を受けた後，行った上訴を撤回することである。そして，上訴の取下げは，上訴裁判所に書面を提出して行うのが原則であるが（規則223条の2第1項，224条本文），訴訟記録の上訴裁判所への送付前は，原裁判所に申立書を提出することができるほか（規則223条の2第2項），上訴審の公判廷においては，口頭による上訴取下を申し立てることができ，その場合には，公判調書にその旨の記載を要することになる（規則224条ただし書）。また，上訴の放棄とは異なり，上訴審の裁判の告知前であれば，いつでも行うことができる。

1　上訴申立前の上訴取下げと上訴提起後の上訴放棄

　このような上訴の放棄・取下げの性質を前提とすると，上訴申立前の上訴の取下げは無効であり，上訴提起後の上訴の放棄は，上訴の取下げと解されることになる。

　そして，上訴申立てがない段階において，被告人から原裁判所宛てに上訴取下書が提出され，その後，原審弁護人から上訴申立書が原裁判所宛てに提出されたという事例に関して論じたのが，次の裁判例である。

第5章　上訴の放棄・取下げ及び上訴権の回復

【53】　広島高判昭43・7・12判時540・85
（判タ225・169）

事実　被告人は，昭和42年7月20日，山口地方裁判所宇部支部において，恐喝事件で懲役1年の判決宣告を受けたが，原審弁護人は，同月26日，同裁判所あてに控訴申立書を提出した。一方，被告人は，同月25日，収監先の山口刑務所係官に対して，控訴取下申立書を提出し，これが同月27日に同裁判所に到着した。

判旨　「上訴の取下とは一たん上訴権を行使した当事者がその後にいたり上訴の意思表示を撤回することをいうのであり，その効果として，上訴期間経過後の上訴取下は相手方の上訴がない限り訴訟手続を終了させ，上訴期間内の上訴取下は上訴権を消滅させるのであるから，上訴の取下は上訴権を行使した後においてのみ許されるものというべく，上訴の申立前においては，上訴放棄の申立をして上訴権を消滅させ得ることは格別，上訴の取下をしても本来の効果は生じない。本件のごとく，事後に控訴の申立があっても，これによってさきになされた控訴の取下が有効となるものとは解されない。ところで右申立書には「私儀恐喝被告事件に付昭和42年7月20日山口地方裁判所宇部支部に於て言渡されたる懲役1年の判決に対し不服ありませんので取下致します」との記載があり，書面の形式上これを上訴権放棄の申立書とは認め難いとしても，すくなくとも被告人は原判決に対する不服申立をしない意思を明示したものと解し得られるから，原審弁護人のした控訴申立は被告人の明示した意思に反したものというべきであるから，右控訴は刑訴法第356条に違反したものとして棄却を免れない状況にあったものといわなければならない。」

上訴取下げは，上訴申立後の上訴権消滅の行為であるから，上訴申立前の上訴取下げということは成立しないものである。もっとも，本件事案においては，被告人からの上訴取下げを申し出た文書の内容は，上訴を申し立てる意思がないということに解されるのであるから，原審弁護人の上訴申立ては被告人の明示した意思に反するものとされたのは，当然の判断である。

また，上訴権者による上訴申立ての後，被告人から原裁判所宛に上訴放棄申立書が提出された場合について論じたのが，次の裁判例である。

【54】　東京高決昭57・3・8高刑集35・1・40
（判時1045・139）

事実　原審弁護人が控訴申立てをした後，これを知らなかった被告人が上訴放棄申立書を提出したところ，原審が訴訟終了宣言を出したことに対して，被告人から，上訴の取下げは上訴提起後にその確定を求める行為であるが，上訴放棄は上訴申立前に裁判の確定を求める行為であって，訴訟の段階を異にしていることなどを理由に抗告が申し立てられた。

判旨　「上訴の放棄及び上訴の取下げがいずれも原裁判を確定させ上訴審において審判を受ける機会を失わせる訴訟上重大な意味を持つ行為であること，そのため，これらの行為が慎重に行われかつ申立てをした者の意思が明確に認識できるように，上訴放棄の申立ては常に書面をもってなすべきものとされ（刑訴法360条の3），上訴

取下げの申立ては書面又に公判廷において口頭でなすべきものとされていること（刑訴規則224条），上訴の放棄が上訴の申立て前になされるものであるのに対し，上訴の取下げは上訴後になされるものであることはいずれも所論のとおりである。また，上訴放棄の申立ては原裁判所にしなければならないのに対し（刑訴規則223条），上訴取下げの申立ては上訴裁判所になすべきものとされている（刑訴規則223条の2第1項）。しかしながら，上訴の放棄も上訴の取下げも上訴審での再度の審判を望まず原裁判の確定を求めるという目的の点では一致しており，上訴の放棄又は取下げのうちいずれの方法によるべきかは，ただ既に上訴の申立てがなされているか否かのみにより決まるものであること，被告人が上訴審での再度の審判を望まず原裁判の確定を求める趣旨の申立書を提出したときには，記載の不備や字句にあまり拘泥せず，既に上訴の申立てがあったか否かにより上訴の放棄又は取下げとして扱うのが上訴の放棄又は取下げの制度が設けられた趣旨に合致すると考えられること等に鑑みると，被告人又は被告人のために上訴をなしうる者が上訴をしたのち，被告人が上訴放棄申立書を提出したときには，被告人が既に上訴の申立てがあったことを知っていたか否かを問わず，該申立書の提出に上訴取下げの効果を認めるのが相当である。そして，その際，該上訴放棄申立書の宛先として原裁判所が記載され，本来上訴取下げの申立書に宛先として記載されるべき上訴裁判所が宛先として記載されていなかったとしても，そのことは上訴放棄申立書の提出に上訴の取下げとしての効果を認めることの妨げとはならないものというべきである。そうすると，原審弁護人が控訴申立書を原裁判所に提出したのち，被告人が右事実を知らないで原裁判所に宛てた上訴放棄申立書を在監中の監獄の長に提出した行為に控訴取下げの効果を認めた原決定の判断は正当であり，何ら被告人の裁判を受ける権利を侵害す

第1節　上訴の放棄・取下げの趣旨・方式・効果

るものではない」。

2　上訴の放棄・取下げの効力発生時期

書面による上訴の放棄・取下げは，申立書が裁判所に到達したときに効力が発生する旨明らかにしたのが，旧刑訴法当時のものではあるが，以下の裁判例である。

【55】　大決大12・11・5刑集2・765

事実　申立人は，第2審である神戸地方裁判所が言い渡した懲役8月の判決について上告を申し立てたが，大正12年8月2日に上告取下書を身柄拘束先の神戸刑務所橘通支所を通じて神戸地方裁判所に提出したところ，これが大審院に到着したのは同月5日であった。そこで，行刑当局は，同月5日から刑の執行を開始したのであるが，これに対して，申立人は，同月2日から刑の執行が開始されたとして，神戸地方裁判所に刑の執行の異議を申し立てたが，排斥されたため，抗告を申し立てた。

判旨　「記録ヲ査スルニ本案被告事件ニ付第2審神戸地方裁判所ハ大正12年7月2日被告ニ対シ懲役8月ニ処ストノ刑ヲ言渡シ被告ヨリ法定期間内ニ上告ノ申立アリタル後訴訟記録ハ同月14日上告審ニ発送セラレ上告審ニ於テ同月17日之ヲ受付ケ8月2日ニ至リ被告ハ上告取下書ヲ其ノ拘禁セラルル神戸刑務所橘通支所ニ差出シ同日神戸地方裁判所ニ達シ同裁判所ヨリ同裁判所及大審院ノ各検事局ヲ経テ同月5日大審院ニ於テ之ヲ受理スルニ至リタルモノナルヲ以テ之ヲ刑事訴訟

第5章　上訴の放棄・取下げ及び上訴権の回復

法第246条ノ規定ニ徴スルニ此ノ場合ニハ上告取下書ノ大審院ニ提出セラレタル時即チ8月5日ヲ以テ取下ノ効力ヲ生ズルモノト謂フベク原裁判所ハ法律上之ヲ受理スル権限ヲ有セザルヲ以テ上告取下書ガ縦シ刑務所ヲ経由シテ原裁判所ニ送付セラレタル事実アリトスルモ之ニ由リ直ニ取下ノ効力ヲ発生スル謂ハレナク又被告ガ記録ノ送付セラレタル事実ヲ了知スルト否トハ取下ニ関スル法律上ノ効果ニ異同ヲ来タスモノニ非ズ且上告取下書ハ其ノ上告審ニ到著ガ通常到著シ得ベキ時間内ナルト将タ其ノ以後ナルトヲ問ハズ総テ現実ニ到著スルニ依リ提出アリタルモノナリ茲ニ取下ノ効力ヲ生ズルモノ認ムルヲ至当トス」

【56】　大決昭12・10・11刑集16・1347

事実　申立人は，昭和12年5月5日に札幌地方裁判所小樽支部において，業務上横領事件で有罪の判決を受け，控訴の申立てをして札幌控訴院に係属することになったが，1審弁護人Aと協議し，日付を空白とした控訴取下書に署名押印してこれを作成し，取下げの効力が同年6月19日に発生するように取り計らうことを依頼し，その趣旨にそって，Aが空白部分を補充した上，札幌控訴院に提出することを取り決めたが，Aは，日付を同年6月19日と記入して，同月17日に同院に提出して，受理された。そこで，同院は，検事局に控訴取下げの通知をし，同局検事は，同月18日，申立人に対し，刑の執行のための召喚状を発送した。そこで，抗告人から，本件刑の執行のための召還の処分の取消しを求めて抗告申立てがされた。

判旨　「刑事訴訟法第73条ニ官吏又ハ公吏ニ非ザル者ノ作ルベキ書類ニハ年月日ヲ記載スベキ旨規定スレドモ右年月日ノ記載ナク又其ノ記載ニ誤謬アル書類ヲ無効トスベキ規定存セザルガ故ニ控訴取下書ノ日付ハ該取下書ノ効力ヲ左右スル法律上ノ要件ナリト解スル能ハズ従テ苟モ控訴取下ノ意思ヲ以テ作成シ署名捺印シタル取下書ヲ提出ノ意思ヲ以テ裁判所ニ提出シタル以上ハ該取下書ノ日付如何ニ拘ラズ該取下書ヲ裁判所ガ受理スルト同時ニ控訴取下ノ効力ヲ生ズルモノ解スルヲ相当トス」

3　在監者の特則の看過の影響

被告人が在監中の場合，法366条，367条により，監獄の長又はその代理者が上訴の放棄・取下げの書面を受理した時点でその効果が発生することになる。したがって，これを看過した上訴裁判所がした裁判は無効であり，その内容的な効力は発生しないことになり，このことを明らかにしたのが次の裁判例である。

【57】　最判昭27・11・19刑集6・10・1217（判タ26・44）

事実　被告人は，昭和25年5月30日，津地方裁判所木本支部において，窃盗事件等で懲役1年の判決を宣告され，即日名古屋高等裁判所に控訴の申立をし，同年10月30日，同裁判所は，原判決を破棄して，被告人を懲役1年，5年間執行猶予の判決を言い渡したが，被告人は，同月27日，勾留先の田辺拘置支所支所長に対して控訴取下申立書を差し出していた。そこで，検事総長は，名古屋高等裁判所は控訴取下げにより終了

した事件について審判をした違法があるとして，非常上告を申し立てた。

判旨「刑訴367条，366条1項の規定により，この控訴取下の申立は，裁判所がその申立のあったことを知ると否とにかかわらず直ちに取下の効力を生じ控訴は終了し，前掲第1審判決の確定により事件は完結するに至ったのである。従って，その後に名古屋高等裁判所が第2審判決を言渡した当時にあっては客観的には当該被告事件は同高等裁判所に係属存在していなかったものであり，同裁判所としては，その裁判権を発動すべき余地は全然なかったものといわなければならない。それ故，所論の原判決は当然無効の判決であってその内容に副う効力を生ずべきものとは認められない。

さて，非常上告の制度は，「判決が確定した後その事件の審判が法令に違反したこと」を事由として認められているのである。

「有効な確定した判決」が存在しない場合にはたとい当該事件の訴訟手続に法令の違反があっても，非常上告は許されないわけである。言い換えれば，確定判決又はこれに先行する訴訟手続が，法令に違反した場合に限って非常上告は許されるのである。しかるに，本件においては，前述のごとく名古屋高等裁判所の第2審判決は当然無効のものであって確定判決とは認められないから，前掲控訴取下後の審判は法令に違反するものではあるが，これを事由とする非常上告は不適法として棄却するを相当とする。」

非常上告という特別の制度の下での判断ではあるが，控訴取下げにより直ちに原判決が確定するという制度を採用したのであるから，本件控訴審判決は無効に帰することになるとの結論は受け入れざるを得まい。

第1節 上訴の放棄・取下げの趣旨・方式・効果

4 上訴の放棄・取下げの効果

上訴の放棄・取下げは，その者の上訴権を消滅させることにある（法361条）。被告人の上訴の放棄によって，法355条ないし355条が規定する被告人のための上訴権者も上訴することができなくなるし，被告人の上訴の取下げによって，被告人のための上訴権者からされた上訴も効果を失うことになる。このことは，旧刑訴法適用の事案ではあるが，以下の裁判例が明らかにしている。

【58】 最決昭23・11・15刑集2・12・1528

事実 被告人は，昭和22年9月17日，金沢地方裁判所小松支部において，臨時物資需給調整法違反，物価統制令違反事件で有罪の判決を宣告され，即日同法廷において同判決に対し上訴権放棄の申立をした。ところが，原審弁護人は，同月20日，同裁判所に対し，控訴申立書を提出したため，同裁判所において，上訴権消滅後の申立てであるとして，棄却決定を受け，これに対する抗告申立ても，名古屋高等裁判所において，同一の理由により，棄却された。そこで，特別抗告を申し立てた原審弁護人は，被告人が上訴権を失ったとしても，判決確定前においては，原審弁護人が被告人の意思に反しない限り弁護人として被告人の利益のため，独立して上訴ができると解すべきであると主張した。

判旨「刑訴第379条に所謂原審における弁護人は同第378条の被告人の法定代理人保佐

第5章　上訴の放棄・取下げ及び上訴権の回復

人等と異なり，被告人の明示した意思に反して上訴することはできないのである。従って本件において被告人が上訴権を抛棄した以上，仮令法定の上訴期間が残存し従ってこの残存期間と雖も最早や弁護人が上訴をする訳にはゆかないことは当然の理と謂わねばならぬ。尤も所論憲法第34条第37条第3項は被抑留者若くは被拘禁者又は被告人に直ちに弁護人を付する権利を保障し，従って弁護人は之等の者の人権保護の万全を期する為め法令上種々の権義を有する所ではあるが，さればと云ってそのことから当然に刑訴法上弁護人に被告人の法定代理人又は保佐人と同様に被告人の明示した意思に反してまでも無制限に上訴権を認めなければならぬとの論結には到達し得ないのである。換言すれば新憲法実施後は憲法第34条第37条第3項等の規定により刑訴応急措置法第2条の規定に則り刑訴第379条を同第378条と同様に変更解釈し弁護人にも無制限に上訴権を認めなければ上示憲法の右法条に反するものとは謂い得ないのである。蓋し上訴権行使の結果は，被告人に経済的並びに精神的の負担を伴わしめ，又時には自由の拘束をも継続せしむるものであるが，此場合被告人に対する法定代理人又は保佐人の地位及び関係と，弁護人の地位及び関係とは全く異なるものであることを考えれば，此一事だけによっても自から以上の理を領得することができるであろう。されば本件被告人の上訴権抛棄後の弁護人の控訴申立を無効なりとしたる原決定には所論指摘の如き憲法違反乃至法令の解釈を誤解したる違法等毫もな」い。

【59】　最判昭24・6・16 刑集3・7・1082

判旨　「被告人が，昭和23年9月21日名古屋地方裁判所の言渡した有罪の判決に対し，即日適法な控訴の申立を為し，同月27日第1審の弁護人においても被告人のために控訴の申立をしたこと並びに被告人が同年10月18日に至り前に為した被告人の控訴申立を取下げる旨の控訴取下書を原審裁判所に提出したことは，いずれも所論のとおりである。そして右取下書が，原判決説示のごとく，被告人の錯誤又は強制に基くものでないことは，原判決挙示の被告人提出にかかる同年11月4日付上申書の記載及び被告人に対する原審における訊問調書並びに公判調書の供述記載によって肯認することができ，所論のように被告人心神耗弱者で，右取下が錯誤に基くものであることは，これを認むべき資料が存しない。果して然らば前記同年10月18日為した被告人の控訴取下書は，有効であって，旧刑訴第386条により，同日被告人は控訴権を喪いその控訴権は消滅して終ったものといわなければならない。そして弁護人は，固有の独立した上訴権を有するものではなく，被告人の上訴権をその明示した意思に反しない限り，行使し得るに過ぎないものであること，旧刑訴第378条の規定の明文と同第379条の規定の明文とを対照し且つ弁護人には上訴の放棄は勿論その取下をも認めなかった立法の趣旨に照し，明白なところであるから，弁護人の控訴申立権は，被告人の控訴権の存続を前提とするものと解すべきである。従って，前記弁護人の控訴申立も亦右被告人の控訴取下により消滅し，存続するを得ないものといわねばならぬ。さればこれと同一趣旨に出た原判決の説示は，正当であ」る。

　なお，控訴を取り下げた被告人は，控訴棄却の判決に対し，上告の申立てができることを明らかにしたのが，次の裁判例である。

第 2 節　上訴の放棄・取下げの無効

【60】　最決昭 42・5・24 刑集 21・4・576（判時 485・67，判タ 208・139）

事実　被告人は，昭和 41 年 3 月 15 日，京都地方裁判所において，強盗致傷事件等で懲役 16 年の判決宣告を受け，同月 25 日に控訴を申し立て，検察官も同月 28 日に控訴を申し立てたが，同月 29 日に自己の控訴を取り下げてしまった。その後，大阪高等裁判所は，検察官の控訴を棄却したところ，これに対して，被告人が上告を申し立てた。

判旨　「1 審の有罪判決に対し，同被告人および検察官から，それぞれ控訴の申立があったが，同被告人のみ一たん申し立てた右控訴を取り下げたこと，原審は，検察官の控訴趣意について審理判断したうえ，結局検察官の控訴を理由なしとしてこれを棄却したことが認められる。ところで，刑訴法 361 条は，「上訴の放棄又は取下をした者は，その事件について更に上訴をすることができない」と規定しているが，これは，上訴の放棄または取下をした者でもさらに上訴をすることができるとすると，上訴の放棄または取下があっても，上訴の提起期間中は，それだけではまだ原裁判が確定したとみることができないため，裁判確定の時期が一時不明瞭になる場合を生じ，訴訟関係の明確性を害するためであると解される。そうしてみると，この規定は，その趣旨にかんがみ，同一審級においてのみ適用のある規定であると解すべきであって，本件のように控訴の取下をした被告人に対し，控訴審の判決に対する上告まで禁ずる趣旨のものと解すべきではない。そして，そのことは，たとえ右控訴審の判決が相手方である検察官の控訴を棄却したにとどまる場合であっても，同様であると解する。そうすると，被告人 A が，検察官の控訴を棄却した原判決に対し，本件上告を申し立てたことは，その限りにおいて，違法はないものというべきである。」

なお，昭和 15 年 4 月 4 日法曹会決議は，「第 1 審判決ニ対シ被告人上訴権ヲ放棄シタル場合検事控訴ヲ為シ第 2 審判決アリタル場合被告人ハ該判決ニ対シテ上告ヲ為シ得ルヤ第 1 審第 2 審判決同一ナルトキハ如何」との問題について，「被告人ガ第 1 審判決ニ対シ上訴権ヲ放棄シタリトスルモソハ第 1 審判決ニ対スル控訴及上告ノ権利ヲ放棄シタルニ止マルモノナレバ同判決ニ付検事より控訴ヲ為シ第 2 審ニ於テ有罪判決アリタル場合ニハ被告人ハ更ニ其ノ判決ニ対シ上告ヲ為スコトヲ妨ゲズ右ハ第 2 審判決ノ主文又ハ理由ガ第 1 審判決ト異ナルト否トニ因リ差異ナキモノトス」と同じ見解を採用している。

第 2 節　上訴の放棄・取下げの無効

1　錯　　誤

上訴の放棄・取下げが錯誤に基づく場合，上訴の放棄・取下げの効力に影響を及ぼすのであろうか。

大審院は，刑訴法上，錯誤による上訴放棄

第5章　上訴の放棄・取下げ及び上訴権の回復

を無効とすべき規定がないとして，次の裁判例において，これを否定する立場を宣明していた。

> **【61】　大判昭7・11・22 刑集11・1664**

判旨　「被告ハ本件ニ付昭和7年3月8日東京区裁判所ニ於テ懲役6月ニ処セラレ同日上訴放棄ノ申立ヲ為シタル後同月11日第1審弁護人Aヨリ東京地方裁判所ヘ控訴ノ申立ヲ為シタルコトハ一件記録ニ徴シテ明瞭ナリ而シテ被告ガ一旦上訴放棄ノ申立ヲ為シタル以上ハ其ノ事件ニ付更ニ上訴ノ申立ヲ為スコトヲ得ズ且弁護人ハ被告ノ明示シタル意思ニ反シテ上訴ヲ為スコト能ハザルヲ以テ弁護人ノ為シタル控訴申立ハ効力ナク従テ原審ガ該申立ヲ不適法トシテ棄却シタルハ正当ナリト謂ハザルベカラズ所論民法95条ノ規定ハ専ラ私法上ノ法律行為ニ適用スベキモノニシテ私法上ノ法律行為ト訴訟行為トハ其ノ性質ヲ異ニスルヲ以テ訴訟行為ニ付之ヲ適用又ハ準用スベキモノニ非ズ刑事訴訟法ニ依レバ錯誤ニ因ル上訴放棄ノ申立ハ無効トスベキ規定存セザルガ故ニ被告ノ本件上訴放棄ノ申立ガ所論ノ如キ事由ニ基キタリトスルモ無効ナリト解スベキニ非ズ既ニ該申立ガ有効ナル以上ハ弁護人ノ控訴申立ハ不適法ナルコト当然ナリ」

しかし，最高裁判所は，次の裁判例において，【61】の考え方を採用せず，錯誤が被告人の責に帰すべき事由がない場合には，無効とする旨判示するに至った。

> **【62】　最決昭44・5・31 刑集23・6・931（判時558・92，判タ236・206）**

事実　被告人は，詐欺事件で懲役1年の判決宣告を受けて控訴を申し立て，昭和43年12月25日に控訴を棄却され，昭和44年1月8日に上告を申し立てたが，同年5月1日に上告を取り下げた。ところが，同月5日，最高裁判所に対して，上告取下撤回申立書及び上告申立書を提出した。

判旨　「被告人は，（略）別紙上告取下撤回申立書記載の理由により，上告取下の撤回をするというのである。

そのいうところは，示談や債務調停等の話合いが一部の被害者との間でしかできないと思って上告を取下げたところ，他の被害者との間でも話合いができそうなので，上告審議を続けてほしいというのである。

しかし，仮に所論のような錯誤があったとしても，その錯誤が被告人の責に帰することのできない事由に基づくものとは認められないから，右取下を無効ということはできない。また，本件上告は，右取下によってすでに終了しているのであるから，もはや取下の撤回は認められない。」

錯誤による上訴の放棄・取下げの無効が主張されたにもかかわらず，上訴放棄・取下げの有効性が認められた事例としては，【61】【62】のほか，次の裁判例がある。

第2節 上訴の放棄・取下げの無効

> **【63】** 最決昭 43・10・24 裁判集 169・181
> （判時 540・84，判タ 228・164）

事実 被告人は，禁錮6月・3年間執行猶予の1審判決の言渡しを受け，控訴申立てをしたところ，原裁判所からの検察官控訴申立通知書について，被告人の旅行中，妻がこれを受領しながら放置していたため，検察官からの控訴申立てがなかったと誤信して，控訴審裁判所宛に控訴申立取下書を提出した。

判旨 「被告人の控訴の取下について，かりに所論のような錯誤があったとしても，その錯誤が被告人の責に帰することのできない事由に基づくものとは認められないから，控訴の取下を無効とすることはできない。」

同様に，上訴取下げの無効を主張したが，これが否定されたのが，次の裁判例である。

> **【64】** 最決昭 50・5・2 裁判集 196・335

判旨 「被告人は，その脅迫，銃砲刀剣類所持等取締法違反被告事件について，昭和50年3月11日東京高等裁判所がした判決に対して，同年同月18日上告を申し立て，次いで同年4月17日上告を取り下げたものであるが，別紙上訴権回復申立理由書（略）記載の理由により，上訴権回復を申し立てるというのである。上訴権回復の請求は，刑訴法362条が「上訴の提起期間内に上訴をすることができなかった」ことを要件としているので，本件のように，上告の申立があった事案については，その適用がないことが明らかであり，本件申立の趣旨は，脅迫の事実の証拠とされたAの証言が偽証であることを立証できないと思って上告を取り下げたが，その後原判決の謄本を読むと，事実に全く相反する判断により有罪とされているので，これを覆えしてもらいたく，上訴権回復を申し立てるというのであって，その趣旨は，上告の取下を撤回して上告審議を続けてほしいというにあると解される。しかし，所論のような理由によって上告の取下を無効ということはできず，また，本件上告は，右取下によってすでに終了しているのであるから，もはや取下の撤回は認められない。」

同旨の裁判例として，最決昭 55・3・31 裁判集 217・367 等がある。

2 訴訟能力の欠如と上訴の放棄・取下げ

被告人が，訴訟能力を欠く状態下において，上訴の放棄・取下げをした場合には，そのような上訴の放棄・取下げは無効とされ，これを明らかにしたのが次の裁判例である。

> **【65】** 最決平 7・6・28 刑集 49・6・785（判時 1534・139，判タ 880・131）

事実 被告人は，横浜地方裁判所において，殺人，窃盗事件で死刑判決を宣告され，即日控訴を申し立てたが，その後，「電波で音が入ってきてうるさい。生き地獄，つらい，早く確定して死にたい。」などと訴えるようになり，東京高等裁判所において，弁護人請求の精神鑑定が採用さ

第5章　上訴の放棄・取下げ及び上訴権の回復

れると，「精神鑑定は拒否する。拒否できないなら，控訴は今すぐやめる。」と発言し，拘置所職員に控訴取下げに必要な書類等の交付を要求するようになり，弁護人からも，控訴取下げの説明や自重の説得を受けたが，東京高等裁判所あての控訴取下書を作成して，東京拘置所長に提出した。

【判旨】「死刑判決に対する上訴取下げは，上訴による不服申立の道を自ら閉ざして死刑判決を確定させるという重大な法律効果を伴うものであるから，死刑判決の言渡しを受けた被告人が，その判決に不服があるのに，死刑判決宣告の衝撃及び公判審理の重圧に伴う精神的苦痛によって拘禁反応等の精神障害を生じ，その影響下において，その苦痛から逃れることを目的として上訴を取り下げた場合には，その上訴取下げは無効と解するのが相当である。けだし，被告人の上訴取下げが有効であるためには，被告人において上訴取下げの意義を理解し，自己の権利を守る能力を有することが必要であると解すべきところ（略），右のような状況の下で上訴を取り下げた場合，被告人は，自己の権利を守る能力を著しく制限されていたものというべきだからである。」

　もっとも，【65】は，死刑判決の上訴の取下げの有効性という極限的な事例に関するものであるから，どこまで一般化できるかについては問題がある。

　これまで，訴訟能力を理由とする上訴取下げの無効性が主張された事例においては，大部分が上訴取下げの有効性を肯定しており，具体的には以下の裁判例が見い出される。

【66】　最決　昭29・7・30　刑集8・7・1231（判タ42・31）

【事実】Aは，徳島地方裁判所において，汽車転覆未遂事件で審理を受け，重い精神分裂病に罹患しており，心神喪失の状態にあるとの鑑定意見が採用されず，心神耗弱の状態にあったとの判断の下，有罪の判決宣告を受け，これに対して，弁護人から控訴の申立てがされたが，Aから控訴取下書が提出されたため，刑の執行を受けることになった。ところが，弁護人から，Aの控訴取下げは精神異常者の無効な行為であり，事件はなお高松高等裁判所に係属中であるにもかかわらず，刑の執行をしたのは違法であるとして，徳島地方裁判所に刑の執行に関する異議の申立てがあり，これが棄却されると，高松高等裁判所に即時抗告の申立てを行い，これが棄却されると，異議を申し立て，不適法として棄却されたのに対して，最高裁判所に対して特別抗告の申立てをした。

【判旨】「本件特別抗告申立の理由は，（略）Aが昭和28年6月12日高松高等裁判所にした汽車顛覆未遂被告事件についてした控訴の取下は精神喪失者の無効の行為であって本件はなお確定していないから刑の執行は違法であるというのである。
　しかし，（略）刑法上心神喪失者であるというのはその犯行の当時において行為の違法性を意識することができず又はこれに従って行為をすることができなかったような無能力者を指し，訴訟能力というのは，一定の訴訟行為をなすに当り，その行為の意義を理解し，自己の権利を守る能力を指すのであるから両者必ずしも一致するものではない。右Aは汽車顛覆未遂被告事件において責任無能力者であった旨の鑑定の存することは記録上明らかであるが，それだからといって訴訟無能力者

とはいえないばかりでなく，本件執行異議申立事件の記録に徴しても訴訟能力ありとした原々審及び原審の判断を誤りとする理由を発見できない。」

【68】 最決平 5・9・10 裁判集 262・419

事実 被告人は，東京地方裁判所において，住居侵入，強盗殺人，現住建造物放火，強盗致傷，窃盗事件で死刑の判決宣告を受け，控訴を申し立てたが，平成4年7月29日，東京高等裁判所において，控訴棄却の判決をうけ，これに対し，同日原審弁護人が，同年8月11日被告人が，それぞれ上告を申し立て，次いで被告人が同月24日上告を取り下げたところ，原審弁護人は，同月31日付けの書面をもって，右上告取下げは被告人が訴訟能力を欠いた状態でしたものであるから無効である旨申し立て，さらに，被告人は，同年9月7日付けの書面をもって，刑の執行が予想していたよりもつらいので，右上告取下げを撤回して審議の続行を求める旨申し立てた。

判旨 「被告人は，第1審の審理中に精神分裂病が発症したものの，その後病状が不完全寛解の程度にまで回復し，被告人が上告を取り下げた同年8月24日当時も，病状は同程度であって，上告取下げの意義を理解した上で上告を取り下げたものと認められる。したがって，被告人の上告取下げは有効であり，本件上告は右取下げによって既に終了したものというべきであるから，もはや右取下げの撤回も認められない。」

【67】 最判昭 39・9・25 裁判集 152・927

事実 被告人は，昭和36年4月22日，名古屋地方裁判所において，強盗殺人事件で死刑判決を受け，同月28日に原審弁護人から，同年5月2日に被告人から控訴が申し立てられたが，同年8月1日に被告人から控訴取下申立書が提出された。原審弁護人は，上記控訴取下申立書が無効であると主張し，被告人も同年11月6日に審理続行を求める申立書を提出したため，名古屋高等裁判所は，証人，鑑定人及び被告人の尋問を行った上，昭和38年10月31日，「本件は被告人が昭和36年8月1日付控訴取下申立書をもってなした控訴の取下によって終了している」旨の判決を言い渡した。これに対して，上告が申し立てられ，弁護人は，法360条2項は死刑又は無期の言渡しに対する上訴の放棄を許さないと規定しており，同様に上訴の放棄も許さないと解すべきであると主張した

判旨 「刑訴360条の2の規定は，上訴の放棄にかぎって制限を加えたもので，これが上訴の取下に準用されることはなく，また本件控訴取下の当時所論のように被告人が意思能力を欠いていたとは認められないから，被告人の控訴取下は有効であり，これによって本件第1審の判決は直ちに確定したものというべきである。」

3 上訴の放棄・取下げの有効性を認めた場合の措置

上訴の放棄・取下げの有効性を認めた場合，それにより事件は直ちに終了するのであるから，裁判所としては，本来は応答すべき立場

第5章　上訴の放棄・取下げ及び上訴権の回復

にはないことになるが，訴訟関係を明確化するとの見地から，「本件上告は，昭和44年5月1日取下により終了したものである。」というような，訴訟の終了宣言をするのが実務的には広く定着している。

純理論的に考えれば，上記訴訟終了宣言は，申立権に基づく応答ではなく，裁判所が職権によって念のため行っているものにすぎないから，不服申立ての対象とはならないと思われる。しかし，最高裁判所は，次の裁判例において，高等裁判所がした控訴取下げによる訴訟終了宣言の決定に対しては，3日以内にその高等裁判所に異議の申立てをすることができると判示した。

【69】　最　決　昭 61・6・27 刑集 40・4・389（判時 1204・146，判タ 611・31）

事実　申立人は，昭和61年3月18日，徳島地方裁判所において，恐喝未遂事件で懲役10月の判決宣告を受け，即日控訴を申し立てたが，同年5月9日に控訴を取り下げた。ところが，同月18日，高松高等裁判所に対し，「私が昭和61年5月9日に高松高等裁判所に提出した控訴取下願書は，心神喪失又は耗弱時になされたものであるから無効である。よって控訴取下げの撤回の請求をする。」と記された「控訴取下撤回願書」と題する書面を提出した。そこで，同裁判所は，同月19日，本件控訴は取下げにより終了しているから，もはや取下げの撤回は認められないとして，「本件控訴は，被告人の昭和61年5月9日付書面による控訴の取下によって終了した。」旨の決定をした。これに対し，申立人が特別抗告の申立てをした。

判旨　「高等裁判所の右のような訴訟終了宣言の決定に対しては，その決定の性質に照らして，これに不服のある者は，3日以内にその高等裁判所に異議の申立をすることができるものと解するのが相当である（刑訴法428条2項，3項，422条参照）から，右決定は，刑訴法433条1項にいう「この法律により不服を申し立てることができない決定」に当たらない。本件特別抗告は不適法として棄却を免れない。」

もっとも，最高裁判所がした上告取下げによる訴訟終了宣言の決定に対する異議の申立てが許容されることは実際上は考え難い。

第3節　上訴権の回復

1　制度趣旨

上訴権者が上訴提期間内に上訴しなかった場合には，原裁判が確定することになるが，その不利益を上訴権者に負わせることに合理的な理由を見い出し難い場合，上訴権の回復を認めることにより，確定力を喪失させようとするものである。法362条は，上訴期間内に上訴することができなかったことが，上訴権者本人及び代人に帰責事由がない場合に，原裁判所に上訴権回復の請求をすることがで

きる旨規定する。

2　代人の帰責事由

代人の定義については，旧刑訴法時代のものではあるが，次の裁判例がある。

> 【70】　大決昭 8・4・26 刑集 12・503

[事実]　申立人は，1審の有罪判決に対して控訴申立てをすることとし，1審弁護人に被告人作成の控訴申立書を1審裁判所に提出するように依頼して，その承諾を得ていたところ，同弁護士において，その事務員に対し，被告人から控訴申立書を受領した際には，直ちに1審裁判所にこれを提出するように指示していたにもかかわらず，事務員が受領した控訴申立書を机にしまったままにして，1審裁判所に提出しなかったため，控訴提起期間を徒過してしまった。そこで，申立人から，上訴権回復請求がなされたというものである。

[判旨]　「上訴権回復ハ上訴権ヲ有スル者又ハ其ノ代人ノ責ニ帰スベカラザル事由ニ因リテ上訴期間ヲ経過シタル場合ニ非ザレバ之ヲ許スベカラザルコトハ刑事訴訟法第387条ノ明規スル所ナリトス而シテ同条ニ所謂代人ニハ本人ノ補助機関トシテ本人ノ上訴ニ必要ナル諸般ノ事実行為ヲ代行スル者ヲモ包含スルガ故ニ本人ノ依頼ヲ受ケ上訴ニ必要ナル書面ヲ作成シ其ノ提出取次等ノ行為ヲ為ス者モ亦代人タルコトヲ失ハザルコトニ付テハ（略）本件ニ於テハ第1審弁護人Aハ有罪ノ言渡ヲ受ケタル被告人タル本件抗告人等ヨリ予メ控訴申立書ノ提出方ヲ依頼セラレテ之ヲ承諾シ居タルノミナラズ自己ノ事務員某ニ対シ該申立書到著ノ上ハ即時之ヲ原裁判所ニ提出スベキ旨命ジオキタルニ同事務員ハ被告人等ヨリ上訴期間内ニ送付シ来レル申立書ヲ受取リナガラ其ノ儘自己ノ机ノ抽斗中ニ収メ之ヲ原裁判所ニ提出スルコトヲ失念シ遂ニ上訴期間ヲ徒過スルニ至ラシメタルモノナリト云フニ在リ故ニ弁護士Aハ第1審ニ於ケル被告人等ノ弁護人タリシノ故ヲ以テ自ラ上訴ヲ為シ得タル者ナルノミナラズ被告人等ヨリ予メ控訴申立書ノ提出方ヲ依頼セラレテ之ヲ承諾シ居タル以上此ノ点ニ於テ被告人等ノ代人タリシコト言ヲ俟タズ」

そして，最高裁判所も，次の裁判例において，【70】の見解を維持することを明らかにした。

> 【71】　最決昭 27・10・31 裁判集 68・849

[判旨]　「本件において控訴審の弁護人に選任の際被告人からA弁護士に対し控訴申立手続をとることにつき暗黙の依頼があり同弁護士もこれを了承しながらその手続をすることを怠ったものと解され得る事情にあったとすれば（略）同弁護士の立場は控訴申立に関しては刑訴法362条にいわゆる被告人の代人と解すべきものであることは，旧刑訴387条にいわゆる代人の意義に関し，論旨引用の決定後になされ判例を変更した大審院決定（【70】）の趣旨に徴し明らかなところである。」

また，後出【78】は，被告人から控訴申立の依頼を受けた弁護士の妻を代人と解している。

第5章　上訴の放棄・取下げ及び上訴権の回復

そのほか，被告人の妻（東京高決平4・10・30判タ811・242），弁護士の事務員（大決昭3・5・15評論17(下)刑訴176）及び弁護士会の事務員（函館地決昭34・2・27下刑集1・2・505）についても，代人であることを肯定している。

なお，上訴権者本人の帰責事由の有無を問わず，代人に帰責事由があれば，本人が不利益を甘受しなければならないことについて，憲法32条違反を生じないとするのが以下の裁判例の示すところである。

【72】　最決昭25・4・21刑集4・4・675

事実　申立人は，昭和23年8月12日，東京地方裁判所において，物価統制令違反事件で有罪の判決宣告を受け，即日控訴を申し立てることとし，弁護士ではない隣人の僧侶Aに控訴申立ての手続を依頼したところ，同人は，同日，口頭で控訴をなす旨係判事及び裁判所書記に告げただけで，正規の書面による申立てをせず，翌13日には弁護士Bに対しても控訴申立手続を依頼したが，同弁護士においても控訴申立てをせず，控訴提起期間を徒過してしまった。そこで，申立人から，上訴権回復請求がされたのであるが，東京高等裁判所は，A及びBが申立人の代人であって，その過失によって控訴提起期間を徒過したものであるから，上訴権回復請求は理由がないとしたほか，本人以外の代人の帰責事由によって上訴権回復の許否を定めても，不当に上訴権の行使を制限するものとはいえず，憲法違反の問題とはならないとしたため，申立人から憲法違反を主張する特別抗告の申立てがなされた。

判旨　「旧刑訴387条が代人の過失によって上訴期間を徒過した場合上訴権回復の請求権なきものとしたのは違憲ではない。」

【73】　最決昭36・6・7刑集15・6・956

事実　申立人は，昭和36年2月7日，福岡地方裁判所久留米支部において，贓物故買事件で懲役1年及び罰金12万円の判決宣告を受け，これに不服であったため，1審弁護人に控訴申立て及び再保釈の請求を依頼し，即日再保釈を許可されて帰宅したのであるが，その後，刑の執行の呼出しを受け，同弁護人が控訴提起期間内に控訴の申立てをしていなかったことが判明したことから，同年3月3日，同裁判所に対し，控訴期間を徒過したのは代理人である同弁護人の過失によるもので，申立人自身の故意過失によるものではないとして，上訴権回復の請求とともに控訴の申立てをした。同裁判所は，本件上訴権の喪失は，申立人と同弁護人との間の意思の齟齬，連絡の不十分に起因し，上訴権者である申立人と同弁護人の責に帰することができない事由によるものではないとして，請求を棄却し，即時抗告審もこれを支持した。そこで，申立人から，刑訴法362条は，上訴権者に落ち度がなくても，代人の過失により上訴期間を徒過した場合には，代人の過失を本人の過失としてその不利益を本人に負担させ，本人の上訴権，裁判を受ける権利を不当に制限することになるから，憲法32条に違反するとして，特別抗告がなされた。

判旨　「刑訴362条にいわゆる「責に帰することができない事由」とは，上訴不能の事由が上訴権者またはその代人の故意または過失にもとづかないことをいうものであり（略），いやしく

も代人の故意または過失にもとづき上訴期間を徒過したときは，たとえ自己に故意または過失がなくとも上訴権回復の請求は許されないものと解すべきであり，しかも右刑訴362条が代人の過失によって上訴期間を徒過した場合上訴権回復の請求権がないものとしたのは違憲でないことは，(【72】)の趣旨に徴し明らかである」。

また，裁判例は，看守（高知地決昭40・5・24下刑集7・5・1155）や郵便局員（大決昭5・2・15刑集9・70，東京高決昭30・4・19裁判特報2・9・341，福岡高決昭35・1・3下刑集2・1・16）は，代人には該当しないとしている。

3　上訴権回復請求が肯定された事例

(1) 裁判所側の過誤

適法に即時抗告期間内に即時抗告がなされたにもかかわらず，裁判所職員の過誤により，期間経過後の不適法な即時抗告として扱われた場合に，上訴権回復請求が認められたのが，旧刑訴法時代のものとにいえ，次の裁判例がある。

【74】　大決昭15・8・8刑集19・520

事実　大阪控訴院は，昭和15年4月30日，申立人からの刑事補償請求について，請求棄却の決定をし，これが申立人に同年5月4日に送達されたのであるが，代理人弁護士は，同月7日，同院刑事部書記課に即時抗告申立書を提出したにもかかわらず，同課職員の過誤により，即時抗告申立書に同月8日受付の日付印を押捺したため，大審院において，抗告提起期間徒過後の不適法な申立てとして，抗告棄却の決定を受けた。そこで，申立人から，上訴権回復請求を申し立て，これが排斥されたため，抗告を申し立てた。

判旨　「抗告人ガ曩ニ大阪控訴院ニ刑事補償ノ請求ヲ為シタルニ同院ニ於テ該請求ヲ棄却スル旨ノ決定ヲ為シ昭和15年5月4日抗告人ニ其ノ送達ヲ為シタルトコロ抗告人ハ之ニ対シ即時抗告ノ申立ヲ為シタルヲ以テ本院ハ同年6月3日右申立ヲ期間経過後ノ申立ニ係ルモノト為シ抗告棄却ノ決定ヲ為シタリ然ルニ抗告人ハ右ハ同年5月7日大阪控訴院第1刑事部書記課ニ抗告申立書ヲ提出シタルニ同書記課職員ノ過誤ニ因リ同月8日受付日付印ヲ押捺サレタルモノト為シ本件上訴権回復ノ申立ヲ為シ併セテ抗告ノ申立ヲ為シタルヲ以テ案ズルニ曩ノ抗告人ノ為シタル抗告ニ対シテハ本院ニ於テ該抗告ヲ棄却シタルハ畢竟抗告申立書ニ押捺サレタル受付日付印ヲ信憑シタルコト本院ノ決定ニ説示シタルガ如シ然ルニ大阪控訴院書記課ノ過誤ニ因リ右ハ誤リ押捺サレタルモノナルコト疏明アリタルヲ以テ更ニ上訴権回復請求ノ当否ヲ検討スルニ刑事訴訟法第387条ニハ自己又ハ代人ノ責ニ帰スベカラザル事由ニ因リ上訴ノ提起期間内ニ上訴ヲ為スコト能ハザリシトキ云々ト規定シ既ニ上訴状ヲ提出シタル場合ヲ包含セザルニ似タリト雖右ノ如ク裁判所職員ノ過誤ニ因リ上訴期間内ニ為シタル抗告ガ期間経過後ノ申立ニ係ルモノトシテ受付印ヲ押捺セラレ為ニ形式上棄却ノ決定ヲ受ケ本案ノ審理ヲ受クルコト能ハザルニ至リタルガ如キハ自己又ハ代人ノ責ニ帰スベカラザル事由ニ因リ即時抗告ノ提起期間内ニ抗告ヲ為スコト能ハザリシト何等択ブ所ナク同法ガ上訴権回復ノ規定ヲ設ケタル精神ヨリ観テ之ヲ回復セシム

第5章　上訴の放棄・取下げ及び上訴権の回復

ルヲ妥当トス」

　同様の考えに基づいて，裁判所の事務取扱いの誤りがあった事例に関して，以下の裁判例が上訴権回復請求を容認している。

【75】 東京高決昭30・2・17 裁判特報2・4・82（判タ47・55）

判旨　「申立人は昭和29年12月14日午前10時の当審第1回公判期日の召喚状を当時別件にて拘束中の長野刑務所に於て受けた後，出廷の便宜上同年同月10日東京拘置所に移監されたため，当審第2回公判期日の同年同月25日午前10時の判決宣告期日には慣例によれば当庁より在監人呼出簿による呼出を受くべきところ，右拘束が別件であったため当庁は右移監に付何等の通知をも受けて居らなかったので，当審第1回公判期日に出廷した申立人に対しては右判決宣告期日を告知したに止まり，更に右在監人呼出の手続を採るに由なく，当時申立人は，担当看守に対し出廷したき旨の意思を表示したにも拘らず出廷させて貰えなかったものであることの事情が認められるのみならず，申立人が本件申立の理由として引用する葉書（本件上訴権回復請求申立事件記録編綴）によれば，申立人がその後本件上訴期間を徒過したのも，申立人主張の如く自己の判決宣告期日が延期せられたと誤聞したためであると看取できないこともなく，而かも申立人は別件のためではあるが，拘束中の身であることを考慮すると，右は申立人の責に帰することができない事由であると云えないこともないから，本件上訴権回復請求の申立はその理由がある」。

【76】 東京高決昭38・11・5 下刑集5・11＝12・1112

判旨　「請求人は，東京高等裁判所において，請求人に対する右（け）第8号裁判の解釈の疑義の申立棄却決定に対する異議申立事件につき，同年7月30日付をもって右申立を棄却する旨の決定を受け，これに対する同月31日付特別抗告申立書を，請求人に対する（け）第3号および第4号各事件につき同高等裁判所がなした決定に対する特別抗告申立書2通と一括して，1枚の封筒に封入し，これを同高等裁判所あてに配達証明付速達郵便に付して発送したこと，同年9月1日（日曜）の同高等裁判所当直員は，同日右郵便物を受領し，同日受付の日付印をその封筒の表面に押捺し，これを引き継いだ同高等裁判所第8刑事部事務官がこれを開披し，右封筒とそれに封入されていた特別抗告申立書3通とを一括して同裁判所刑事事件係に回付し，同事件係が同月3日右申立書3通にそれぞれ同日受付印を押捺し，その封筒を右（け）第3号事件の申立書に添付し，右（け）第4号および第8号各事件については，その申立書が9月1日当直員により受理されたことを表示する措置を講じなかったため，それが決定謄本送達後5日の申立期間内の9月1日に受理されたにかかわらず，記録上はその期間経過後の同月3日受理されたもののごとき外観を呈するにいたった結果，該特別抗告は，いずれも申立期間経過後の申立にかかるものとして，棄却の決定を受けたものであることが認められる。

　刑事訴訟法第362条は，上訴権回復の請求の許される場合として，「自己又は代人の責に帰することができない事由によって上訴の提起期間内に上訴をすることができなかったとき」と規定している。右規定は，形式的に文理解釈をすれば，上訴の提起期間内に上訴状が提出されなかった場合の

第3節 上訴権の回復

みに関するもののように解される。しかし，本件の事例のごとく，裁判所職員の事務取扱上の不手際により，上訴の提起期間内になされた上訴がその期間経過後の申立にかかるもののような外観を呈するにいたったため，棄却の決定を受けて本案の審理を受けることができなかった場合は，事態を実質的に観察するかぎり，自己又は代人の責に帰することができない事由により上訴状が延着して上訴期間内に到達しなかったため，棄却の裁判を受けた場合と，なんらえらぶところがないから，前の場合にも後の場合と同様上訴権回復が許されると解するのが右規定の精神に適合するものというべきである。」

【77】 大阪高決昭39・3・24 下刑集6・3=4・190

判旨 「記録を調査すると，被告人は，道路交通法違反被告事件につき指定された昭和39年2月4日の第1回公判期日に，弁護人を選任することなく自ら出頭して審理を受け，判決宣告期日を同月11日午前10時と指定告知されたが，医師としての職務上右期日に出頭し難い情況にあったので，係り書記官の助言に基づき即日判決謄本交付申請書を提出しておき，謄本による判決の了知につとめていたところ，右宣告期日に被告人不出頭のまま判決の宣告がなされたが，判決主文等の通知の手続もとられず，交付申請にかかる判決謄本は同月24日郵便により発送され上告期間の末日である同月25日ようやく被告人宅に届いたので，被告人は即日これに対する不服の書面を作成の上投函し，翌26日当裁判所に到達したこと，および，右書面は上告を申立てる趣旨のものであるか否かにつきいささか疑問が存したので，当裁判所は書記官をして同年3月3日電話により被告人にこれを確かめしめたところ，上告申立の趣旨である旨の回答を得たので，これを上告申立として処理することとし，同月5日上告期間経過の故を以て上告棄却の決定をし，同月7日被告人にこれを送達したのであるが，被告人は，これよりさき同月3日，書記官に対する前記電話回答の際の問答に示唆を受けて，あらためて上告申立書および本件上訴権回復請求書を作成郵送し，翌3月4日当裁判所に到達したものであることが認められる。すなわち，被告人は判決宣告後14日にしてはじめて判決の内容を知り，その後14日以内に本件上告と同時に上訴権回復の請求をしたものであることが明らかである。しかして，判決の宣告期日に出頭しなかった被告人はみずから訴訟進行の状態を知る手段を講ずる責任あるものというべきところ（略），被告人は前示のように係り書記官の助言に基き第1回公判期日終了の直後宣告期日における判決謄本の下付申請を完了し，訴訟の進行状態を知る手段を講じていたものというべく，本件上告期間の経過を以て被告人の責に帰しがたいものとせざるを得ない。結局本件上訴権回復の請求は正当であ」る。

(2) 郵便局側の違法措置等による遅延

郵便局が規定に反した配達業務を行ったことを理由に上訴権回復請求を許容したのが，次の裁判例である。

【78】 最決昭39・7・17 刑集18・6・399（判時382・48，判タ166・122）

事実 被告人は，昭和39年2月27日，盛岡地方裁判所水沢支部において，公職選挙法

第5章　上訴の放棄・取下げ及び上訴権の回復

違反事件で有罪の宣告を受け，同月29日に弁護人に控訴手続を依頼し，署名押印した控訴状を手渡した。盛岡市内に居住する弁護人Aは，書留速達便に付すれば，盛岡郵便局に当日午前11時までに郵託することで，同支部に当日中に配達されると承知していたため，控訴申立期間の最終日である同月12日午前10時30分ころ，上記控訴状を妻Bに郵送するように命じたところ，妻Bは無集配局においても同様の取扱いになるものと誤解し，同日午前10時35分ころ，盛岡郵便局本町支部に郵託したことにより，上記控訴状は翌13日に同支部に到達した。その後，上訴権回復請求を受けた同支部は，上訴期間の徒過が弁護人の不注意にあるとして，上訴権回復請求を却下し，即時抗告審は，上記郵便物が当日の午後6時45分に同支部の受持郵便局である水沢郵便局に到着しており，郵便規則によると，当日午後7時までに到着した郵便物は当日に配達する旨規定されていることを認定しながら，「郵便局の結束時限に多少の上下があり得べきことは容易に窺えるところであるから，以上の諸点を考慮することなく漫然無集配郵便局に郵託したこと記録上明らかな本件申立人の代人Bの行為は過失あるものというべく，右郵託以前における所論指摘の申立人又は弁護人に関する事実の如きはBの過失に何ら影響がない。」として棄却した。これに対して，弁護人Aから特別抗告が申し立てられた。

判旨　「およそ，上訴権者が上訴申立書を上訴申立期間内に速達郵便に付し，該郵便物が，右期間内に管轄裁判所に到達することを期待しうべき相当の理由あるときは，右期間の経過を上訴権者又は代人の責に帰することはできないと解すべきである。

そこで本件について，これを見るに，郵便法60条によれば，速達郵便物は他の郵便物に優先して送達さるべきものであり，郵便規則100条1項は，午後8時から翌朝午前7時までの間に配達受持局に到達したものに限り，午前7時までの局留置を認め，右以外の場合はすべて到着後遅滞なく配達すべきことを規定しており，同条2項の規定を受けた昭和38年12月28日郵業第6633号郵務部長通達は水沢郵便局に対し昭和39年1月1日から3月31日までの間右郵便規則100条による配達区分についての最終基準時刻を午後7時に繰上げてさしつかえなき旨を令達したにすぎないのであるから，配達受持局たる水沢郵便局としては，同局に午後6時54分到着した本件郵便物については，即日遅滞なくこれを配達すべきものであり，申立人についてこれを期待すべき相当な理由があったものといわざるを得ない。」

以下，同様に，郵便局側の違法措置等による遅延を理由として，上訴権回復請求が認められた事例として次の裁判例を挙げておくこととする。

【79】　東京高決昭30・4・19裁判特報2・9・341

判旨　「本件抗告申立の要旨は，原裁判所が昭和28年6月5日被告人に言渡した有罪判決に対して抗告人が昭和28年6月17日午前8時頃毛呂山郵便局より書留郵便を以て，原裁判所宛東京高等裁判所に対する控訴申立書を同封し，発送したところ，上訴期間を経過した昭和28年6月20日原裁判所に配達されたものであるが抗告人は同裁判所所在地と毛呂山との通常郵便物の郵送状況は3日間の日時（発送した日を含む）を要すれば到着するものと信じ，且つ毛呂山郵便局員にも同月19日迄に到着する旨の言を確めた上，郵送したものであるところ，右控訴申立書は毛呂山局より越生局を経て郵送され，その間越生局の事故に

より同月18日午前8時36分発の郵便車にて発送すべきを，同日午後4時38分発の郵便車にて発送したため，1日遅延し，上訴提起期間を経過するに至ったものでありこれを理由なきものと認めてなされた原裁判所の決定は失当であると謂ふにある。そこで，審按するに，右抗告人の主張は孰れも本件記録中の各疏明書類の記載に徴し，明らかであって，右は刑事訴訟法第362条による事由があるものと認められる。」

福岡高決昭42・2・28下刑集9・2・131，東京高決昭51・12・16東高時報27・12・171も，同趣旨の理由により，上訴権回復請求を許容している。

また，郵便労働組合員の争議行為による遅延も加わって，上訴申立書の到着が遅れたとして，上訴権回復請求を是認したのが，次の裁判例である。

【80】 東京高決昭54・1・23東高時報30・1・3（判時926・132，判タ383・156）

判旨 「被告人は，（略）昭和53年12月21日当裁判所において懲役5月に処する旨の判決を受け，右判決に対し上告の申立をするため，弁護人である請求人が上告申立書を同月27日の12時から18時までの間に長野中央郵便局より簡易書留・速達郵便」「で送付したところ，右申立書は，上告申立最終日である昭和54年1月4日を経過した同月6日に宛先である東京高等裁判所に配達されたこと及び請求人は右事実を同月11日に至って知ったことが認められる。
ところで，郵政省郵務局業務課郵政事務官の電話回答書によると平常時における長野ー東京間の書留・速達郵便物の配達所要標準日数はおよそ2日ないし遅くとも3日程度であって，本件上告申立書のように10日間以上も要することは通常予想し得ないところである。もっとも，請求人が右申立書を発送した当時は，年末における事務輻輳に加え全逓信労働組合員による全国的な年末争議が実施され，その影響で，一般に郵便業務が遅滞していたことは公知の事実であるから，請求人においても右申立書の到達が遅延することは当然予想すべきであり，到達の有無について当庁に問い合わせるなどし，あるいは右上告申立書を直接当裁判所に持参すれば，優に上告申立期間内に提出することができたとも考えられる。しかし，右争議は，配達業務が遅滞していたものの全く停止していたわけではないので，平常時に比し若干の遅れはあるにせよ，発送後9日目である本件上告申立期間満了の日（昭和54年1月4日）には到達受理されるものと期待したとしても，それは無理からぬところであり，請求人において右直接持参の措置をとらなかったことをもって，請求人に責むべき落度があったとまでは解されないのである。
そうしてみると，本件上告申立期間の徒過は，専ら郵便局側の事情に基因し，被告人またはその代人（請求人）の責に帰することができない事由によるものであることが明らかである。」

さらに，福岡高決昭35・1・3下刑集2・1・16も，佐賀県内から書留普通郵便で発送された上告申立書について，通常は翌日に配達されるものであって，上告申立最終日まで6日間の余裕をもって投函されていたところ，郵便局従業員による争議行為の影響によって，配達まで7日間を要した事例に関して，「全く郵便局の懈怠によるもの」として，同旨の判断を示している。

第 5 章　上訴の放棄・取下げ及び上訴権の回復

他に，収容中の被告人に対する看守の対応の不適切さを理由として，上訴権回復請求を認めたものとして，高知地決昭 40・5・24 下級刑集 7・5・1155 がある。

4　上訴権回復請求が否定された事例

(1)　郵便の延着が予想される場合

年末の郵便事情を考慮せずに上訴申立書を郵送したところ，これが遅れて到達した場合に，上訴権者又は代人の責に帰すべからざる事由とはいえないとしたのが，旧刑訴法時代のものではあるが，次の裁判例である。

【81】　大決昭 5・2・15 刑集 9・70

事実　広島控訴院は，昭和 4 年 12 月 23 日，強姦未遂致傷事件の被告人に有罪の判決を宣告したが，弁護人 A は，同月 26 日，これに対する上告申立書在中の郵便物を宇和島追手通郵便局に差し出したところ，上記郵便物は上訴期間徒過後の同月 29 日に同院に到着したため，昭和 5 年 1 月 8 日上告棄却の決定を受けた。そこで，同院に対して上訴権回復請求をしたが，これが容れられなかったことから，大審院に対して即時抗告を申し立てた。

判旨　「刑事訴訟法第 387 条ニ上訴ヲ為スコトヲ得ル者自己又ハ代人ノ責ニ帰スベカラザル事由ニ因リ上訴期間内ニ上訴ヲ為スコト能ハザリシトキトアルハ上訴ノ不能ガ天災其ノ他避クベカラザル事変ニ原因スル場合ニ限ラズ上訴権者又ハ代人ノ故意又ハ過失ニ基カザル一切ノ場合ヲ包含スルヲ以テ原決定ガ恰モ之ガ天災其ノ他避クベカラザル事変ニ原因スル場合ニ限ルモノノ如ク説明シタルハ其ノ当ヲ得ズ然レドモ我国現時ノ社会状態ニ於テ遅クトモ 12 月 20 日以後ニ至レバ逐年郵便物ノ異常ナル輻湊其ノ度ヲ加ヘ為ニ之ガ集配ニ関スル事務繁忙ヲ極メ停滞ヲ来スコトハ一般ニ顕著ナル事実ナリトス故ニ此ノ時期ニ於ケル通常郵便物ノ差出人ハ其ノ差出ニ際リ当然平常ノ時期ニ於ケル差立逓送及配達ノ便ヲ受ケ得ベシト期待スルヲ得ルモノニアラズシテ寧ロ多少ノ遅延ハ到底免レ難キコトヲ予想スルコトヲ要ス然レバ抗告人ガ其ノ申立ノ如ク昭和 4 年 12 月 23 日広島控訴院ノ言渡シタル判決ニ対スル上告申立書ヲ同月 26 日書留通常郵便物トシテ宇和島追手通郵便局ニ差出シタル処平常ニ於テハ翌日広島市ニ到著配達セラルベキニ拘ラズ該郵便物ガ同月 29 日同控訴院ニ到達シタルハ畢竟抗告人カ叙上顕著ナル事実ニ対シ注意ヲ払ハザリシ過失ニ基クモノニ外ナラズシテ此ノ程度ノ遅延ヲ指シテ抗告人又ハ代人ノ責ニ帰スベカラザル事由ノ範囲ニ属スルモノト謂フヲ得ズ故ニ原審ガ本件上訴権回復ノ申立ヲ許サズト決定シタルハ結局相当ニシテ抗告ハ理由ナシ」

(2)　行政検束された場合

行政執行法により検束されていた被告人から，上訴の妨害にあったとの主張に対して，そのような事実があった場合には，上訴権回復請求を認める余地があるとしながら，当該事案においては，そのような事実がないとされたのが，旧刑訴法時代のものではあるが，次の裁判例である。

【82】 大決昭8・3・16 刑集 12・271

事実 申立人は，昭和7年9月13日，洲本区裁判所において，出版法違反，邸宅侵入，脅迫事件で有罪の判決宣告を受け，これに対して控訴の申立てをしたが，同年11月12日，神戸地方裁判所において，不出頭のまま，有罪の判決宣告を受け，上告期間内に上告の申立てがなかった。同月19日に至り，申立人から，同裁判所に対して，上訴権回復請求があり，その理由として，同年10月11日以降，行政執行法により，洲本警察署及び志筑警察署に検束処分を受け，志筑警察署長に対して判決宣告期日への出頭を要求したにもかかわらず，同署長がこれを許可しなかったため，出頭できなかったものであり，しかも，上告申立書の作成，郵送も許されなかったことから，上告期間を徒過したものであると主張した。ところが，同裁判所がこれを棄却したため，大審院に抗告を申し立てたものである。

判旨「行政執行法ニ基キ検束ヲ加ヘラレタル者ト雖刑事訴訟法ノ規定ニ従ヒ上訴権ノ行使ヲ妨ゲラレルベキモノニ非ザルヤ勿論ナリ而シテ上訴権ヲ行使セントセバ法ノ定ムル所ニ従ヒ其ノ申立書ヲ作成シ之ヲ原裁判所ニ差出スベキモノナルガ故ニ若シ当該行政官庁ヨリ該権利ノ行使ヲ妨害セラレタルニ因リ上訴権ヲ行使スル能ハズシテ上訴期間ヲ経過シタル場合ニ於テハ刑事訴訟法第387条ニ依リ上訴権回復ノ請求ヲ為シ得ベキコト勿論ナリト雖クノ如キ事実存セザル場合ニ於テハ上訴権回復ノ請求ヲ為シ得ベキモノニ非ズ本件ニ付記録ヲ調査スルニ抗告人ハ出版法違反邸宅侵入脅迫被告事件ニ付公訴ヲ提起セラレ第1審トシテ洲本区裁判所ニ於テ昭和7年9月13日有罪ノ判決ヲ受ケタルニ対シ控訴ノ申立ヲ為シ第2審トシテ神戸地方裁判所ニ於テ同年11月5日公判ノ審理アリ同月12日午前10時判決ノ言渡ヲ為ス旨ノ告知ヲ受ケタルニ拘ラズ不出頭ノ儘有罪判決ノ言渡ヲ受ケタル事実明白ナルトコロ（略）抗告人ハ志筑警察署ガ昭和7年11月2日午前11時30分ヨリ同年11月18日午後3時迄毎日検束ヲ反覆執行シ居リタルモノニシテ（略）公判期日タル11月5日ニハ（略）公判廷ニ出頭シ審理ヲ受ケ当日審理終結シ同月12日ヲ判決言渡期日ト告知セラレシモノナルモ抗告人ハ当日帰署ノ途中同行巡査ニ対シ判決言渡ノ日ニハ欠席スル旨申シ居リタル事実アルノミナラズ判決言渡当日ニ至ルモ公判廷ニ出頭方申出テタル事実ナク又其ノ後検束ヲ解クニ至ル迄ノ間抗告人ハ同警察署長ニ対シ上告申立書ノ記載方或ハ其ノ郵送方ヲ願出テタル事実ナカリシコトヲ知リ得ベク抗告理由中ニ於ケル判決言渡当日公判廷ニ出頭方願出テタルニ対シ志築警察署長ハ不法ニモ之ヲ阻止シタル旨ノ主張事実並其ノ後検束中ニ上告申立書ノ記載郵送方ヲ願出テタルモ之ヲ許サザリシ旨ノ疎明ハ措信スルニ足ラズ然レバ則原審ガ抗告人ノ本件請求ヲ理由ナキモノトシ之ヲ排斥シタルハ正当ニシテ本件抗告ハ其ノ理由ナキモノトス」

　現行法上，行政検束が認められていないのであるから，この裁判例の適用は考えられないことになるが，将来同趣旨の制度が設けられた場合には，参考となるものである。

(3) 弁護人による上訴申立てがあったと誤信した場合

　1審判決で実刑の言渡しを受けた者が，原審弁護人からの保釈請求によって，保釈を許

第5章　上訴の放棄・取下げ及び上訴権の回復

可され，当日直ちに釈放されたことから，原審弁護人が控訴の申立てをしたものと思い込み，被告人自身が控訴提起期間中に控訴申立てをしなかったという事実関係の下で，上訴権回復請求が否定されたのが，旧刑訴法時代のものではあるが，次の裁判例である。

【83】　大決昭9・8・27 刑集13・1083

事実　申立人は，昭和9年4月23日，東京地方裁判所において，治安維持法違反事件で懲役3年の判決宣告を受け，豊多摩刑務所へ戻る際，押送中の看守に対し保釈の手続を質問したところ，判決宣告後は控訴申立てがされない限り，保釈請求はできないと教えられたため，翌日に控訴申立てをした上，保釈請求をしようと考えたが，同日夜に弁護人からの保釈請求が許可されて釈放されたことから，弁護人が控訴申立てをしたものと誤信して，控訴を申し立てず，その後，控訴期間を徒過したとして，上訴権回復請求をしたが，東京控訴院から棄却されて，大審院に抗告を申し立てた。

判旨　「原審弁護人ハ被告人ノ為ニ上訴ヲ為スコトヲ得レドモ必ズシモ為ストハ限ラズ故ニ弁護人ヨリ上訴シタルベシト軽信シ独立ノ上訴権ヲ有スル被告人自身上訴セズ上訴期間ヲ徒過スルガ如キハ其ノ責被告人ニアリ上訴権回復ノ理由トナラザルモノトス記録ニ徴スルニ抗告人ハ治安維持法違反被告事件ニ付昭和9年4月23日東京地方裁判所ニ於テ所論ノ如ク有罪ノ判決ヲ受ケタル事実抗告人ガ其ノ弁護人ヨリ為シタル保釈請求ニヨリ右判決言渡ノ即日保釈釈放セラレタル事実並ニ控訴期間内ニ控訴ノ申立ヲ為サザリシ事実ハ洵ニ明瞭ナリト雖抗告人ガ有罪ノ言渡アリタル場合ニ於テハ上訴申立ノ上ニ非ザレバ保釈ノ請求ヲ為スコトヲ得ズトノ一看守ノ言ヲ信ジ更ニ進ンデ弁護人ヨリ為シタル保釈ノ請求ニ基キ保釈トナリタルガ故ニ弁護人ヨリ控訴申立ヲ為シタルモノト軽々シク推断シ判決言渡ノ即日釈放セラレ十分ノ時間ト自由トヲ有シナガラ弁護人ニ問合セモ為サズ其ノ儘上訴ノ提出期間ヲ徒過シタルモノナレバ前段ノ説明ニ徴シ全ク抗告人ノ過失ニ外ナラザルモノト謂フベク従テ抗告人ノ責ニ帰スベカラザル事由ニヨリ上訴ノ提起期間内ニ上訴ヲ為スコト能ハザリシモノト謂フヲ得ズ」

同様に，控訴審宛の弁護人選任届を原審に提出した事例に関して，次の裁判例がある。

【84】　最決昭27・10・31 裁判集68・849

事実　被告人は，昭和26年11月8日，仙台地方裁判所において，覚せい剤取締法違反事件で有罪の判決宣告を受け，同月12日，仙台高等裁判所あての弁護士Aの弁護人選任届を原審に提出したが，被告人はA弁護人が控訴申立書を提出したと，A弁護人は被告人が控訴申立書を提出したと軽信して，いずれからも控訴申立てのないまま，控訴提起期間を徒過してしまった。その後，A弁護人から上訴権回復請求がなされたが，原審でこれが棄却され，仙台高等裁判所も，同年12月12日に抗告棄却の決定をしたため，A弁護人から特別抗告の申立てがなされた。【71】と同じ裁判例である。

判旨　「本件において原決定の認定した事実関係は，被告人においては控訴審の弁護人に

選任した弁護士より控訴を申立てるべしと軽信し（略）て結局孰れからも上訴しなかったというのであって，被告人から同弁護士に控訴申立手続をとることを依頼した事実は原決定の認定していないところであるから，同弁護人は被告人のため控訴申立手続をとらなければならない立場におかれていたものということはできない。されば本件においては右判例におけると具体的事情を異にするものであって，右判例は本件に適切でない。而して本件においては，控訴申立期間の徒過は被告人の軽信に基く過失によるものというの外なく，控訴審の弁護人として始めて選任されたA弁護士はその受任の際控訴申立済みか否かにつき被告人に確めなかった点に注意不十分の譏を免れないとしても，控訴申立手続をとらなかったことにつき過失を責めるべき理由に乏しいものといわなければならない。」

なお，市議会議員である被告人が，略式命令について，検察官に対し，「それでは失格になるんですか，懲役になるんですか，罰金になるんですか」と念を押してたずねたところ，検察官から，「たいしたことないよ」とあたかも当選失格にはならないような言葉があったため，正式裁判を申し立てなかったから，正式裁判請求権回復請求を求めたという事案に関して，最決昭31・5・1裁判集113・437は，「原決定が『所論主張のような事由により錯誤に陥り正式裁判の申立をしなかったとしても，単に検察官の一片の言辞を軽信し失格問題は起こらないものと解し略式命令の当選に及ぼす効果について何等の調査もしなかったのは明かに過失たるを免れないから，かような事由は刑訴362条に該当しないものといわなければならない』とした判断は正当である」と判示しているのが注目される。

(4) 病気のため，医師より絶対安静を命じられていた場合

医師から病気による絶対安静を命じられていたことを理由に，上訴権回復請求がされた事例について論じたのが，次の裁判例である。

【85】 最決昭31・7・4刑集10・7・1015（判タ62・60）

[事実] 被告人は，昭和31年1月9日，水戸地方裁判所土浦支部において，公務執行妨害，暴行事件で懲役6月及び罰金2000円の判決宣告を受け，同月20日に同支部に控訴の申立てをした。そして，東京高等裁判所は，同年2月11日，被告人に対し，昭和31年3月31日までの控訴趣意書差出期間通知書と弁護人選任に関する通知を郵便に付して送達したところ，被告人は，同月20日，私選弁護人を選任する旨の回答書と弁護士Aを弁護人に選任する旨の届書を同裁判所に提出したが，控訴趣意書が提出されなかったので，同裁判所は同月24日に控訴を棄却する旨の決定をし，この決定は同月27日に被告人および弁護人に送達された。ところが，被告人およびその弁護人は上記控訴棄却の決定の送達を受けた当時は病気であり，また，右裁判に対する不服申立期間は14日であると誤信していたことを事由として，同年4月5日，同裁判所に対して上訴権回復の請求をしたが，同年5月8日これが棄却され，同月23日には同裁判所に対し異議の申立てをしたが，同年6月6日にこれ

第5章　上訴の放棄・取下げ及び上訴権の回復

も棄却されたことから，特別抗告が申し立てられた。

判旨　「刑訴 362 条にいわゆる「責に帰することができない事由」とは，上訴不能の事由が上訴権者又はその代人の故意又は過失に基かないことをいうのであって（【81】参照），被告人が前記控訴棄却決定の送達を受けた当時病床にあり，医師より絶対安静を命ぜられていたために不服の申立をすることは不可能であるというがごときは，これに該当する事由にならないことが明らかである。」

(5)　外国旅行中であった場合

外国旅行中に有罪の判決の宣告があったことを知らなかったことを理由に，上訴権回復請求がされた事例について論じたのが，次の裁判例である。

【86】　最決昭 35・9・14 裁判集 135・327

判旨　「刑訴 362 条にいわゆる「責に帰することができない事由」とは，上訴不能の事由が上訴権者またはその代人の故意または過失にもとずかないことをいうものであり」（【84】参照），「所論の如く，当裁判所の裁判宣告期日の通知及び裁判宣告の行われた当時被告人が欧米諸国に旅行中であったがため裁判宣告の行われた事実を知らず，従って法定の期間内に不服の申立をすることができなかったことは，これに該当する事由にならないことが明らかである。」

5　他の申立てへの準用の有無

上訴権回復請求の規定が他の申立てについて準用されるのか否かについて，以下の裁判例が論じている。

(1)　高等裁判所の決定に対する異議申立て

【87】　最決昭 26・10・6 刑集 5・11・2177（判タ 16・44）

判旨　「大阪高等裁判所は，昭和 25 年 10 月 12 日控訴趣意書最終提出日を被告人Ａの保釈制限住居に」「宛て郵便に付して送達し，所定の期間内に控訴趣意書を提出しなかったとして同 26 年 1 月 9 日付の被告人の控訴を棄却する旨の決定を同月 12 日右住居に宛てて郵便に付して送達している。これに対して被告人は，右の送達は無効であると主張して同年 3 月 8 日原審に対して異議の申立をしたのであるが，原審はこれを棄却し，これに対して弁護人から所定の期間内にこの決定を憲法違反であるとして特別抗告の申立がされている。このような場合において右控訴棄却決定に対する異議申立の期間は，刑訴第 386 条，第 385 条，第 428 条，第 422 条の規定により一応送達がなされたときから 3 日間であって，この期間経過後に送達の適否を争うならば同法第 362 条以下の規定に従い所定の期間内に上訴権回復の申立をすると同時に異議の申立をしなければ，その異議の申立は不適法となる筋合である。」

送達の有効性を争った申立てに対して，その問題には触れずに，申立ての適否の問題として処理した事例であるが，その理由としては，上訴権回復申立てと異議申立てが所定の期間内になされることが有効性を争う前提として必要であるとの考えがあるからである。

(2) 最高裁判所の決定に対する異議申立て

【88】 最決昭57・4・7 刑集36・4・556（判時1041・137，判タ469・191）

事実 申立人は，道路交通法違反事件で懲役3月の判決宣告を受け，上告を申し立てたが，最高裁判所においては，上告趣意書差出最終日通知書をその住居地あてに特別送達郵便で発送したところ，名宛人不在として返戻されたため，その住居地あてに書留郵便に付して送達し，規則252条所定の28日経過後も上告趣意書の提出がなされなかったことから，昭和56年12月22日，法414条，386条1項1号により，上告を棄却する決定をし，この決定謄本についても，同様の経過で，昭和57年1月9日，付郵便送達をした。これにたいして，同年2月5日，申立人から，上告棄却決定を取り消し，新たに上告趣意書差出最終日の指定を求める旨の申立てがあり，その理由として，上告趣意書差出最終日通知書及び上告棄却決定謄本の送達を受けておらず，同年1月27日，刑執行の呼出状を受け取り，上記各書類はその住居地には配達されず，かつて所有していた工場事務所に配達されていたことが判明したもので，上告趣意書が提出できなかったのは，申立人の責に帰すべからざる事由によるものである，というのであった。

判旨 「申立人が別紙「上告棄却の決定に対する抗告の申立」と題する書面において主張するところは，当裁判所が昭和56年12月22日にした上告棄却決定（昭和57年1月9日右決定謄本を書留郵便に付して送達）を取り消し，新たに上告趣意書差出最終日の指定を求めるというにあるから，異議申立権の回復請求をするとともに，異議申立をしたものと認める。

よって，判断するに，上告棄却決定に対する異議申立については，刑訴法362条以下の上訴権回復に関する規定の準用があると解すべきであるところ（略），当裁判所が書留郵便に付して発送した右上告棄却決定謄本は，結局申立人に到達していないと認められるが，申立人は，昭和57年1月27日，名古屋地方検察庁岡崎支部検察官から，本件の刑が確定したから受刑のため出頭されたい旨の呼出状を受け取ることによって，本件上告棄却決定のあったことを知ったものであって，上訴権回復請求の事由は同日をもって止んだものと解すべきであるから（略），同日から3日の異議申立期間に相当する期間を経過した後の昭和57年2月5日にされた本件請求は不適法であり，したがって，本件異議申立も，異議申立権の回復請求が不適法である以上，不適法に帰したものといわなければならない」（【87】参照）。

この裁判例は，【87】の判断の枠組みが，上告棄却決定についても，適用されることを明らかにしたものである。

第5章　上訴の放棄・取下げ及び上訴権の回復

(3) 訴訟費用負担の裁判に対する執行免除の申立て

【89】　最決昭 36・7・13 刑集 15・7・1082（判時 273・35）

事実　申立人は，詐欺事件で，1審，2審ともに有罪の判決を宣告され，訴訟費用の負担を命じられていたが，昭和35年11月17日，最高裁判所において，「本件上告を棄却する。当審における訴訟費用は被告人の負担とする。」との決定を受けたため，昭和36年1月13日，最高裁判所に対し，上記訴訟費用負担の裁判の執行免除の申立てをしたところ，同月27日，法500条2項所定の期間経過後の不適法な申立てであるとして棄却された。そこで，申立人は，同月24日付けで，「訴訟費用執行免除申立期間回復請求書」と題する書面を提出し，病気で身体の自由がきかず，単身であるから，所定の期間内に訴訟費用執行免除の申立てをすることが不可能であったので，訴訟費用執行免除申立権の回復を請求するとともに併せて執行の免除を申し立てるというものであった。

判旨　「訴訟費用の負担を命ずる裁判の執行免除の申立については，その申立期間経過後その申立権回復の請求を認めた規定は存しないから，本件申立は不適法である。」

【90】　最決昭 54・7・2 刑集 33・5・397（判時 942・140，判タ 399・148）

判旨　「訴訟費用執行免除申立権の回復請求については，特にこのような請求を認めた規定が存しないばかりでなく，上訴権回復に関する規定（刑訴法362条以下）の準用が認められるのは，上訴に準ずる申立の場合に限るものと解すべきところ，訴訟費用執行免除の申立は上訴に準ずる申立とはいえないから，上訴権回復に関する規定の準用によって訴訟費用執行免除申立権の回復請求を認めることもできないというべきである。したがって，本件訴訟費用執行免除申立権の回復請求は不適法であり，また，本件訴訟費用執行免除の申立は，申立期間経過後にされた不適法なものであるといわなければならない」（【89】参照）。

訴訟費用執行免除申立期間経過後に，訴訟費用執行免除申立期間を遵守できなかったことについて，その責に帰すべき事由がないことを理由に，上訴権回復請求を求めた場合，既に最決昭36・7・13刑集15・7・1082が，そのような請求を認めた規定の不存在を根拠に，そのような申立てを不適法として取り扱っており，【90】も同様の処理をしたものであるが，団藤裁判官は，上訴に準じて考慮すべきであるとする意見を付していることに留意する必要がある。

第6章　一部上訴

原裁判の主文の一部に対する上訴を一部上訴という。したがって，原裁判が可分な場合にのみ許容されることになる。

第1節　一部上訴が許される場合

1　一部有罪及び一部無罪

併合罪とされる数罪が起訴され，その一部が有罪とされ，その余が無罪とされた場合，被告人は，有罪部分についてのみ「上訴の利益」が肯定され，無罪部分については「上訴の利益」が否定されることになる。これに対して，検察官は，いずれの部分についても上訴をすることが考えられるとはいうものの，実際にそのような上訴に及ぶことは少なく，被告人の無罪部分だけが確定することは珍しいことではない。【91】は，被告人が有罪部分について控訴を申し立て，検察官から控訴の申立てがない事例について，既に無罪部分が確定しているとしたものである。

【91】　大判大 15・10・26 刑集 5・463

事実　被告人は，公文書偽造，同行使事件のほか，公文書毀棄，公金横領事件で起訴されたが，岡山地方裁判所津山支部において，公文書偽造，同行使事件については有罪判決宣告を受けたが，公文書毀棄，公金横領事件については，証明不十分を理由に無罪判決を受けた。その後，被告人から控訴の申立てがされたが，検察官からは控訴の申立てはされなかった。広島控訴院は，上記有罪部分についてのみ審理，判断したところ，これに対して，弁護人から，同院の公判調書には，「検事ハ予審終結決定書記載ノ事実ト同旨ノ被告事件ヲ陳述シタリ」との記載があることを根拠に，上記全事件が審判の対象となっているのに，公文書毀棄，公金横領事件についての判断が遺脱していると主張して上告を申し立てた。

第6章 一部上訴

判旨　「第1審裁判所ハ被告ニ対シ公文書偽造行使ノ事実ヲ認定シ公文書毀棄及横領ノ所為ハ其ノ犯罪証明十分ナラズシテ無罪ノ言渡ヲ為シタルモノナル所被告ハ其ノ判決ノ有罪ノ部分ニ対シ不服トシテ控訴ヲ申立タルモノナリ然ラバ其ノ有罪トシテ認定セラレタル公文書偽造行使公訴事実ハ原審ニ依然トシテ権利拘束ガ繋属シ其ノ審理ノ対象タルモ無罪ヲ言渡サレタル部分ニ付テハ検事又ハ被告ヨリ上訴ノ申立ナキヲ以テ被告ノ利益ニ確定シ当然審理ノ範囲外ニ脱離シタルモノト云ハザルベカラズ」

なお，次の裁判例は，選挙犯罪という特殊類型の犯罪についての解釈が前提となってはいるが，結果的に【91】と同様の結論に至ったものである。

【92】　最判昭43・3・21刑集22・3・95（判時519・7, 判タ222・103）

事実　事案は若干輻輳している。被告人は，滋賀県議会選挙の投票買収資金として，3回にわたり，Aに対して，合計約295万円余を交付したとの公訴事実（以下「甲訴因」という）で起訴され，大津地方裁判所において，有罪の判決宣告を受け，これに対して，被告人から控訴申立てがあり，大阪高等裁判所は，被告人とAが共謀して他の選挙人に金員を供与した場合には，この供与罪にAに金員を交付した交付罪は吸収され，供与罪だけが成立すると解すべきであるから，本件でAがした供与の事実を究明しない限り，本件で交付罪が成立するのか，共謀による供与罪が成立するのか判定できないとして，1審判決を破棄して，大津地方裁判所に差し戻した。ところが，差戻後，被告人は，Aとの共謀による，選挙人6名に対する90万円の供与と，選挙人1名に対する40万の交付の公訴事実（以下「乙訴因」という）により追起訴された。そして，第二次の大津地方裁判所は，甲訴因については有罪の判決宣告をし，乙訴因については証明不十分による無罪の判決をした。有罪部分には被告人から，無罪部分には検察官から控訴の申立があり，第二次の大阪高等裁判所は，交付罪が供与罪に吸収されるのは，単なる買収の意思連絡だけでは足りず，金員供与の相手方，金額，供与時期，方法等についての謀議の成立が必要であるとして，本件では，そのような謀議成立の証拠はないから，結局，1審の結論を維持すべきであり，いずれの控訴申立ても棄却するとの判決宣告をした。これに対して，被告人は有罪部分について上告申立てをしたが，検察官は無罪部分について上告申立てをしなかった。

判旨　「被告人とAとの間には本件選挙に際し被告人の当選を得る目的で，被告人の選挙区の選挙人または選挙運動者をいわゆる買収しようとの金銭供与の罪の共謀が成立していたとすれば，第1審判決が認定した被告人のAに対する金銭交付の罪のうち，同判示第1の100万円中Aが前記B，C，Dに供与した金員およびAがCと共謀して，Eに供与した金員との合計83万円は，右供与の罪に吸収され，交付罪としては問擬することを得なくなるはずのものであり，判示第3の148万8,000円中AがFに交付した法定選挙費用60万円は適法な選挙費用の支出であるから，本来交付罪とならないものであり，右Fに交付した40万円は買収資金として交付されたものではあるが，右は被告人とAとの共謀によるFに対する交付罪に吸収され，被告人からAに対する交付罪としては問擬できないはずのものである。また，AがGに供与した金5万円およびHに供与した金2万円の計7万円は，Aが被告人から交付を受けた判示

第1節　一部上訴が許される場合

第1の100万円または判示第2の47万円のうちから支出されたもので，そのいずれの金員より支出されたか特定できないというのであるが，いずれにしても，右7万円については，被告人のAに対する交付罪は右供与罪に吸収され，交付罪としては問擬できないはずのものである。もっとも，右各供与の罪およびFに対する40万円の交付の罪（略）については，第1審判決ならびに原判決は，ともに，被告人とAとの間に共謀の成立は認められないとして，被告人に対しては犯罪の証明なしとして無罪の言渡をしており，原判決のこの部分に対しては検察官から上告の申立がないから右の事実については，既に無罪の判決が確定したものとして今や被告人に対しその罪責を問う……ことはできないのである。したがって，第1審判決判示第1ないし第3の交付の事実全部について被告人に罪責を問うた第1審判決を是認した原判決は，前記のように共謀の成否に関し，判例と相反する判断をした結果，ひいて有罪とすべからざるものを有罪とした違法をおかしたものというほかなく，この判例に反する判断をしたことは，判決に影響を及ぼすこと明らかである」。

　これに対して，【93】は，検察官から，無罪部分に対してのみ控訴の申立てがあり，被告人からは控訴の申立てがないのに，控訴審が，無罪部分だけではなく，既に確定している有罪部分についても審判したことが問題とされたものである。

【93】　最判昭28・9・25刑集7・9・1832

事実　被告人は，甲府地方裁判所において，昭和24年6月28日付け起訴の窃盗（予備的訴因として，贓物寄蔵又は運搬），昭和26年10月8日付け起訴の窃盗，外国人登録令違反事件で審理を受け，昭和27年2月2日，昭和26年10月8日付け起訴の窃盗事件で懲役1年の判決宣告を受けたが，その余の事件については無罪の判決宣告を受け，上記無罪部分に対してのみ，検察官から控訴の申立てがあった。そして，東京高等裁判所は，昭和27年7月30日，1審判決を破棄し，昭和24年6月28日付け起訴の事件については贓物運搬として懲役6月及び罰金1000円に，昭和26年10月8日付け起訴の窃盗，外国人登録令違反事件については懲役1年2月の判決宣告を行った。これに対して，検察官及び弁護人が上告を申し立て，昭和26年10月8日付け起訴の窃盗事件による懲役1年の判決については，既に確定しているのであるから，東京高等裁判所は，係属していない事件について審判をした違法があるなどと主張した。

判旨　「甲府地方検察庁検事Aの昭和27年2月14日付控訴申立書（略）によれば，同検事は甲府地方裁判所が昭和27年2月2日被告人に対し言渡した判決中無罪部分（昭和24年6月28日公判請求の窃盗，予備的に贓物寄蔵又は運搬並びに同26年10月8日公判請求の事実中外国人登録令違反の点）のみについて控訴の申立をしたことが明らかである。そして，この第1審判決中有罪部分（昭和26年10月8日公判請求の事実中窃盗の点）については被告人より控訴の申立があった形跡は認められない。しかるに，原判決は第1審判決が無罪とした部分のみならず，有罪とした

上訴の申立て　77

第6章　一部上訴

部分についても審判をしている。したがって，原判決には，何等控訴がなく，原審に係属していない事件について審判をした違法があることは洵に所論のとおりである。そして，この違法は判決に影響があり，原判決はこれを破棄しなければ著しく正義に反するものというべきである。」

　さらに，検察官から無罪部分についてのみ控訴の申立てがされ，被告人から控訴の申立てがなく，控訴審において，右無罪部分が破棄されて有罪とされた場合，有罪部分が確定していることから，被告人は，確定した有罪部分についての刑と，破棄されて有罪とされたものについての刑とを併せて受けることになる。そうすると，被告人は，刑法45条前段，47条本文によるいわゆる「併合の利益」を受けられないことになりかねない。そこで，検察官は，無罪部分に限定せずに，全体について上訴をする取扱いを行うことにより，被告人の「併合の利益」を受けられるようにしているほか（最判昭30・2・17裁判集102・813，最判昭38・11・12刑集17・11・2367参照），裁判所もそのような取扱いを是認していることが，以下の裁判例からもうかがわれる。

【94】　最判昭33・11・4刑集12・15・3439（判時174・28）

事実　被告人らは，労働争議に際して，組合員多数とともに，管理者らに対し，暴行，脅迫を加えたほか，管理者らをその場から離れた組合専用施設に監禁したとして起訴され，福岡地方裁判所は，いずれも有罪としたのに対して，控訴審である福岡高等裁判所は，暴行，脅迫については，期待可能性がなく責任が阻却されるとして無罪の判断をして，監禁のみの有罪を宣告した。

判旨　（原判決は）「労働争議に際しての被告人ら組合員百数十名により行われた暴行，脅迫及び不法監禁なる一連の違法行為について，その前半の暴行，脅迫のみを切り離してこれを期待可能性がないものとして無罪とし，後半の不法監禁は期待可能性がないとはいえないとして有罪としているのである。

（略）

　しかし，原判決が認めた第1審判決判示第1の所為につき右に列挙するような事情が認められるとしても，それだけでは右所為につき被告人らの罪責を阻却する事由とはならないから，被告人両名の右所為はいずれも暴力行為等処罰に関する法律1条1項に該当する犯罪であるといわなければならない。原判決がこれにつき罪とならないものとして無罪の言渡をしたのは法律の適用を誤まった違法があるか又は理由を附しない違法があるもので原判決を破棄しなければ著しく正義に反するものというのほかない。

　よって，刑訴411条1号に従い，この点につき，監禁罪の成立を認めた第1審判決判示第2の所為とともに更に審判をなさしめるため原判決を破棄し本件を原裁判所に差し戻すべきものである。」

【95】　最判昭39・7・21刑集18・6・412（判時380・82，判タ165・90）

事実　被告人は，建築基準法違反のほか，所有の浴場施設を，県知事の許可を受けないで，一定の料金を徴収して一般公衆多数を入浴させたこと，町長らからの注意勧告を受けて浴場を

第1節　一部上訴が許される場合

閉鎖した後，組合組織に改めた上，県知事の許可を受けないで，一定の料金を徴収して組合員多数を入浴させたことによる公衆浴場法違反で起訴され，青森地方裁判所は，いずれも有罪とし，公衆浴場法違反は包括一罪であるとしたが，仙台高等裁判所は，組合組織による点については無罪であるとしたため，検察官から上告が申し立てられた。

判旨　「本件組合浴場は，公衆浴場の経営につき，その公共的性格に鑑み，公衆に対する保健衛生と風紀上特別の取締，指導の必要から許可制を採用した同法の法意に照らし，同法1条1項にいわゆる公衆浴場の一形態として，当然同法による営業規制の対象に含まれるものと解するのが相当である。論旨引用の判例は，会員組織による浴場経営の場合に関し，右と同じ見解に立ち，入浴者の性格が公衆性を帯びる場合には，たとえ会員証を所持するものに限り入浴が許される立前をとっているとしても，当該浴場の経営は，同法にいう公衆浴場の経営に当るものと認めたもので，この判示は正当として是認さるべきである。従って，原判決が右判例の趣旨と異なる見解の下に，本件組合浴場は同法の適用外にあるものと解し，（略）無罪の言渡をしたのは，失当といわねばならない。（略）原判決は破棄を免れない。
　ところで，原判決中有罪部分（原判示第1の建築基準法違反および同第2の公衆浴場法違反の点）に対し，原審弁護人から上告の申立があったが，被告人および弁護人は上告趣意書を提出しない。しかし，前示無罪部分と右有罪部分とはともに併合罪の関係があるとして起訴されたものにかかるから，前者につき原判決を破棄すべき理由が存する以上，いまだ確定をみない後者とともに原判決は全部破棄を免れない。」

(1) 併合罪について全部無罪

併合罪の関係にある数罪全部が無罪とされた場合，検察官がその一部のみを上訴することができることは明らかであり，その際にはその一部のみが上訴審の審理対象となることも当然である。

(2) 刑法48条1項による罰金刑と他の科刑の併科

被告人は，昭和26年7月3日，米国軍票の所持による昭和24年政令389号1条違反で懲役6月，連合国占領軍財産の毛布等の所持による同政令2条違反で罰金2万円に処せられ，昭和27年1月14日，控訴も棄却されたが，同年4月28日，昭和27年政令117号大赦令1条83号により，罰金刑部分に関して大赦とされたため，罰金刑部分についてのみ破棄，免訴とされ，懲役刑部分については上告棄却とされたのが次の裁判例である。

【96】　最判昭35・5・6刑集14・7・861

事実　被告人は，昭和26年7月3日，青森地方裁判所八戸支部において，米国軍票の所持による昭和24年政令389号1条違反で懲役6月，連合国占領軍財産の毛布等の所持による同政令2条違反で罰金2万円に処せられ，昭和27年1月14日，仙台高等裁判所において，控訴も棄却されたが，これに対して上告を申し立てたところ，同

第 6 章　一部上訴

年 4 月 28 日，昭和 27 年政令 117 号大赦令 1 条 83 号により，罰金刑部分に関しては大赦とされた。

判旨　「本件公訴事実中第 1 審判決判示第 1 の(2)の所為については，昭和 27 年政令 117 号大赦令 1 条 83 号により大赦があったので，刑訴 11 条 5 号，413 条但書，337 条 3 号により，原判決及び第 1 審判決中判示第 1 の(2)につき罰金を言渡した部分を破棄し，右公訴事実につき被告人を免訴すべきものである。」

主文が懲役刑部分と罰金刑部分とに分かれている場合には，併科刑とされているような場合を除いては，上訴の申立ても部分を限定して行うことが可能であるから，このような結論となることは，当然の帰結であろう。

2　一部上訴が許されない場合

(1)　裁判が不可分

包括一罪，科刑上一罪の場合及び併合罪について 1 個の刑が言い渡された場合には，その一部について上訴することはできず，上訴がされた場合には，すべてが移審することになり，この理を明らかにしたのが次の裁判例である。

【97】　大判昭 9・7・23 刑集 13・997

事実　被告人は，耕地整理組合の工事の職務担当中，不正に過大な見積書を作成する請託を受け，その謝礼として酒食の供応を受け，見積書の金額を不当に高価に計上した文書を偽造して，上司に提出行使し，同組合から金員を詐取したとして起訴されたが，高知地方裁判所は，公文書偽造，同行使及び詐欺の点については犯罪の証明がないとして，収賄の成立のみを認めたものの，公文書偽造，同行使及び詐欺については，収賄と観念的競合の関係にあるとして，主文では無罪の言渡しをしなかった。これに対して，検察官及び被告人から控訴の申立てがあり，大阪控訴院は，公文書偽造，同行使及び加重収賄の有罪の判決宣告をしたところ，被告人から上告の申立てがあり，弁護人は，検察官の控訴申立ては，収賄についてはなされていないのに，控訴審が収賄についても審判したのは違法である旨主張した。

判旨　「判決ニ対シ一部上訴ヲ為シ得ベキ場合ハ主タル主文ガ 2 個以上アル場合ニ限リ一罪ニ付一ノ主タル主文ヲ掲グルニ止マル場合ハ一部上訴ヲ為シ得ザルヲ原則トスルガ故ニ本件ノ如ク第 1 審判決ニ於テ想像上ノ数罪トシテ起訴セラレタル一罪ニ付有罪ヲ言渡シ他ノ罪ニ付テハ証明十分ナラズト做シタル場合ニ於テ該判決ニ対シ検事ノ為ス控訴ハ仮令其ノ不服ノ主タル理由ガ右証明十分ナラズト為シタル点ニアリトスルモ公訴事実全部ニ付移審ノ効力ヲ生ズルモノトス」

なお，本来は主文で 1 個の刑を言い渡すべきであったのに，原判決が誤って 2 個の刑を言い渡したところ，全部について上訴の申立

第1節　一部上訴が許される場合

てがあったものの、後に一部について上訴が取り下げられ、あるいは、一部についてのみ上訴の申立てがあった場合について、論じたのが次の裁判例である。

【98】　東京高判昭38・9・30高刑集16・7・544（判時352・82，判タ154・66）

判旨　「原判決は被告人に対し昭和38年2月21日頃所犯の窃盗の事実（第1事実）と同年2月19日頃所犯の窃盗の事実（第3事実）について罪責を認めたが、被告人には同38年2月13日東京簡易裁判所において傷害罪により罰金1万5千円に処せられ同月28日確定した有罪の裁判がある旨判示した上、刑法第45条第50条を適用し、右第1事実について懲役8月、右第3事実について懲役4月の言渡をしたものであることは、原判決の記載に徴し明らかであるところ、右認定にかかる両犯罪事実と右確定裁判とは刑法第45条後段の適用はあるが両犯罪事実間には単に同条前段の併合罪の関係があるに止まるので、本件については同法第47条第10条を適用し1個の懲役刑を言い渡すべき筋合であるところ、原判決は右の如く2個の懲役刑を言い渡したのであるから、原判決には判決に影響を及ぼすことの明らかな法令適用の誤りがあり、被告人は一旦原判決中被告人に対する部分全体に対し適法な控訴の申立をしたのであるから、その段階においては、原判決は当然破棄を免れない運命にあったことは明白であるといわなければならない。

しかるに、被告人はその後原判決中判示第1事実についての懲役8月の言渡については不服がないとして、昭和38年7月6日控訴取下の意思表示をしているのであるが、かかる場合においては、これを如何に取り扱うべきかが問題となるわけである。元来刑法第47条第48条第2項等の併合罪の規定において1個の主文をもって刑の言渡をなすべきものとしているのは、被告人の利益という見地に立っているのであるから、本件の如く2個の窃盗罪につき1個の懲役刑を科すべき場合に、誤って2個の懲役刑を科した場合において、被告人がその一方に対してのみ上訴をし他方に対しては上訴をなさず、又は一旦全部に対して上訴をしたが、その後一方に対する上訴を取下げた如き場合においては、上訴の申立をなさず、又は上訴の取下をなした分については、被告人は1個の懲役刑により科刑を受けることの利益を自ら抛棄したものとして各これを訴訟法上有効と認めても不当とはいえないと解すべきである。果して然らば、本件においては、原判示第1の事実に関しては、被告人の控訴取下によって懲役8月の刑が既に有効に確定しており、控訴審たる当裁判所の審判の対象とはなっていないというべきであるから、所論法令違反の主張は、その根拠を欠くに至ったわけであって、その理由がないことに帰するものといわなければならない。」

なお、包括一罪、科刑上一罪の一部について有罪、その余の部分については理由中で無罪の判断が原判決で示され、被告人のみが上訴をした場合には、全体が移審することになるが、上訴審は、無罪部分が攻防の対象から外されるから、無罪部分についての判断を示すことができないとしたのが、次の裁判例である。

第 6 章　一部上訴

【99】　最決 昭 46・3・24 刑集 25・2・293（判時 627・6，判タ 260・163）（新島ミサイル試射場事件）

事実　被告人らは，共謀による住居侵入，暴力行為等処罰に関する法律違反（多衆の威力を示し，共同しての脅迫，暴行，器物損壊），傷害で起訴されたが，1審の東京地方裁判所は，共謀による住居侵入，暴力行為等処罰に関する法律違反の一部（多衆の威力を示し共同しての脅迫）については有罪としたものの，暴力行為等処罰に関する法律違反のその余（暴行，器物損壊），傷害については無罪とした上，有罪とされた暴力行為等処罰に関する法律違反の一部（多衆の威力を示し共同しての脅迫）と無罪とされた暴力行為等処罰に関する法律違反のその余（暴行，器物損壊）とは，包括一罪の関係にあとして起訴され，無罪とされた暴力行為等処罰に関する法律違反のその余（暴行，器物損壊）部分と傷害は，有罪とされた住居侵入とは牽連犯の関係にあるとして起訴されていると認められることを理由に，主文で無罪の言渡しをせず，理由中で無罪の言渡しをした。これに対して，被告人側だけが控訴を申し立てたところ，控訴審である東京高等裁判所は，被告人側の控訴趣意には理由がないとして，控訴を棄却したが，職権調査を行った結果，1審判決には判決に影響を及ぼす事実誤認があるとして，1審判決を破棄し，被告人らを全部有罪として，1審と同じ刑を言い渡した。そこで，被告人側が上告を申し立て，1審が無罪とした部分については，検察官の控訴がなかった以上，控訴審の審判の対象とはなり得ないから，無罪部分まで有罪としたのは，明治 26 年 7 月 10 日大審院判例に違反するなどと主張した。

判旨　「所論は，原審のした右職権調査ならびに破棄自判の措置を不当と主張するので，按ずるに，第1審判決がその理由中において無罪の判断を示した点は，牽連犯ないし包括一罪として起訴された事実の一部なのであるから，右第1審判決に対する控訴提起の効力は，それが被告人からだけの控訴であっても，公訴事実の全部に及び，右の無罪部分を含めたそのすべてが控訴審に移審係属すると解すべきである。そうとすれば，控訴裁判所は右起訴事実の全部の範囲にわたって職権調査を加えることが可能であるとみられないでもない。しかしながら，控訴審が第1審判決について職権調査をするにあたり，いかなる限度においてその職権を行使すべきかについては，さらに慎重な検討を要するところである。いうまでもなく，現行刑訴法においては，いわゆる当事者主義が基本原則とされ，職権主義はその補充的，後見的なものとされているのである。当事者主義の現われとして，現行法は訴因制度をとり，検察官が公訴を提起するには，公訴事実を記載した起訴状を裁判所に提出しなければならず，公訴事実は訴因を明示してこれを記載しなければならないこととし，この訴因につき，当事者の攻撃防禦をなさしめるものとしている。裁判所は，右の訴因が実体にそぐわないとみられる場合であっても，原則としては訴因変更を促がし或いはこれを命ずべき義務を負うものではなく（略），反面，検察官が訴因変更を請求した場合には，従来の訴因について有罪の言渡をなし得る場合であっても，その訴因変更を許さなければならず（略）また，訴因変更を要する場合にこれを変更しないで訴因と異なる事実を認定し有罪とすることはできないのである。このように，審判の対象設定を原則として当事者の手に委ね，被告人に対する不意打を防止し，当事者の公正な訴訟活動を期待した第1審の訴訟構造のうえに立って，刑訴法はさらに控訴審の性格を原則として事後審たるべきものとしている。

第1節 一部上訴が許される場合

すなわち，控訴審は，第1審と同じ立場で事件そのものを審理するのではなく，前記のような当事者の訴訟活動を基礎として形成された第1審判決を対象とし，これに事後的な審査を加えるべきものなのである。そして，その事後審査も当事者の申し立てた控訴趣意を中心としてこれをなすのが建前であって，職権調査はあくまで補充的なものとして理解されなければならない。けだし，前記の第1審における当事者主義と職権主義との関係は，控訴審においても同様に考えられるべきだからである。

これを本件についてみるに，本件公訴事実中第1審判決において有罪とされた部分と無罪とされた部分とは牽連犯ないし包括一罪を構成するものであるにしても，その各部分は，それぞれ1個の犯罪構成要件を充足し得るものであり，訴因としても独立し得たものなのである。そして，右のうち無罪とされた部分については，被告人から不服を申し立てる利益がなく，検察官からの控訴の申立もないのであるから，当事者間においては攻防の対象からはずされたものとみることができる。このような部分について，それが理論上は控訴審に移審係属しているからといって，事後審たる控訴審が職権により調査を加え有罪の自判をすることは，被告人控訴だけの場合刑訴法402条により第1審判決の刑より重い刑を言い渡されないことが被告人に保障されているとはいっても，被告人に対し不意打を与えることであるから，前記のような現行刑事訴訟の基本構造，ことに現行控訴審の性格にかんがみるときは，職権の発動として許される限度をこえたものであって，違法なものといわなければならない。」

包括一罪あるいは牽連犯の一部が有罪あるいは無罪とされ，その無罪部分について当事者からの上訴がない場合，無罪部分が上訴審に係属するのか否かについては，有罪部分が上訴審に係属した以上は，無罪部分も上訴審に係属することになるが，当事者の攻防の対象からはずれたものとして，上訴審が無罪部分を有罪とすることはできないとしたのである。いわゆる攻防対象論と称される見解であり，反対論も強く主張されている（注釈刑事訴訟法［新版］第6巻34頁以下［藤永幸治執筆］）。

次の裁判例は，この攻防対象論を，実質的に観念的競合の場合にも拡張したものである。

【100】 最1判昭47・3・9刑集26・2・102（判時660・26，判タ277・124）

事実 被告人Aは，関税法111条1項の無許可輸出罪で起訴されたが，1審の神戸地方裁判所は，31個の事実のうち，3個の事実につき有罪として罰金3万円に処したほかは，無罪の言渡しをしたところ，無罪部分に対しては検察官から，有罪部分については被告人から控訴が申し立てられた。そして，控訴審である大阪高等裁判所は，被告人の控訴申立てを排斥したほか，検察官の控訴申立てについても，「本件輸出が無免許又は無許可輸出に当たらないとした原判決の事実認定や法令の適用はこのかぎりにおいて正当である。」としたものの，職権調査を行い，その一部については虚偽申告罪が成立し，全部についても，承認を必要とする品目に関しては，「無承認輸出の犯意が認められるかぎり，無承認輸出罪が成立するのであるから，原審が無免許又は無許可輸出罪の成立を否定するかぎり，検察官に釈明を促しこれら

第6章 一部上訴

の罪に訴因を変更するか否かを確かめたうえ適宜な措置を採るべきであったと考える。この点原審の訴訟手続には判決に影響を及ぼす審理不尽の違法があるといわざるを得ない。（略）原審で十分な審理を尽くさせるほうが妥当であると考える。従って，（原判決中）無罪を言渡したその余の事実について破棄を免れない。」として，神戸地方裁判所へ差戻す旨の判決を言い渡した。控訴審判決に対して，被告人側は上告を申し立てたが，検察官は上告申立てをせず，弁護人は，釈明，訴因変更を命ずる措置を講じなかった1審の措置には違法はないと主張した。

判旨　「よって按ずるに，関税法111条1項所定の無許可輸出罪と同法113条の2所定の虚偽申告罪とは併合罪の関係にあるものと解すべきであり，本件起訴状には，被告人Aに対する公訴事実中前記のように，税関吏に対し実際に輸出しようとする薬品の輸出申告をしないで他の薬品の輸出申告をした旨が記載されてはいるが，罪名は単に関税法違反と記載され，罰条としては，第1審判決別表(4)26ないし31に相当する事実につき関税法111条1項のみが示されているにすぎないのであって，このような場合虚偽申告の点は起訴されなかったものとみるのが相当である（略）。してみれば，検察官が右別表(4)26ないし31に相当する事実につき虚偽申告罪として追起訴しないかぎり，裁判所は同罪の成否につき審判することができないのであるから，原判決が，右事実につき訴因変更すれば虚偽申告罪として同被告人を有罪にしうるとの見解のもとに，第1審の訴訟手続に審理不尽の違法があるとしたのは，法令の解釈を誤ったものといわなければならない。
（略）
右無免許または無許可輸出罪の訴因については，第1審判決において無罪とされ，検察官が控訴したが，原判決においても同じく犯罪は成立しない

とされたので，原判決に対しては同被告人からこの点について不服を申し立てる利益がなく，検察官からの上告申立もなかったのであり，ただ原判決が前示のように右各事実は無承認輸出罪を構成する余地があるとして第一審判決を破棄し差し戻したことを違法として同被告人だけから上告申立のあった現段階においては，現行刑訴法の基本的構造にかんがみ，もはや無免許または無許可輸出罪の成否の点は当事者間において攻防の対象からはずされたものとみるのが相当であり，当審が職権により調査を加え，これを有罪とすべきものとして破棄差し戻し，もしくはみずから有罪の裁判をすることは許されないものといわなければならない」（【99】参照）。「してみれば，当審としては，前記各訴因につき同被告人を無罪とした第1審判決を維持するほかないのである。」

(2) 付加刑及び付随処分

次の裁判例は，衆議院議員選挙法違反事件により，1審において，禁錮2月とされたほか，選挙権及び被選挙権を停止しないとされた被告人が，控訴を申し立てたところ，検察官から付帯控訴があり，原審においては，選挙権及び被選挙権を停止しないとするのは不当であるとして，選挙権及び被選挙権の停止宣告をしなかったため，被告人から，原審の措置の違法が主張されたものである。

【101】　大判昭5・10・9刑集9・11・725

事実　被告人は，衆議院議員選挙に際して，投票買収事件を敢行したとして起訴され，

第1節　一部上訴が許される場合

那覇地方裁判所において，有罪の判決宣告を受けたが，選挙権及び被選挙権の停止はしない旨の言渡しを受け，これに対して控訴の申立てをし，検事が付帯控訴をしたところ，長崎控訴院においては，検事の付帯控訴には理由があり，選挙権及び被選挙権の停止はしない旨の宣告は不当であるとして，その停止が認められた。これに対して，弁護人から，刑の言渡しと選挙権及び被選挙権の停止はしない旨の言渡しとは，独立した可分のものであり，被告人からの控訴申立ては上記刑の言渡しに対してだけにされているのであるから，選挙権及び被選挙権の停止はしない旨の言渡しは確定しており，主たる控訴の範囲において付随的になされる検事の付帯控訴は選挙権及び被選挙権の停止はしない旨の言渡部分について申し立てることはできない，と主張して上告申立てに及んだ。

判旨　「衆議院議員選挙法違反事件ニ於テ刑ノ言渡ト同時ニ為サレタル衆議院議員選挙法第137条第1項ヲ適用セザル旨即チ選挙権及被選挙権ヲ停止セザル旨ノ宣告ハ刑ノ言渡ニ従属スルモノナルヲ以テ刑ノ言渡ト選挙権及被選挙権ヲ停止セザル旨ノ宣告トハ互ニ一部上訴ヲ為スコトヲ得ザルモノトス従テ被告人ハ刑ノ言渡ニ係ル部分ノミニ対シ控訴ヲ為シタリトスルモ其ノ控訴ハ選挙権及被選挙権ヲ停止セザル旨ノ宣告部分ニ対シテモ当然包括的ニ其ノ効力ヲ及ボスモノナルヲ以テ原審検事ガ被告人ノ控訴ヲ為シタル本件ニ於テ選挙権及被選挙権ヲ停止セザル旨ヲ宣告シタル第1審判決ヲ不当ト認メ付帯控訴ヲ為スコト亦何等ノ違法アルモノニ非ズサレバ原審ニ於テ被告人Aニ対シ第1審同様ノ刑ヲ言渡シ検事ノ付帯控訴ヲ理由アリト認メ衆議院議員選挙法第137条第1項ヲ適用セザル旨ノ宣告ヲ為サザリシ事亦適法ナリ」

選挙権及び被選挙権の不停止や期間短縮の宣告は，主刑に付随する裁判であって，上訴がされた場合には，当然にこれについても上訴審に係属することなるから，上記裁判例は当然の結論であろう。もっとも，現行法には，付帯控訴の制度がないため，検察官から選挙権及び被選挙権の不停止や期間短縮の宣告に対する上訴がないかぎり，不利益変更不可との見地から，本件のような措置は講じられないことになる。

また，賍物の被害者への還付の言渡しに対する不服の申立てについて判断したのが次の裁判例である。

【102】　大阪高判昭23・6・8高刑集1・1・75

事実　被告人は，控訴審である神戸地方裁判所において，窃盗，遺失物横領事件で懲役1年のほか，印鑑を被害者に還付する旨の判決宣告を受けたが，上告審において，弁護人は，「（記録によると）何人からもその届出がなく，その所有権が放棄されていることが明かであり又期間の経過によってその所有権が他に帰属していることも明らかである。かうした場合には，其物が犯人以外の者に属せざるものとして，刑法19条の規定に従い，没収の言渡をすべきではないか，と法律上の違背を疑ふ。」と主張した。

判旨　「所論は原判決が印鑑1個（略）を被害者に還付する言渡をしたことを非難するものであるが，賍物の被害者還付についての不服の申立の如きは付随的裁判に対する上訴たる性質を有するものであるから，訴訟費用に対する不服の申立と同じく，本来の裁判に対する上告の理由の

第6章　一部上訴

ないときは不適法として排斥すべきは，刑事訴訟法第242条の趣旨に照して明かである。」

　なお，主文が可分であっても，付加刑や付随処分が一体とされている場合には，一部上訴は許されないとしたのが次の裁判例である。

【103】　東京高判昭56・6・23 刑裁月報13・6 = 7・436

事実　被告人は，東京地方裁判所において，器物毀棄，軽犯罪法違反事件で，器物毀棄事件で懲役6月，3年間執行猶予に，軽犯罪法違反事件で拘留20日とするほか，訴訟費用全部の被告人負担の判決を宣告したところ，被告人から，「原判決の一部に不服があるから控訴の申立てをする」旨の控訴申立書が提出された。

判旨　「本件控訴申立書には，原判決の一部に不服であるから控訴の申立をする旨記載があるだけで，原判決中の不服部分を具体的に特定する記載がないうえに（なお，控訴趣意書には，原判示第2の軽犯罪法違反に関する控訴理由が記載されているだけで，原判示第1の器物毀棄に関する記載がないが，控訴申立の範囲は，控訴申立書自体によって判定すべきものと解する。），原判決は，判示第1及び第2の各罪を併合罪とし，被告人を判示第1の罪につき懲役6月（3年間執行猶予），同第2の罪につき拘留20日に処したが，訴訟費用（国選弁護料）は一括して全部被告人に負担させているのであるから，原判決は全体として不可分であり，したがって，これに対する一部控訴は本来許されないのであるから，本件控訴は全部控訴と解すべきものである。」

第7章 趣 意 書

　上訴が許されるのは，控訴については，1審判決に法 377 条ないし 383 条所定の事由があるとき，上告については，高等裁判所の判決に法 405 条の事由があるときと限定されている。そこで，上訴裁判所は，これらの事由の有無を第一次的に判断すべきことになるから，上訴申立人から上訴の趣意書が提出されることが当然の前提となっている。それゆえ，上訴申立人から，所定の期間内に趣意書の提出がないとき，あるいは，趣意書の提出があっても，上記所定の事由の記載がないときには，上訴棄却の決定を受けることとされている（法 386 条，414 条）。

第1節　趣意書の提出者

　上訴申立人は，上訴裁判所に対して趣意書を提出すべき義務があり（法 376 条 1 項，407 条），被告人からの上訴申立てに際しては，被告人及び上訴審で新たに選任された弁護人については趣意書提出権限があるのは当然のことであるが，原審弁護人については，従来の裁判例（例えば，大判昭 6・4・23 刑集 10・166，最判昭 23・6・12 刑集 2・7・668 等）がこれを否定し，通説も同様の見解を採っていたところ，次の裁判例により，一転して趣意書提出権限を肯定するに至った。もっとも，この裁判例については，趣意書提出権限まで認めたものではないという見方が有力であるが（例えば，注釈刑事訴訟法［新版］第 6 巻 80 頁［佐々木史朗執筆］等），素直に考える限りは，趣意書提出権限を肯定したものと考えるべきであろう（大コンメンタール刑事訴訟法第 6 巻 96 頁［原田國男執筆］）。

【104】　最判昭 29・7・7 刑集 8・7・1052

[事実]　被告人は，名古屋高等裁判所において，公務執行妨害事件等で懲役 2 年の判決を宣告され，自ら上告の申立てをしたが，原審弁護人Aも上告の申立てをした。そして，被告人から

第7章 趣 意 書

は上告趣意書の提出がなかったが，Aから，上告趣意書提出期間内に，原審弁護人A名義で上告趣意書が提出され，その後，Aの上告審の弁護人選任届が提出された。

判旨「本件において，被告人本人から上告の申立があり，また原審弁護人からも上告の申立があった。そして，被告人に通知された上告趣意書提出期間内に，被告人は上告趣意書を提出しなかったが，原審弁護人はその期間内に上告趣意書を提出した。さらに，その後本件審理中に，右原審弁護人は，当審弁護人として選任された旨の選任届が提出された。

そこで，原審弁護人は，原審弁護人である資格において被告人のため上告申立をすることができる（旧刑訴379条，本件は旧法事件である）。元来上告の申立は，原判決に対する不服の理由があるが故になされるのであり，不服の理由のない上告の申立は本質上許さるべきものではないのである。従って，上告の理由は上告の申立と同時に主張されることが本来の姿である。しかし，上告の申立は簡単にできるが，上告趣意書の整理完成には相当の日時を要するを通常とするから，訴訟法は上告申立の期間と上告趣意書提出の期間を別々に定め，後者に余裕を与えているに過ぎない。それ故に，上告の申立があっても，上告趣意書提出期間内にその提出がない場合においては，不服理由の主張のない不服申立すなわち不適法な上告申立として棄却されるわけである。これを以てみても，上告の申立と上告の理由とは本質的に一体不可分の関係があると言うべきである。されば，上告の申立をすることを認められている原審弁護人は，そのなした上告申立につきその理由を提出することをも認められていると解するのが事理に適するものと言わなければならぬ。実質的にいっても原審弁護人は，事案の内容をよく知っているのが普通であるから，被告人のために上告の申立を許している以上，上告理由の提出をも許すことが，被告人の人権を保護するに妥当するであろう。それ故，上告申立をした原審弁護人が右申立と同時に提出した上告趣意又は上告趣意書提出期間内に提出した上告趣意は，拒否さるべきものではなく審理の対象とすべきものであると解するを相当とする。

次に，右原審弁護人は，上告趣意書提出期間内に上告趣意書を提出し，その後右期間経過後本件審理中に，当審弁護人として選任された旨の届出が提出された。弁護届は，裁判の時までに追完し得るものであるから，この意義においても本件上告趣意は，拒否することなく審理するを相当とする。」

その後も，最判昭29・12・24刑集8・13・2336が，控訴を申し立てた1審弁護人から控訴趣意書提出期間内に提出された控訴趣意書について判断を示さなかった控訴審判決について，「（原審弁護人提出の控訴趣意書に関して）その後適法に撤回されたとか，または原審公判期日において，これを陳述しない旨の明確な意思表示がなされたとかいうような特段の事情は認められないから，該控訴趣意は拒否されるべきではなく，原審において審判の対象とされるべきものであ（る。）」と判示し，同様の見解を示している。

なお，最決昭36・7・18刑集15・7・1103（判時274・31）は，控訴審判決に対して自ら上告申立てをしなかった控訴審弁護人から提出された上告理由書について，不適法な上告趣意書であると判示していることに留意する必要がある。

また，検察官からの上訴申立てに際しては，上訴裁判所に対応する検察庁の検察官が趣意書提出の権限を有することになるが（検察庁法5条），上訴裁判所に対応する検察庁所属の検察官作成名義の趣意書提出書と題する書面に原裁判所に対応する検察庁所属の検察官作成名義の趣意書を添付して提出するのが通例である。

第2節　趣意書提出（差出）最終日の指定

趣意書提出（差出）最終日について，規則236条1項は控訴申立人のほか，弁護人があるときには弁護人にもその通知を要する旨規定しているところ，主任弁護人のみにその通知をした事例について，他の弁護人に対する通知の要否が問題となったのが，次の裁判例である。

【105】　最決昭34・2・25刑集13・2・190

事実　上告審の弁護人Aは，1審弁護人として控訴申立てをした上，控訴審においても弁護人であったが，控訴審においては，弁護人としてB，Cも選任され，Bが主任弁護人として指定届が提出されたことから，控訴審においては，主任弁護人Bに対してのみ控訴趣意書差出最終日の通知をし，弁護人Aに対してはその通知をしなかったため，控訴審の措置の違法を主張した。

判旨　「所論は，原審が弁護人Aに控訴趣意書を差し出すべき最終日を通知しなかったことを違法とし，右訴訟法違反のあることを前提として憲法37条3項，同32条違反を主張する。しかし，原審において被告人は，弁護人としてA，B，Cを選任した上，Bを主任弁護人と指定し書面をもってこれを原審に届け出たこと記録上明らかである。されば，原審が他の弁護人を代表する主任弁護人たるBに控訴趣意書提出最終日の通知をした以上，弁護人Aに右通知をしなかったとしても，刑訴規則236条による弁護人への通知を欠くものではなく，また右規則236条にいわゆる控訴申立人には，控訴申立をした第1審弁護人を含まないものと解すべきであるから」（略），「この点についても原審に右規則236条違反はない。」

1審弁護人には上訴権が認められることから，控訴趣意書の提出権限が肯定されることになるが，そのことと控訴趣意提出（差出）最終日の通知対象とされるか否とは全くの別問題であるから，主任弁護人に対してこれを行えば足りるのは当然である。

また，控訴趣意書提出（差出）最終日を指定，通知した後に選任された弁護人に対して，改めて右最終日の通知をしないことについて，規則236条1項に違反しないとするのが，最決昭26・2・9刑集5・3・397（判タ11・51），最判昭27・5・6刑集6・5・733（判タ21・50），最決

30・6・3刑集9・7・1136，最決昭45・2・13刑集24・2・45（判時587・94，判タ246・269）等で一貫して示されている裁判例の考え方である。

さらに，法289条1項にいう必要的弁護事件にかかる控訴審において，弁護人が選任されない状態のもとで，控訴趣意書提出（差出）期間内に控訴趣意書が提出されないことを理由に，法386条1項1号により決定で控訴棄却の決定をすることが許されないことを明らかにしたのが，次の裁判例である。

【106】　最決昭47・9・26刑集26・7・431（判時684・96，判タ283・228）

事実　申立人は，昭和47年3月28日，水戸地方裁判所において，傷害事件で懲役1年6月の判決宣告を受け，同年4月5日に控訴を申し立てたが，東京高等裁判所から，同年5月10日，私選弁護人を選任するか，国選弁護人の選任を請求するかを同月19日までに回答することを求めるとともに，私選弁護人を選任する場合には同日までに弁護人選任届を提出するようにとの弁護人選任照会書と，控訴趣意書提出の最終日を同年6月19日とした控訴趣意書差出期間通知書を同封した1通の封書を受領した。ところが，申立人からは，弁護人選任照会書に対する回答及び私選弁護人の選任届の提出もなく，本人名義の控訴趣意書も提出もされず，職権による国選弁護人の選任も行われなかったところ，期限徒過後の同月20日に至って，弁護人A名義の控訴趣意書が提出され，同月26日には弁護人Aを私選弁護人とする弁護人選任届が提出された。そして，同裁判所は，同日，控訴趣意書及び弁護人選任届の提出の遅延がやむを得ない事由に基づくものではないとして，法386条1項1号による控訴棄却の決定をし，これに対する異議申立ても棄却されたため，弁護人Aから特別抗告が申し立てられた。

判旨　「刑訴規則250条によって同規則178条3項が控訴の審判に準用される結果，同条1項前段の事件，すなわち，いわゆる必要的弁護事件については，所定の期間内に弁護人の選任に関する照会に対して回答がなく，または弁護人の選任がないときは，裁判長は直ちに被告人のため弁護人を選任しなければならないのであり（略），かかる事件につき被告人が控訴した場合において，もし右条項の規定に違背してこの選任がなされず，被告人に弁護人がないままであるときは，所定の期間内に控訴趣意書を差し出さないことに基づいて刑訴法386条1項1号により決定で右控訴を棄却することは，同法404条によって控訴の審判に準用される同法289条1項の許さないところと解するのが相当である。

それゆえ，申立人の控訴を棄却した東京高等裁判所の前示決定およびこれを維持した原決定は，判示控訴趣意書および弁護人選任届提出の遅延がやむをえない事情に基づくか否かを問うまでもなく，本件がいわゆる必要的弁護事件についての控訴であり，申立人から弁護人の選任に関する照会に対して回答がなく，弁護人の選任もなかったのに，刑訴規則178条3項所定の措置をとることなく，控訴趣意書差出最終日が経過するまで申立人に弁護人がない状況のままで，申立人が所定の期間内に控訴趣意書を差し出さなかったことに基づき刑訴法386条1項1号によりその控訴を棄却した点およびこれを是認した点においていずれも違法であり，これを取り消さなければ著しく正義に反するものと認める。」

最決昭33・5・9刑集12・7・1359は，控訴審

の手続については，規則250条によって規則178条1項，3項が準用されるから，必要的弁護事件に関しては，所定の期間内に弁護人選任照会に対する回答がなく，私選弁護人の選任もない場合には，裁判長は直ちに被告人のために弁護人を選任しなければならない旨判示していたのであるから，控訴趣意書の提出ができるように配慮した国選弁護人の選任をすべきことになる。そうすると，本件の控訴審の措置がこの裁判例に反するものであったことは否定し難く，いわゆる不成立棄却決定が違法とされたのは当然であろう。

第3節　不適法とされる趣意書

趣意書には，法所定の上訴の理由を簡潔に記載することが必要である（規則240条，266条）。

1　趣意の内容が具体性を欠くもの

原判決に法令違反があるとか事実誤認があるというだけでは，原判決のいかなる部分が法令違反か事実誤認かを指摘するのか全く不明である。したがって，趣意の内容が具体性を欠く場合には，不適法な趣意書とされることになり，そのことを，以下の裁判例が明らかにしている。

【107】　最判昭23・12・27刑集2・14・1962

[事実]　被告人は，詐欺事件により，1審岐阜区裁判所，2審岐阜地方裁判所の審理，判決を経て，上告審である名古屋高等裁判所で判決の宣告を受けたが，その原審弁護人から再上告の申立てがあり，判旨記載の申立書が提出された。

[判旨]　「本件再上告の申立は，その申立書によれば，単に原上告判決には，第2審判決が憲法を無視した処分であるか否かについてした判断に不当があるから，更に上告の申立をするというのである。

しかし上告の申立は，その趣意を具体的に明示して為すべきものである。なぜなら，右のごとき漠然たる理由ではこれに基き審判をしようとしてもすることができないからである。されば，本件再上告の申立は，不適法であるといわねばならぬ。」

【108】　最判昭25・2・24刑集4・2・249

[事実]　被告人は，わいせつ文書図画頒布，所持事件で，1審函館地方裁判所，2審札幌高等裁判所函館支部で判決の宣告を受けたが，上告申立後，自ら提出した上告理由書には，「上告の理由」として，刑事訴訟法412条等の条文を掲げているだけであった。

第7章　趣意書

判旨　「被告人提出の上告理由書の記載によれば上告理由として単に刑事訴訟法の法条を列記したのみで原判決の法令違反に関する事実を表示していないからそれは適法の上告理由ということはできない。なお被告人は右上告理由書の外に上告趣意書を提出したが法定期間経過後の提出であるからそれに対しては説明をしない。」

2　趣意書に添付されていない文書を引用するにとどまるもの

また，趣意書は，それ自体が完結したものであることを要するから，単に他の書面の標目を掲げたり，他の書面を引用すると記載した趣意書は不適法とされ，以下の裁判例がそのことを明示している。

【109】　最判昭 23・12・1 刑集 2・13・1661

事実　被告人は，鳥取地方裁判所米子支部において，食糧管理法違反事件で懲役2月及び罰金3,000円，懲役刑について2年間の執行猶予の判決宣告を受けたが，これに対して，旧法416条の飛躍上告を申し立てた事案である。弁護人は，上告趣意第3点として，「原審判決は，憲法81条に違反し，右判決を為した裁判官は，同法99条の義務に違反して，なされた不法がある。弁護人は，原審において陳述せる如く（記録綴込食糧管理法違反被告事件弁論要旨御参照）弁論要旨第2章第3節悪法悲法と裁判所なる題下中において（略）陳述したることは，この要旨が，記録に綴込あることによっても，明らかであります。然るに此弁論─主張を聴きたる原審の裁判官が判断せる原審判決中には，此の事実と判断が，記述されずして，唯単なる食糧管理法令を適用せるは，その判決は，憲法81条に違反せる判決にして，之を作成せる原審裁判官は，憲法99条の義務に違反せる，不法の判決である。」と主張した。

判旨　「上告論旨第3点に，原審裁判所に提出した弁論要旨参照とあるのは原審の記録に編綴されているのであって上告趣意書として当裁判所に提出されたものではなく，適法な上告趣意書の内容をなすものではないから別に此の点についての説示をしない。」

【110】　最決昭 25・10・12 刑集 4・10・2084

事実　被告人は，詐欺，横領事件により，1審及び2審ともに有罪の判決宣告を受け，上告を申し立てたが，弁護人は，その上告趣意において，「原裁判所に於て提出した昭和25年1月28日付弁護人A控訴趣意書の第1点を援用して之を理由の一に科へます，即ち斯の如き事情は刑事訴訟法258条が其末項の規定を設けて被告の権利々益を保護した法意と其精神とに鑑み之を許さないのを正当とすべきである故に之を容易く排斥した原裁判は到底違法たるを免れませぬ。」と主張した。

判旨　（所論は）「控訴趣意第1点を援用するというのであって，上告趣意書自体に毫もその趣意内容を示していないから，適法な上告趣意ではない。」

第3節　不適法とされる趣意書

【111】　最決昭35・4・19刑集14・6・685

事実　被告人は，収賄罪で起訴され，東京地方裁判所において，有罪の判決宣告を受け，控訴を申し立てたところ，東京高等裁判所は，「弁護人Aの論旨第1点，所論は，原審弁護人Bが原審に提出した弁論要旨と題する書面の記載を援用するというのであるが，わが刑訴法は，控訴趣意書には刑訴法377条乃至383条に規定する控訴申立の理由を控訴趣意書自体のうちに簡潔に明示し，その他疏明資料若しくは保証の添付を必要とするものはこれを添付することを不可欠の要件としているのである。それ故控訴趣意書自体に控訴理由を明示しないで原審における弁護人の弁論要旨を援用するとあることは許容し難い。従って，この論旨は不適法であるから，この点については判断を加えないこととする。」旨判断した。これに対して，上告が申し立てられた。

判旨　「弁護人Aの上告趣意1は判例違反をいうが，所論引用の判例は本件に適切でなく，控訴趣意書自体に控訴理由を明示しないで，1審に提出した弁論要旨と題する書面の記載を援用する旨の控訴趣意は許容されないとした原判示は正当である。」

【112】　最判昭26・4・26刑集5・5・939

事実　被告人は，臨時物資需給調整法違反事件により，1審及び2審ともに有罪の判決宣告を受け，上告を申し立てたが，その上申書と題する書面において，上告趣意書提出期間の延長を求めたほか，「尚相被告（他ハ会社2個人2）よりの上告趣意書が提出されますなれば之を有利に御援用願いまして宜敷く右上申致します。」との記載があった。

判旨　「所論は，上告適法の理由とは認められない。ことに相被告人より上告趣意書が提出されますなればこれを有利に援用するとの上申趣意はその内容が未必的で不明確でこれに対し当審で判断を与えることができないから，適法な上告理由に当らないこと明らかであって，採用できない。」

【113】　最決平4・3・27裁判集260・193

事実　被告人は，平成3年11月21日，広島高等裁判所において，有印私文書偽造，同行使，電磁的公正証書原本不実記録，同供用事件で有罪の判決宣告を受け，これに対して上告を申し立て，弁護人から次のような上告趣意書が提出された。「原判決には判決に影響を及ぼすべき重大な事実の誤認があり，原判決を破棄しなければ著しく正義に反する。その詳細は1審の弁論要旨及び原審の控訴趣意書に記載の通りであるからこれらを援用する。」

判旨　「弁護人Aの上告趣意は，原判決には事実誤認があり，その詳細は第1審の弁論要旨及び原審の控訴趣意書に記載のとおりであるからこれらを援用するというにとどまり，上告趣意書自体に上告趣意の内容が明示されていないから，不適法である」（【110】参照）。

上訴の申立て

3 書面性を欠いたり，日本語を使用しないもの

上訴の趣意については，「趣意書」の提出が必要とされている（法376条，407条）。したがって，電報を用いたことにより，書面性を欠いたと評価される場合には，趣意書の効力が否定されるというのが，旧刑訴法時代の裁判例であり，現行法においても同様の解釈となろう。

【114】 大決大 14・2・28 刑集 4・139

事実 有価証券虚偽記入，同行使，登記簿原本不実記載，同行使，詐欺未遂事件の弁護人から，電報により，次のような上告趣旨が申し出られた。「上告ノ趣意ハ原判決総金額 11 万 7100 円ヲ騙取シタリトアルモ記録ニ徴スルモ支出先明瞭ニテ利得セズ依テ詐欺ノ構成要件ヲ欠ク又石炭鉱区ノ価値アルヤ否ヤハ詐欺罪ノ核心事実ナルモ鉱区ノ検証鑑定ヲ許サズ薄弱ナル証言ニテ罪ヲ断ゼリ其ノ他ニ理由アリテ破棄ヲ免ガルルコトヲ得ザルモノト思料ス」

判旨 「上告趣意書ノ提出ハ書面ヲ以テスベキモノニシテ電報ヲ以テスルコトヲ容サザルコトハ刑事訴訟法第423条第425条及第426条ノ規定上自ラ明瞭ナル所ニシテ殊ニ公訴ノ提起ニ関シ口頭又ハ電報ヲ以テ之ヲ為スコトヲ得ルニ付同法第290条ニ特別ノ規定アリ又上訴ノ抛棄又ハ取下ニ関シ口頭ヲ以テ為スコトヲ得ルニ付同法第385条ノ特別規定アルニ対照スレバ上告趣意書ハ上告申立書ト同ジク之ヲ提出スルニハ書面ヲ以テスベキ趣旨ナルコト法律ノ精神ニ照シテ更ニ疑ヲ措クノ余地ナキモノトス故ニ本件電報ニ依ル上告趣意ハ其ノ電報ハ上告趣意書提出ノ法定期間内ニ本院ニ到達シタルニ拘ラズ上告趣意書タル効力ヲ有セザルガ故ニ之ニ依リ上告趣意書ヲ提出シタルモノト謂フヲ得ザルモノトス」

また，裁判所法 74 条は，日本語を使用することを要求していることから，これに反した趣意書の効力が否定されるとしたのが，以下の裁判例である。

【115】 最決昭 35・3・23 刑集 14・4・439

事実 麻薬取締法違反，関税法違反事件で上告を申し立てた被告人は，英語混じりの中国語で作成した上告趣意書を提出した。なお，被告人は，「上告趣意書の追加訂正」なる文書を提出しており，「12 月 1 日に提出した上告趣意書中 2 頁 5 行に憲法違反あるがこれは判例違反の間違いですから訂正致します判例違反として私の事件を御寛大に査べ御願い致します。」との日本語による文書を作成している。

判旨 「被告人本人は，上告趣意書と題する書面を提出したが，その内容は中国語で記載されており，日本語を用いていないから，裁判所法 74 条に違反し不適法である。従てこれに対し説明を与える限りでない。」

本件では，裁判官小谷勝重の補足意見によると，被告人は，日本語を習得しており，第 1 審公判においては，通訳なしで審理を受けているほか，「上告趣意書の追加訂正」という書面を日本語で作成

第3節　不適法とされる趣意書

【116】　最決昭 57・2・1 裁判集 225・645

判旨　「被告人本人の上告趣意書は，英語で記載されていて日本語を用いていないから，裁判所法 74 条に違反し不適法である。」

　もっとも，近時の実務では，日本語に通じない被告人から提出された外国語による趣意書については，通訳人に翻訳を命じて，翻訳文を添付した上，適法な趣意書として取り扱うことが多いことに留意する必要がある。

　なお，規則が定める書面の作成方式違反について論じたのが次の裁判例である。

【117】　最決 昭 58・10・28 刑集 37・8・1332
　　　　（判時 1095・22，判タ 513・159）

事実　被告人は，大分簡易裁判所において，道路交通法違反（信号不遵守）事件で罰金 6,000 円の判決宣告を受け，控訴審である福岡高等裁判所においても控訴棄却の判決を受けたため，上告を申し立てた。弁護人の選任はなく，被告人から上告趣意書（標題は「訟訴趣意書」）が提出されたが，事実誤認の主張が記載され，末尾に被告人の氏名が書かれ，その名下に被告人の姓を刻した印鑑が押捺されたものを電子複写機により複写したコピーであった。もっとも，これを封入した郵便の封筒には，被告人が自書したと思われる氏名が記載されていた。

していることがうかがわれる。

判旨　「上告趣意書は，刑訴規則 60 条等の関係法令によれば，作成名義人の署名押印のある原本をもって提出すべきものと解されるところ，本件上告趣意書（標題は「訟訴趣意書」）は，電子複写機によって複写されたコピーであって，作成名義人の署名押印がなく，刑訴規則 60 条の規定に違背するものといわなければならないが，上告趣意のほか，作成名義人たる被告人のものと認められる署名押印も複写されており，これを封入した郵便の封筒には被告人によるものと認められる氏名の記載があり，被告人以外の権限のない者がほしいままに作成し提出したなどの特段の事情はうかがわれず，被告人の意思に基づいて作成され提出されたものと認められるから，有効な上告趣意書として判断の対象とするのが相当である。」

　上訴申立書については，その作成方式の厳格性が強調されており，署名押印が不可欠とされていることは，既に述べたとおりであるが，趣意書について論じたのがこの裁判例である。厳格な方式による上訴申立書が適法にされている場合には，趣意書はこれと一体となって審判を求めるものであるから，当該書面自体，あるいは他の資料により，その一体性が確認できる場合には，その適法性を認めてよいであろう。本件は，事例判断ではあるが，その理を明らかにしたものである（最高裁判所判例解説刑事篇昭和 58 年度 390 頁以下［龍岡資晃執筆］）。

第7章 趣意書

4 趣意書提出最終日を経過した後に提出されたもの

　趣意書は，上訴裁判所が指定した提出最終日までに提出することが必要であり，上記最終日を徒過して提出された趣意書については，その遅延がやむを得ないものとして，期間内に提出されたと上訴裁判所が認めた場合を除いて，不適法な趣意書として取り扱われることになる（規則238条，266条）。そのことを明らかにしたのが次の裁判例である。

【118】　最判昭28・12・22刑集7・13・2599

　事実　被告人は，横領事件で，1審及び2審ともに有罪の判決宣告を受け，上告を申し立てたが，上告趣意において，弁護人が次のような主張をした。原審弁護人が，控訴趣意書差出期間経過後に提出された控訴趣意書に基づき弁論をしているにもかかわらず，これに対する判断を示していないことについて，「控訴裁判所としては判決をもって，法廷において陳述され該趣意書記載事項については爾後判断をしなければならぬ責任を負担するに至ったものと言わねばならぬ。従って原判決は事茲に出でず公判廷において弁論を許した控訴趣意書記載事項について期間経過後に提出されたものとの理由によって判断をしていないことは判断を遺脱したか，或は刑訴392条1項の解釈を誤ったもので破棄しなければ著しく正義に反するものである。」

　判旨　「なお所論の控訴趣意補充書は，控訴趣意書提出最終日を18日経過した後に出されたものであって，その内容も期間内提出の被告人の控訴趣意書を補充しただけでなく，新な論旨を述べたものである。そうしてその提出の遅延がやむを得なかったと認められるような事情も見出されないし，また公判廷において該書面に基き弁論したことによって，遅延の瑕疵が治癒されるものとも認められない。それ故原判決には所論のような違法はない。」

5 不適法な趣意に対する措置

　被告人の私選弁護人から提出された判示のような控訴趣意書が不適法であるとして法386条1項2号により控訴棄却の決定を受けた被告人からの不服申立てに関して，最高裁は，次の裁判例において，控訴審の右措置を支持した。

【119】　最決昭52・11・11 刑集31・6・1019
（判時872・124，判タ357・323）

　事実　被告会社は，昭和52年2月22日，広島地方裁判所において，法人税法違反事件で罰金500万円の判決宣告を受け，同年3月7日に控訴を申し立て，広島高等裁判所から，その請求により，国選弁護人Aが選任され，その控訴趣意書差出期限を同年6月3日と指定されたところ，同年5月19日，原審の国選弁護人であった弁護士Bを控訴審の弁護人に選任し，その申立てに基づき，その控訴趣意書差出最終日を同年6月20日と変更されたが，同月18日にB弁護人から提出され

た控訴趣意書には，「1　原判決は明らかに判決に影響を及ぼす事実の誤認がある。2　原判決は量刑が不当である。追って詳細は書面で述べる。」と記載されていただけであった。なお，B弁護人は，控訴趣意書差出期間経過後の同年8月6日に控訴趣意補充書を提出した。そこで，同裁判所は，同月24日，控訴棄却の決定をし，同年9月24日，異議の申立ても棄却したことから，特別抗告の申立てがなされた。

判旨　「所論にかんがみ職権により判断すると，控訴の趣意として，「1　原判決は明らかに判決に影響を及ぼす事実の誤認がある。2　原判決は量刑が不当である。追って詳細は書面で述べる。」と記載したにすぎない本件控訴趣意書は，刑訴法382条，381条所定の事実の援用を欠き，法律で定める方式に違反していること，控訴趣意書差出期間経過後に差し出された本件控訴趣意書補充書によって右控訴趣意書の方式違反の瑕疵が補正されるものではないこと，所論のような事情は刑訴規則238条にいうやむを得ない事情にあたらず，本件控訴趣意書補充書を控訴趣意書差出期間内に差し出されたものとして審判をすることができないことは，いずれも原決定のいうとおりであって，刑訴法386条1項2号により本件控訴を棄却した原原決定を是認した原決定は，相当である。」

なお，実務上，趣意書が提出された後，「控訴趣意書補充書」や「上告趣意書補充書」として，趣意書の補充書が提出される例が珍しくないが，趣意書提出期間内に提出された補充書以外は，あくまで適法な「趣意書」の提出が前提となっていることのほか，適法な「趣意書」で既に主張されている事項に関する「補充書」であることを要することに留意する必要がある。

第4節　趣意の撤回

1　被告人による弁護人の趣意の撤回

被告人は，弁護人から提出された趣意書の撤回をすることができることを明らかにしたのが，次の裁判例である。

【120】　最決昭45・9・4刑集24・10・1311（判時609・97，判タ254・214）

事実　被告人は，名古屋簡易裁判所において，傷害，暴行事件で有罪の判決宣告を受けたため，控訴を申し立てたが，名古屋高等裁判所は，昭和44年1月24日に控訴棄却の判決を言い渡した。控訴審において，国選弁護人Aは控訴趣意書を提出したが，被告人は，書面で上記控訴趣意を撤回する旨を明らかにしたほか，その後に選任された国選弁護人Bが上記控訴趣意書を公判期日に陳述したことについて，改めて上記控訴趣意を撤回する旨公判期日に陳述した。しかしながら，控訴審において，上記控訴趣意について判断が示されたことから，被告人が提出した上告趣意には，「原審は，被告人の明示する意に反して提出された

第7章　趣　意　書

弁護人A名義の控訴趣意書を陳述させており，これは訴訟手続の法令違反，憲法違反に該当する。」旨の記載がされていた。

判旨　「職権によって調査すると，被告人は，控訴趣意書差出期間内に，みずから適法な控訴趣意書を差し出すとともに，原審にあてて控訴趣意書取下申立書と題する書面を提出し，国選弁護人Aが差し出した控訴趣意を撤回する旨の意思を表示していること，およびAの死亡により新たに選任された国選弁護人Bが，原審第1回公判期日に右A名義および被告人名義の各控訴趣意に基いて控訴趣意を陳述したので，被告人が，その後の公判期日，ことに原審第4回公判期日において，重ねて右Aの差し出した控訴趣意を撤回する旨陳述していることが認められる。ところで，控訴の申立とその理由の差出とは一体不可分の関係にあるものであり」（【104】参照），「被告人は，控訴の申立およびその取下をする権限を有し，弁護人が被告人のために申したてた控訴の取下をすることもできるものであるから，その理由である控訴趣意についても，被告人にこれが差出および撤回の権限があり，弁護人が被告人のために差し出した控訴趣意を撤回することもできるものと解するのが相当である。そうすると，前記Aの差し出した控訴趣意は，適法に撤回されたものというべきである。しかるに原審は，右撤回を認めることなく，あえて右控訴趣意について判断をしているのであるから，控訴趣意の撤回に関する法令の解釈を誤ったものといわざるをえない。しかし，原審は，右控訴趣意について，理由がないとしているのであるから，右法令違反は，判決に影響を及ぼすものではない。」

弁護人が提出した控訴趣意について，被告人がその撤回をすることができることには異論はないであろうし，この理は上告趣意にも適用されることになる。

2　弁護人による被告人の趣意の撤回

弁護人は，被告人の明示の意思に反しない限り，被告人の趣意を撤回することができるとしたのが，次の裁判例である。

【121】　最決昭30・4・15刑集9・4・851（判タ51・44）

事実　被告人は，神戸簡易裁判所において，窃盗事件で有罪の判決宣告を受けたため，控訴を申し立てたが，大阪高等裁判所において，控訴棄却の判決宣告を受けた。控訴審において，弁護人は，被告人が提出した控訴趣意書を撤回する旨述べたことから，控訴審判決においては，被告人が提出した控訴趣意書に対する判断が示されなかった。そこで，上告趣意において，「訴訟行為の取消しが認められるのは明文があるときに限られる上，弁護人が被告人の訴訟行為を取り消すことができるのは被告人の明示又は黙示の同意があるときに限られるから，弁護人の上記撤回行為は無効であり，被告人提出の控訴趣意書について審理判断をしなかったのは違法，違憲である。」旨主張された。

判旨　「控訴審裁判所に差し出された控訴趣意書の撤回については，刑事訴訟法にこれを認めた明文の規定がないからといって，その撤回が法律上全然許されない違法無効のものだと解すべきではなく，適法に控訴趣意書を撤回することができることは，昭和26年（あ）第3130号，昭和27年1月10日言渡の当裁判所第1小法廷判決の趣旨とするところである。本件記録を見るに，原

審第1回公判において原審弁護人は同人名義の控訴趣意書に基いて弁論し,「被告人名義の控訴趣意書は結論的には同趣旨であるから之を撤回する」と述べていること,及び原判決が右弁護人の控訴趣意についてのみ判断をし,被告人の控訴趣意については判断をしないで控訴を棄却していることは論旨指摘のとおりであるが,被告人名義の控訴趣意書と原審弁護人名義の控訴趣意書の各内容を比較検討して見ると,被告人名義の控訴趣意は原審弁護人が公判廷で述べたとおり,同弁護人名義の控訴趣意第2点と実質的に同趣旨のものであるばかりでなく,原審第1回公判においては,被告人は弁護人と共に出頭し,弁護人の弁論等がなされた後に施行された事実の取調に際しては,被告人も直接陳述する機会が与えられ,現に幾多の発言をしておりながら,弁護人のした被告人名義の控訴趣意書の撤回については,一言も触れず,もとよりその撤回が被告人の意思に反するものである等,その撤回を争った形跡は全然認められないのである。

以上のごとき次第であるから,原審弁護人のした被告人名義の控訴趣意書の撤回を適法有効なものとして,被告人の控訴趣意については判断をしないで,弁護人の控訴趣意についてのみ判断をした原判決は,所論のごとき違法はない」。

他にも,最決昭30・5・25裁判集105・1027,最判昭31・6・19裁判集113・791が同趣旨の判断を示しているほか,次の裁判例も同様である。

第4節 趣意の撤回

【122】 最決昭48・7・17裁判集189・609(判時709・108,判タ298・337)

判旨「被告人が控訴裁判所に差し出した控訴趣意書を弁護人において撤回することが刑訴法上全く許されないわけのものでないことは,当審判例」(【121】)「の明らかにするところであって,原審第1回公判期日において原審弁護人が陳述しない旨述べた被告人提出の控訴趣意書がその論旨必ずしも明確ではなく,右公判期日に出頭していた被告人が弁護人の右措置につきこれを争う態度を示していない場合には,被告人の控訴趣意について判断をせず弁護人の控訴趣意についてのみ判断をしたとしても,原判決に所論のごとき違法があるとはいえない」。

弁護人は,被告人と接見をした上,その意向に従った控訴趣意書の作成に努めているのが通常であり,被告人が提出する控訴趣意書もこれと同一趣旨のものであることが通例であり,しかも,被告人提出の控訴趣意書には,誤字脱字等が多いだけではなく,趣旨が不明であることも多く,弁護人が弁論に際して被告人提出の控訴趣意書の撤回をすることは実務上珍しいことではない。

第8章　被告人からの不適法な上訴の理由

　すでに述べたように，被告人からの上訴には，「上訴の利益」が必要であるから，原判決に比して不利益な主文を求めること，原判決が認定した罪に加えて，原判決が認定していない罪の成立を主張すること，原判決が認定した罪よりも重い罪の成立を主張すること等は，不適法な上訴の理由として取り扱われることになる。以下，具体的に検討してみよう。

第1節　原判決に比して不利益な主文を主張

　これまでに裁判例で示されたのは，以下の裁判例にあるように，未決勾留日数の過算入，必要的没収の欠如，追徴額の不足の主張である。

【123】　最判昭 25・9・5 刑集 4・9・1617

事実　被告人は，強盗，窃盗，住居侵入事件で，1審及び控訴審で有罪の判決宣告を受けたが，控訴審の東京高等裁判所において，身柄の拘束を受けていないのに，控訴審における未決勾留日数中 80 日を本刑に算入する旨の判決宣告を受けた。これに対して，弁護人から，存在しない未決勾留日数を算入したのは理由齟齬に当たるとの上告趣意が提出された。

判旨　「所論の如く原判決は原審における未決勾留日数中 80 日を第1審における未決勾留日数中 100 日を何れも本刑に算入している。しかし被告人は第1審判決言渡前である昭和 23 年 12 月 14 日保釈により身柄を釈放されたままであって原審において身柄を拘束されたことはないことは記録上明白であるから原判決において右 80 日を本刑に算入したことは何等かの錯誤によるものであって原判決は瑕疵あるものではあるが以上の瑕疵は記録を調査して始めて認め得るものであって，判決自体としては理由に齟齬あるものとはいえない。そして右未決勾留日数算入は錯誤によるものであって算入すべき未決勾留日数は全然ないのであるから原判決中原審における未決勾留日数中 80 日を本刑に算入するとした部分は全く実質なき無

第8章　被告人からの不適法な上訴の理由

用の空文であるといわなければならない。しかし形式的には被告人の利益になっているのであるから原判決の右未決算入の点に対する非難は結局被告人にとり不利益な主張と見るべきであるから論旨は採用することを得ない。」

【124】　最判昭 26・10・12 刑集 5・11・2183

判旨　「原審が精米1斗の価格を金 137 円 62 銭相当と認定したことは，右精米について当時適用のあった昭和 22 年 7 月 6 日物価庁告示第 356 号に定めている統制額に照らし正当であるが，判示玄米 7 斗については，当時適用のあった昭和 22 年 11 月 1 日物価庁告示第 960 号に定めている統制額に基ずいて算出すべきものであって同告示により算出すれば，原判示金額より若干多額になること算数上明らかであり，原判決はこの点において違法が存するものといはなければならないが，原判示価格は被告人Aに有利に算出されている結果，同被告人に対する追徴の金額もそれだけ少額になっているので右玄米 7 斗の価格の誤謬を指摘する論旨は結局被告人に不利益な主張となるのであるから，上告適法の理由とならない。」

【125】　最判昭 30・12・21 刑集 9・14・2946

事実　被告人は，覚せい剤の所持により起訴され，東京地方裁判所において，懲役 6 月及び罰金 1 万円の判決宣告を受けたが，必要的没収の対象とされた覚せい剤の没収の言渡しを受けなかったところ，被告人の控訴申立てを受けた東京高等裁判所においても，覚せい剤没収の措置が講じられなかったため，弁護人から，上告趣意において，没収について1審判決の重大な違法を看過した違法があると主張された。

判旨　「所論は，押収の覚せい剤を没収しなかった第1審判決の違法を職権により匡正しないでこれを看過した原判決は違法であるというのであるが，かかる主張は刑訴 405 条の上告理由に当らないばかりでなく，被告人に不利益な主張であるから採用することができない。」

なお，大判昭 4・9・5 刑集 8・432 は，罰金刑に処した原判決に対して，執行猶予付きの体刑を主張するのは不利益主張であるとしている。

第2節　原判決が認定していない罪の成立を主張

以下の裁判例のように，原判決が認定した罪のほかに，他の罪の成立を主張するのも，不適法とされる。

第3節　原判決が認定した罪より重い罪の成立を主張

> 【126】　大判明 42・8・31 録 15・1097

事実　被告人は，広島控訴院において，業務上横領等により有罪の判決宣告を受けたが，その判決理由中には，契約書を偽造，行使した事実が記載されていたとして，上告審において，弁護人から，文書偽造，行使の行為があることを認めながら，これを処罰していないのは違法であると主張された。

判旨　「原判決ヲ閲スルニ被告等ガ所論ノ如キ会社名義ノ文書ヲ偽造行使シタル事実ハ之ヲ認メタルコトナキノミナラズ仮ニ右ノ如キ犯罪事実ヲ認メタリトスルモ其事実ハ畢竟被告ガ横領罪ノ手段ニ外ナラザルヲ以テ一罪トシテ処分スベキモノニ係リ既ニ横領罪ニ付判決ヲ受ケタル以上ハ再ビ其手段タル文書偽造行使罪ニ付訴ヲ受クルノ虞レアルコトナケレバ原院ガ文書偽造罪行使ノ点ヲ罰セザリシハ結局被告ニ利益ナル判決ナルヲ以テ之ヲ不当ナリトスル論旨ハ被告ノ上告理由トナラズ」

> 【127】　大判大 4・10・12 録 21・1601

事実　被告人は，東京控訴院において，親族会員の同意書を偽造して，被後見人の土地に抵当権を設定したとして，私文書偽造，同行使等により有罪の判決宣告を受けたが，上告審において，弁護人は，本件においては，親族会員Ａ，Ｂ作成名義の文書が偽造行使されたとされるが，Ｃ名義の文書の偽造行使もあったから，これを認定しなかったのは違法であると主張した。

判旨　「原判決ハ当然親族会員ＡＢノ署名捺印ヲ不正ニ使用シ且ツ同Ｃノ偽造署名ヲ使用シテ右3名ノ同意書ヲ偽造シタル事実ヲ判示スベキニ拘ハラズ単ニＡＢノ署名印章ヲ不正ニ使用シテ其同意書ヲ偽造シタル事実ノミヲ説示シＣノ偽造署名ヲ使用シタル事実ヲ認定セザリシハ所論ノ如ク理由齟齬ノ違法アルヲ免レズ然レドモ認定ノ異同ガ包括的一罪ヲ構成スベキ行為ノ個数ノ増減ニ止マリ犯罪ノ成立及ビ刑罰ノ量定ニ影響ヲ及ボサザル場合ニ在テモ原判決ノ当然認定スベキ犯罪行為ヲ認定セザリシヲ論難スルハ被告ノ不利益ニ帰スベキ主張ナルヲ以テ被告ノ為メニスル上告論旨トシテハ適法ナラズ」

第3節　原判決が認定した罪より重い罪の成立を主張

　以下の裁判例のように，原判決が認定した罪よりも重い罪の成立を主張することも，不適法とされる。

> 【128】　最判昭 25・5・30 刑集 4・5・885

事実　被告人は，東京高等裁判所において，強盗，窃盗，脅迫事件で，懲役5年の判決宣告を受け，上告を申し立てたが，弁護人は，脅

第 8 章　被告人からの不適法な上訴の理由

迫事件については，刑法 222 条（法定刑は 2 年以下の懲役又は 500 円以下の罰金）ではなく，暴力行為等処罰に関する法律 1 条 1 項（法定刑は 3 年以下の懲役又は 500 円以下の罰金）によるべきであり，法令適用に誤りがあると主張した。

判旨　「暴力行為等処罰に関する法律 1 条 1 項の刑は，原判決が適用した刑法第 222 条の刑よりその法定刑が重く定められているから，被告人の所為は後者に該当せずして前者に該当するものであるとする所論は，被告人のために不利益な変更を求める主張であり，従って適法な上告理由とすることのできないものである。」

【129】　最判昭 25・12・19 刑集 4・12・2562

事実　被告人両名は，東京高等裁判所において，強要，恐喝事件で，懲役 1 年と懲役 10 月の判決宣告を受け，上告を申し立てたが，弁護人は，強要事件については，刑法 223 条 1 項（法定刑は 3 年以下の懲役）ではなく，恐喝罪である刑法 249 条 1 項（法定刑は 10 年以下の懲役）によるべきであり，法令適用の誤りがあると主張した。

判旨　「被告人等の本件行為については恐喝罪を以て処断すべきであるとの所論は，被告人等の不利益に帰する主張であるから上告の理由として許されないばかりでなく，原判決は被告人等に財物を領得する意思のあった事実を認定していないのであるから原判示事実を恐喝罪と認めないで刑法 223 条 1 項前段の強要罪に当るものとして同条を適用したことはもとより正当である。」

【130】　最判昭 26・3・16 刑集 5・5・788

事実　被告人両名は，広島高等裁判所において，物価統制令違反事件で，懲役 1 年と懲役 8 月の判決宣告を受け，上告を申し立てたが，弁護人は，物価統制令 36 条，11 条 2 項による不当高価販売罪（法定刑は 2 年以下の懲役又は 2 万円以下の罰金）ではなく，同令 33 条，3 条による公定価格超過販売罪（法定刑は 10 年以下の懲役又は 10 万円以下の罰金）によるべきであり，法令適用の誤りがあると主張した。

判旨　「原判決の被告人等に対して適用した昭和 22 年 4 月勅令第 133 号に依る改正前の物価統制令において不当高価販売罪に対する刑（同令第 36 条，第 11 条第 2 項）は公定価格超過販売罪に対する刑（同令第 33 条，第 3 条）より軽いのであるから，本件被告人等の所為を同令第 3 条違反に問擬することはこれを不当高価販売として処罰するのに比しその刑が重くなる結果に陥るのである。従って，この点に関する論旨は被告人等にとり不利益な主張に帰することとなるから上告理由として採用し得ない。」

【131】　最決昭 28・1・29 刑集 7・1・124

事実　被告人は，東京地方裁判所において，多数の窃盗事件で，有罪の判決宣告を受け，控訴を申し立てたものの，東京高等裁判所において，控訴棄却の判決を受けた。そこで，上告を申し立てたが，弁護人は，窃盗罪である刑法 235 条（法定刑は 10 年以下の懲役）ではなく，常習特殊窃盗罪である盗犯等の防止及び処分に関する法律

2条4号（法定刑は3年以上の懲役）によるべきであり、法令適用の誤りがあると主張した。

判旨「窃盗の併合罪として認定された所為を盗犯等ノ防止及処分ニ関スル法律第2条第4号の常習窃盗罪にあたる所為であると主張する上告論旨は、被告人にとり不利益な主張であって、上告理由として許されない。」

また、原判決が脅迫罪の成立を認定したのに対し、より刑の重い国家公務員法110条1項8号違反を主張するのは不利益な主張であるとされたのが次の裁判例である。

【132】 最決昭28・2・26刑集7・2・331

事実 被告人は、新潟地方裁判所において、脅迫事件で、有罪の判決宣告を受け、これに対して控訴を申し立て、弁護人から、刑法222条（法定刑は2年以下の懲役又は500円以下の罰金）ではなく、国家公務員法110条1項8号（法定刑は3年以上の懲役又は10万円以下の罰金）によるべきであり、法令適用の誤りがあると主張したものの、東京高等裁判所において、控訴棄却の判決を言い渡された。そこで、弁護人は、控訴審の解釈の誤りを主張した。

判旨「原審が第1審判決を「被告人の不利益に変更を求むるものであって控訴理由としては適法でない」と判示したのは所論第1点にいうように、刑訴402条の不利益変更禁止の規定によったものではなく、利益なければ訴訟なしという訴訟法上の基本原理によったものと認むべきであって、この点についての原審判示は正当である」。

いずれの事例についても、判旨は正当であって、異論も見当たらない。

第4節　原判決が認定した被害数量等より多い被害数量等を主張

また、以下の旧刑訴法時代の裁判例にあるように、原判決が認定した被害数量等より多い被害数量等を主張するのも、不適法とされる。

【133】 大判明39・4・9刑録12・407

事実 被告人は、東京控訴院において詐欺取財事件で、有罪の判決宣告を受けたが、その判断において、120円33銭を費消したと認定したところ、上告審において、弁護人は、証拠上124円83銭を費消したことが明らかであるから、事実の誤認があると主張した。

判旨「原判決ヲ閲スルニ其認定事実ハ被告ガAヨリ委託ヲ受ケタル金150円ノ中120円33銭ヲ費消シタリト云フニ在リ而シテ其証拠トシテA原院公判ノ供述中金150円ヲ被告ガB外1名ヨリ受取リタルコト云々被告ヨリ1円50銭裁判所出頭費用トシテ借用シ弟Cガ金3円借受ケタルコ

第8章 被告人からの不適法な上訴の理由

トアルモ何レモ150円ニハ関係ナシトアル部分ヲ援用シ其後段ニＤノ原院公判ノ証言ヲ援用シ金25円17銭ハ被告ノ受託金額ヨリＡノ為メニ支出セラレタルモノト認メ被告ハ之ヲ費消シタルコトナシトスルモ其余ノ委託金ニ付キテハＡニ於テ未ダ其支払ヲ受ケザルモノナルコト明白ニシテ右金円ハ被告ノ手ニ現存セザルコト争ナキ事実ナルヲ以テ被告ノ弁解ヲ排斥シ前記ノ事実ヲ認定シタル旨ノ説明アリテ其証拠説明ノ趣旨ヨリスレバ被告ノ費消シタル金額ハ124円83銭ト認メザルベカラザルモノナルニ認定事実ニ於テハ之ヲ120円33銭トナシタルハ数理上証拠理由ト事実理由ト齟齬スルコト明瞭ナレドモ原判決ハ数理上当然認定スベキ被告ノ費消金額ヨリ少額ナル金額ノ認定ヲ為シタルモノナレバ右理由ノ齟齬ハ被告ノ為メ何等ノ不利益ヲ生ジタルモノニアラザルヲ以テ本論旨前段ハ被告ノ上告理由トシテハ適法ナラザルモノトス」

【134】 大判大 11・11・28 刑集 1・713

事実　被告人は，長崎控訴院において，他の者とともに4人分の総額224円18銭，1人前56円4銭相当の饗応を受けて賄賂を収受したとして，有罪の判決宣告を受けたが，上告審において，弁護人は，56円4銭の4倍は224円16銭となるから，原判決には理由に齟齬があると主張した。

判旨　「原判決ハ事実認定上収受シタル賄賂ノ価格ヲ計算スルニ付厘位ヲ切捨テ被告人ノ為ニ利益ナル判断ヲ下シタルニ外ナラズ之ガ為ニ被告人ノ法律上ノ利益ヲ害スルコト無キハ勿論ナルガ故ニ援イテ以テ其ノ上告ノ理由ト為スヲ得ズ従テ本論旨ハ上告ノ理由トナラズ」

第5節　原判決が一罪と認定したのに数罪の成立を主張

さらに，以下の裁判例が明らかにしたように，一罪の成立を認めた原判決に対して，数罪の成立を主張するのも，不適法とされる。

【135】 最判昭 22・12・24 刑集 1・100

事実　被告人は，強盗，窃盗事件で起訴されたが，東京高等裁判所において，両罪は刑法55条の連続犯であるとして，一罪として処断されたところ，上告審において，弁護人は，犯罪の種類も異なるし，場所的にも異なるのであるから，連続犯には該当せず，一罪として処断したのは理由不備であると主張した。

判旨　「窃盗の罪と強盗の罪とは，その手段において異なるところはあるが，財物奪取行為たる罪質においては同一であり，ともに同一の章の下に規定されている刑法犯であるから，窃盗と強盗との連続行為は，刑法第55条にいわゆる同一の罪名に触れるものである。従って原審が，被告Ａの連続した窃盗の行為と強盗の行為とに対して，同条を適用して強盗の一罪として処断したのは，違法ということができない。殊に所論のように，同条を適用して一罪として処断すべきでないとすると，同法第45条第47条により併合罪の加重を

することにならねばならない。それ故に，論旨は被告人の不利益になることを主張するものであって，上告の理由とならぬことは明らかである。」

【136】 最決昭 29・10・19 刑集 8・10・1596

事実 被告人は，器物損壊，窃盗未遂事件で起訴され，広島簡易裁判所は，両罪について刑法 54 条 1 項後段の牽連犯として，懲役 6 月の判決を宣告し，被告人からの控訴申立てを受けた広島高等裁判所は，控訴棄却の判決を宣告したところ，被告人から上告申立てがされた。弁護人は，1 審裁判所が器物損壊と窃盗未遂を牽連犯としたのは誤っており，刑法 45 条前段の併合罪とすべきであり，1 審判決を是認した原判決には誤りがあるとする上告趣意書を提出した。

判旨 「科刑上の一罪（牽連犯）として認定された所為を併合罪にあたる所為であると主張する上告論旨は，被告人にとり不利益な主張となるから上告理由として許されない。」

【137】 最決昭 30・2・10 刑集 9・2・260

判旨 「原判決は，第 1 審判決を量刑過重として破棄した上，刑訴 400 条但書により第 1 審の確定した事実に判示法令を適用し，その判示第 1 事実の 1，2 及び第 2 事実の 1，2 をそれぞれ刑法 60 条，関税法 76 条 1 項に該当するものとし，結局被告人を懲役 5 月等に処したほか判示第 1 の 2 につき罰金 1 万円に処したものである。しかるに，右判示第 1 の 2 の事実は，被告人が他数名と共謀の上，昭和 25 年 8 月下旬頃沖縄具志川島において取得した真鍮屑約 32 屯（原価約 208 万円）の内 20 屯を明進丸に，12 屯を博洋丸に積載し，明進丸は同年 9 月 2 日頃広島市宇品海岸に陸揚すべく同所付近まで帰航したが海上保安官に発見されたためその貨物輸入の目的を遂げず，博洋丸は同月 1 日広島県安芸郡府中町東洋工業株式会社裏手海岸に帰着し同所に右貨物を陸揚してこれが密輸入を遂げたというのである。従って，第 1 審判決の確定した判示第 1 の 2 の事実は，その日時，場所その他から見て明進丸による密輸入未遂事実と博洋丸による密輸入既遂事実との 2 個の犯罪事実であって，両船による包括的な 1 個の密輸入既遂の犯罪事実でないこと明白である。されば，原判決が，右事実を前記のごとく単に 1 個の既遂の法条のみに該当するものとし，未遂の事実につき法条を適用しないで処断したのは，法令に違反した違法があるものといわなければならない。しかし，右の違法を是正するとせば，原判決の適用している関税法 82 条の 4 の規定により右未遂の事実につきさらに被告人に刑を追加すべきものであるから，被告人に不利益な結果を来すものというべく，従って，所論法令違反の主張は，結局被告人に取り不利益な主張に帰し，採るを得ない。」

第 6 節 そ の 他

次の裁判例は，贓物の被害者還付を論難する被告人の主張について，訴訟費用の裁判と

第8章　被告人からの不適法な上訴の理由

同様に，付随的裁判に対する上訴として，他に上訴の理由がない限りは，不適法な上訴の理由として取り扱われることを明らかにしたものである。

【138】　大阪高判昭23・6・8高刑集1・1・75

事実　【102】と同じである。

判旨　「所論は原判決が印鑑1個（略）を被害者に還付する言渡をしたことを非難するものであるが，贓物の被害者還付についての不服の申立の如きは付随的裁判に対する上訴たる性質を有するものであるから，訴訟費用に対する不服の申立と同じく，本来の裁判に対する上告の理由のないときは不適法として排斥すべきは，刑事訴訟法第242条の趣旨に照して明かである。」

次の裁判例は，やや特殊な事例であるが，被告人の上訴の理由が不適法とされた事例である。

【139】　最判昭43・4・26刑集22・4・342（判時525・94）

事実　被告人は，参議院議員選挙に際して，Aら8名に対する投票取りまとめ等の選挙運動報酬及び費用として，各1万円を供与したとする公職選挙法違反で起訴されたが，1審の長崎地方裁判所は，Aを除く7名に対する金員供与の犯罪を認定して，懲役6月，3年間執行猶予の判決宣告をしたところ，被告人及び検察官からの控訴申立てを受けた福岡高等裁判所は，検察官の量刑不当の控訴趣意を容れて，1審判決を破棄した上，1審判決が確定した事実に法令を適用して，懲役6月，4年間執行猶予の判決を宣告した。これに対して，被告人から上告申立てがあり，弁護人は，Aに対する金員供与について，1審及び原審は判断を示していないから，審判の請求を受けた事件について判決をしない違法があると主張した。

判旨　「職権をもって調査するに，原判決は，検察官の控訴を容れ，量刑不当を理由に第1審判決中被告人らに関する部分を破棄したのであるが，その際，第1審判決が被告人に対する本件公訴事実中分離前の第1審相被告人Aに対する現金10,000万円の供与の事実についての判断を遺脱し，これと併合罪の関係にあるものとして起訴されたその余の訴因（1名に対する金員供与，事前運動および6名に対する金員供与の事実）についてのみ被告人を有罪と認めて判決した過誤のあることを看過し，漫然第1審判決の認定判示した事実に法令を適用して自判に及んだものであることが記録上明らかである。すなわち，原判決には審判の請求を受けた事件につき判決をしない違法があるに帰し，右違法は判決に影響を及ぼすものと認められる。

そこで，原判決を破棄しなければ著しく正義に反すると認むべきであるかにつき考えてみるのに，当裁判所大法廷判例（略）の趣旨に徴すれば，当該判断遺脱にかかる訴因については，原判決が有罪の判決をしていない以上，被告人としては積極的にその点の無罪を主張して上訴することは許されないものと解すべく，他方，刑事訴訟にあっては，民訴法195条に相当する規定を欠き，却って判断遺脱の場合は刑訴法378条3号により絶対的控訴理由の一とされていることに鑑み，併合審理を経た数個の訴因の一部についてのみ実体判決が

なされた場合においても，当該判決裁判所において他の訴因につき明示的に適法な弁論分離の手続がなされている等特段の事情のないかぎり（本件においてはかかる事情を認め得ない。），右判決に対し上訴がなされたときは，併合審理を経た数個の訴因全部につき上級審に移審の効力を生じ，もはや当該判決裁判所においてさきに判断を遺脱した訴因につき審判することはできなくなり，また，右判決が上級審において確定するに至ったときは，判断を経なかった訴因についても，併合審理を受けた訴因の全部につき実体判決がなされた場合と同様，再度の公訴提起は許されなくなるものと解するを相当とするから，結局，被告人としては，併合審理を受けた数罪につき2個の有罪判決を受けるおそれはないこととなる。これを要するに，判断のなされなかった訴因につき被告人が有罪であると無罪であるとを問わず，判断遺脱の瑕疵により被告人の側に重大な法律上の利益の侵害を生ずることはないものと認められるから，検察官の上告のない本件にあっては，前示の事由が存在しても，いまだ原判決を破棄しなければ著しく正義に反するものとは認められない。」

　理論的には，審判の対象についての判断遺脱がある場合には，当該事件が上級審に移審するのかについては疑問が生じるが，他事件と併合審理がされていた外形がある限りは，すべての事件が上級審に移審することとした上，再起訴もできないのであるから，被告人に不利益を来すことがないとして，破棄の対象とはしないことを明らかにしたものである（最高裁判所判例解説刑事篇昭和43年度119頁以下［近藤和義執筆］）。

第9章　控訴の理由

第1節　法377条の控訴理由

法377条は，原判決の法令違反が判決に影響を及ぼすか否かを問題とすることなく，そのような事由があるだけで破棄すべきものとする，絶対的控訴理由を規定している。

1　法律に従って判決裁判所を構成しなかったこと（1号）

旧法時代には，裁判官はもちろんのこと，検察官や裁判所書記が審理に立ち会うことは，必要不可欠とされており，そのような者の立会を欠いた場合には，判決に影響を及ぼす違法があるとされていたことは，以下の裁判例からも明らかである。

【140】　大判昭2・12・10刑集6・515

事実　詐欺被告事件の控訴審である広島控訴院における審理に関して，公判調書には，裁判官及び検察官の記載があったが，裁判所書記の記載がないため，弁護人から，旧法329条に違反するとして，同法410条1号所定の「法律ニ従ヒ判決裁判所ヲ構成セザリシトキ」に当たると主張された。

判旨　「公判廷ヲ開キタルモ単ニ審理ヲ延期シテ閉廷シタルニ止マルトキハ事件ノ審理ヲ為シタルモノニ非ザルヲ以テ其ノ裁判所ノ構成ニ欠缺アルモ刑事訴訟法第410条第1号ニ該当スル法令違反ナリト云フヲ得ズ蓋シ同号ニ法律ニ従ヒ判決裁判所ヲ構成セザルトキトアルハ判決ノ基本タル審理又ハ判決ノ言渡ノ際ニ於ケル裁判所ノ構成ノ適法ナラザル場合ヲ謂フモノナレバナリ記録ヲ査スルニ昭和2年6月20日ノ原審公判調書ニハ論旨所掲ノ如キ記載アルノミニシテ同日ノ公判ニ裁判所書記ノ列席シタルコトハ之ヲ認ムルニ由ナク従テ同公判ニ於ケル裁判所ノ構成ハ違法ナリト雖該公判ハ一旦開廷シタルモ事件審理ニ先チ被告人Aノ申請ニ基キ審理ヲ延期シ其ノ後同年8月19日ニ至リ適法ニ公判ヲ開キ事件審理ノ上即日結審シ該公判ニ基キ原判決ヲ為シタルモノナレバ前記

第9章　控訴の理由

6月20日ニ於ケル裁判所ノ構成ノ違法ハ前示ノ理由ニ依リ刑事訴訟法第410条所定ノ法令違反ニ該当セザルノミナラズ該違法ノ為原判決ニ何等影響ヲ及ボスコトナキヲ以テ原判決ヲ破毀スルノ理由ト為スニ足ラズ」

【141】　大判昭8・4・5 刑集12・382

事実　被告人は，昭和7年6月11日，熊本地方裁判所において，公文書偽造，行使事件で，有罪の判決宣告を受けたが，その公判調書には，立会検察官の記載がなかった。控訴審である長崎控訴院は，同事件について，被告人に対して，懲役6月，1年間執行猶予の判決を宣告した。これに対して，被告人が上告を申し立て，弁護人は，検察官の立会のない1審判決は無効であるから，無効の判決に対する控訴申立てをすることは許されないと主張した。

判旨　「記録ヲ調査スルニ被告人ニ対スル本件被告事件ノ第1審判決宣告ノ為開カレタル昭和7年6月11日第3回公判調書ニハ立会検事ノ氏名ノ記載ヲ欠如スルコト洵ニ所論ノ如シ従テ同公判ニハ如何ナル氏名ノ検事ガ列席セルヤヲ知ルニ由ナク結局第1審裁判所ハ法律ニ従ヒ判決裁判所ヲ構成セザル違法アルモノト謂ハザル可ラズ然レドモ之ガ為直ニ第1審判決ガ存在セザルモノト論断スルヲ得ズ蓋右公判調書第1審判決原本及被告人ノ控訴申立書等ニ徴スレバ本件ニ於テ第1審判決ノ言渡アリタルコトヲ確認シ得ベク唯其ノ判決言渡ニ於ケル裁判所ノ構成ガ適法ナルコトヲ公判調書ニ依リ証明シ得ザルニ過ギザレバナリ果シテ然ラバ原審ガ本件ニ付覆審ノ手続ヲ為シ審理判決セルハ正当ニシテ所論ノ如キ違法ナ」シ

ところが，戦後の刑訴法の改正により，判決裁判所の構成違反が絶対的控訴理由とされたことから，検察官の立会を欠いた場合の効力が問題となり，最高裁は，次のように，判示した。

【142】　最判昭31・2・10 刑集10・2・159

事実　警察官である被告人は，特別公務員暴行陵虐致傷事件で審判に付され，昭和28年2月25日，福井地方裁判所において，禁錮5月，2年間執行猶予の判決宣告を受けたが，その公判調書には，検察官の職務を行う弁護士Aの記載がなく，検察官Bが出席した旨記載されていた。そして，被告人の控訴申立てを受けた名古屋高等裁判所金沢支部は，同年9月19日，控訴棄却の判決を言い渡したところ，被告人から上告の申立てがあり，弁護人は，1審の判決宣告期日に，出席関与できない検察官Bが出席し，出席すべき検察官の職務を行う弁護士Aの出席がないから，1審判決は無効であり，無効の1審判決を肯定した控訴審判決は破棄を免れないと主張した。

判旨　「所論は判例違反と違憲をいうけれども，原審で主張判断のない事項であるから上告適法の理由とならない。なお記録を調査するも，本件に刑訴411条を適用すべき事由を認め難い。」
裁判官池田克の補足意見

「本件のように，裁判上の準起訴手続により訴訟係属を生じた事件においては，検察官は公訴の維持にあたるべきものではなく，公訴の維持にあたる者として裁判所から指定を受けた弁護士が裁判の確定に至るまで検察官の職務を行うべきものであって，公判廷にその出席を要することは，刑訴

第1節　法377条の控訴理由

268条，同282条2項の解釈上疑いを容れないところである。そしてその出席を要することは，当該公判廷が審理のためであると判決言渡のためであるとにかかわらないと考える。但し，公判廷を開くにあたり検察官の職務を行う弁護士の出席が必要とされるのは，検察官のそれと同じく判決裁判所の構成員としてではなく，当事者主義の建前上，公判開廷の手続上の条件をなすに因るものと解すべきであるから，検察官の職務を行う弁護士の不出席のまま，出席すべからざる検察官立会のもとに公判廷が開かれたときは，公判開廷の手続上の違反ではあるが，判決裁判所の構成には影響がないのであるから，刑訴377条1号の定める絶対的上訴理由たる「法律に従って判決裁判所を構成しなかった」場合にはあたらないものといわなければならない。

ところで，本件において第1審第4回公判調書によると，検察官の職務を行う弁護士Aが同公判廷に出席した旨の記載がなく，却って検察官Bが出席した旨の記載があるのであって，すなわち，第1審第4回公判手続には，検察官の職務を行う弁護士が出席しなかったばかりでなく，本来出席すべきでない検察官が出席したという二重の違法を存すること，まことに所論のとおりである。しかし，これらの違法は，前示の如くいずれも単なる訴訟手続法上の違反に過ぎず，且つ記録に徴しても明らかなとおり，右第1審第4回公判が事件の審理のために開かれたものでなく，すでに結審して判決言渡のみのために開かれたものであることを併せて考えてみると，判決には影響を及ぼさないものと認めるのを相当とする。」

【142】の読み方については，検察官が判決裁判所の構成員には当たらないとしたことを前提とした上での二つの見方がある。一つは，補足意見が指摘するように，検察官の判決宣告期日の欠席は，訴訟法違反にすぎない上，その違法は判決に影響を及ぼさないというものである。他方は，補足意見の理解とは異なり，判決に影響を及ぼすべき訴訟法違反ではあるが，法411条にいう「原判決を破棄しなければ著しく正義に反する」とは認められないというものである。

そして，次の裁判例が，後者の見解に立つことを明らかにした。

【143】　最決平19・6・19刑集61・4・369（判時1977・159，判タ1248・127）

事実　被告人は，福井地方裁判所において審理を受け，第3回公判期日において，検察官の出頭がないまま，裁判官から，判決の主文及び理由の要旨の告知を受け，上訴期間等の告知を受けた後，法廷を出て勾留先の福井刑務所に押送されていたが，その間，裁判所書記官から判決告知の席に検察官がいなかったとの報告を受けた裁判官は，裁判所書記官に命じて，被告人を法廷に戻すように福井刑務所に連絡させ，その後，検察官出頭の下，法廷に戻った被告人に対し，再度同一内容の判決の告知等を行った。裁判官の上記措置の違法を指摘して控訴を申し立てた被告人に対して，名古屋高等裁判所金沢支部は，第1審の判決宣告手続には，検察官の出席のないまま開廷した違法があるが，その違法は判決に影響を及ぼすような重大なものではないとして，被告人の控訴申立てを棄却した。

判旨　「第1審裁判官は，判決宣告期日として指定告知された日時である平成18年8月18日午後4時30分ころ，裁判所書記官が列席し，被告人及び弁護人が出頭の上在廷する法廷で，判

第9章　控訴の理由

決の主文を朗読し，理由の要旨を告げ，上訴期間等を告知した上，被告人の退廷を許し，被告人は法廷外に出たものであるから，この時点で，判決宣告のための公判期日は終了したものというべきである。その後，同日午後5時過ぎころ，勾留場所に戻った被告人を呼び戻して検察官出席の上で再度行われた判決の宣告は，事実上の措置にすぎず，法的な効果を有しないものというほかはない。

　そうすると，同日午後4時30分ころに行われた本件第1審の判決宣告手続には，刑訴法282条2項違反があり，この違反は判決に影響を及ぼすことが明らかというべきであるから，これが判決に影響を及ぼすような重大なものではないとした原判決の判断は，法令の解釈を誤ったものといわざるを得ない。しかしながら，上記のような本件の経過等にかんがみると，第1審判決の上記法令違反は，これによって被告人に実質的な利益侵害を生じさせるものではなく，かつ，事実上検察官も直ちに判決を了知しているものと認められるから，原判決は，上記法令解釈を誤った違反はあるものの，いまだこれを破棄しなければ著しく正義に反するものとは認められない。」

　また，裁判所法26条2項2号所定のいわゆる法定合議事件を単独裁判官が審判した場合には，法377条1号違反となるとしたのが，以下の裁判例である。

【144】　東京高判昭30・11・29高刑集8・9・1145（判タ55・43）

事実　被告人らは，公衆衛生又は道徳上有害な業務に就かせる目的で，①被告人Aは，単独又はBと共謀の上，10回にわたり特殊飲食業者に対し，婦女子を淫売婦として職業紹介をし，②被告人C，Dは共謀の上，同様の職業紹介をなし，③他にも，被告人Cは，同様の職業紹介をしたという職業安定法63条1項2号違反で起訴され，静岡地方裁判所浜松支部において，裁判所法26条所定の法定合議事件であるにもかかわらず，単独裁判官Eの下で審理を受け，昭和30年6月16日，被告人Aが懲役1年，Cが懲役4月，2年間執行猶予，Dが懲役2月，2年間執行猶予の判決宣告を受けた。これに対して，検察官から控訴申立てがあり，1審判決には法377条1号の「法律に従って判決裁判所を構成しなかった違法があるなどと主張された。

判旨　「職業安定法第63条違反罪を地方裁判所で審判するには，（略）裁判官の合議体でしなければならないことは前に判示したとおりであるから，これを単独裁判官で審判した原審は法律に従って判決裁判所を構成しなかった違法があるものといわなければならない。もっとも記録を調査すると，原審において，単独裁判官で審判するについては，被告人や弁護人は勿論，立会検察官もなんら異議を述べた形跡は認められないけれども，これがため検察官がこれを理由として不服申立をする権利を喪失したということはできない」。

　同旨のものとして，大阪高判昭30・4・15高刑特報2・8・314等がある。

　なお，法律所定の場所以外で開廷されたことの適否が争われたのが，次の裁判例である。

第1節　法377条の控訴理由

> **【145】** 大阪高判昭36・3・8判時259・43, 判タ119・97

判旨「論旨は「下級裁判所の設立及び管轄区域に関する法律」第1条による別表第4には大阪簡易裁判所は「大阪市北区に置く」ことに明定している。然るに現実は大阪簡易裁判所の法廷その事務一切は大阪市東区法円坂町1番地に在る。これは全く法律を無視した刑事訴訟法第377条第1号に所謂法律によって定められた裁判所を構成せず及び同法第378条の不法に管轄を認めたことに該当し且つ同法第282条の規定に違反する外同法第342条に謂う所の公判廷においてなすべき宣言告知を法律に依る裁判所に非ざる裁判所と称する且つその公判廷と称する場所においてなした違法あるものと思料すると主張するものである。

なるほど「下級裁判所の設立及び管轄区域に関する法律」第1条によると、大阪簡易裁判所は「大阪市北区内に設置する」ことになっているが、現在大阪簡易裁判所の庁舎が大阪市東区法円坂町にも設けられて本件は同所の法廷で大阪簡易裁判所として審理裁判されたことは所論指摘のとおりである。しかし裁判所法第69条第2項によれば、最高裁判所は必要と認めるときは、その指定する法律所定の場所以外の他の場所で下級裁判所に法廷を開かせることができる旨規定せられており、最高裁判所において已むを得ない必要上、大阪簡易裁判所の法廷を現在の場所で開くことを認めているものと解せられ、本件は同所法廷において法規所定どおり構成せられた裁判所により法規どおり審理裁判されたことは記録上明らかであるから、原判決には所論の如き違法はない。」

さらに、いわゆる参与判事補が判決裁判所の構成員に該当しないことを、次の裁判例が明らかにしている。

> **【146】** 最決昭54・6・13刑集33・4・348（判時929・134, 判タ388・65）

事実　被告人は、東京地方裁判所において、傷害事件で単独体の審理を受けたが、昭和47年9月18日最高裁判所規則第8号地方裁判所における審理に判事補の参与を認める規則に基づいて、判事補が審理に参与させており、被告人及び弁護人からは、この措置についての異議は述べられなかった。ところが、控訴審である東京高等裁判所においては、弁護人は、この措置の適法性を争ったため、次のような判断が示された。

判旨「地方裁判所における審理に判事補の参与を認める規則（以下単に「参与規則」という。）は、裁判所法26条1項の規定により1人の裁判官で事件を取り扱う場合において、当該事件を取り扱う裁判官が判事（特例判事補を含む。以下同じ。）であるときに、判事補（特例判事補を除く。以下同じ。）を参与させ、その判事補（以下「参与判事補」という。）をして当該事件の審理に立ち会わせたり、事件について意見を述べさせるなどして、将来よき裁判の担い手となるように判事補を指導養成することを目的とするものであるところ、参与判事補は、評決権をもつものでないことはもちろん、訴訟指揮権や発問権を有するものでもなく、その意見は判事に対し法律上も事実上もなんら拘束力を有するものでもないし、また、参与判事補には除斥、忌避及び回避の規定の適用もないうえ、参与判事補の交替は弁論・公判手続の更新とつながるものではないから、参与判事補は、形式的にも実質的にも裁判体の構成員となるものではなく、したがって、参与規則はいかなる意味においても2人合議制（所論のいう制限さ

第9章　控訴の理由

た2人合議制を含む。以下同じ。）を採用したものではない。」

　そのほか，判事補の職権の特例等に関する法律1条の2第1項は，判事補を高等裁判所の裁判事務を取り扱わせるには最高裁判所による職務代行の人事措置を必要とする旨規定しているにもかかわらず，高等裁判所判事の職務代行の人事措置が最高裁判所から発令されていない判事補が高等裁判所の判決宣告手続に関与したことを問題としたのが，次の裁判例である。

【147】　最判平19・7・10刑集61・5・436（判時1986・159，判タ1252・179）

事実　被告人は，平成18年10月23日，釧路地方裁判所帯広支部において，殺人未遂，銃砲刀剣類所持等取締法違反事件で，懲役5年の判決宣告を受け，控訴を申し立てたが，札幌高等裁判所において，平成19年2月27日の第2回公判期日に，控訴棄却の判決宣告を受けた。ところが，その構成員の札幌地方裁判所判事補Aについて，裁判所法19条に基づいて札幌高等裁判所が職務代行を命じており，判事補の職権の特例等に関する法律1条の2第1項に基づいて最高裁判所から札幌高等裁判所の職務を代行させる旨の人事措置が発令されていなかったことが判明したため，判決に影響を及ぼすべき訴訟手続の法令違反があるとして，検察官から法406条による事件受理の申立てがなされた。

判旨　「原審第2回公判期日において原判決を宣告した原審裁判所の構成には，判事補の職権の特例等に関する法律1条の2第1項に基づいて最高裁判所から札幌高等裁判所の職務を代行させる旨の人事措置が発令されていない札幌地方裁判所判事補が加わっていたことが認められる。したがって，原判決の宣告手続には，裁判所法18条等の法律に従って判決裁判所を構成しなかった違法があることが明らかであり，これは判決に影響を及ぼすべき法令の違反であって，かつ，原判決を破棄しなければ著しく正義に反するものと認められる」。

2　法令により判決に関与することができない裁判官が判決に関与したこと（2号）

　裁判所と検察庁の人事交流としてのいわゆる判検交流に基づいて，検察官から裁判官となった者が判決裁判所の構成員となったことを理由として，当該裁判官には不公平な裁判を行うおそれがあるとして，法377条2号所定の事由が存在すると主張された事例について，そのことだけを理由として上記事由があるとはいえないとしたのが，次の裁判例である。

【148】　東京高判平5・11・17高検速報平5・103

判旨　「所論は，原審の判決裁判所を構成した右陪席裁判官Aはいわゆる判検交流により検察官から転官した者であり，その経歴等にかんがみ当事者と特別の関係があるから，同裁判官が

第1節　法377条の控訴理由

本件の審理・判決に関与することは不平等な裁判をする虞れがあり、忌避理由にあたるというべく、したがって、原判決には刑事訴訟法377条2号所定の事由があり、ひいては憲法37条1項にも違反しているといわなければならないというのである。

　しかしながら、裁判官として任命された者は、すべてその良心に従い独立してその職務を行い、憲法及び法律にのみ拘束されるものであるから、右裁判官が所論の指摘するような経歴を有しているとしても、同裁判官が検察官在職当時本件について検察官として何らかの具体的な職務行為をしたというような事情の全く認められない本件において、同裁判官の経歴等を理由として当事者との特別な関係があって、同裁判官が本件の審理及び判決に関与することが不公平な裁判をする虞れがあるときにあたることになるという筋合いは毫もなく、所論は、独自の見解を展開するものにすぎず、採用できない。」

3　審判の公開に関する規定に違反したこと（3号）

　裁判の公開は、憲法82条が規定しているところ、次の裁判例では、その抵触が指摘され、違法の判断が示された。

【149】　東京高判昭42・3・6高刑集20・2・85
　　　　（判時489・79、判タ207・115）

事実　被告人は、いわゆる交通切符により、大型貨物自動車で砂を積載して運転するにあたり、砂の転落を防止しなかったとして、道路交通法71条7号、120条1項9号、埼玉県道路交通法施行細則10条2号により略式命令を請求されたが、作成者の警察官が誤って同法120条2項の過失犯処罰規定にも印を付け、検察官もこれを抹消しないでいたところ、浦和簡易裁判所は、昭和41年9月16日、道路交通法は過失による同法71条7号違反を処罰していないことを理由に被告人に無罪の言渡しをした。これに対して、検察官から控訴の申立てがあり、公判廷でない場所で審理、判決がされており、審判公開に関する憲法、刑事訴訟法に違反していると主張した。その主張によると、検察官事務取扱検察事務官Aは、浦和簡易裁判所内の交通取調室で、交通切符により被告人を取り調べて、同裁判所に対して公訴を提起し略式命令を請求し、一件記録を隣室の裁判官の事務室に届けた後、裁判官から呼び出されて赴くと、「この起訴状どおりでよろしいですか。」と問われて、「結構です。」と答えると、裁判官は、被告人に対し、「これ書いてあるとおり間違いないか。」と質問し、被告人から、「そういう条文のあることは知らなかった。」と返事されると、「知らなかったでは済まされない。」と言って、直ちに無罪の判決を言い渡したのであるが、その間、被告人の人定質問、黙秘権の告知、検察官の起訴状朗読、証拠調べ請求等はもちろんのこと、双方の最終意見陳述もなされておらず、上記事務室は、一般公衆が自由に出入りして傍聴できる設備はされておらず、審理、判決の際にも、訴訟関係人に対して、事務室を法廷として使用する旨の告知もされておらず、法廷とする旨の掲示もされていなかった。

判旨　「刑事訴訟法第282条第1項によれば、公判期日における取調は、公判廷でこれを行うことに定められており、右条項にいう公判廷とは、憲法第82条第1項にいう公開法廷を意味し、裁判所法第69条第1項によれば、法廷は、裁判所又は支部でこれを開く旨定められている。そして、全国各裁判所及びその支部には、その庁舎内に、

第9章　控訴の理由

右憲法の規定によって要請されている公開法廷というにふさわしい設備を備え，法廷と呼称されかつ法廷と表示された区画部分があるのである。右法廷の設備中には傍聴人が自由に出入しかつ傍聴できる傍聴席が含まれており，これが裁判の公開に資せられている。それ故，公判期日の取調にあたり，公判廷を開くにあたっては，原則として，各裁判所及びその支部に設けられた右法廷を使用すべきである。しかし，各裁判所及びその支部の裁判事務の輻輳により既設の法廷のほかに臨時に既設の法廷以外の裁判所又はその支部の庁舎内において公判廷を開く必要の生ずる場合もあり得るが，かかる場合においても，前記の公開法廷の要請に添う配慮をすべきである。（略）

原裁判所の本件道路交通法違反被告事件の審理及び判決は，浦和簡易裁判所の法廷以外の場所で同裁判所が道路交通法違反者中交通切符により起訴された者に対し略式命令を発布するため使用されている裁判官及び裁判所書記官の事務室で行われ，この事務室は同裁判所の建物の一室ではあるが，一般公衆が自由に出入りし傍聴できるような設備のある場所ではなく，右審理及び判決をするにあたって，右事務室を法廷として使用する旨の検察官，被告人ら訴訟関係人に対する明確な告知もなく，また，右事務室を法廷とする旨の掲示その他の表示もされなかったことが認められる。また，本件の審理及び判決にあたって，浦和簡易裁判所の法廷が使用できなかった特段の事情も認められない。そして，右のような事務室は，通常法廷として使用するに不適当な場所であるのに，特段の事情もないのに，法廷以外の場所である右事務室を使用し，その事務室が一般公衆の自由に出入りし傍聴できるような設備のない場所であり，かつ，当該事務室に法廷たることの表示もせず，訴訟関係人に明確に法廷とする旨を告知することもなかったのに，本件の審理及び判決をした原裁判所の訴訟手続には，憲法の所期する公開法廷といい得ない場所で公判廷を開いたという憲法第82条第1項，刑事訴訟法第282条第1項の規定の違反があり，刑事訴訟法第377条第3号所定の「審判の公開に関する規定に違反したこと。」に該当する違法があるものと解されるのである。」

4　保証書の添付

法377条は，法377条該当事由を理由とする控訴申立ての場合，控訴趣意書に，当該事由存在の証明ができる旨の検察官又は弁護人の保証書の添付を要求しており，これに違反すると，不適法な申立てとされることになる。

【150】　最判昭25・7・14刑集4・8・1378

事実　窃盗事件の1審である名古屋地方裁判所における審理について，弁護人から，「1審公判調書によれば第1回，第2回，第3回公判調書共公開の法廷に於て公判を開始した旨の記載がなく結局第1審に於ける公判が公開の法廷で開廷されたか否かが不明であって其の手続が憲法37条に違反しているから其の審理に基いて言渡されたる第1審判決は不法であるのに原判決が第1点掲記の如く第1審判決に不法として破棄せねばならぬ事由が存しないとしたのも亦憲法の前掲の条項に違反したのであって此の点において原判決は破棄さるべきであると信ずる。」と主張された。

判旨　「所論は本件第1審公判手続は，審判の公開に関する憲法の規定に違反する旨を主張するのであるが，上告趣意書に，刑訴414条，

377条に定める保証書を添付していないから上告適法の理由とならない。」

同旨の判断は，最判昭25・7・13刑集4・8・1843，最決昭25・11・30刑集4・11・2438等においても示されている。

第2節　法378条の控訴理由

1　不法に管轄又は管轄違を認めたこと（1号）

法329条は，管轄権のない裁判所においては管轄違の言渡しをすべき旨規定しているところ，これに反して行われた実体裁判については，「不法に管轄を認めたこと」に該当するし，管轄権があって管轄違の言渡しをすべきではないのに，管轄違の言渡しをした場合には，「不法に管轄違を認めたこと」に該当することになる。

そして，管轄権の有無は，原則的には起訴状の訴因の記載により判断すべきことになるが，裁判所がその実体形成に従って判決した場合に，それが右訴因の記載と異なるときには，裁判所の実体形成により管轄権の有無を判断すべきであるとしたのが，次の裁判例である。

【151】　東京高判昭54・2・27判時955・131

事実　被告人は，東京地方裁判所において，起訴された重過失失火，重過失致死傷事件について，被告人の過失は単純過失にとどまるとして，失火，過失致死傷により罰金20万円の判決宣告を受けた。これに対して，検察官及び被告人から控訴の申立てがあり，検察官及び弁護人は，失火，過失致死傷罪はいずれも罰金刑以下の犯罪とされているから，裁判所法24条1号，33条1項2号により簡易裁判所の専属管轄とされているため，法329条による管轄違いの判決をせずに，実体判決をしたのは法378条1号に違反すると主張した。

判旨　「本件重過失失火罪，重過失致死傷罪の起訴に対し，原審東京地方裁判所は，簡易裁判所の専属管轄に属する失火罪，過失致死傷罪に当る事実認定をしながら，刑訴法329条による管轄違の判決をすることなく，被告人を罰金20万円に処する旨の実体判決をしたものであり，右の措置は刑訴法378条1号にいう「不法に管轄を認めた」ものに当るものである」。

また，簡易裁判所が裁判所法33条所定の科刑権の制限に違反した場合，後述するように，「不法に管轄を認めたこと」に該当するという一部の学説・裁判例もあるが，法379条所定の訴訟手続の法令違反に該当するというのが実務の大勢である。

第 9 章　控訴の理由

　さらに，児童福祉法60条，34条6号所定の児童に淫行をさせる罪と刑法182条所定の淫行勧誘罪が科刑上一罪の関係にあるとして，裁判所法31条の3第1項4号，少年法37条1項4号により，家庭裁判所に起訴されて審理された事件について，児童福祉法違反の罪が無罪となった場合の対応を，次の裁判例が明らかにした。

> 【152】　仙台高秋田支部判昭30・5・17裁判特報2・10・476

　判旨　「児童福祉法違反の事実にして無罪である以上，同法条違反の事実と観念的競合の関係に立ち，かつ，同法条違反の罪（同法第60条）の刑をもって処断すべきものとして原審に起訴され有罪の認定がなされた淫行勧誘の事実は原審たる家庭裁判所の併合管轄の基礎を失い原審としては右事実につき実体的判決をすることはできず，管轄違の形式的判決をなさねばならなかったというべきであるのに右淫行勧誘の事実につき有罪と認めたのは不法に事物管轄を認めたもの」である。

　なお，同様の理由で家庭裁判所に起訴されて審理された売春防止法違反の罪と児童福祉法違反の罪について，その罪数関係の判断を誤った結果，管轄違の判決をしたことについて，「不法に管轄違を認めたこと」に該当するとしたのが，次の裁判例である。

> 【153】　東京高判平15・5・19東高時報54・1＝12・32（判時1883・153）

　判旨　「論旨は，要するに，原判決は，本件公訴事実中の売春防止法10条1項の罪（以下，便宜的に「売春契約罪」という。）と児童福祉法34条1項6号違反の罪（以下，便宜的に「児童淫行罪」という。）は併合罪の関係に立つと解すべきであるから，本件公訴事実1（売春契約罪）については，家庭裁判所にこれを審理する管轄がないとして，管轄違の判決を言い渡したが，本件公訴事実1の売春契約罪と同3の児童淫行罪は牽連犯であると解すべきであるから，原判決には判決に影響を及ぼすことが明らかな法令適用の誤りがあり，原判決は，その誤りに基づいて不法に管轄違の判断をしたものである，というのである。（略）

　本件公訴事実1の売春契約罪と同3の児童淫行罪は牽連犯であると解すべきところ，これらを含めた本件公訴事実に係る数罪（略）は刑法54条1項に規定する関係にあり，最も重い児童淫行罪の刑により処断すべき場合に該当する（略）から，少年法37条2項により本件公訴事実1の売春契約罪についても家庭裁判所が管轄を有するというべきである。これに対し，売春契約罪と児童淫行罪はおよそ牽連犯にはならないとの罪数判断に基づき，本件公訴事実1について管轄違の判決を言い渡した原判決は，前記両罪に関する罪数関係についての法律の解釈適用を誤り，その結果，不法に管轄違を言い渡したものといわざるを得ない。」

2 不法に公訴を受理し又はこれを棄却したこと（2号）

「不法に公訴を受理した」とは，法338条，339条に該当するのに，実体判決をした場合を指し，「不法に公訴を棄却した」とは，法338条に該当しないのに，公訴棄却の判決をした場合を指す。なお，法339条に該当しないのに，公訴棄却の決定をした場合には，法339条2項により，即時抗告によることとされている。

3 審判の請求を受けた事件について判決をせず，審判の請求を受けない事件について判決をした違法（3号）

審判の請求を受けた事件について判決をしないというのは，判決に遺脱があることであり，審判の請求を受けない事件について判決をしたというのは，不告不理の原則違反とされているものである（註釈刑事訴訟法［新版］第6巻100頁［小林充執筆］）。

旧法時代の裁判例ではあるが，検察官において，複数の犯罪事実を併合罪として起訴したところ，裁判所がこれを一罪と判断し，その一部分について犯罪の証明がないとした場合，裁判所は，起訴を基準として，主文中で一部有罪一部無罪の言渡しを行うべきであって，一部無罪を言い渡さないと，審判の請求を受けた事件について判決をしなかったことになるとするのが，次の裁判例である。

【154】　大判昭9·3·24刑集13·313

事実　被告人は，3つの恐喝行為により併合して起訴されたが，東京控訴院は，そのうちの1つの恐喝行為について，犯罪の証明がないと判断したものの，これが他の2つの恐喝行為と連続犯の関係にあるとして，主文において無罪の言渡しをしなかった。これに対して，被告人から上告の申立てがあり，弁護人は，検察官は，3つの恐喝行為を併合罪の関係にあるとして起訴しているのであるから，控訴審判決は，審判の請求を受けた事件について判決をしなかった違法があると主張した。

判旨　「審判ノ請求ヲ受ケタル事件ニ付判決ヲ為シタリヤ否ノ問題ヲ解決スルニ当リテハ先ヅ検事ガ公訴ヲ提起シタリヤ否而シテ其ノ公訴ハ一罪トシテ処断スベキモノナリヤ数罪トシテ処断スベキモノナリヤ今之ヲ連続シタル数個ノ行為ニ対スル犯罪事実ヲ指示シテ公訴ヲ提起シタル場合ニ付考究スルトキハ其ノ事実ガ連続犯ヲ組成スベキ数個ノ行為ナルヤ或ハ併合罪ノ関係ニ在ルモノナリヤ否ハ検事ノ起訴状ノ記載如何ニ依リテ之ヲ定ムベキモノニシテ検事ガ数罪トシテ起訴シタルニ不拘裁判所之ヲ一罪トシテ起訴シタルモノト認ムルガ如キハ不法ナリト云ハザルベカラズ此ノ見地ニ基キ原判決ノ当否ヲ按ズルニ係争ノ予審請求書記載第1ノ恐喝事実ハ爾余ノ第2，第3及追予審請求書記載ノ恐喝事実ト各別個ノ併合罪トシテ起訴セラレタルモノト認ムベク然カモ予審終結決定ニ於テモ亦之ヲ連続犯ト認メズ其ノ第1乃至第3ノ恐喝事実ニ対シテハ之ヲ公判ニ付シ追起訴ニ係ル恐喝事実ニ付テハ之ヲ免訴シタルモノナル

第9章　控訴の理由

ガ故ニ斯カル場合ニ於テ公判裁判所当該被告事件ノ審理ヲ遂ゲ判決ヲ為スニ当リ其ノ第1事実ニ付犯罪ノ証明ナキモノ為スニ於テハ須ラク主文ニ於テ無罪ノ言渡ヲ為サザルベカラザルモノナリトス然ルニ原審ニ於テハ本件公訴事実中検事ノ予審請求書記載第1事実ニ該当スル被告人ガ昭和3年7月Aヲ恐喝シテ金30円ヲ交付セシメタル点ニ付犯罪ノ証明ナキモ右ハ判示所為ト連続犯ノ関係アリトシテ起訴セラレタルモノト認ムベカルナルヲ以テ此ノ点ニ付特ニ主文ニ於テ無罪ノ言渡ヲ為サズト説明シタルニ止マリ主文ニ於テ判決ヲ為サザリシモノニシテ原判決ハ刑事訴訟法第410条第18号ノ審判ノ請求ヲ受ケタル事件ニ付判決ヲ為サザル不法アルモノニ該当シ本論旨ハ理由アリ」

　本件の審理の経過等をみると，3つの恐喝行為については，併合罪の関係にあるものとして，審理が行われており，実体上も一罪の関係にはないと思われることから，主文において無罪の言渡しが必要であったものと思われる。そうすると，主文において，無罪を言い渡すことが必要な案件であるから，それが脱漏している場合には，審判の請求を受けた事件について判決をしなかったことに帰する。

　次に，主たる訴因（本位的訴因）と予備的訴因がある場合，予備的訴因について有罪の判断が示されたときには，主たる訴因については犯罪の不成立の判断があったことを前提としているから，主たる訴因についての明示の判断が示されていないことは，審判の請求を受けた事件について判決をしなかったことにならないとするのが，次の裁判例である。

【155】　最決昭29・3・23刑集8・3・305（判タ40・26）

事実　被告人は，「東京都の葛飾税務所勤務中，同所係員から依頼を受けて，A会社からの固定資産税16万余を同社振出の同額面の小切手で徴収して保管中，上記小切手を着服横領した」として起訴されたが，1審において，検察官が，予備的に，「東京都の葛飾税務所勤務中，A会社において，権限がないのに，あるように装って，同社従業員Bに対し，固定資産税16万余を請求し，Bをその旨誤信させ，よって，Bから，同社振出の同額面の小切手の交付を受け，これを騙取した」との訴因を追加し，これを許可した東京地方裁判所は，予備的訴因を認定した上，被告人に対して懲役10月の判決宣告をし，主たる訴因について，主文では触れずに，理由中において，勤務先の係員から徴収の委託を受けたことはないから，横領の訴因は認められない旨判断した。これに対して，被告人が控訴を申し立て，弁護人は，主たる訴因を排斥する場合には，主文において無罪の言渡しをする必要があり，同裁判所は審判の請求を受けた事件について判決をしなかった違法があると主張したが，東京高等裁判所は，予備的訴因について犯罪の証明があった場合には，主たる訴因について証明がない場合であっても，その訴因について判決主文で無罪の言渡しをすべきはないから，1審判決に誤りはない旨判決した。上告審において，弁護人は，控訴審と同様の主張をした。

判旨　「主たる訴因と予備的訴因のある場合に，予備的訴因につき有罪を認定したときは，主文において主たる訴因につき無罪を言渡すべきでないことは勿論，理由中においても，かならずしもこれに対する判断を明示することを要するものではないのであって，原判示はいずれも正当で

ある。」

　もっとも，主たる訴因と予備的訴因がある場合に，予備的訴因についてのみ無罪を言い渡し，主たる訴因についての判断が示されないときには，審判の請求を受けた事件について判決をしなかったことになるというのが，次の裁判例である。

【156】　名古屋高判昭 28・1・21 高刑集 6・2・165

事実　被告人 AB は，「サカエ・マーケット所有者 C より同マーケットの売却方を依頼され其の頃共謀して同マーケット出店者組合代表者 D らを脅迫し之を金 48 万円で買い取らしめ代金名下に金員を喝取した」との本位的訴因と，「右受領に係る売却代金を C に渡さず共謀して之を着服した」との予備的訴因により起訴されたが，名古屋地方裁判所は，本位的訴因である恐喝の成否については触れないまま，予備的訴因である横領について，A を有罪，B を無罪とする判決を言い渡した。これに対して，検察官及び被告人から控訴の申立てがあり，検察官及び弁護人は，本位的訴因である恐喝について判断を示さなかったのは，審判の請求を受けた事件について判決をしなかった違法があると主張した。

判旨　「予備的訴因につき有罪認定が為されている限り，予備的起訴の性質上本位的訴因については黙示的に犯罪の不成立の判断が下されたものと解し得られるから，前記の通り横領の訴因につき有罪認定を受けた被告人 A については同被告人に対する右本位的訴因たる恐喝の点につき原裁判所は犯罪の成立を否定したものと解し得られないわけではない，然し予備的起訴の場合に於ける一方の訴因の否定は前段に説明の其の肯定の場合と異り，到底当然に他の訴因の否定まで意味するものといえないから，被告人 B に対する予備的訴因たる横領の点についてのみ無罪を言渡し，其の本位的訴因たる恐喝の点につき何等判断を示さなかった原裁判所は同被告人に対し同恐喝の点につき審判の請求を受けた事件につき判決を遺脱するという違法を犯したもの」である。

　また，検察官において，択一的関係にある 2 個の訴因を設定してきた場合には，いずれかの訴因について有罪の判決を行えば，他の訴因排斥の理由を判決に示さなくても，審判の請求を受けた事件について判決をしなかったことにならないとするのが，次の裁判例である。

【157】　最判昭 25・10・3 刑集 4・10・1861

判旨　「被告人に対する訴因は（略）窃盗と贓物運搬の 2 つであって，しかも右 2 つの訴因は択一的の関係にあることは明らかである。かような場合において，その何れかの一方の訴因について有罪と認めた場合には他の訴因は自ら排斥されたものであることは互に相容れざる 2 個の訴因が択一的の関係にあることによって明らかであるから排斥された訴因について訴因排斥の理由をことさらに示さなくとも違法とは言い得ない。従って第 1 審判決が被告人に対する窃盗の訴因について有罪と認め，贓物運搬の訴因を排斥しながらそれを排斥した理由を示さないからとて審判の請求を受けた事件について判決をしない違法があ

第9章 控訴の理由

るとはいえない。」

　さらに，特殊な事例ではあるが，検察官において，複数の者にある1個の犯罪の教唆を行ったとして起訴したところ，1名にのみ教唆を行ったと裁判所が認定した場合，審判の請求を受けた事件について判決をしなかったことにならないとするのが，次の裁判例であるが，当然のことであろう。

【158】　最判昭26・6・29刑集5・7・1371

事実　被告人は，A，B，Cに対して窃盗の教唆をしたとして起訴されたが，東京高等裁判所は，Aのみに対する窃盗教唆を認定したところ，上告審において，弁護人から，審判の請求を受けた事件について審判をしない違法があると主張された。

判旨　「本件公判請求書に論旨指摘のように被告人は相被告人A及び第1審相被告人B，同Cの3名に対し同人等の犯行を教唆したものであると記載されているにかかわらず原判決は，被告人は右Aのみを教唆したものと認定していることは所論のとおりである。そして正犯たる右3名の犯行は3名が共謀の上昭和22年4月頃D方において同人所有の人絹糸36貫匁綿糸2貫匁を窃取したという1個の犯罪事実（略）であって被告人に対する公訴事実は前示のように右3名に対する右窃盗の教唆の事実であるが，かかる教唆はそれが正犯の1名に対して行われても，3名に対して行われても1個の犯罪と解すべきものである。そして苟も公訴事実の同一性を害しない限りにおいては判決において起訴状記載の事実と異った認定をすることを妨げるものではない。従って原判決が被告人の右犯行の教唆はAのみを教唆したものであると認定してもそれは公訴事実の同一性を害するものでないことは明らかであるから，何等違法の点なくまた所論の如く審判の請求を受けた事実について判決をしない違法があるということはできない。」

　判決をされた事実が，訴因に全く掲げられていない別事件の場合には，審判の請求を受けた事件について判決をせず，かつ，審判の請求を受けない事件について判決をしたと評価されることになり，以下の裁判例は，そのような事例である。

【159】　福岡高判昭53・4・24判時905・123

事実　被告人は，「不動産仲介業を営んでいたものであるが，昭和49年1月下旬ころ，Aから，被告人が仲介した分譲住宅の頭金捻出のため，A所有土地に抵当権を設定するなどして銀行融資を受けることを依頼され，Aから各土地の登記済証等抵当権設定に必要な書類を受け取りAのため各土地を業務上預り保管中，ほしいままに，各登記済証等を利用し情を知らない司法書士Bをして福岡法務局西新出張所において，各土地につき売買を原因とするAから被告人への所有権移転登記申請手続をさせ，よって同出張所登記官をして申請に基づき不動産登記簿に各土地につき被告人が所有権を取得した旨記載させ，もって自己の占有するA所有の各土地を横領した」旨の公訴事実による業務上横領事件により起訴されたが，福岡地方裁判所は，被告人がAのため「右各土地を

業務上預り保管中」とある部分を除き公訴事実のとおり事実を認定し、「もって情を知らない公務員に公正証書原本不実記載をさせたものである。」として公正証書原本不実記載の罪の成立を認め、その理由として「公訴事実に示されたとおり当裁判所も認める事実に対する法的判断の相違であるから、公訴事実につき訴因変更がないまま判示のとおり公正証書原本不実記載と判断した。」と説示したのに対して、検察官及び被告人から控訴の申立てがあり、検察官は、不告不理の原則に違反した違法があると主張した。

判旨　「審判の対象となるべき事件とは、検察官が訴因として主張した犯罪事実をいうものと解すべく、本件起訴状掲記の前記公訴事実及び罪名、罰条の各記載に徴すれば、その起訴にかかる訴因は前記のとおり業務上横領の事実であって公正証書原本不実記載の事実ではないことが明らかであるから、原判決がその訴因として明示された業務上横領の成立について単に法的判断の相違であるとしたのみでその判断の理由を示すことなく、かつ訴因罰条の変更手続を経ないまま公正証書原本不実記載を認定したのは、刑訴法378条3号にいう、審判の請求を受けた事件について判決せず、かつ審判の請求を受けない事件について判決した場合に当たる」。

【160】　東京高判昭55・5・22 東高時報31・5・58（判時987・133）

判旨　「検察官は、昭和54年5月31日付、同年6月30日付、同年8月27日付、同月29日付各起訴状をもって、被告人が、昭和53年9月9日ころから昭和54年3月7日ころまでの間、前後89回にわたり、Aから金融資金名下に、現金合計2,519万円を騙取した、として起訴し、これを

第2節　法378条の控訴理由

受けた原審は、これらを併合審理して原判決をしたのであるが、右各起訴状記載の公訴事実と原判決が認定判示した罪となるべき事実とを対比すると、(1)原判決が認定した（罪となるべき事実）のうち、別表番号20の「昭和53年10月19日ころ、現金40万円を騙取した」との事実は右各起訴状記載の公訴事実のどこにも見あたらないのみならず、(2)昭和54年6月30日付起訴状記載の公訴事実中別表番号5の「昭和53年10月10日ころ、現金40万円を騙取した」との事実は、原判決の（罪となるべき事実）のどこにも認定判示されていないことが明らかであるところ、本件は、各犯行の都度一罪を構成するものとして起訴され、原判決もまた同様に認定していることのほか、右(1)、(2)の犯行時とされた昭和53年10月中旬における犯行は、殆ど連日にわたるもの（略）、として起訴されていること、及び、被告人の欺罔手段は、いずれの場合でも、「お客から融資の申込があったので金を出してもらいたい」などという類似のものであるとされていることにかんがみると、本件において、各罪の区別をする重要な要素は、各犯行日時の点にあると考えられるから、仮に、原判決が、右(2)で指摘した「昭和53年10月10日ころに現金40万円を騙取した」との起訴事実を、右(1)で指摘したところの「昭和53年10月19日ころ、現金40万円を騙取した」という事実に、犯行日時を変更して認定判示したものと解するとしても、これは、起訴された罪と異なる罪を認定したこととなり、到底許されないところといわなければならない。」したがって、原判決には、いずれにしても、審判の請求を受けない事件について判決をし、また、審判の請求を受けた事件について判決をしなかった違法が存する。

そして、起訴状記載の訴因の範囲を超えて審判した場合は、審判の請求を受けない事件

第9章 控訴の理由

について判決をしたことになるというのが，以下の裁判例である。

【161】 最決昭25・6・8刑集4・6・972

事実 被告人は，名古屋地方裁判所岡崎支部において，起訴状記載のとおり，「Aと共謀の上，不在中のB方屋内に侵入しB所有の物品を窃取した」事実を認定され，刑法60条，235条により処断されたが，被告人からの控訴申立てを受けた名古屋高等裁判所において，1審と同様の事実を認定し，適条には「住居侵入の点は刑法60条，130条に，窃盗の点は同法60条，235条に該当し，以上は牽連犯の関係があるから，同法54条1項後段，11条により重い窃盗罪の刑に従い」旨示されたところ，上告審において，弁護人から，起訴されていない住居侵入罪を認定したのは，審判の請求を受けない事件について判決した違法があると主張された。

判旨 「原判決が所論のごとく住居侵入と窃盗の事実を認定し，それぞれ相当法条を適用した上牽連犯として重き窃盗の刑を以て処断したことは所論のとおりである。そして，本件起訴状には公訴事実中に「屋内に侵入し」と記載されてはいるが罪名は単に窃盗と記載され罰条として刑法235条のみを示しているに過ぎない。しかも第1審公判調書を見るに右住居侵入の訴因について，裁判官の釈明もなく検察官において罰条を示して訴因を追加した形跡もなく第1審判決もその点について何等の法律適用を示していない。されば，住居侵入の点は訴因として起訴されなかったものと見るのが相当である。しかるに原判決は第1審判決が前科のある事実を判決の理由中に示さなかった点を職権を以て理由にくいちがいがあるものとして（略）破棄自判しながら訴因の追加もないのに住居侵入の犯罪事実を認定しこれに対し刑法130条を適用したのは，結局審判の請求を受けない事件について判決をして違法があるものといわなければならない。しかし，原判決は住居侵入と窃盗の牽連一罪の刑を以て処断したものであるから，右違法は未だ原判決を破棄しなければ著しく正義に反するものと認め難い。」

【162】 最判昭26・1・23刑集5・1・73

事実 被告人は，「被告人等は共謀の上水飴の取引に藉口してA等を誘出し金員を強奪せんことを企て，被告人Bが，Aに対し，千葉県庁の職員に配給した水飴230本を横流しすべきにより，買い受けられたき旨申欺き同人が共同買受人にして水飴代金の内金を携帯したCを，被告人D，Eが農林省庁舎に同道して，被告人Bが所携の鉄棒を以てAの頭部を乱打し（云々）」との強盗傷人の事実で起訴され，1審の東京地方裁判所も，上記強盗傷人の事実を認定したが，控訴審である東京高等裁判所は，「被告人3名は，Aを水飴取引にかこつけて誘い出し「籠抜け詐欺」を行い，若し失敗したときは同人を脅迫して現金を強取しようと相談した上，被告人Fに計画を打ち明けて実行に加わらしめ，Bは，Aに対して千葉県庁が配給する水飴を横流しするから買い受けられたいと同人を欺き，共同買受人Cとともに現金を持参させ，農林省庁舎内において，被告人B，Fは，A，Cより所持金46万円を騙取しようとしたが，同人等が警戒して金を渡さなかったため詐欺はその目的を達せなかったので，同人等を殴打して現金を強取しようと一決し，Bは鉄棒にてAの後頭部を強

打し、Fは樫棒を投げつけたが騒がれて逃走したが、その際Aに4週間の加療を要する傷害を負わせた」旨認定し、詐欺未遂の点は刑法60条、250条、246条1項に、強盗傷人の点は同法60条、240条前段に該当する旨判示したところ、上告審において、弁護人は、控訴審判決は、起訴されていない詐欺罪について有罪としており、審判の請求を受けていない事件について判決をした違法があると主張した。

判旨　「本件公訴提起は公判請求書に基いて公判請求がなされているのであるが右公判請求書の記載は論旨摘録の通りであって、その記載においては被告人等が欺罔手段を用いたのは被害者を誘い出す為めだけであり財物の交付を受ける手段としてこれを用いたことは少しも記載されていない、換言すれば財物を騙取せんとした行為は少しも書いてないのである、それ故詐欺については審判の請求が無かったものという外なく、従って、原審は審判の請求を受けない事件について判決した違法あるものといわざるを得ない、起訴状に「喝取した」と書いてあってもその同一事実について裁判所が調べた結果、喝取ではなく詐欺であったという様な場合には詐欺を認定して恐喝の規定を適用せず詐欺の規定を適用して所罰しても、基礎事実の同一性を失わない限り固より差支えないが本件の場合の様に起訴状において強取の事実が起訴され裁判所で調べた結果正に起訴状記載の強取の事実が認められた場合、裁判所はその事実に強盗の規定を適用して所罰した上、その事実の外に更に起訴状に書いてない詐欺の事実について審理し、その事実を認定してこれに詐欺の規定を適用し二罪として併合罪の加重をするのは不告不理の原則に反するものといわなければならない、尤も牽連犯の場合の様に結局一罪になる場合ならば、起訴状記載の事実と一連の行為で起訴状に記載されない行為を認定して（例えば強盗が起訴された場合、その強盗の手段として為された住居侵入を認定する如き）牽連犯の規定を適用して一罪として所罰する如きは差支えないであろうが1個の罪だけが起訴されて居るのに2個の犯罪を認定して併合罪の加重をすることは許されないものと解すべきである。」

他にも、最判昭29・8・20刑集8・8・1249が同様の見解を述べている。

一方、以下の裁判例は、審判の請求を受けない事件について判決した場合には当たらないとしている。

【163】　最判昭25・7・7刑集4・7・1226

判旨　「所論は本件に関する追公判請求書の記載によればその第1の(4)として「被告人3名は共謀の上昭和23年1月22日頃北海道庁農地部農地課内より同課保管に係る計算器1台及び現金6千円を窃取した」となっているにかゝわらず、第1審判決及び第2審判決ともに右に関する判断を逸脱しているというのである。然るに記録を精査すると、追公判請求書第1の(2)として「被告人3名は共謀の上昭和22年12月23日頃北海道庁農地部農地課内より同課保管に係る西洋紙20〆（約2万枚）を窃取した」とあり、第1審公判において裁判長が追公判請求書記載の第1(2)及び(4)の事実を読聞けたのに対し被告人は「只今お読聞の事実について、西洋紙と計算器を盗んだのは同じ日でありましてそれは本年1月20日頃であります」（略）と供述し更に盗むときの模様として「Aが部屋から西洋紙を運んでいる間Bが私の側に居りま

第9章　控訴の理由

した，そのとき私は農地課の部屋から現金6千円を盗んできてバッグに詰めました。そのうちにAが同課の部屋に計算器があるから盗ってこいと言ったので私は計算器を盗って来たのであります」（略）と供述しているのであって，右の供述に基き1審判決（原判決も同様）は判示第1の(3)事実として昭和23年1月20日右道庁農地部農地課で同課保管にかゝる西洋紙20〆（約2万枚）を窃取したと認定したことが判るのである。してみれば，右(3)の事実は右追公判請求書記載第1の(4)の事実をも含んでいる趣旨であること明であって原判決並に第1審判決には所論事実に関する判断を逸脱したということはできないのである」。

【164】　最判昭25・9・21 刑集4・9・1728

判旨　「原判示第2の収賄の事実は第1審判決摘示第6の事実に該当し，検事はこの事実を恐喝として起訴していることは所論のとおりである。しかし，記録を精査するに，検事が恐喝として起訴した事実と原判示第2の事実との間には金員の提供者，収受者，収受の日時，場所，金員の額のいずれもが同一であって，ただ，金員の収受者が提供者を恐喝して金員を交付せしめたのか，単に職務に関し提供された金員を収受したのかの点においておのおのその認定を異にするだけである。されば，起訴事実と原判示事実との間には基本たる事実関係を同じくするものと認められるから，原判示事実は起訴事実と同一性を失わないものといわなければならぬ。従って起訴事実の罪名と罪質とが原判示事実の罪名と罪質とに一致しないからといって，原判決には審判の請求を受けない事件について判決をしたものとはいうことはできない。」

【165】　最判昭63・1・29 刑集42・1・38（判時1277・54，判タ668・62）

事実　「被告人ABはD殺害の目的で，被告人CはD殺害の目的がなく，共謀の上，Dの身体に粘着テープ等を巻き付けるなどして自動車後部のトランクに押し込み，被告人ABにおいて，そのまま山中まで搬送してDを路上に降ろし，被告人Aにおいて，Dを崖下に滑り落とした上，ナイフで胸背部を突き刺して殺害し，被告人Cにおいて不法にDを監禁した。」として起訴され，罪名及び罰条として，被告人ABについて「刑法199条，60条」，被告人Cについて「同法38条2項，220条1項」と記載されていた。1審の神戸地方裁判所は，昭和56年12月21日，「被告人AはD殺害の目的で，被告人BCはD殺害の目的がなく，Dの身体を緊縛することを共謀の上，Dの身体に粘着テープ等を巻き付けるなどして自動車後部のトランクに押し込み，Dを不法に監禁し，被告人Aにおいて，山中において，ナイフで胸背部を突き刺して殺害した。」として，被告人Aは刑法199条（監禁の限度で60条），被告人BCは同法60条，220条1項に該当するとした。これに対して，被告人ABから控訴の申立てがあり，その弁護人は，本件の逮捕監禁行為と殺人とは併合罪の関係にあり，被告人ABは殺人罪で起訴されたもので，逮捕監禁罪では起訴されていないから，被告人ABの関係で逮捕監禁の事実を審判の対象とし，有罪としたのは，審判の請求を受けない事件について判決をした違法があると主張した。控訴審である大阪高等裁判所は，この主張について，1審判決が認定したDへの逮捕監禁の事実は，起訴状の公訴事実の中に具体的に記載されており，その文脈と罪名，罰条の記載に照らすと，公訴事実の逮捕監禁事実の記載は，単に被告人Cについての逮捕

監禁罪の構成要件を示す趣旨にとどまらず，同時に，被告人ABの関係では殺人の実行行為の一部を組成するとされており，検察官が，被告人ABの罪名及び罰条として「殺人。刑法199条」と記載したのは，「殺人罪が成立すれば，逮捕監禁行為は同罪に包括吸収されると解したためであり，殺人が成立しない場合に，逮捕監禁行為の処罰を求めない趣旨ではないから，逮捕監禁の事実はABの関係においても殺人の訴因の一部として審判の対象となっていたものであり，1審も同様の見解に立って，上記判断をしたものと解されるから，審判の請求を受けない事件について判決をしたことにはならない。」として，上記主張を排斥した。そこで，弁護人は，上告趣意においても，同様の主張をした。

被告人3名に対する起訴状記載のA殺害関係の公訴事実は，前記のとおりであり，これに対する罪名及び罰条として「殺人　刑法199条，60条」「なお，被告人Bにつき，同法38条2項，220条1項」と記載されており，これに対し，原判決が被告人C，同Dにつき認定判示した事実は，後記のとおりであり，原判決は適条として「被告人Cの所為は刑法199条（逮捕監禁の限度では更に同法60条）に，被告人Dの所為は同法60条，220条1項にそれぞれ該当する」旨判示している。

判旨　「起訴状の記載及び第1審における検察官の釈明等から，検察官としては，被告人C及び同Dについては逮捕監禁行為の開始自体が殺人の実行の着手に当たり，逮捕監禁の事実は殺人の実行行為の一部を組成するものであるとしていることが明らかであり，原判決も被告人Cの関係につき右と同様の見解をとっているものと思われる。しかし，原判決認定事実においても，被告人Cは逮捕監禁に及ぶ以前に殺意を固めていたとはいえ逮捕監禁行為自体によりAを殺害しようとしたものではなく，後に別個の殺害行為を予定してまず逮捕監禁に及んだとされているのであるから，逮捕監禁の事実を殺人の実行行為の一部とみるのは相当でなく，右認定事実を前提とすれば，被告人Cについては逮捕監禁罪と殺人罪が共に成立し，両罪は併合罪であると解するのが相当である。このように，原判決には，罪数判断の誤りがあるといわなければならないが，本件起訴状における逮捕監禁の事実は，単に被告人Bについての逮捕監禁罪の構成要件を示す趣旨で記載されているにとどまらず，被告人C及び同Dについては，その殺人の実行行為の一部を組成するものとして記載されていると解されるのであって，検察官は右被告人両名に対しても犯罪事実としてその処罰を求めているというべきであるから，原判決が前記のとおり被告人Cにつき殺人罪の実行行為の一部として右逮捕監禁の事実を認定判示し，被告人Dにつき逮捕監禁罪の成立を認めたことは，刑訴法378条3号にいう審判の請求を受けない事件について判決した場合には当たらない。」

【163】【164】は，訴訟手続上の措置等には問題があるが，法378条3号の問題とはならないという結論自体は支持することができよう。

また，【165】は，やや特殊な事例に対する判断であって，検察官において，逮捕監禁を殺人の実行の着手と評価されるものとして起訴がされた場合には，逮捕監禁と殺人の併合罪として裁判所が認定することは適法ということになり，そうすると，殺人で訴追された者について，逮捕監禁のみを認定することは，不告不理の原則には違反しないことになる。

そして，起訴状記載の訴因と公訴事実の同

第9章　控訴の理由

一性がない訴因変更を許可して，変更後の訴因について判決をした場合，審判の請求を受けない事件について判決をしたことになるというのが，次の裁判例である。

【166】　最判昭 33・2・21 刑集 12・2・288

事実　被告人は，「昭和27年12月30日頃の午後11時半頃肩書自宅において，AがB会社工場内から銅製艶付板32枚（価格9万6千円相当）を窃取するに際し，同人より「例の銅板を会社から持出すからリヤカーを貸して呉れ」との依頼を受けこれを承諾し，同人にこれを貸与しよって同人の犯行を容易ならしめ以って窃盗の幇助をしたものである。」との事実で起訴され，川崎簡易裁判所において，審理を受けていたが，その後，検察官から，「昭和27年12月31日頃肩書自宅において，Aから同人が他から窃取して来たものであることの情を知りながら，銅製艶付板32枚（価格9万6千円相当）を金3万円で買受け以って贓物の故売をしたものである。」との事実を予備的訴因として追加請求があり，これが許可されたが，本位的訴因について有罪であるとして，懲役10月の判決宣告を受けた。これに対して，被告人から控訴の申立てがあり，東京高等裁判所は，1審判決には事実誤認があるとして，破棄自判して，予備的訴因の贓物故買の事実について有罪として，懲役8月及び罰金2万円の判決宣告をした。上告趣意において，弁護人は，審判の請求を受けた窃盗幇助の事実について判決をせず，審判の請求を受けていない贓物故買の事実について判決をした違法があると主張した。

判旨　「窃盗の幇助をした者が，正犯の盗取した財物を，その贓物たるの情を知りながら買受けた場合においては，窃盗幇助罪の外贓物故買罪が別個に成立し両者は併合罪の関係にあるものと解すべきである（略）から，右窃盗幇助と贓物故買の各事実はその間に公訴事実の同一性を欠くものといわねばならない。そして本件における前記本位的訴因，予備的訴因の両事実も，右説明のように，本来併合罪の関係にある別個の事実であり従って公訴事実の同一性を欠くものであるから，前記贓物故買の事実を予備的訴因として追加することは許容されないところといわねばならない。しかるに，第1審裁判所が検察官の前記追加請求を許可したのは刑訴312条1項違背の違法があり，この違法は相手方当事者の同意によってなんらの影響をも受けるものではない。それ故，原審が，前記本位的訴因については第1審判決の有罪認定を事実誤認ありとしながら，これにつき，主文において無罪の言渡をなさず，却って，第1審の右違法の許可に基づき，本件公訴事実と同一性を欠く前記予備的訴因の事実について審理判決をしたのは，刑訴378条3号にいわゆる「審判の請求を受けない事件」について判決をした違法がある」。

窃盗幇助罪と贓物故買罪とは併合罪の関係にあるとするのは確立した判例であるから（例えば，最判昭 24・10・1 刑集 3・10・1629，最判昭 24・7・30 刑集 3・8・1418 等），控訴審判決が違法であることは明白であり，当然の結論ということになる。

なお，次の裁判例は，若干錯綜した事例ではあるが，1審が審判の請求を受けない事件について判決をした場合において，控訴審が

採るべき措置を論じたものである。

【167】 最判平 16・2・16 刑集 58・2・133（判時 1855・168，判タ 1148・191）

事実 被告人は，平成 12 年 8 月 25 日付け起訴状の，「業務その他正当な理由による場合でないのに，平成 12 年 8 月 14 日午後 9 時 53 分ころ，A 市内の路上において，刃体の長さ約 8.9cm の折りたたみ式ナイフ 1 本を携帯した」旨の銃砲刀剣類所持等取締法違反事件，同年 12 月 15 日付け起訴状の，「平成 12 年 8 月 14 日午後 9 時 20 分ころ，A 市内のパチンコ店において，同店従業員に対し，『お前，何か』などと語気鋭く申し向け，刃体の長さ約 8.9cm の折りたたみ式ナイフ 1 本を示すなどして同人の生命，身体等に危害を加えかねない気勢を示し，もって，凶器を示して脅迫した」旨の暴力行為等処罰に関する法律違反事件（以下，同起訴状の公訴事実を「本件公訴事実」という。）で起訴された。両事件を併合して審理した福岡地方裁判所は，平成 12 年 8 月 25 日付け起訴状の公訴事実については，被告人を無罪とする旨主文で言い渡したほか，本件公訴事実については，主文では触れずに，理由中で無罪を示し，さらに，罪となるべき事実として，「業務その他正当な理由による場合でないのに，平成 12 年 8 月 14 日午後 9 時 20 分ころ，A 市内のパチンコ店において，刃体の長さ約 8.9cm の折りたたみ式ナイフ 1 本を携帯した」旨の銃砲刀剣類所持等取締法違反事件の事実（以下「本件犯罪事実」という。）を認定した上，被告人を罰金 10 万円に処する旨主文で言い渡し，本件公訴事実には本件犯罪事実の主張も含まれているので，訴因変更の手続は不要である旨判示している。そして，被告人は，第 1 審判決中有罪部分について控訴を申し立てたが，検察官は控訴を申し立てなかったため，平成 12 年 8 月 25 日付け起訴状の公訴事実についての無罪部分は確定した。控訴審である福岡高等裁判所において，弁護人は，本件公訴事実と併合罪の関係にあって起訴されていない本件犯罪事実を認定し有罪の判決をした第 1 審判決には，刑訴法 378 条 3 号後段の審判の請求を受けない事件について判決をした違法があるから，破棄を免れない旨主張したところ，弁護人の控訴趣意には理由があり，また，職権調査の結果によれば，本件公訴事実について被告人を無罪とする旨主文で言い渡していない第 1 審判決には，同号前段の審判の請求を受けた事件について判決をしなかった違法もあると認められる旨判示して，第 1 審判決中有罪部分を破棄し本件を福岡地方裁判所に差し戻した。これに対して，被告人側から控訴申立てがあり，控訴審判決は違法であると主張した。

判旨 「原判決が，第 1 審判決には刑訴法 378 条 3 号前段及び後段の違法があるとしてこれを破棄した点は，正当である。しかし，以下に述べるように，原判決が，本件を第 1 審裁判所に差し戻した点は，是認することができない。

上記 1 でみたとおり，第 1 審判決は，罪数に関する法解釈を誤ったことが原因であるとはいえ，絶対的控訴理由である同号前段及び後段の違法を犯していたのであるが，検察官は控訴せず，被告人のみが控訴して，第 1 審判決には同号後段の違法がある旨主張していたものである。被告人は，本件公訴事実については，第 1 審判決の理由中において無罪とされており，不服を申し立てる利益がなかったことから，第 1 審判決中の有罪部分である本件犯罪事実についてのみ控訴を申し立てたが，本件公訴事実は，被告人の控訴申立てに伴い，法律上当然に原審に移審係属するところとなったのである。このような訴訟の経過にかんがみると，被告人の控訴申立てを契機として，原審裁判所が，

第9章　控訴の理由

職権により本件公訴事実について調査を加え，同号前段の違法がある旨指摘して第1審判決を破棄するにとどまらず，本件公訴事実を有罪とする余地があるものとして第1審裁判所に差し戻し，あるいは自ら有罪の判決をすることは，職権の発動の限界を超えるものであって許されないというべきである。そうすると，本件公訴事実については，第1審判決の無罪の結論に従うほかないのであるから，原審裁判所としては，本件を第1審裁判所に差し戻すのではなく，自判して被告人に対し無罪を言い渡すべきであったといわねばならない。

また，本件犯罪事実は，公訴の提起がなかったにもかかわらず，第1審裁判所がこれを認定して有罪の判決をしたため，上記控訴の申立てに伴い事実上原審に係属するに至ったものであるから，本件犯罪事実については，公訴提起の手続がその規定に違反したため無効である場合に準じて，公訴棄却を言い渡すべきであったと解される（略）。

したがって，原判決は，上記の点において判決に影響を及ぼすべき法令の違反があ」る。

一方，やや特殊な事例に基づくものともいえるが，以下の裁判例が，審判の請求を受けない事件について判決をしたものとしている。

【168】　札幌高判昭58・5・24高刑集36・2・67（判時1108・135，判タ506・207）

判旨　「本件起訴状に記載された公訴事実は，「被告人は，法定の除外事由がないのに，昭和57年1月30日ころから同年2月2日ころまでの間，A市内において，覚せい剤（略）を含有する水溶液若干量を自己の腕部に注射し，もって覚せい剤を使用したものである。」というのであるが，これに対し，原判決は，「罪となるべき事実」として，「被告人は，法定の除外事由がないのに，昭和57年1月30日ころから同年2月2日ころまでの間，A市内において，覚せい剤（略）を含有するもの若干量を自己の身体に注射又は服用し，もって覚せい剤を使用したものである。」旨認定し，このような選択的（択一的）認定をした理由を「補足説明2」において詳細に判示している。これによると，原判決は，要するに，(1)本件公訴事実は，右起訴状の記載にかかわらず，昭和57年1月30日ころから同年2月2日ころまでの間における被告人の注射又は嚥下（服用）の方法による，最後の覚せい剤使用の事実であると解すべきであるとしたうえ，(2)証拠によれば，右期間内における被告人の注射による覚せい剤使用の事実の存在を疑うことができるが，これを断定することができないとするとともに，被告人が逮捕以来公判終結にいたるまで一貫して「警察官が周辺で見張っているものと感じてビニール袋入りのまま覚せい剤を嚥下した」旨供述していること等に照らすと，被告人は右期間内に注射による使用をしていなければ嚥下による覚せい剤の使用の事実を認めることができ，しかも，「注射，嚥下による使用は互いに他を排斥する関係にあるとはいえない」もので，右期間内に両者が並存した可能性もあるがその先後関係は不明であり，(3)このような事実関係の下では，「罪となるべき事実」として前記のとおりの選択的認定をすべきである，と判断したものと解される。

しかしながら，本件起訴状の「公訴事実」において覚せい剤使用の方法を注射によると明示されていること，被告人の前掲嚥下による覚せい剤使用の弁解について，検察官は，原審公判を通じ終始，右弁解は虚偽であり注射による使用の事実は明白である旨主張立証し，論告求刑もこれを前提としていることに徴すると，検察官が本件公訴提起の対象としている事実は，被告人が弁解しているような嚥下による覚せい剤使用の事実ではなく，

注射による使用の事実であり,「公訴事実」記載の期間内において注射使用の事実が数個ある場合にはその最後の事実を訴追しているものと解するのほかはない。ことに,被告人の弁解する嚥下による覚せい剤使用の態様,状況は特異なものであり,これと検察官の主張する注射による覚せい剤使用とはその基本的事実関係を異にし,それぞれ別個の公訴事実に属することはいうまでもないが,検察官がこのような別個の公訴事実を選択的に公訴提起の対象としているとは考えられない。
　(略)したがって,原審としては,右期間内における注射使用の事実を認めることができるかどうかについて審理し,これを認めることができなければ無罪を言い渡し,1回又は2回以上の注射使用の事実を認めることができるならば,その1個又は最後の注射使用の事実について有罪を言い渡すべきものであり,注射使用の事実を認めることができない場合これに代えて別個の公訴事実である被告人の前掲弁解に現われている嚥下による使用の事実を認定することは許されないというべきである。原判決は,結局,本件公訴事実だけでなく,公訴事実以外の事実をも審判の対象とし,本件公訴事実が認められないならば他の事実について有罪を言い渡すべきものとしたことに帰するものであり,刑事訴訟法378条3号後段にいう「審判の請求を受けない事件について判決をした」場合に該当」する。

　覚せい剤の使用罪の罪数関係については種々の問題があるが,【168】は,検察官が注射による使用だけを訴追したもので,嚥下による使用を訴追しないと明言している場合に,裁判所が注射と嚥下による使用という択一的認定をすることが許容されるかのかという問題について,これを否定したものである。

4　判決に理由を附せず又は理由にくいちがいがあること（4号）

(1)　理由不備

「判決に理由を附せず」(＝理由不備)とは,法44条1項,335条1項に基づく判決理由が欠如している場合を指すとされている。

　まず,主文に関して理由不備とされたのが,次の裁判例である。

【169】東京高判昭51・7・12東高時報27・7・82

判旨　「原判決は,その主文において被告人を懲役10月および罰金20万円に処し,同罰金刑につき換刑処分として労役場留置の言渡をしているが,法令の適用において労役場留置の根拠規定である刑法第18条を挙示していないばかりか,労役場留置につき何らの説明もしていないことが認められる。そうすると,原判決は,罰金刑の換刑処分たる労役場留置の言渡につき,法律上の根拠を示さなかったことになるから,同法第378条第4号にいう判決に理由を附さないものとして,破棄を免れない。」

　続いて,罪となるべき事実としての記載が理由不備とされたのが,以下の一連の裁判例である。

第 9 章　控訴の理由

> **【170】　最判昭 23・3・16 刑集 2・3・237**

事実　被告人は，東京高等裁判所において，「映画館でAと口論の末，翌日護国神社付近で改めて喧嘩することになり，翌日所有していた短刀を携え護国神社付近に行き，Aが来るのを待ち受け，Aと一緒に松林内に行き，同所で短刀を抜き，右手にメリケンサックをはめたAに立ち向かい，短刀でAの左胸部等を突き刺して死亡させた。」との傷害致死により懲役 3 年の判決を宣告された。上告趣意において，弁護人は，決闘行為については明治 22 年法律第 34 号決闘罪に関する件の適用を受けるのであるから，判決に際しては，通常の傷害罪を適用するのか，決闘に関する特別法を適用するのかに必要な事実を明らかにする必要があるのに，原判決はその点の明確さを欠くから，理由不備があると主張した。

判旨　「原判決は判文自体から観ると，被告人はAと合意の上，同人と会合し，所持の短刀でAを傷害したことを判示しているので，決闘の事実を認定しているようでもあり，又単純なる傷害致死罪として認定した趣旨の如くにも判読せられるが，判示事実を挙示の証拠，特に，証人B及びCの証言内容と比較考量すると，被告人の判示傷害行為は，むしろ，決闘による争闘の結果であるとも解せられ，原判決自体果して彼此いずれを認定して判示せる趣旨か不明であるというの外ない。若し本件傷害行為が，決闘によるものであるとすれば，これに対し，傷害致死罪に関する刑法第 205 条第 1 項の規定の外，明治 22 年法律第 34 号「決闘罪ニ関スル件」第 2 条，第 3 条及び第 6 条の各規定をも併せて適用処断すべきは当然であるから，結局，原判決は，法令適用の基礎となるべき事実を明確にしないものというべく審理不尽若くは理由不備の違法あるに帰着する。」

> **【171】　最判昭 23・7・13 刑集 2・8・832**

事実　被告人は，広島高等裁判所において，「Aの顔面等を平手で数回殴打したり胸部を突いたりして同人を仰向けに転倒させ因って同人の鼻翼部，上唇下顎部，左背部第 8 乃至第 11 肋骨部等に全治約 1 か月を要するような打撲傷を与えた。」との傷害罪により懲役 3 月の判決宣告を受けた。上告趣意において，弁護人は，同時犯でない単独正犯の事実を認定した原判決には審理不尽若しくは理由不備の違法があると主張した。

判旨　「原判決は，その引用する証拠によって被告人が単独でAに暴行を加え同人の鼻翼部，上唇下顎部，左背部第 8 乃至第 11 肋骨部等に全治約 1 か月を要するような打撲傷を与えた事実を認定している。しかし，その証拠に引用しているAに対する司法警察官の聴取書，原審公判廷における被告人の供述及び医師B作成の診断書によると，被告人の外に 3 名の者がAに暴行を加えたこと，Aが判示のような傷害を受けたことはいずれも認めることができ殊に原審公判廷における被告人の供述によると被告人はAの頬を 2，3 回殴り更に胸を突いて同人を仰向けに倒させたというのであるから被告人の暴行が右傷害の原因の一部をなしていることは疑ないが，前記Aの供述によれば同人は数人の者に殴られたり踏んだり蹴られたりされたというので，被告人以外の他の者の暴行が右傷害に対し全然因果関係を缺くものとは断定しきれない。むしろ反証のない限り数名の暴行が競合して一つの傷害の結果を発生せしめたものと認むべきである。

そして原判決の引用するところによっては，被

告人の暴行のみによってＡに右の傷害を与えたことを認め得る証拠は全くない。されば，原判決は証拠によらないで罪となるべき事実を認めたこと〻なり刑事訴訟法第360条に違反したものと言わなければならない。尤も２人以上で暴行を加えて人を傷害した場合において暴行者の間に意思の連絡があれば共犯が成立するし，意思の連絡がなくてもその傷害を生ぜしめた者を知ることができないときは共犯の例に依るのであるから，暴行者の１人は他の暴行者の加えた傷害についても罪責を負うべきことは論を待たないが，かかる罪責を認めるためにはその事実を明かに判示して説明しなければならない。しかるに，原判決にはかかる説明がないのであるから，所論のように理由の不備があ」る。

【172】 最判昭26・6・1 刑集 5・7・1222

事実 被告人は，広島高等裁判所において，「Ａから多量の洋服生地斡旋の申出を受けたので，之を他に転売して利を得ようと期待していたがＡがその約束を果さなかったところからその弁償金として金１万円を要求していたが，遂に同年３月17日頃Ａを前記アパートに呼びよせＢと共謀の上同人に対し「前から話をしている１万円の弁償金の中５千円を20日以内に作って来いそれ迄の間服と靴を置いて行け」と要求し同人が之を拒絶するやその場において同人の鼻を殴りつけＢも亦「言う通りにしないともっとひどい目にあうぞ」と申し向けて同人をして，若し右要求に応じないときは更に危害を加えられるかもしれないと畏れさせ，即時其の場において現金600円等を交付させて之を喝取したものである」との恐喝罪により，懲役６月の判決宣告を受けた。上告趣意において，弁護人は，権利行使に伴う暴行，脅迫行為については，暴行罪，脅迫罪ならともかく，恐喝罪は成立しないから，原判決は権利行使の点を明らかにしておらず，審理不尽に基づく理由不備の違法があると主張した。

判旨 「原判決は挙示の各証拠によって「被告人は……Ａがその約束を果さなかったところからその弁償として金１万円を要求していたが遂に同年３月17日頃Ａを前記アパートに呼びよせＢと共謀の上同人に対し「前から話をしている１万円の弁償金の中５千円を20日以内に作って来いそれ迄の間服と靴を置いて行け」と要求し同人が之を拒絶するやその場において……交付させて之を喝取したものである」との事実を認定し被告人の所為に対し刑法第60条第249条第１項を適用処断している。

しかし原判決の事実摘示及びその証拠によっては被告人が本件行為当時果して判示Ａに対し判示のような弁償金を要求する権利を有していたのか否か，仮にかかる権利を有していたとしても本件行為が該権利を行使する意思にでたものであるか否かを知ることができない。

もし被告人に判示弁償金を要求する権利があってその権利実行の為，本件行為にでたものでありしかもそれが権利行使の範囲内に属することであるとすれば被告人の本件所為は時に他の犯罪を構成することがあっても直ちに恐喝罪に問擬することはできない。

しかしまた，被告人が単に権利行使に藉口しあるいはこれに仮託して本件行為にでたものであるとすれば該権利の有無にかかわらず，被告人の本件所為は恐喝罪を構成するものといわなければならない。

さすれば叙上の諸点を明瞭ならしめた上でなければ直ちに被告人の本件所為を恐喝罪に問擬することはできない筋合であるにかかわらずこれを明かにしないで被告人を恐喝罪によって有罪と認め

第9章　控訴の理由

た原判決には畢竟審理不尽に基く理由不備の違法がある」。

【173】　最判昭 26・9・25 刑集 5・10・1970

判旨　「原判決は，被告人は法定の除外事由がないのに拘らず営利の目的で，(1)昭和22年12月下旬頃から昭和23年7月下旬頃迄の間前後9回に亘り，Aから肥料硫酸アンモニア126叺及び硝酸アムモニア39叺を原判示のように所定の統制額を超過した代金で買受け，(2)右同日時の間前後9回に亘り，B外1名に対し右買受けた肥料全部を原判示のように所定の統制額を超過した代金で売渡した事実を認定した上，被告人の右(1)(2)の所為は物価統制令に違反するほか，臨時物資需給調整法1条4条肥料配給規則4条21条等にも違反するものとして，これらの規定を適用して被告人を処罰している。しかるに，本件犯行当時施行されていた肥料配給規則4条は，単に肥料取扱業者の指定を受け得る資格を定めた規定に過ぎないのであるから，被告人の判示所為が右の規定に違反するということは問題となり得ない。また同規則21条1項本文は，「肥料配給公団，指定業者又は消費者若しくは農業者は，割当公文書の提示がなければ，肥料を譲り渡し又は譲り受けることができない」と規定している（略）。それゆえ，肥料配給規則21条の違反行為が成立するには，(1)同条に列挙された者が(2)割当公文書の提示なくして肥料を譲り渡し又は譲り受けたことを必要とするものと言わなければならない。ところが原判決は，被告人が右列挙の者に該当するかどうか並びに本件取引につき割当公文書の提示がなかったかどうかの点に触れては少しも事実を明らかにしないで被告人に同条違反の所為があったものと判断しているのである。されば，原判決には審理不尽による理由

不備の違法があるか法令を不当に適用した違法がある」。

【174】　東京高判昭 48・3・26 高刑集 26・1・85（判時 711・139，判タ 295・380）

判旨　「原判決は，刑法236条1項の強盗罪の罪となるべき事実（第2の事実）として，「前記暴行に引続き，前記場所において，前記暴行により抵抗の気力を失ってその場にうずくまっている前記Aに対し，『お前本当に金がないのか』と申し向けながら，同人の背広左内ポケットに手を差し入れてビニール製二つ折定期券入れを取り出したうえ，同人が抵抗できない状態にあるのに乗じて，右定期入れ在中の同人所有の1万円札1枚……を強取し」と判示している。しかしながら，同条項の強盗罪は相手方の反抗を抑圧するに足りる暴行または脅迫を手段として財物を奪取することによって成立する犯罪であるから，その暴行または脅迫は財物奪取の目的をもってなされるものでなければならない。それゆえ，当初は財物奪取の意思がなく他の目的で暴行または脅迫を加えた後に至って初めて奪取の意思を生じて財物を取得した場合においては，犯人がその意思を生じた後に改めて被害者の抗拒を不能ならしめる暴行ないし脅迫に値する行為が存在してはじめて強盗罪の成立があるものと解すべきである（略）。そして右の暴行または脅迫の行なわれたことは，もとより強盗罪の罪となるべき事実として具体的かつ明確に判示されなければならない。しかるに，原判決をみると，被告人が奪取の意思発生前に加えた暴行により畏怖している被害者の懐中に手を差し入れて，抵抗不能の状態にある同人から金品を取り上げた事実は判示されているが，右の判示では，財物奪取の意思を生じた後にその手段として暴行はもとよりなんらかの脅迫が行なわれたことも判

第2節　法378条の控訴理由

示されているとはいいがたい。(略)また，被告人が被害者の懐中に手に差し入れる際「お前本当に金がないのか」と申し向けたことが判示されているが，これはその文言自体からも明らかなように，暗黙にもせよ被害者に害を加うべき脅迫の意思表示とみることはできない。これを要するに，原判決はその（罪となるべき事実）第2において強盗罪の成立に必要な暴行または脅迫の行為につきその判示が十分であるとはいいがたいのであるから，その理由が不備である」。

【175】　東京高判昭和50・7・1刑裁月報7・7＝8・765

判旨　「原判決認定の「罪となるべき事実」は，その記載よりみて横浜駅当務駅長Aを脅迫行為の客体とする趣旨に解されるが，同人に告知された加害の内容については，横浜駅建物，備品，乗降客等に爆破によりどのような危害が加えられるかも知れない旨を告知したとしか認定しておらず，刑法222条1項の構成要件に定める右A個人の生命，身体，自由，名誉又は財産に対する加害の告知があった趣旨なのか否か判文上不明である。
　さらに右の点について起訴状の公訴事実の記載をみるに，その記載は原判示と同一であったのであるから，原審裁判所としては起訴状の公訴事実に記載された害悪の告知の記載が右Aの生命，身体，自由，名誉又は財産のいずれに対する害悪の告知となるかにつき検察官に釈明したうえ実体審理に入るべきであったところ，これを看過して実体審理をすすめ，起訴状記載の公訴事実どおりの認定をした原判決は，審理不尽の結果，公訴事実が脅迫罪に該るかどうかを判然とさせないまま結審して理由不備の有罪判決をしたもので」ある。

【176】　広島高判昭57・5・18高検速報昭57・561（判タ475・201）

判旨　「原判決は，「罪となるべき事実」を判示するに当り，被告人が原判示交差点において，「信号機の表示する赤色の燈火信号に気付かなかった過失により，これに従わないで」と判示するにとどまり，被告人に如何なる過失があったのか，その具体的内容について明示していない。過失犯を認定するには，被告人に如何なる注意義務があり，被告人が如何なる過失によりこれを怠ったかを判示する必要がある。してみれば，過失の具体的内容を明示していない原判決には理由不備の違法がある」。

【177】　東京高判平14・2・5東高時報53・1＝12・9

判旨　「原判決は，罪となるべき事実の第2において，公正証書原本不実記載・同行使の客体として，「別紙一覧表記載のA市所在の田1筆ほか12筆の土地及び……建物1棟」の登記簿の原本と判示しているが，これに対応した一覧表を添付していないから，上記……田1筆，……建物1棟のほかの12筆の土地についてはその特定を全く欠いている（略）。そして，公正証書原本不実記載及び同行使罪は，各物件の各登記毎に成立するもの，すなわち，本件においては，登記の数（根抵当権設定仮登記と賃借権設定仮登記の2個）に物件の数（合計14個）を乗じた個数（すなわち28個）成立しているものと解されるところであり，原判決の記載では犯罪事実の特定を欠くので，原判決には理由不備の違法があるといわざるを得ない。」

いずれの裁判例についても，原判決の記載に明確さを欠く点があることは否めない。

次の裁判例は，罪となるべき事実を認定する証拠が欠如したことを理由不備としたものである。

【178】 東京高判昭33・4・8高刑集11・3・79

判旨 「原判決認定に係る原判示第1及び第2の各事実をその挙示する対応証拠と照合して考察するに，」（略，第1の詐欺による騙取行為である点，第2の正犯者の詐欺の犯意を知悉していたという点は），「いずれもこれを窺うに由ないこと洵に所論のとおりである。して見れば，原判決がその挙示する証拠のみを以って被告人を原判示第1の詐欺及び同第2の詐欺幇助に問擬したのは，証拠に基かないで事実を認定した違法を冒したものというべく，この違法は判決の理由に欠けるところがある点において結局，刑事訴訟法第378条第4号前段に該当することに帰する」。

また，累犯前科の記載が理由不備に該当するとされたのが，次の裁判例である。

【179】 大阪高判昭50・10・17判タ333・351

判旨 「原判決は，累犯となる前科として，「1，昭和43年1月20日大阪簡易裁判所において窃盗罪により懲役6月，3年間執行猶予の言渡しを受け右執行猶予は取消され，その刑の執行を終了したもの。2，昭和45年3月30日に大阪地方裁判所において窃盗罪により懲役1年6月に処せられ，その刑の執行を終了したもの。3，昭和48年7月5日に大阪簡易裁判所において窃盗罪により懲役1年6月に処せられ，その刑の執行を終了したもの。」と摘示して刑法56条，57条，59条を適用している。ところが，累犯加重ができるのは，刑法56条に定められている「懲役に処せられた者その刑の執行を終りまたは執行の免除のありたる日より5年内に更に罪を犯し有期懲役に処すべきとき」という要件が備わっていることを要するのであるから，判決で累犯前科を摘示するにあたっては，刑の執行終了時と犯行時との関係につき右累犯の要件を備えていることがわかる程度に明示しなければならないのであって，原判決が摘示した累犯となる前科1，2，3については，いずれもその刑の執行終了時の記載を欠き，これによって累犯の要件を備えていることが明らかにされているとは認められないから，原判決には理由を付さない違法がある」。

さらに，押収物の還付に関する記載が理由不備に該当するとされたのが，次の裁判例である。

【180】 東京高判昭61・6・16高刑集39・3・218（判時1220・141）

判旨 「原判決は，主文第3項において，「押収してある粘着テープ1巻（略）を被害者（略）にそれぞれ還付する。」との言渡しをし，「法令の適用」の項において，「押収してある粘着テープ1巻（略）は被害者不明の贓物（略）でいずれも被害者に還付すべき理由が明らかであるから，刑事訴訟法347条1項により（略）被害者（不詳）

第 2 節　法 378 条の控訴理由

に（略）還付」する旨判示しているところ，（略）右粘着テープ 1 巻（略）については，被害者不明の「贓物」とされてはいるものの，「罪となるべき事実」の項においては何ら摘示されておらず，原判決中にはどの犯行にかかる被害物件であるのか全く認定判示されていない（もっとも，「証拠の標目」の項には，これらが原判示第 1 の住居侵入，強盗強姦の事実の証拠物として挙示されているが，これは，右犯行の供用物件として挙示されたもので，被害物件として挙示されたものでないことは明らかである。）。

ところで，押収した贓物を終局判決において被害者に還付する旨の言渡しをするためには，その贓物が刑事訴訟法 347 条 1 項に規定する要件を具備するものであることが必要であり，右要件を具備するものであることが判決自体から明らかであるように，その贓物が，当該判決において罪となるべき事実として認定された犯罪事実にかかる贓物であること，そして，右認定された犯罪事実が複数の場合にはそのうちのどの犯罪事実にかかる贓物であるかを明示する必要があるものと解される。

然るところ，前示のとおり，原判決には，右各粘着テープが本件のどの犯行の贓物であるか認定判示されておらず，刑事訴訟法 347 条 1 項にいう還付の対象となる「贓物」であることが明示されていないことに帰するものというほかなく，この点において，原判決には理由不備の違法があるものといわなければならない。」

　一方，無罪の理由の前提となっている法解釈が首肯できない場合について，理由不備としたのが，次の裁判例である。

【181】　最判昭 33・12・25 刑集 12・16・3555
（判時 174・9，判タ 86・96）

事実　被告人らは，争議行為に際して，上流の発電所を通って流れてくる水を放水路排砂門を開いて放流するほか，発電所の水圧管に流水を入れる制水門を開いて発電機に水が入らないようにするため，排砂門に近づいた会社側人夫に対し，通路上でスクラムを組んで立ちふさがり，通り抜けようとするのを押し返したとして，威力業務妨害，水利妨害事件で起訴されたが，新潟地方裁判所高田支部は，いずれも有罪の判決を宣告した。ところが，控訴審である東京高等裁判所は，水門の開放については，一時会社の施設を管理する状態になったとしても，電源職場の特質上やむを得ないものであるし，ピケッティングについては，強引にピケラインを突破しようとする非組合員に対する本件ピケッティングはやむを得ないもので，社会通念上不法性を欠くとして，無罪の言渡しをした。これに対して，検察官が上告を申し立てた。

判旨　「「同盟罷業の本質は，労働者が労働契約上負担する労務供給義務の不履行にあり，その手段，方法は，労働者が団結してその持つ労働力を使用者に利用させないことにあるのであって，これに対し使用者側がその対抗手段の一種として自らなさんとする業務の遂行行為に対し暴行，脅迫をもってこれを妨害するがごとき行為はもちろん，不法に使用者側の自由意思を抑圧し或はその財産に対する支配を阻止するような行為をすることは許されないものである」ことは，当裁判所大法廷のしばしば判示したところである」（略。しかるに，被告人らの本件各行為が）「何故に原判示にいわゆる電源職場における従業員の発電施設の運行停止行為又は発電停止の準備操作行為その他

上訴の申立て　**139**

第9章　控訴の理由

被告人等の労働契約上負担する労務供給義務の不履行行為に当たるかについては，原判決は何等首肯するに足りる説示を示していないのである。従って，前記本件公訴に係る積極的な行為が正当な争議行為の範囲内にあるか否か不明であるといわなければならない。果して然らば，原判決は，既にこの点で，判決に影響を及ぼすべき理由の不備ないし事実の誤認があっ」た。

なお，判決宣告時に，主文のみを述べ，理由の告知を欠いたという極めて異例な事例について，理由不備の違法があるとされたのが，次の裁判例である。

【182】　仙台高昭63・12・12判タ684・245

判旨　「原審裁判官は，昭和63年7月29日午前11時開廷の原審第1回公判期日の審理において，冒頭手続に続き証拠調べを終え，検察官及び弁護人の各意見を聴取したうえ，被告人の最終陳述を終わるや，直ちに判決する旨を宣したうえ，被告人に対し，「主文，被告人を懲役10月に処する。ただし，この判決に不服であるならば2週間以内に控訴するように。」と告げて退廷し，同期日における審理及び判決の言渡しを終えたものとして公判期日を終了したものであること，原審書記官A作成の昭和63年8月3日付原審第1回公判調書（手続）には，前記公判期日において判決宣告がなされた旨の記載があるが，同月4日，原審弁護人から同公判調書の記載の正確性について異議の申立てがあり，原審裁判官は，昭和63年9月8日付異議申立調書に「異議の申立ては理由がないものと考える」旨の意見を記載せしめていること，並びに右判決宣告期日当日付の原審裁判官作成に係る，主文等のほか，罪となるべき事実・証拠の標目・法令の適用など刑事訴訟法335条所定の理由を付した判決書が編綴されていることが認められる。

以上の事実関係から見れば，原審裁判官は，被告人に対する原判決の言渡しにおいて，公判廷でその主文のみを告知し，その理由は告げなかったことが明らかである。

（略）刑事裁判における判決の宣告は，内部的に成立した判決を外部的に成立させる重要な手続であり，訴訟法的にも保釈や勾留の失効など重要な効果とも直結しており，また，判決の宣告において理由ないし理由の要旨の告知をなすべきものとされている所以は，判決が拠って立つ根拠を説明するものであり，これによって被告人及び訴訟関係人は上訴の要否を決するのであるから，そのために必要な程度に理由を示すことに意義があるものと解され，このことは，判決に対する上訴期間が宣告の日を基準として計算され，また，判決書の被告人に対する交付が義務づけられていないのに対し，送達による告知が義務づけられ，かつ，上訴期間も送達の日を基準として計算される民事の裁判の宣告とは異なっていることからも明らかであり，たとえ，被告人及び訴訟関係人において何故に当該判決主文の宣告がなされたかを事実上推測し得るような観を呈する場合であっても，前述のように送達による告知が義務づけられている民事裁判の宣告と異なり，公開の法廷における告知によって対外的に成立する刑事判決手続の公正保持の観点及び被告人の利益を守る立場からみて，判決主文及びその拠って立つ根拠を公開の法廷で明確にすることは不可欠であり，判決言渡手続の厳格性を緩和する訴訟手続の実践には前述のような観点からおのずからなる限度があり，判決理由全部の告知を省くことは許されないものと言うべきである。したがって，主文のみを宣告しその理由の告知を欠いたものと見るほかはない原判決は，

その理由を欠くものとして破棄を免れない。」

(2) 理由齟齬

次に、理由にくい違いがある（＝理由齟齬）とは、主文と理由の間や、理由の相互の間にくい違いがある場合を指すとされている。

そして、主文と理由の間にくい違いがあるとされたのが、以下の裁判例である。

【183】 最判昭24・3・23刑集3・3・342

判旨 「原判決がその主文において、被告人を懲役3年6月に処しながら、その理由において、被告人を懲役3年に処するを相当とする旨判示していること所論の通りである。この点において、原判決はその主文と理由との間に齟齬ある違法がある」。

【184】 最判昭24・6・18刑集3・7・1090

判旨 （原判決の）「主文には「被告人を懲役1年に処する。但し、本裁判確定の日から3年間右刑の執行を猶予する」とありながらその理由には「（前略）その所定刑期範囲内において、被告人を懲役1年に処し、情状により同法（刑法）第25条を適用し本裁判確定の日から2年間右刑の執行を猶予し（下略）」とあることがわかる。あきらかに、主文における執行猶予期間と、理由における右期間とは齟齬するのであって、原判決はこの点において旧刑訴第410条第19号に該当する違法あり、破毀を免れないのである。」

【185】 最判昭25・2・28刑集4・2・268

判旨 「原判決は被告人が判示Aから(1)昭和22年10月中旬から同年11月初旬までの間3回に亘り1人分合計1,535円に相当する酒食の饗応を受け(2)同年11月29日から12月1日までの間に1人分6,025円に相当する酒食遊興等の饗応を受けたことを判示し、その擬律において判示収受した賄賂は之を没収することができないから其価格を追徴する旨を説示している点から見て右金額を被告人から追徴したものであることが認められる。然るに右金額は合計7,560円であることは算数上明らかであるに拘らず原判決は被告人に対し金7,560円より100円多い7,660円の追徴を主文において言渡しているもので正しく本来追徴し得べき額より過大な金額を追徴したこととなり原判決は主文と理由との間に齟齬がある」。

【186】 東京高判昭59・6・26高検速報昭59・243

判旨 「原判決書の主文2項には「未決勾留日数中30日を右刑に算入する。」との記載があるのに、その理由中の法令の適用の項には「同（刑）法21条を適用して未決勾留日数のうち20日を右の刑に算入することとし」との記載があることは所論のとおりである。右のくいちがいは刑訴法378条4号の「理由にくいちがいがあること」に該当すると解される」。

第9章　控訴の理由

一方，罪となるべき事実の記載に理由の齟齬があるとされたが，次の裁判例である。

【187】最判昭 24・12・24 刑集 3・12・2114

事実　被告人は，東京高等裁判所において，被害者に暴行を加えて強姦したが，「その際同女の畏怖しているのに乗じて「金を持っているか，其の金を寄越せ」等と云って其の所持金 15 円を強取した旨認定され，弁護人からの，強姦については告訴の取消しがあったから公訴棄却の裁判をすべきであるとの主張に対して，「被告人の所為は婦女を強姦し，その畏怖に乗じて金員を強取したものであって，犯情の点に於て他人を畏怖させて金品を強取した者がその畏怖に乗じ婦女を強姦した場合と聊も異なるところなく右所為は刑法 241 条前段の犯罪を構成するものと解するのを相当とする」とされた。そこで，上告を申し立て，弁護人は，原判決の解釈を争った。

判旨　「刑法第 241 条前段の強盗強姦罪は，強盗犯人が強盗の機会において婦女を強姦することをその要件とすること所論のとおりである。しかるに，原判決は被告人が判示 A を強姦する際強盗の犯意があった事実は認定しなかった許りでなく，却って同女を強姦し終った後強盗の犯意を生じ同女からその所持金 15 円を強奪したという事実を認定しているのである。
　しからば，被告人の判示行為は右強盗強姦罪に該当しないことは明らかである。尤もこの点について原判決は「被告人の行為は婦女を強姦し，その畏怖に乗じて金品を強取したもので，犯情の点において他人を畏怖させて金品を強取したものがその畏怖に乗じ婦女を強姦した場合といさゝかも異ならないから強盗強姦罪を構成する」と説明するのであるが，それは原審の誤れる見解と云わねばならぬ。けだし被告人の行為が強盗強姦罪を構成するかどうかということゝ，その犯情が強盗強姦罪と同じであるということゝは自ら別の事柄である。原審が婦女を強姦した後その畏怖に乗じて更らに同女から金員迄も強奪した被告人の本件犯行を，その情状において強盗犯人が婦女を強姦した場合といさゝかも異ならないとするものであれば，その点は被告人に対する量刑上十分に考慮すれば足りるのである。次に又，強盗強姦罪は強盗罪と強姦罪との結合犯であるから，強姦罪と強盗罪に該当する行為とが同一機会に行はれさえすれば強盗強姦罪を構成するというのであれば，それは結合犯の概念を正解しないものと云うの外なく到底採用に値しない。
　（略）
　以上これを要するに，被告人の本件所為をもって強盗強姦罪に問擬した原判決は，判決に影響を及ぼすことの明白な法令違反があるか又は理由齟齬の違法あるものというべく全部破棄を免れないものと云わねばならない。」

【188】東京高判昭 46・1・18 高刑集 24・1・55（判タ 260・266）

判旨　「原判決は，被告人は「横断歩行者の有無をじゆうぶんに確認せず漫然時速 10 キロメートル速度に減速したまま進行した過失により，おりから同横断歩道付近を右から左に斜めに横断してきた A を約 8.4 メートルの地点に発見し急停止の措置をとったが間に合わず自車前部中央付近を同女に衝突させ路上に転倒せしめ加療約 1 年 3 カ月間を要する左骨盤骨折等の傷害を負わせたものである。」と認定判示している。しかしながら，一般的にいって原判示のような普通貨物自動車が時速 10 キロメートルで進行中前方約 8.4 メートル

の地点に歩行者を発見し急制動の措置をとった場合は、特段の事由が認められないかぎり、制動に要するいわゆる知覚時間、反応時間、制動時間を含めても優に歩行者の手前で停止することができるのは、日常の経験に徴して明らかなところである。しかるに、原判決が特段の事由について説明することなく、右速度と距離のもとに急制動の措置をとったにもかかわらず歩行者に衝突させ前記傷害を負わせたと認定したのは、吾人の経験上首肯し難いところであり、結局判決の理由にくいちがいがあるものといわざるをえない。」

以下の裁判例は、防衛行為の成否に関する記載に理由の齟齬があるとされたものである。

【189】 最判昭 26・3・9 刑集 5・4・500

事実 被告人は、名古屋高等裁判所において、傷害致死事件等で懲役5年の判決宣告を受けたが、「Aが開墾地内から薪木を窃取して帰るのを目撃するに及び、同人に対し「そんなに薪木を持って行っては困るではないか」と申向けたところ、同人が「なにっ」と言い乍ら、杖にして居た長さ約4尺、直径約2寸5分の雑木の生木をもって打ち掛って来たので、之を奪い取った折柄、同人が尚も素手で自己に組付こうとする勢を示した為、同人の頭部を右生木をもって1回殴打して傷害を加え、因て同人をして其の頃同所に於て死亡するに至らしめ」たとの事実認定を受け、「弁護人は、被告人の所為に関し、被告人は判示の如くAから生木を奪い取ったところ、尚も同人が組付こうとして攻撃に出たので、斯かる急迫不正の侵害に対し、自己の身体に対する危険を防止する為已むなく、判示所為に出たものであるから、該行為は将しく刑法36条1項の正当防衛に該当すべく、又仮に然らずとするも、盗犯等の防止及び処分に関する法律1条1項若くは2項に該当し其の孰れからするも罰すべきでない旨主張するけれども、同判示認定事実に照し、被告人の所為は、未だ急迫不正の侵害に対し已むを得ざるに出でたものと謂い得ないのであるから、之が刑法36条1項の正当防衛に該当する謂われなきは勿論、更に之が盗犯等の防止及び処分に関する法律1条1項、2項に該当しないことも縷説を須いないので、右主張は孰れからするも其の理由がなく、排斥を免れない。」と判断された。これに対して、被告人が上告を申し立て、弁護人は、正当防衛又は盗犯等の防止及び処分に関する法律1条1項若くは2項に該当することは明らかであると主張した。

判旨 「右のように生木をもって打ち掛かってきた本件被害者が生木を奪い取られてもなお素手で組付こうとする気勢を示したことは特段の事情のないかぎり急迫不正の侵害があったものといわなければならない。従ってこの場合被告人が自己の権利を防衛するため反撃に出ることも已むを得ないところであり、反撃行為として奪い取った生木で相手方を殴打することも防衛行為として已むを得ない場合もあり得るのである。記録によると本件被害者は強暴（略）という噂のある人物で、背は被告人より一寸高く、四角張った身体つきで、獰猛な人相をしており、被告人のような者が2人がかりでかかっても素手では到底かなわないと思われるような男であったことが判る。そして被告人は被害者と間近かに相対していたので相手に組付かれては大変だと思ったので奪い取った生木で相手を殴ったというのであるから、特段の事情のないかぎり被告人の防衛行為は正当防衛に該当するものといわなければならない。

然らば原判決は正当防衛の成立を否定し得ない事実を認定しながら何等特段の事情を示すことな

第9章　控訴の理由

く該事実に照し正当防衛に該当しないと判断しているのであるから，この点において理由齟齬の違法ある」。

【190】　最判昭26・5・15裁判集45・899（判タ13・64）

判旨　「被告人は甲部落の農事実行組合長をしていた者であるが，昭和23年4月頃同部落において米麦供出の事前割当のため農地の実地測量をしたところ，Aの所有地の反別が予想外に少なかったので再測量をし，その結果同人所有地に21歩の増加を生ずることとなり，これがためAは実行組合長である被告人に対し心よく思っていなかったところ，同年8月25日夜同部落B方で大師祭があり被告人もAも出席した際，Aは飲酒酩酊の上被告人に対し前記再測量のことについて文句を列べ，果ては暴行を加えようとする気配を示したので，被告人はこれを避けて自宅に帰ったが，Aはなお執拗にも同夜2回に亘って被告人方に押し掛け，被告人はその度に同人を避けて自宅裏山又は物置小屋に身を隠したが，なおもAが押しかけて来るおそれがあったので，もし同人が暴行を働くような時にはこれに対抗すべく，かねて自宅に蔵匿所持していた日本刀を取り出し，これを身近に置いて寝についたところ，同日午後11時頃Aは3度被告人方に来り，戸締りしてある表入口の戸を強いて取りはずし，同家4畳半の部屋に上り込んだので，被告人も起き直ってこれに応待するうち，二三問答の末Aはいきなり被告人の額部を殴打し，その時Aを気遣って後から来ていた同人の兄Cが，なおも暴行に出でようとするAを後から抱き締め制止していたが，被告人は憤激の余り前記日本刀をもって，相手が死に至るやも知れないことを認識しながら，やにわにAの左後方からその左季肋部を突き刺し，左腎動静脈を切損して第3腰椎に達する刺創を加え，よって同人をして右動静脈切損による失血のため翌26日午前2時30分頃死亡するに至らしめたというのである。そして原審は，被告人の右行為は正当防衛又は盗犯等の防止及処分に関する法律1条に該当し処罰の対象とならないという弁護人の主張に対し，「犯行当時被害者Aは既に兄Cに抱き締め制止されて暴行を繰返す恐れはなかったのであるから被告人の判示所為を以て急迫の侵害に対する防衛行為とは認め得られず又被告人の右行為は盗犯等の防止及処分に関する法律第1条所定の各号の執れの場合にも該当しない故弁護人の右主張は執れも之を排斥する」と判示しているのである。しかし前記原審の認定事実によれば，被害者Aが右法律1条1項3号にいう「故なく人の住居に侵入したる者」であることは明白であり，また本件の殺害行為は，被告人が同人を同号にいわゆる「排斥せんとするとき」行われたものであるということができる。従って原審が右のように，被告人の行為は右法律1条各号のどの場合にもあたらないとするには何等か首肯するに足るべき理由について説明がなければならない。そしてなお原審は被告人がAの前記行為に対し「憤激の余り前記日本刀を以て相手が死に至るやも知れない事を認識しながら」云々と認定しているのであるから，この認定事実に鑑みれば右認定は一応同条第2項にいう「興奮又ハ狼狽ニ因リ現場ニ於テ犯人ヲ殺傷スルニ至リタルトキハ之レヲ罰セズ」の場合に該当する様に見える。しかる以上原審がこれを右同条第2項に該当せずとするには何等か首肯するに足る事由の説明がなければならない。然るに原審がこの点につき何等説明するところなく単に「被告人の右行為は盗犯等の防止及処分に関する法律第1条所定の各号の執れの場合にも該当しない」と判示して弁護人の主張を排斥したのは理由齟齬のそしりをまぬかれ」ない。

また，無免許運転の罪を認定するには，自白だけでは足りず，補強証拠を要するというのが，確立した判例の立場である（最判昭42・12・21刑集21・10・1476等）。酒気帯び運転の罪の場合も，同様の問題が生じる。そこで，補強証拠を掲げていない無免許運転や酒気帯び運転の各罪に関する判決書については破棄事由があるとされることに学説上争いはないが，破棄事由としては，理由不備説（平野龍一・刑事訴訟法311頁），訴訟手続の法令違反説（註釈刑事訴訟法［新版］第6巻126頁［小林充執筆］），法令適用の誤り説（団藤重光・刑事訴訟法綱要［7訂版］521頁）が主張されている。実務の取扱は，一部に理由不備説に立つものもあるが（例えば，東京高判昭33・7・10東高時報9・7・183，大阪高判昭41・12・9判時470・64［判タ200・176］，大阪高判昭59・9・19高刑集37・3・409，東京高判昭62・9・17判タ657・270，大阪高判平2・1・31判時1369・160），大勢は，次の裁判例と同様に，訴訟手続の法令違反説に立っている。

【191】 最判昭40・9・13裁判集156・615

事実　被告人は，10個の外国貿易及び外国貿易管理法違反事件で有罪の判決を宣告されたが，弁護人は，A相手の事件については，有罪判決に補強証拠が証拠として掲げられていないから，憲法38条3項に違反すると主張した。

判旨　「所論は，原判決が本件事実認定につき援用する第1審判決は，本件被告人に対して10個の犯罪事実を認定し，これを併合罪として処断しているものであるところ，同判決は，以上の犯罪事実のうち，Aを相手方とするものについては，捜査官に対する被告人の自白以外，これを補強すべき証拠を掲げていないから，違憲，違法であるとする控訴趣意に対し，原判決が「第1審判決挙示の証拠によれば，同判示のように，被告人は，所論のA関係以外にも，同じころ9回にわたり同種の犯行を重ねていることが認められているのであって，この事実は，前記A関係の犯行に対する被告人の自白の真実性を保障し又はそれが架空でないことの担保とするに足る情況証拠となると解することができるから，第1審判決に所論のようにいわゆる自白の補強証拠を挙示しなかった違法があるとはいえない。」旨判示したことをもって，憲法38条3項に違反する，と主張するものである。

（略）本件犯罪のように併合罪関係にある数罪は，立証手続のうえにおいても別個独立の犯罪として取り扱われるべきもので，その数毎に補強証拠を必要とし，しかも，その補強証拠たるや，その犯罪の各構成要件事実それ自体に関連するものであることを要するものと解するのが相当であり，所論原判示のように，適法な証拠により認め得られるものであるにせよ，その犯罪以外の他の併合罪関係にある犯罪事実の存在それ自体が情況証拠としてその犯罪に関する自白を補強するに十分なものであるとすることは，採証法則の違反，ないし訴訟法の解釈を誤った違法があるものといわなければならない。されば，所論原判断並びに第1審判決を破棄自判しながら，前示A関係の犯罪事実につき，第1審判決同様，被告人の捜査官に対する自白を補強すべき特段の証拠を挙示，援用するところのなかった原判決は，訴訟法の解釈を誤り，ひいて適法な証拠に基づかないで犯罪事実を認定

第9章　控訴の理由

した違法があることに帰着し，右違法は判決に影響を及ぼすものというべきである。」

　さらに，業務上過失傷害で起訴された被害者が，当該事故の傷害が原因となって死亡したところ，裁判所からの業務上過失致死への訴因変更を促したのに，検察官がこれに応じないことを契機として，業務上過失傷害を認定できないとした原判決には理由の齟齬があるとしたのが，次の裁判例である。

【192】　名古屋高判昭 62・9・7 判タ 653・228

事実　岐阜簡易裁判所は，「被告人は，昭和61年7月1日午後7時55分ころ，普通乗用自動車を運転して，A市内路上を，時速約35キロメートルで北進中，道路前方左右を注視して，その安全を確認しつつ進行すべき業務上の注意義務があるのに，これを怠り，漫然進行した過失により，折から進路前方を東方から西方へ横断中のBを右前方約5.2メートルに発見し，左転把するとともに急制動の措置を講じたが及ばず，自車右前部を同人に衝突させて転倒させ，よって，同人に加療約3か月間を要する左骨盤部骨折等の傷害を負わせたものである。」との公訴事実について，関係証拠によれば，「被告人は，普通乗用自動車を運転中，前方注視を怠った過失により，公訴事実記載の日時場所において，自車をBに衝突させ，よって同人に対し左骨盤部骨折等の傷害を負わせ，同人をして翌2日午前7時2分，C町内のD病院において，前記衝突による左骨盤部打撲等に起因した外傷性ショックにより死亡するに至らしめた事実が認められる。従って，公訴事実記載の加療約3か月間を要する傷害を認めることができないから，検察官に対して，業務上過失致死の訴因に変更するよう促したが，訴因の追加も変更もしない。以上の次第であるから，被告人に対しては，刑事訴訟法366条後段を適用して無罪の言渡しをすることとする」として無罪判決を言い渡した。

判旨　「専権的に訴追権限を有する検察官が，審判の直接的対象である訴因を構成・設定するにあたって，被告人の業務上の過失行為と被害者の死亡との間の因果関係の立証の難易や訴訟経済等の諸般の事情を総合的に考慮して，合理的裁量に基づき，現に生じた法益侵害のいわば部分的結果である傷害の事実のみを摘出して，これを構成要件要素として訴因を構成して訴追し，その限度において審判を求めることも，なんら法の禁ずるところではないし，審判を求められた裁判所としては，検察官が設定し提起した訴因に拘束され，その訴因についてのみ審判すべき権限と義務を有するにすぎないのであるから，その審理の過程において，取り調べた証拠によって訴因の範囲を越える被害者が死亡した事実および被告人の過失行為と被害者の死亡との間に因果関係の存することが判明するに至ったとしても，裁判所の訴因変更命令ないし勧告にもかかわらず，検察官において訴因変更の措置を講ぜず，なお従前からの業務上過失傷害の訴因を維持する以上，裁判所は，右訴因の範囲内において審判すべきは当然であって，右訴因として提起された業務上過失傷害の公訴事実が証拠上肯認し得るのであるならば，違法性ないし有責性を阻却すべき事由があれば格別，しからざる限り，右公訴事実（訴因）につき被告人にその刑責を問うべきは勿論である。

　そうすると，前叙の如き原判決の説示する理由によっては，本件公訴事実（訴因）である被害者の傷害が証明がないことに帰着すべきいわれはなんらないものというべきであるから，前叙のとおり，一方では本件公訴事実（訴因）に沿う傷害の

第2節 法378条の控訴理由

事実を認定説示しながら……，他方では「公訴事実記載の……傷害を認めることができない」と説示する原判決には，その理由にくいちがいがあるものと言うほかな」い。

なお，共同正犯の事件において，各共犯者が敢行した具体的な実行行為の記載がないことを理由不備とする主張に関して，そのような記載が必要ないことを明らかにしたのが，【193】であり，共謀の日時場所を明示する必要もないとしたのが，【194】である。

【193】　最判昭23・1・15刑集2・1・4

事実　被告人Aは，甲ほか3名と共謀して麻原反等の強盗を敢行し，被告人Bは，甲，乙と共謀して衣類等の強盗を敢行したとして，広島高等裁判所において，被告人Aが懲役4年の，被告人Bが懲役3年の判決宣告を受け，いずれも上告を申し立てたが，弁護人は，「被告人A，Bの加功程度は他の者と同様強盗として認定せられる事が同一である場合でも具体的犯罪事実に異同がある以上刑の量定に干係する許りでなく他の罪名に値ひするかも知れない原判決が法令の適用に於て減軽を為し他の被告人等と全く同一事実関係でない事を示した場合に於ては事実上の理由に於ても他の被告人等と異なりたる犯罪を指摘して記載せらるべきでこれを怠った原判決は理由を附けないか又は理由に齟齬あるものとして破毀せらるべきものである」などと主張した。

判旨　「原審が，被告人Aは相被告人甲外3名と共謀して，判示第2の犯行を，又被告人Bは，相被告人甲及び乙と共謀して判示第3の犯行を，それぞれ敢行したものであるとの事実を認定したことは明かであって，しかも該事実認定は，原判決挙示の証拠に照らし，これを肯認するに十分である。凡そ共同正犯者が共同正犯者として所罰せられる所以のものは，共犯者が，共同意思の下に一体となって，互に他人の行為を利用して自己の意思を実行に移す点にあるのであるから，苟も判文上共謀の事実を明確にさえすれば，共犯者の何人が実行行為の際，その如何なる部分を分担したかは，これを特に明示しなくとも，罪となるべき事実の判示として，間然するところはない。又犯罪の情状に関する事実は，量刑上重大な意義を有するものであること勿論であるが，いわゆる罪となるべき事実に該当しないのであるから，唯量刑に際してこれを斟酌すれば事足るのであり判文上これを明示する必要はない。従って原審が，その判示の冒頭において共謀の事実を明示した以上，被告人Aが判示第2の犯行の際，又被告人Bが判示第3の犯行の際，それぞれ実行の如何なる部分を分担したかを説示せず，又その他犯情の点に関し何等明示するところなく，右被告人両名に対し，犯情に鑑み酌量減軽を為したからというて，原判決に所論の如き違法ありとなすことを得ない。」

同旨の裁判例として，最判昭23・11・10刑集2・12・1512，最判昭24・1・11刑集3・1・7，最判昭25・4・20刑集4・4・602，最判昭25・10・26刑集4・10・2185等がある。

【194】　最判昭23・7・20刑集2・8・979

事実　被告人は，大阪高等裁判所において，共犯者との共謀による窃盗，強盗傷人事件

第9章　控訴の理由

で懲役4年の判決宣告を受け，上告を申し立てたが，弁護人は，「事前に共謀があったのか被告人の行為によって共謀の事実を認めたというのか全然不明である。若し事前にあったとするならば何日何処で誰々との間に如何なる通謀をしたかの事実理由を若し行為で認めると云うならば如何なる行為で対等共通の意思が認められるか其の事実及び理由を判決に明示しなければならない」のに，これが示されていないから，理由不備の違法があると主張した。

判旨　「論旨は何日何処で誰々との間に如何なる通謀をしたかの事実理由を判決に明示しなければならないというのであるが，共謀の日時場所は必ずしも判決に明示する必要はなく誰々の間に本件犯行の共謀があったかは判文自体により明かであり且第1審相被告人等と被告人との間に主従関係があるとか，対等関係でないとかの事実は，原審では認めないのであるからことさらに対等関係で共謀した旨を説示しなくとも所論の如き違法はない。」

さらに，法335条2項の主張に対する判断を遺脱したことが，法378条4号に該当しないことを示したのが，次の裁判例である。

【195】　最判昭28・5・12刑集7・5・1011

事実　被告人は，東京地方裁判所八王子支部において，強盗事件で懲役3年の判決宣告を受けたが，弁護人からの心神耗弱の主張に対する判断が遺脱していたため，控訴審において，弁護人から理由不備の主張がされた。これに対し，東京高等裁判所は，「原審は刑事訴訟法335条2項に違反して，判決に示すべき判断を遺脱したことになるのであるが，かかる判断遺脱を，判決に理由を付しないものと為すのは相当でない。けだし，刑事訴訟法378条4号にいわゆる判決に理由を付しないという場合の理由とは判決の因って来たる所以を基礎づけるための理由を指称するものであって，有罪判決においては，刑事訴訟法335条1項の要求する罪となるべき事実，証拠の標目，及び法令の適用を各判示することをいうものと解すべきであるからである。（略）判決に判断遺脱があった場合は刑事訴訟法379条にいわゆる訴訟手続に法令の違反がある場合にあたるものと解するのが相当であるが，この意味における法令の違反は判決に影響を及ぼすことが明らかでなければこれを主張することができないことは同条の明定するところである。」として，当該事案については，被告人に完全責任能力があるから，主張が理由がないことに帰し，1審判決の違法は判決に影響を及ぼさないとした。そこで，被告人が上告を申し立て，弁護人は，1審判決には理由不備の違法があると主張した。

判旨　「いわゆる絶対的控訴理由の一つとして刑訴378条4号に規定する「判決に理由を付せず，又は理由にくいちがいがあること」という場合の「理由」は，有罪判決においては刑訴335条1項が判示することを要求する「罪となるべき事実，証拠の標目及び法令の適用」をさすのであって，同条2項により判決に示されなければならない判断を遺脱したことをも含むものでないことは，原判決の説示するとおりである。そして右の判断遺脱は，もとより違法ではあるが，刑訴377条378条に規定するいずれの事由にも当らないのであるから，刑訴379条の「訴訟手続に法令の違反」がある場合に該当し，その違反が判決に影響を及ぼすことが明らかである場合に限り第1審判決破棄の理由となることも原判決の説示する

第3節　法379条の控訴理由（判決に影響を及ぼすことが明らかな訴訟手続の法令違反）

とおりである。」

第3節　法379条の控訴理由（判決に影響を及ぼすことが明らかな訴訟手続の法令違反）

1　訴因の記載

訴因の記載が明示を欠いている場合の処置について、次の裁判例が明らかにしている。

【196】　最判昭33・1・23刑集12・1・34（判時142・34）

事実　福岡高等裁判所の判決は、「本件地代家賃統制令違反に関する起訴状には、各賃貸家屋の所在地（孰れも福岡市内）、その賃貸期間、建坪、賃借人の氏名を明示し、受領した家賃と停止統制額とを夫々の変動毎に各対照して記載してあり、その記載自体と、記録によって認め得る検察官の適法な釈明による右受領した家賃及び停止統制額は、共に月額の意味であり、その受領行為も毎月その月分を同市内にて1回宛受領の趣旨であることを綜合すると、右公訴の提起は訴因は一応特定してお」ると判断している。これに対して、上告趣意は、原判決は、東京高判昭25・3・4高刑集3・1・60の「（訴因が）特定していない起訴は無効であり後日補正追完によって有効となるべき性質のものではない。刑事訴訟法312条には訴因の変更が許されているがこれは訴因の特定していることを前提とし、特定した訴因を変更することであって、不特定な訴因を補正追完してその特定を許す趣旨ではない。」として、「被告人が昭和23年12月28日頃及び昭和24年1月7日頃の2回に亘り某会社倉庫において会社所有の小型自動車タイヤ4本バルーンタイヤ7本を窃取したものである。」との公訴事実の記載では訴因が特定していないから、公訴は不適法で無効であるとして公訴を棄却した判例と相反すると主張した。しかし、同一裁判所である東京高判昭27・1・29高刑集5・2・130は、「被告人は昭和24年11月初旬頃より同25年5月中旬頃までの間に十数回に亘り甲府市内衣料品販売店某方の店舗より毛布1枚外衣料品45品目を窃取したものである。」と記載され、各犯罪行為を特定しないで一括してある起訴状記載の公訴事実について、犯行が単一の犯意によってなされたものであれば、包括一罪として訴因が特定するわけであるから、このような場合には裁判所は検察官に対して釈明を求めて、単一の犯意に出たものかどうか明確にし、検察官において犯意の単一でない旨釈明し、犯行回数も十数回であるのか、その日時、各犯行の目的物の主たるもの等について明確にしないときは、そのときこそ各犯罪について訴因を特定しないものとして公訴を棄却すべきであるとし、検察官に釈明を求めず、訴因を特定しない公訴であるとして、公訴を棄却した1審判決を破棄して、上記判例を変更していた。

判旨　「原判決は昭和25年3月4日の東京高等裁判所の判例に違反すると主張する。なるほど原判決は、所論引用の判例には違反するかどうかがある。しかし、右判例は、その後同一の12部において改められ、訴因の記載が明確でない場合

には，検察官の釈明を求め，もしこれを明確にしないときにこそ，訴因が特定しないものとして公訴を棄却すべきものであると判示するに至った（略）。そして，刑訴256条の解釈としては，この後の判決の説明を当裁判所においても是認するのである。」

2 裁判官

審理に関与していない裁判官が審理判決に関与した場合には，判決に影響を及ぼす訴訟手続の法令違反があるとしたのが，次の裁判例である。

【197】 最判昭28・4・17刑集7・4・873

判旨　「昭和26年1月30日付公判調書には，原審において同日本件に関する公判が開廷され，裁判長判事A，判事B，判事Cが列席して，本件の控訴審の審理がなされた旨の記載があり，その後審理の更新された形跡がないにかかわらず，原判決には裁判長判事A，B，判事Dの署名押印のあることは所論のとおりであるから，原判決には公判の審理に関与しない判事Dが判決に関与した違法あるものというの外なく，右の違法は，原判決を破棄しなければ著しく正義に反するものとみとめるべきである」。

不公平な裁判をするおそれのある裁判官が審理判決に関与したことを理由として，判決に影響を及ぼす訴訟手続の法令違反があるとしたのが，次の裁判例である。

【198】 福岡高判昭55・12・1判時1000・137

判旨　「原審裁判官Aは，原審第2回公判期日の後である昭和55年7月11日午後9時ころ，国鉄小倉駅前の喫茶店Bで，自己が電話をかけて呼び出した被告人に対し，本件被害の弁償方を促し，次に，右第2回公判期日の後であって，原審第3回公判期日の前日である同月15日午後7時ころ，C旅館で，被告人と性関係を結んだ後，同日午後8時ころ，国鉄小倉駅構内で，被告人に対し，本件被害弁償金の一部に充当させるため現金5万円を手交し，更に，右第3回公判期日の後であって，前記公判期日変更決定の日の前日である同年8月4日午後5時ころ，国鉄城野駅前の喫茶店D等で，被告人と話を交したことが認められるのであって，以上の諸事実によると，原審裁判官Aは，原審第2回公判期日の後である昭和55年7月11日に電話で被告人を呼び出し，被告人に対し本件被害の弁償方を促したうえ，同月16日の原審第3回公判期日の前日である同月15日に被告人と性関係を結び，かつ被告人に対し本件被害弁償金の一部に充当させるため現金5万円を手交した段階において，本件につき，刑訴法21条所定の「不公平な裁判をする虞があるとき」に該当するものとして忌避の事由が発生し，刑訴規則13条1項により自ら回避すべきであったにもかかわらず，その後も，右第3回公判期日の審理，同年8月5日の公判期日変更決定及び同月27日の原審第4回公判期日の審理に関与し，同第4回公判期日において自ら原判決を言い渡したものというべきであるから，同裁判官が，右のとおり，忌避の事由があるにもかかわらず，回避することなく，原審第3回公判期日以降の審理判決に関与したことは，その訴訟手続が法令に違反したものであって，その違反が判決に影響を及ぼすことが明らかである」。

第3節 法379条の控訴理由（判決に影響を及ぼすことが明らかな訴訟手続の法令違反）

3 検察官

検察官の立会がない審理，判決が行われた場合には，判決に影響を及ぼす訴訟手続の法令違反とするのが，【143】の示すところであるが，公判手続の無効を来し，判決宣告期日の検察官の欠席は，判決の直接無効を生じさせるとする説も主張されている（大コンメンタール刑事訴訟法第6巻166頁［原田國男執筆］）。

4 弁護人

法289条は，いわゆる必要的弁護事件を定めているが，これに違反して審理が行われた場合について，次の裁判例は，判決に影響を及ぼす訴訟手続の法令違反があると指摘する。

【199】 東京高判昭26・9・29 高刑集 4・12・1583

判旨　「本件は被告人に対する酒税法（略）第60条違反の罪であって，その法定刑は5年以下の懲役又は罰金若しくはその併科であるから，弁護人がなくては開廷ができない事件であり，ただ，簡易裁判所たる原審では前記のとおり刑事訴訟法施行の日から1年間は被告人からあらかじめ書面を以て弁護人を必要としない旨の申出があったときに限り，弁護人がなくても開廷を為し得るに過ぎなかったものといわなければならない。しかるに記録に徴すると，被告人は原審に対し，あらかじめ右のような書面を提出していなかったにも拘らず，原審はこの点を看過し，昭和24年10月8日，弁護人の立会なくして本件の審理を遂げ，即日結審の上，同月11日被告人を罰金3万円に処する旨の判決を言い渡したことが認められるから，原審は刑事訴訟法第289条に違背して本件の審理を遂げたものというべきである。そして，この違法は判決に影響を及ぼすこと勿論であ」る。

また，弁護士法57条所定の退会命令の懲戒処分を受けた弁護人が必要的弁護事件の審理に立ち会った場合についても，判決に影響を及ぼす訴訟手続の法令違反があるとしたのが，次の裁判例である。

【200】 東京高判平3・12・10 高刑集 44・3・217（判タ 780・267）

判旨　（1審裁判所は，殺人等により被告人に有罪の判決を言い渡したこと，平成3年7月17日の原審第5回公判期日は，当初判決宣告期日として指定されていたが，同期日前に検察官から弁論再開の申立があり，同期日には，弁護人Aが出席して，弁論が再開され，証拠調べの後，検察官の論告求刑，弁護人Aの意見，被告人の最終陳述が行われて結審し，即日判決の宣告が行われたこと，弁護人A所属の弁護士会は，同月15日，同弁護士に対して弁護士法57条3号所定の退会命令の懲戒処分をし，その通知が同月16日A弁護士の事務所に送達されて処分の告知がされたことが認められる。）「以上によれば，原裁判所は，本件各公訴事実が刑訴法289条所定の死刑，無期若しくは長期3年を超える懲役にあたる事件であり，同法31条により弁護士である弁護人がなければ開

上訴の申立て **151**

第9章　控訴の理由

廷することができないのに，平成3年7月16日に弁護士の資格を喪失したAを弁護人として，同月17日に原審第5回公判を開廷して審理を行っているのであるから，同公判期日は，弁護人がないまま開廷され，その審理が行われたことになる。

したがって，原審の第5回公判期日における訴訟手続は，刑訴法31条，289条1項に違反するものであり，かつ，同期日に行われた前記審理の内容にかんがみると，その違反が判決に影響を及ぼすことは明らか」である。

必要的弁護事件には該当しない，いわゆる任意的弁護事件について，弁護人が不出頭のまま行われた審理についても，次の裁判例は，当該審理状況等に照らすと，判決に影響を及ぼす訴訟手続の法令違反があるとしている。

【201】　東京高判昭51・1・27東高時報27・1・9（判時816・107）

判旨　（いわゆる百日裁判事件で，必要的弁護事件ではない公職選挙法違反事件において，それまでの弁護人が辞任し，次回期日の2日前に新たに選任された弁護人からの公判期日変更請求を却下した原審が，新弁護人不出頭のまま審理し，検察官の論告求刑を聴取し，被告人からの次回以降の最終陳述の要望を拒否して，弁論を終結し，即日判決の宣告を行った。）「本件のような必要的弁護事件でない事件において，弁護人が公判廷に出頭しない場合，裁判所が，弁護人の右不出頭を立会権ないし弁護権の放棄とみなして弁護人不出頭のまま公判廷を開廷し訴訟手続を進めるか，はたまた公判を開廷しないで或いは開廷したのち手続を途中で打ち切り，弁論を次回に続行するか，

然らざれば職権で国選弁護人を選任したうえ，訴訟手続を進めるかは，それが法令によって認められた弁護人固有の権利を奪い，ひいては私選弁護人をわざわざ選任した被告人の意図に反して，弁護人不出頭による不利益を被告人に帰せしめる結果となることに鑑み，弁護人の立会権ないし弁護権のうち手続の進行により奪われることとなる個々の権利の重要性，弁護人不出頭の理由，事件の軽重・難易，事件審理の進行に対する被告人側の態度，事件審理の進行の程度及び公訴事実に対する被告人側の認否等諸般の事情を慎重に考えあわせて決定すべきであって，事件の審理を急ぐあまり，簡単に期日への不出頭は弁護人が自らの職責を尽さなかったものと断定し，弁護人の不出頭をもって弁護人がその固有の立会権ないし弁護権をすべて放棄したものとみなすことは許されないというべきである。

本件において原裁判所は，結局，最終陳述権を含む弁護人の立会権ないし弁護権が放棄されたものとみなしたわけであるが」，（略，弁護人は，他裁判所の他事件の期日に出頭したため，本件）「公判期日に出頭できなかったこと，被告人側は本件公訴事実を第1回公判期日以来争ってきていること，被告人側は，右期日に至るまで，原裁判所の事件審理に協力し，ことさら審理の引き延ばしを図った形跡は窺われないこと（略），本件審理の最終期日である第3回公判期日までは専ら検察官の申請による証拠のみの取調がなされ，右期日ののちなお2回の公判期日が予定されていたこと，右第3回公判で被告人は公判開廷に格別異議を述べなかったが，そのこと故に弁護人不出頭の不利益を被告人に帰せしめるのは，法律実務に疎い素人の被告人にとって酷に過ぎ，且つ，せっかく私選弁護人を選任した被告人の本意にも悖ることなどの諸事情に徴すれば，右不出頭により弁護人が最終陳述権までも放棄したとみなすのは早計であって，原裁判所が，公判期日を変更することなく第

第3節 法379条の控訴理由（判決に影響を及ぼすことが明らかな訴訟手続の法令違反）

3回公判を開廷し，弁護人不出頭のまま，前示のように証拠調を行なった点の是非はともかく，少なくとも，弁護人において最終陳述権を，ひいて弁護人の立会権ないし弁護権を放棄したものとみなして，弁論を終結し，判決を宣告した点は，明らかに弁護人の弁護権行使を不法に制限したものであって，右訴訟手続の違法は判決に影響を及ぼすこと明白である」。

　任意的弁護事件について，被告人からの国選弁護人請求の許否に関する判断を行わずに，弁護人不出頭のまま審理を行った事例について，判決に影響を及ぼす訴訟手続の法令違反があるとしたのが，次の裁判例である。

【202】　東京高判昭35・6・29高刑集13・5・416（判時237・35，判タ107・53）

判旨　「被告人は，昭和35年3月4日付原審裁判所に対する弁護人選任に関する回答書をもって，原審裁判所に対し，国選弁護人の選任を請求したが，同裁判所は，これに対する許否を決することなく，同月23日弁護人の出頭がないまま公判を開廷し審理を遂げたことが明らかである。そして，刑事訴訟法第36条は，「被告人が貧困その他の事由により弁護人を選任することができないときは，裁判所は，その請求により，被告人のため弁護人を附しなければならない」旨を定めているが，もとより，裁判所は，被告人が弁護人を選任することができない事由を審査する権限を有し，被告人の請求を容れるときは，公判審理前に弁護人選任の手続をとれば足りるのであるが，その請求を容れないときは，公判の審理に先立ってこれを認容しない旨の通知をなすべきであって，

その旨の通知をすることなく公判の審理をすることは，刑事訴訟法第379条にいわゆる訴訟手続に法令の違反があってその違反が判決に影響を及ぼすことが明らかである場合にあたるものといわなければならない。それ故，原審が被告人のなした前記弁護人選任の請求に対する許否を決することなく，弁護人の出頭がないまま，公判を開廷審理した訴訟手続は違法であり，その違法は，判決に影響を及ぼすことが明らかである」。

　規則29条2項は，利害が相反しない被告人について，同一の弁護人を国選弁護人として選任することを許容する旨規定するが，利害が相反する被告人について，同一の弁護人を国選弁護人として選任することは，判決に影響を及ぼす訴訟手続の法令違反があるとしたのが，次の裁判例である。

【203】　名古屋高判昭24・12・19高刑集2・3・310

事実　被告人両名は，岐阜地方裁判所御嵩支部において，傷害事件で有罪の判決宣告を受けたが，金銭貸借のことから憤激し，相互に暴行を加えていずれも相手方に傷害を負わせたという刑法204条所定の傷害事件であったところ，同裁判所は，弁護士Aを被告人両名の国選弁護人に選任して，審理，判決を行っていた。

判旨　「本件起訴事実は右に摘記したやうにその形式的記載自体によっても被告人両名の利害相反する場合であることが明かであるといい得るのみならず，本件事案の内容を観察しても被告人等は相互に暴行を加えて因って各自その相手方に傷害を与えたことはその争わぬところである

が，その紛争の発端なりその暴行の程度，態様なりにおいて被告人等の司法警察員，検察官に対する各供述や原審公判廷における供述は互に一致しておらず，その一方に有利なことは必然に他方に不利となる関係にあることが認められ，その利害相反する場合であることが明瞭である。

如上の場合に同一の弁護人を附しても被告人両名のために充分にその弁護権を行使し得ないことは条理上当然であって，実質的に原審における公判審理の全般に亘り不法に弁護権を制限したのと異ならず，右の措置が訴訟手続の法令に違反することは刑事訴訟規則第29条第2項の反面解釈からも疑を容れる余地がなく，且つ右の違法は被告人等に異議があると否とに拘らず公判手続を無効ならしめ延いて判決に影響を及ぼすこと明かである」。

5　訴因変更手続，訴因の補正手続

必要な訴因変更手続を行わずに審理判決を行った場合，判決に影響を及ぼす訴訟手続の法令違反となることが明らかであり，以下の裁判例がこのことを判示している。

【204】　大阪高判昭44・3・10刑裁月報1・3・193（判時559・85，判タ237・322）

判旨　「公訴事実が普通貨物自動車を運転していた被告人において，交差点を左折する際あらかじめ車両をできるかぎり道路左側に寄せて徐行しつつ左側の併進または左後方から接近する車両の有無を確認すべきであるのに，これを怠り，後方から東進して来た被害者の進行に気付かず左折したという点に被告人の過失があると主張しているのに対し，原判決は右公訴事実にいうところの左折開始の行動に出る以前，すなわち被告人が本件交差点の直前にある横断歩道の手前約20メートル付近で，その左前方数メートルに自動2輪車に乗って右交差点を直進しようとしている被害者を認めた時点において，すでに被告人には直ちに減速徐行に移るとともに道路左側に寄って左折を開始する注意義務があるのに，被告人はこれを怠ったとして，その後被告人のとった行為いうなれば被告人が被害者を追い抜いたその行為も，また，その後そのまま直進した行為も，さらには減速しながら左折を開始した行為もすべて右義務に反する過失行為であるとそれぞれ認定しているのである。そうすると，原判決が被告人に過失があるとした事故回避措置違反の時点とその時点に存在するとした注意義務の内容は，訴因にいうところの左折時点におけるいわゆる並進後続する被害者に対する安全確認義務違反を内容とするものではなく，それより以前の時点すなわち被告人が先行する被害者を認めた際の，その時点において被告人には減速，徐行，道路左側寄に進行する義務があるというのであり，要するに原判決が右時点において右のような内容の注意義務が存在するというところの趣旨は，被告人としては被害者を先にやりすごしその後において左折すべきであるとしているものと解され，訴因事実と認定事実との間にはそれぞれその主張ないし認定にかかる被告人の過失の存在時点とその態様を異にしているものというべきである。してみると，原判決は公訴事実に訴因として明示された時点におけるその態様の過失についてなんらの判断を示さず，これと異るそれより以前の時点における別の態様の過失を認定したものであって，これを認定するについてはその旨の訴因変更手続を要するものといわねばならない。しかるに，原審でこの点の訴因の追加，変更手続を経由した形跡は記録上認められないし，」（前記過失を指摘する）「原判決の見解に対

第3節　法379条の控訴理由（判決に影響を及ぼすことが明らかな訴訟手続の法令違反）

し防御の方法を講じたとは認め得ないから，原審が訴因変更手続を経ないで原判示のような事実を認定したのは被告人に実質的な不利益を蒙らしめたもので違法であるといわねばならない。この訴訟手続の法令違反は判決に影響を及ぼすこと明らかである」。

【205】　東京高判平 12・6・27 東高時報 51・1 = 12・82

判旨　「検察官が本件覚せい剤の所持を一罪として起訴していることは，その公訴事実の記載に徴して明らかであり，これに対し，原裁判所は，本件公訴事実の記載を何ら問題にすることなく，判決において，突如として，公訴事実第2の記載内容には表れていない所持の場所・態様・量（略）を関係証拠に基づき特定して，第2の1の事実と第2の2の事実に分けて認定判示した上，これを併合罪として処断したことが明らかである。（略）

2個の所持罪を認定しようとするのであれば，これに対応する公訴事実には，2個の所持の事実が書き分けられておらず，かつ，2個の所持に分ける手がかりとなるような事実の記載もないから，併合罪関係にある2個の所持罪の起訴としては訴因の特定を欠くというほかはないので，原裁判所としては，検察官に原判示事実に沿うように訴因を補正させる必要があったというべきである。それにもかかわらず，このような措置を講じないまま前記のとおりの判決をした原裁判所の訴訟手続は，審判対象の明示・特定という訴因制度の趣旨を無視するものであり，これが被告人の防御に具体的な影響を及ぼしたかどうかを論ずるまでもなく（略），到底是認することができない。（略）前記の訴訟手続の法令違反は，重大であり，（略）こ

れが判決に影響を及ぼすものと解すべきことに疑問の余地はない」。

6　証拠調べ

事件審理に必要な証拠調べ請求を却下したときには，判決に影響を及ぼす訴訟手続の法令違反に該当するとしたのが，以下の裁判例である。

【206】　最判昭 28・4・16 刑集 7・4・865

事実　福島地方裁判所平支部は，被告人3名に対する収賄事件の審理をした際，証人らが証言を拒絶したため，検察官において，検察官らの証人尋問を行って，その任意性を立証して，法321条1項2号により証人らの検察官調書を証拠請求したのに対して，これらを却下した。控訴審である仙台高等裁判所は，「刑事訴訟法300条は同法321条1項2号後段の規定により証拠とすることができる書面について検察官にその取調を請求する義務を命じている規定であって該書面を取調べるか否かは裁判所の権限に委せられて居り裁判所を義務づけているものではなく裁判所は他の証拠によって該書面記載の供述内容が信用すべからざる情況の存すると認められる場合には該書面を受理してその内容につき取調べた上証拠能力の有無につき検討し断罪の資料となすべきや否やを判定しなければならないものではない」として，1審に違法な手続はないとした。これに対して，検察官が上告を申し立て，1審の措置は，「法300条の解釈を誤った違法な措置であり而かも（上記証

人らの検察官調書は）被告人等に贈賄した旨の自白であるから右供述調書を証拠に採用するか否かは、公訴事実の認定を左右する重要性あるに鑑み右法令違反は判決に影響を及ぼすこと洵に明らかである」と主張した。

判旨　「右供述調書の供述者は、いずれも、第1審の公判廷において証人として喚問されながら事件に関する事項につき証言を拒絶し供述をしなかったものであることが記録上窺い知るに十分である。（略）裁判所に証人として喚問されながら、その証言を拒絶したような場合は、供述者の死亡した場合と何等選ぶところはなく、」（略、法321条1項2号前段により）「その検察官の面前における供述録取書面を証拠とすることを妨げないことは、夙に当裁判所大法廷の判例とするところである（略）。果たして然らば、検察官より前示供述調書につき刑訴321条1項2号により証拠調の請求があった場合においては、裁判所は、弁護人から異議があってもこれが証拠調を許容すべきものであること多言を要しない。しかるに本件第1審裁判所が前示のごとくこれが証拠調の請求を却下したことは違法であって、（略）刑訴411条1号により原判決並びに第1審判決を破棄しなければ著しく正義に反するものといわなければならない。」

【207】　東京高判昭52・1・31高刑集30・1・1
（判時843・17、判タ347・161）

事実　本件は、反戦自衛官事件と称される自衛隊法違反事件である。1審の新潟地方裁判所は、「被告人が自衛隊員に呼びかけた特別警備訓練とは、実は治安出動訓練であり、国民の権利を侵害し、正当なデモ行為を鎮圧する違法なものであるから、被告人の行為は正当行為であると主張しており、本件訓練が特別警備訓練であるか、治安出動の訓練であるか否かが明らかにならなければ、被告人の本件行為が正当行為であるか否かを判断することができず、この点を明らかにするためには、航空幕僚長が昭和44年6月24日付で発した『特別警備実施基準について』と題する通達（以下単に「通達」という）が公判廷に顕出されることが必要不可欠である。ところが、裁判所の提出命令にもかかわらず、航空幕僚長、防衛庁長官がこれに応じないから、有罪判決に至る可能性がない。」として、無罪判決を宣告し、これに対して、検察官から控訴が申し立てられた。検察官は、「通達」の趣旨、内容等を立証するための証人Aらの証拠請求を採用して、審理を尽くすべきであったのに、これを却下して、直ちに審理を終結した1審の措置は、判決に影響を及ぼすことの明らかな訴訟手続の法令違反等があると主張した。

判旨　「原審としては、検察官が、（略）証人として申請した（略）3名を取調べるべきであり、（略）そうすれば、同人らの供述によって、右の疑問の点は当然に解明されたものと思われる。（略）右の証人3名の取調請求を却下し、かつ、本件行為の正当性に関する立証未了のまま審理を終結して、検察官に対して十分な立証の機会を与えなかった原審の訴訟手続は、結局、証拠調請求の採否に関する裁判所の合理的裁量の範囲を著しく逸脱した違法があることに帰し、この違法が判決に影響を及ぼすことは明らかである。」

7　証拠の記録への編綴

証拠決定がされていない証拠が記録に編綴されており、当該証拠が裁判官に対して不当な予断を生じさせるものであるとして、判決

第3節　法379条の控訴理由（判決に影響を及ぼすことが明らかな訴訟手続の法令違反）

に影響を及ぼす訴訟手続の法令違反としたのが，次の裁判例である。

【208】　福岡高判昭48・7・18刑裁月報5・7・1105

事実　被告人は，熊本地方裁判所天草支部において，公職選挙法違反事件で審理，判決を受けたが，その経過は以下のとおりであった。第1回公判期日において，被告人が金員の趣旨を否認する供述をした後，弁護人は，検察官から証拠請求のあった書証のうち，共同被告人AB及び被告人の捜査官に対する各供述調書については意見を留保し，他は同意あるいは不同意の意見を述べ，同意書証について採用の上取調べが行われたが，留保された書証については，採否を留保した。ところが，弁護人が意見を留保し，裁判所が採用決定はもちろん，取調べもされていない上記留保書証がすべて記録に編綴された。その後，証人調べ等が施行され，法321条1項2号後段書面として採用取調べられた書証については，その謄本が続いて編綴され，さらに，弁護人から，共同被告人ABの捜査官に対する供述調書については不同意，被告人の捜査官に対する供述調書については同意の意見が述べられ，不同意書証については検察官が証拠請求を撤回し，同意書証については採用取調べが行われたが，同意書証はその公判調書末尾に編綴されていなかった。そして，1審の有罪の判決書には，法321条1項2号後段書面として採用取調べられたBCの捜査官に対する各供述調書に加えて，被告人の捜査官に対する各供述調書も証拠の標目に掲げられていた。

判旨　「原審の訴訟手続には，原審第1回公判期日において，被告人の関係においてはもとより，原審共同被告人の関係においても未だ証拠とすることの同意がなく，採用決定も，取調もなされていない検察官請求にかかる（略）書証を受領し，これを本件記録に編綴した違法があるといわなければならない。

しかして，右の各書証が記録に編綴されている以上，担当裁判官は審理にあたりその内容を了知しているものと推認せざるを得ないところ，右各書証が本件各受供与者である原審共同被告人A，同Bの両名および供与者である被告人の捜査段階における供述調書であって，且つこれらが概ね自白調書であって，本件公訴事実を直接的に認定しうべき内容を包蔵しているものであることは前叙のとおりである（略）から，これらを通読した裁判官が，その時点において事件につき予断を抱くに至ったであろうことは否定し難いところである。しかも，（略）本件は否認事件であり，加うるに，右各書証が記録に編綴されたのは原審第1回公判期日の直後であって，被告人の関係で，本件金員授受の相手方として最も重要な証人であるA，Bの両名を取調べる以前であったのであるから，裁判官が事件につき予断を抱いたであろう蓋然性は一層強いといわざるを得ない。」

（刑事訴訟法256条6項，301条の）「趣旨ならびに前記認定の諸事情を総合して考察すると，被告人側の同意がなく，採用決定もない書証全部を記録に編綴した前記訴訟手続の法令違反は，その影響するところ極めて重大であって，右の違法がなかったならば，原判決と異る判決がなされたであろうという蓋然性もにわかに否定し難く，事後において右各書証の原謄本の一部が刑事訴訟法321条1項2号後段の書面として，あるいは同意書面として取調べられたからといって，右の違法が治癒せられ，あるいは判決に影響を及ぼさないと解することはできない。」

8 簡易公判手続

法291条の2による簡易公判手続が許容されていない事件を簡易公判手続で審理，判決した事例について，判決に影響を及ぼす訴訟手続の法令違反があるとされたのが，次の裁判例である。

> 【209】 福岡高判昭30・3・29 裁判特報2・7・238

判旨　「本件公訴事実は窃盗及び強盗未遂の訴因なるところ，原審はその第1回公判期日において被告人が起訴状記載の犯罪事実全部を自白し，検察官，被告人及び弁護人において簡易公判手続による審理に異議がなかったので，本件訴因全部について簡易公判手続により審理する旨の決定をなした上該手続に基いて審理，判決したことが明らかである。然るに強盗罪は短期1年以上の懲役にあたる事件であるから，刑事訴訟法第291条の2但書により右強盗未遂の訴因については簡易公判手続によることができないのに拘らず，原審が同手続により審理判決したのは訴訟手続の法令に違反したものと謂うべく，従って強盗未遂の原判示事実に関する挙示の被害者Aの司法警察員に対する供述調書外6通の書証はいずれも適式に取調べられた適法の証拠とは認め難く右事実については他に被告人の自白を補強すべき証拠がないから前記訴訟手続の法令違反は判決に影響を及ぼすこと明らかなるものと謂うべく原判決は破棄を免れない。」

9 公判調書

公判調書の記載内容によっては，立ち会った裁判所書記官が誰であるか不明であるとして，当該公判調書が無効であるとされたのが，次の裁判例である。

> 【210】 広島高判昭29・4・21 高刑集7・3・448

判旨　「原審第1回公判調書には，その末尾に裁判所書記官補Aの署名押印があるにかゝわらず，その冒頭には裁判所書記官補Bが同公判に列席した旨の記載がなされていることは所論のとおりである。ところで刑事訴訟規則第46条第1項により公判調書に署名押印することを要する裁判所書記官は当該公判に列席した裁判所書記官であることはいうまでもないところであるが，右裁判所書記官補Aが同日の公判に列席したことは同調書によっては証明することができない。そして公判期日における訴訟手続で公判調書に記載されたものは公判調書のみによってこれを証明することができるのであって，公判調書以外の資料によって証明することのできないことは刑事訴訟法第52条の明定するところであるから，右裁判所書記官補Aの作成した前記調書は公判に列席しない者の作成した公判調書として無効なものであるといわなければならない。」

10 正式裁判

簡易裁判所からの略式命令に対する正式裁

第3節　法379条の控訴理由（判決に影響を及ぼすことが明らかな訴訟手続の法令違反）

判の請求は，法465条1項により，略式命令の告知を受けた日から14日以内にされることが必要とされているところ，期間経過後の正式裁判請求を適法なものとして取り扱った原審の措置に対する対応を示したのが，次の裁判例である。

【211】　名古屋高判昭28・6・30高刑集6・8・988

判旨　「本件は，昭和27年5月30日被告人Aに対し，検察官より，職業安定法違反被告事件として，公訴を提起し略式命令を請求し，岐阜簡易裁判所は，同年6月5日附略式命令を発し，その謄本が同年6月10日被告人Aに送達されたのであるが，同被告人がこれに対し正式裁判の請求をしたのが同年6月18日であることは，本件訴訟記録に徴して，極めて明瞭である。およそ，正式裁判の請求は，略式命令の告知を受けた日から7日以内になすべきものであることは，刑事訴訟法第465条第1項の明らかに規定するところであるから，同被告人は，前記の略式命令の謄本の送達を受けた同年6月10日から7日以内である同月17日までの間に，正式裁判の請求をなすことを要し，右の同月17日が日曜日その他の一般の休日にあたらないことは顕著なところであるから，同月18日になした同被告人の正式裁判の請求は，請求権の消滅後にされたものであるという外はない。然るに，原審は，この点を看過して，右正式裁判の請求を適法として，通常の訴訟手続に従って，審判をしたもので，その訴訟手続は法令に違反しその違反が判決に影響を及ぼすことが明らかである。」

11　判決宣告手続

判決宣告期日の手続について，問題とされた事例を検討してみよう。

まず，被告人の出頭を必要とする事件の判決宣告期日に，被告人が不出頭であるのに，判決を宣告した事例に関して，判決に影響を及ぼす訴訟手続の法令違反があるとしたのが，次の裁判例である。

【212】　東京高判昭28・6・2判決特報38・117

判旨　「原審の判決宣告日である原審第6回公判調書によれば，同調書の被告人出頭別の欄に不出頭と記載されているから，原審は被告人不出頭のま、原判決を宣告したものであると断ぜざるを得ない。しかして新刑事訴訟法は，厳格に限られた場合の外は，被告人出頭の上判決の宣告をなすべきことを要請しているものであり，そして本件が判決宣告期日に被告人の出頭を要しない事件にあたらないことは明らかであるから，原審が被告人不出頭のまま判決の宣告をしたのは，訴訟手続に法令の違反があり，その違反が判決に影響を及ぼすことが明らかである場合に該当する」。

検察官の不出頭については，【143】が判決に影響を及ぼす訴訟手続の法令違反に当たるとしたことは，前述のとおりである。

裁判長が判決宣告に際して判決草稿を読み

第9章　控訴の理由

誤った場合，判決宣告が終了するまでに訂正・変更をすることができるとして，右訂正・変更した内容の判決書を作成することは適法であるとしたのが，次の裁判例である。

【213】最判昭51・11・4 刑集30・10・1887
（判時833・19，判タ344・311）

事実　被告人は，横浜地方裁判所において，窃盗事件で審理を受けたが，同裁判所の単独裁判官は，判決宣告期日に，懲役1年6月，5年間保護観察付き執行猶予の判決主文の朗読をした後，猶予期間中の善行を保持すべきことなどを説示し，控訴期間等を告げたところ，列席の裁判所書記官に，本件犯行が前刑の保護観察期間中の犯行である旨指摘されて，記録を検討し，約5分ほどして，被告人に対し，先に宣告した主文は間違いであったので言い直すと告げて，懲役1年6月の実刑を宣告した。被告人の控訴申立てを受けた東京高等裁判所は，本件の経過等に照らすと，「当初言渡された原判決の主文は適法に訂正，変更され，被告人に対し，懲役1年6月の実刑が適法に宣告されたものというべきであるから，原審の措置に所論のような訴訟手続に関する法令違反は存しない」とした。そこで，被告人から上告が申し立てられ，弁護人は，1審の判決宣告手続は憲法31条に違反すると主張したが，最高裁判所は，判旨記載のとおり，この主張を排斥する一方，量刑不当を理由に1審及び原審判決を破棄して，被告人に対して懲役1年6月，5年間保護観察付き執行猶予の判決宣告を行った。

判旨　「判決の宣告は，裁判長（1人制の裁判所の場合には，これを構成する裁判官）が判決の主文及び理由を朗読し，又は主文の朗読と同時に理由の要旨を告げることによって行うものであるが（略），裁判長がいったんこれらの行為をすれば直ちに宣告手続が終了し，以後は宣告をし直すことが一切許されなくなるものと解すべきではない。判決の宣告は，全体として1個の手続であって，宣告のための公判期日が終了するまでは，完了するものではない。また，判決は，事件に対する裁判所の最終的な判断であって，宣告のための公判期日が終了するまでは，終局的なものとはならない。そうしてみると，判決は，宣告のための公判期日が終了して初めて当の裁判所によっても変更することができない状態となるものであり，それまでの間は，判決書又はその原稿の朗読を誤った場合にこれを訂正することはもとより（略），本件のようにいったん宣告した判決の内容を変更してあらためてこれを宣告することも，違法ではないと解するのが相当である。（略）

本件についてみると，第1審裁判所の裁判官は，いったん保護観察付き刑の執行猶予の判決を宣告した後，その内容を変更して実刑の判決を宣告したが，その変更は，判決宣告のための公判期日が終了する以前にこれを行ったことが明らかであるから，変更後の判決が第1審裁判所の終局的な判断であって，その内容どおりの判決が効力を生じたものというべきであり，かつ，変更後の判決内容にそった判決書が作成されているのであるから，第1審判決及びこれを是認した原判決にはなんら法令の違反はない。」

他に，判決の言渡しに関する裁判所の措置が，判決に影響を及ぼす訴訟手続の法令違反に該当するとされたのが，以下の裁判例である。

第3節　法379条の控訴理由（判決に影響を及ぼすことが明らかな訴訟手続の法令違反）

【214】　東京高判平 15・3・20 東高時報 54・1 = 12・14

判旨　「原審は，平成14年12月20日の判決宣告期日において，被告人に対し，公訴事実と同旨の（犯罪事実）を認定した上，「被告人を懲役2年6か月に処する。未決勾留日数中30日をその刑に算入する。」旨の判決を宣告し，控訴期間等の説明をした後，被告人を退廷させ，弁護人も退廷した。原審裁判官は，引き続き，同じ法廷において，別事件の裁判所として判決宣告を行った後，退廷し，本件及び上記別事件に立会していた検察官も退廷した。その後，原審は，立会書記官等を通じて，静岡地方検察庁沼津支部及び弁護士事務所にそれぞれ戻っていた検察官及び弁護人を呼び戻し，静岡刑務所沼津拘置支所に戻っていた被告人も呼び戻して，それらの者を在廷させた上，先ほど未決勾留日数30日を算入すると言ったが，被告人は受刑中であったので，誤りであり，未決勾留日数は算入しないこととする旨述べた上，「被告人を懲役2年6か月に処する。」旨，先に宣告した判決の内容を変更して改めて判決宣告を行い，上記訂正後の判決内容を表示する判決書を作成した。

以上によれば，被告人に対する判決宣告手続は，懲役2年6月，未決勾留日数中30日をその刑に算入するとの判決を宣告したことで終了しており，その後に訴訟関係人を呼び戻して改めて行われた判決宣告は無効であって，これを表示する原審記録中の判決書も無効であることは明らかである。そうすると，当該判決書を含む原審の判決それ自体が無効であるといわざるを得ないから，原審手続には，判決に影響を及ぼすことが明らかな訴訟手続の法令違反があることになる。」

同様の措置が講じられた【143】も参照されたい。

次の裁判例は，判決宣告手続の取消し（撤回）が問題とされ，そのようなことは許容されないとされた事例である。

【215】　福岡高判平 16・2・13 判タ 1155・124

事実　被告人は，福岡地方裁判所飯塚支部において，窃盗，道路交通法違反事件で審理を受け，第2回公判期日に，裁判官から，懲役3年，未決勾留日数中30日の算入との主文のほか，罪となるべき事実，法令の適用を告げられ，続いて量刑の理由の説示中，事実と異なるなどと発言を続けたところ，裁判官においては，証拠調べのための弁論再開もやむなしと考え，検察官と弁護人双方の意見を聴いた上，弁論再開を予定して，第3回となる公判期日を指定して閉廷し，第3回公判期日において，職権により弁論を再開して，第6回公判期日まで証拠調べを実施した上，再度の論告弁論を経て，第7回公判期日において，懲役3年，未決勾留日数60日算入を主文とする判決を宣告した。これに対して，被告人が控訴を申し立て，弁護人は，量刑不当を主張したところ，福岡高等裁判所は，次のような職権判断を加えて，1審判決を破棄し，福岡地方裁判所に差し戻した。

判旨　「裁判官が主文を朗読し，遅くとも，理由の要旨即ち罪となるべき事実と法令の適用を告げた時点において，既に当該事件に対する裁判所の判断が公開の法廷で明らかにされ（略），このような段階に至った以上は，もはや判決宣告手続の取消（撤回）は許されないと解すべきである。（略）判決宣告は，その審級の訴訟手続の終結

第9章 控訴の理由

点であり，とくに第1審判決宣告によって，勾留関係など被告人の立場などに大きな変化が生じるから（略），判決宣告手続は明確でなければならない。これに反して，宣告した判決を全面的に取消（撤回）した上で，弁論を再開し又は判決宣告期日を続行したり，あるいは判決宣告手続を中断し，次回期日に取り消すことを予定して続行したりすることは法の予定するところではないばかりか，判決の明確性，法的安定性が損なわれること著しく，被告人の立場を不安定にし，ひいては，裁判の威信を危うくするおそれがある（略）から，許されないというべきである。

（略，原審の措置は）外部的に成立を見たも同然の判決の宣告手続をその判決宣告期日において完結させず，その期日又は次回期日においてこれを黙示的に取消し，弁論を再開した点において，第2回公判期日以降の訴訟手続に法令違反があ」（り，）「その違法が判決に影響を及ぼすことは明らかである。」

判決宣告期日において，判決内容の告知がいつ終了したのか，あるいは，その取消しが許されるのかという問題であり，実務的にはこのような見解が相当と思われる。なお，1審が猶予付き懲役刑の主文を告げたところ，立会検察官からその誤りを指摘されて，当該宣告期日を終了して，1週間後の次回期日に懲役刑の実刑の判決宣告をした措置について，そのような措置は違法であるとして，破棄差し戻しとなったものとして，福岡高判平16・2・25判タ1155・124がある。

また，瘖唖者に対する判決宣告手続に問題があるとして，判決に影響を及ぼす訴訟手続の法令違反があるとしたのが，次の裁判例である。

【216】 大阪高判昭50・11・28判時814・157，判タ340・303

判旨 「原裁判所は，原審第4回公判期日において被告人に通訳人を付さないで判決宣告手続を行ったが，その宣告は口頭で告知するとともに被告人に対しては書面を示すことによって告知したこと，原裁判所が右判決宣告において口頭で告知した判決理由中の罪となるべき事実は，前記昭和50年4月11日付訴因罰条の変更請求書により変更された訴因につきさらに同年5月12日付訴因の追加請求書により追加的に変更された後の訴因のとおりの事実であったのに対し，被告人に示された右書面には罪となるべき事実として起訴状記載のとおりと記載されていたこと，原裁判所の判決の宣告が終ったとき，弁護人から原裁判所に対し，被告人に示された書面では判決内容が分かりにくいので判決の原稿を被告人に示されたいとの要求がなされたが，原裁判所はこれに応じないで被告人に対する公判期日を閉じたことが認められる。ところで，判決は，公判廷において宣告により告知すべきものであるが（刑事訴訟法342条），瘖唖者である被告人に対し通訳人を付さないで判決の宣告をする場合には，宣告をするとともに，被告人に対しその宣告の内容を書面により告知することによって適法な判決の宣告をしたことになるものであり，右書面による告知を欠くときは，その判決の宣告は不適法であると解するのが相当である。本件においては，原裁判所は前記認定のとおり瘖唖者である被告人に対し通訳人を付さないで判決の宣告をし，その際被告人に対し書面による告知もあわせ行ったのであるが，その書面に記載した判決の罪となるべき事実は，宣告し

第3節　法379条の控訴理由（判決に影響を及ぼすことが明らかな訴訟手続の法令違反）

た判決の罪となるべき事実の要旨と相異するものであり，かつ，その相異は重大であるから，結局被告人に対しては判決の罪となるべき事実について書面による告知を欠いたことに帰するのである。そうすると，原裁判所は被告人に対し判決の宣告を適法に行わなかったものといわなければならない。したがって，原判決の訴訟手続には右の点において法令の違反があり，その違反が判決に影響を及ぼすことは明らかであ」る。

なお，免訴の判決をすべきであるのに，誤って実体判決を行った場合，判決に影響を及ぼす訴訟手続の法令違反と解する裁判例もあるが（例えば，大阪高判昭 36・9・15 高刑集 14・7・489），多数の裁判例は，次の裁判例と同様に，判決に影響を及ぼす法令適用の誤りと解している。

【217】　東京高判昭 50・12・22 高刑集 28・4・540（判時 819・107，判タ 335・343）

判旨　「被告人の本件各所為中暴力行為等処罰に関する法律違反の点は，常習として昭和 49 年 5 月 17 日 A 市内路上において B（略）に対し殴る蹴るなどの暴行を加え，両刃のこぎりで切りつけ，加療約 26 日間を要する傷害を負わせた所為につき，暴力行為等処罰に関する法律第 1 条の 3，刑法第 204 条に該当する常習的傷害の罪として別件の道路交通法違反の罪と共に併合罪を構成するものとして起訴されたものであって，原判決は，いずれもこれを有罪と認定し，被告人を懲役 1 年（略）の刑を言い渡したものであることが明らかであるが，一方，被告人の前科調書（等）によれば，被告人は，また，右傷害の犯行の直前である昭和 49 年 2 月 24 日同市内において，C の顔面を殴打し，下腹部をひざで蹴るなどの暴行を加えた事実により，本件犯行後である昭和 49 年 6 月 8 日都留簡易裁判所において単純暴行罪として略式命令により罰金 4 万円に処せられ，右裁判は，同月 29 日確定したことも明らかである。そして，右暴行の犯行の態様と，原判決が本件常習的傷害の所為の罪となるべき事実の冒頭に掲記している被告人の各前科受刑の事実とを総合すれば，右暴行も暴力行為等処罰に関する法律第 1 条の 3 所定の常習的暴行に該当するものとみるべきであり，また，前記の本件常習的傷害の所為も右確定裁判前の犯行であるから，右暴行の犯行と共に包括して 1 個の常習的暴行行為の罪を構成すべきものであったといわなければならない。してみると，右包括一罪の一部について既に確定裁判があった以上，本件における前記常習的傷害の所為については確定裁判を経たものとして免訴されるべきであり（略），この点を看過し，本件常習的傷害の所為をも本件の有罪の事実に含めた原判決は，法令の解釈適用を誤ったものというべきであり，右の誤りは，判決に影響を及ぼすことが明らかである。」

判決宣告期日の公判調書が記録に編綴されていない場合について，適法な言渡しがされたか不明であるとして，判決に影響を及ぼす訴訟手続の法令違反があるとしたのが，以下の裁判例である。

【218】　東京高判昭 33・3・5 裁判特報 5・3・81

判旨　「原審記録に判決を宣告した公判期日の調書がなく，右は刑事訴訟法第 48 条及び刑

事訴訟規則第52条の違反である。而して，第8回公判調書には判決宣告期日として昭和32年10月16日を指定告知した旨の記載があり，判決原本の冒頭欄外には同日判決の宣告をなした旨の裁判所書記官の証明があるから，これにより同日判決の宣告が行われたことは認むることができるけれども，その公判調書がないため，判決の宣告が果して適式に為されたものか否かを知ることができないから，右の法令違反は，結局，判決に影響を及ぼすものと謂わなければならない。」

【219】 東京高判昭40・6・17高刑集18・3・218（判タ179・174）

判旨 「本件記録には，原判決の言渡調書が編綴されていない。もっとも，昭和40年2月13日原審第3回公判調書中「指定告知した次回判決宣告期日昭和40年2月20日午前10時」なる旨の記載があること，原判決書冒頭欄外に「昭和40年2月20日判決宣告」なる旨の記載があってこれに裁判所書記官Aの記名押印があることおよび原審弁護人Bの控訴申立書中に「被告人に対し台東簡易裁判所が昭和40年2月20日言渡した被告人を第1の罪につき懲役4月に，第2の罪につき懲役8月に処する旨の判決は不服でありますので茲に控訴の申立を致します」なる旨の記載があることに当審証人Aの供述を併せて考えれば，原判決が，昭和40年2月20日被告人に対して言い渡されたことだけは認められるが，前記のように言渡調書が存在しないので，右言渡が果して適法な方式を履践してなされたものか否かを証明し得ない。されば，原判決には，判決に影響を及ぼすことが明らかな訴訟手続に法令の違反がある」。

12 余罪処罰

余罪を実質的に処罰することが違法であるとするのは，確立した裁判例であり（例えば，最判昭41・7・13刑集20・6・609，最判昭42・7・5刑集21・6・478），控訴理由としては，次の裁判例にあるように，判決に影響を及ぼす訴訟手続の法令違反があると解されている。

【220】 東京高判平3・10・29高刑集44・3・212（判時1413・126，判タ778・265）

事実 被告人は，東京地方裁判所において，「他人名義のクレジットカードを使用して，5回にわたり，商品44点（時価合計29万円余）を詐取した」との詐欺事件で懲役1年6月の判決宣告を受けたが，その判決書の「量刑理由」の項には，「被告人は，本件カードを使用して，196回にわたり，合計963万8460円相当の商品購入や飲食をしていること，本件カード入手直後から，特定の商店で，実際は商品を購入せず，伝票金額の半額の金員を取得する「空刷り」の手口で，合計350万4987円の商品購入の形を採った詐欺的利用を行い，当初から悪用の目的で本件カードを取得したこと，したがって，本件は，計画的，常習的な詐欺の一環であり，悪質な犯行であるから，厳しい刑罰を科す必要があり，本件公訴事実に対応する金額を弁償してはいるものの，本来支払うべき金額の963万8460円と対比すると，特に評価すべきではなく，検察官の求刑（懲役1年6月）は軽すぎる嫌いがあるが，公訴事実の内容を考慮すると，あえて求刑を超える刑を科すまでの必要はないので，求刑どおりの刑を科する」旨の記載が

第3節 法379条の控訴理由（判決に影響を及ぼすことが明らかな訴訟手続の法令違反）

あった。これに対して，被告人が控訴を申し立てて，弁護人は，実質的に余罪を処罰した訴訟手続の法令違反があると主張した。

【判旨】「量刑理由に関する原判決の説示は（略），公訴事実と余罪を一体として犯行回数，被害金額を詳細に認定し，犯行の態様，騙取した商品の処分先等についても両者を一体として論じ，また余罪のみの一態様である「空刷り」についてその詐欺的利用であることを強調し，更に被害弁償の額についても公訴事実と余罪の合計額を基準として特に評価すべきものでないとし，結局，検察官の求刑（懲役1年6月）は軽すぎる嫌いがあるが，公訴事実の内容を考慮して求刑どおりの刑を科すに止めるとしているのである。すなわち，原判決は，公訴事実と余罪を含めた本件全体について量刑事情を論じ，公訴事実の内容は量刑上有利な一事情として考慮するに止めたといわざるを得ないのである。そして，本件に対する検察官の求刑は同種事案と対比し特に軽いとは認められないことをも併せ考えると，原判決は，本件公訴事実のほかに，起訴されていない余罪を認定し，これをも実質上処罰する趣旨のもとに，被告人に対する量刑を行ったとの疑いを禁じ得ないから，結局，原審の訴訟手続には，判決に影響を及ぼすことが明らかな法令違反があることになる。」

13　簡易裁判所の科刑権制限

前述した簡易裁判所における科刑権制限違反については，法378条1項の「不法に管轄を認めたこと」に該当するという裁判例（福岡高判昭30・3・26高刑集8・2・200等），法380条の法令適用の誤りに該当するという裁判例（大阪高判昭29・9・21高刑集7・8・1315等）もあ

るが，次の裁判例が示すように，判決に影響を及ぼす訴訟手続の法令違反に該当するとするのが実務の大勢である。

【221】　東京高判昭31・7・20高刑集9・8・860

【事実】被告人は，平塚簡易裁判所において，全治約10日間の傷害と自転車窃盗事件により，懲役1年，4年間執行猶予の判決を宣告されたが，裁判所法33条2項によれば，簡易裁判所では傷害罪については懲役刑を科すことが許されていないところ，これに対して，検察官から控訴が申し立てられ，不法に管轄を認めたか，判決に影響を及ぼすべき訴訟手続の法令違反があると主張した。

【判旨】「刑事訴訟法第378条第1号にいわゆる不法に管轄を認めたというのは，その裁判所に本来裁判管轄権がないのに不法に管轄を認めた場合をいうのであり，本件起訴に係る刑法第235条の窃盗罪及び選択刑として罰金が定められている刑法第204条の傷害罪については，いずれも簡易裁判所が第1審としての裁判管轄権を有することは裁判所法第33条第1項第2号の規定によって明らかであるから，原審が右両罪について裁判したことを以て不法に管轄を認めたという論旨は理由がないが，簡易裁判所は，その管轄権ある事件についても同条第2項但書の場合を除いては禁錮以上の刑を科することができないのであって，若し禁錮以上の刑を科するのを相当と認めるときは，刑事訴訟法第332条の規定に従い事件を管轄地方裁判所に移送しなければならないのである。然るに原審が裁判所法第33条第2項但書に掲げられていない傷害罪と，これに掲げられている窃盗罪とが併合罪の関係にあるものとし，傷害罪

第9章　控訴の理由

については懲役の刑を科するのを相当と認めながら，本件を管轄地方裁判所に移送しないで，自らその犯情重い窃盗罪の刑に法定の加重をして被告人に懲役の刑を言い渡したのは，訴訟手続が法令に違反したものでその誤が判決に影響を及ぼすことが明らかである」。

そして，地方裁判所への移送請求を拒否し，そのまま簡易裁判所が判決したことが判決に影響を及ぼす訴訟手続の法令違反とされたのが，次の裁判例である。

【222】　東京高判昭62・10・20高刑集40・3・743（判時1260・62，判タ668・230）

事実　被告人は，売春防止法違反により現行犯人として逮捕されたが，実弟の氏名を詐称して，東京簡易裁判所から在庁の方式による略式命令を受けて，罰金未納のまま釈放されたところ，後に実弟の氏名を詐称したことが発覚したため，東京区検察庁検察官が東京簡易裁判所に正式裁判の申立てをした上，その第1回公判期日において，本件は懲役刑が相当な事案であるとして，裁判所法33条3項，刑訴法332条により，本件を東京地方裁判所に移送されたい旨申し立てをしたものの，同裁判所は職権の発動をしなかった。他方，東京地方検察庁検察官は，被告人を私印偽造等事件で東京地方裁判所に起訴した上，これと上記売春防止法違反事件とは関連事件であるとして刑訴法5条1項により審判併合の申立てをしたが，東京簡易裁判所は職権の発動をしなかった。そこで，検察官から，同裁判所の措置は，判決に影響を及ぼすべき訴訟手続の法令違反であると主張した。

判旨　（本件事案の内容等に照らすと）「本件は懲役刑をもってのぞむのが相当な事案であるといわざるをえない。

ところで，裁判所法33条2項によれば，簡易裁判所においては売春防止法違反事件について懲役刑を科することができないものとされているところ，同条3項は，簡易裁判所が，同条2項による科刑権の制限を超える刑を科するのを相当と認める場合には，訴訟法の定めるところにより事件を地方裁判所へ移送しなければならないと規定しており，前記のとおり懲役刑をもってのぞむべきことが明白な本件は，同条3項によるべき場合であって，刑訴法332条にいう「地方裁判所において審判するのを相当と認める」べき場合に該当するから，同条により決定をもって管轄地方裁判所に移送しなければならず，これをしなかった原裁判所の訴訟手続には，裁判所法33条3項及び刑訴法332条の解釈，適用を誤った違法があるというほかなく，右の違法は判決に影響を及ぼすことが明らかである」。

14　判　決　書

判決書の作成に関して検討する。

判決書の作成日付が弁論終結前とされている場合，当事者の弁論を聴取することなく判決がされていることになり，判決に影響を及ぼす訴訟手続の法令違反であることを次の裁判例が示している。

第3節　法379条の控訴理由（判決に影響を及ぼすことが明らかな訴訟手続の法令違反）

【223】　最判昭41・2・24刑集20・2・49（判時442・55，判タ189・146）

事実　被告人は，水戸地方裁判所下妻支部において，強姦致傷事件で懲役3年の判決宣告を受け，量刑不当を理由に控訴を申し立てたところ，東京高等裁判所は，昭和40年5月17日の第3回公判期日において，控訴棄却の判決宣告をしたが，記録に綴られた判決書には，昭和40年4月28日の日付が記載されていた。そこで，被告人から上告の申立があり，弁護人は，弁論再開後の第3回公判期日で取り調べられた証拠及び弁論を無視して判決をした原審の措置は違法であると主張した。

判旨　「原裁判所は，昭和40年4月14日の第1回公判期日において，弁論を終結し，次回公判期日（判決宣告期日）を同月28日と指定告知したが，（略）同年5月17日の第3回公判期日にいたり，さきに終結した弁論を再開して，（略，証拠を）取り調べたのち，弁論を終結し，直ちに判決を宣告したことが認められる。一方，原判決の判決書をみると，昭和40年4月28日の日付が記載されており，この日付は判決書作成の年月日を記載したものと認められる（略）から，同判決書は前記弁論再開前においてすでに作成されていたものというべきである。してみると結局原裁判所は，前記弁論再開後の口頭弁論に基づかないで判決をしたものと認めるほかなく，右は刑訴法43条1項に反するものといわなければならない。そして，右の違法は，原判決に影響を及ぼすべき法令の違反があって，これを破棄しなければ著しく正義に反する」。

判決書が全く作成されていない場合には，これが判決に影響を及ぼす訴訟手続の法令違反であることは疑いがなく，このことは次の裁判例が示している。

【224】　高松高判昭31・9・22高刑集9・7・814（判タ63・68）

判旨　「原裁判所が被告人等に対する窃盗被告事件につき審理を為し昭和31年6月4日その判決の言渡をしたことは原審第3回公判調書の記載により明らかである。然るにその判決書を見出し得ないことは両弁護人所論指摘の通りであり他に判決書が存在することを窺い知る何等の証左もないから原審に於ては判決の言渡をしたのみで遂に判決書は作成されなかったものと認めるの外はない。而して判決の言渡をしたときは，地方裁判所家庭裁判所又は簡易裁判所に於ては上訴の申立がなく且つ判決宣告の日から14日以内に判決書の謄本の請求がない場合に，いわゆる調書判決とすることができる以外判決書を作らなければならないことは刑事訴訟規則第219条第53条の明定するところであるのみならず，判決書の存在しないことにより原審が果して如何なる内容の判決をしたのかこれを知ることができないのである。従って原審が判決書を作成しなかったことは訴訟手続に法令の違反があり且つその違反が判決に影響を及ぼすことが明らかである」。

なお，単独裁判官が，判決草稿に基づいて判決を宣告したが，その後，死亡したため，裁判所書記官において，その草稿に当該裁判官が死亡ししたため署名押印ができない旨附記した場合について，次の裁判例は，判決内容に即した判決書が作成されていないことを理由に，これも判決に影響を及ぼす訴訟手続

の法令違反となるとしている。

【225】 東京高判昭37・5・10 高刑集15・5・331（判タ133・50）

判旨　「本件は原審において判事Aを裁判官とする単独制裁判所により審理され，右裁判所は原審の昭和36年7月13日の公判期日に被告人及び原審共同被告人B，Cに対し判決を宣告し，右判決に対し被告人の弁護人から即日控訴を申立てたこと，並びに右判決について右裁判官の署名押印ある裁判書がなく，右判決宣告期日の公判調書の次に裁判官の署名押印はないがその他の点において判決書の形式的要件を具えた判決と題する文書に右公判期日の立会い書記官Dが「裁判官Aは死亡につき署名押印できない」と附記して署名押印したものが編綴されているに過ぎないことが認められるのであって，以上の事実に徴すれば，右裁判官は判決書の草稿によって前記判決の宣告をなしたうえ判決書をタイプライターで印刷させるため草稿を係員に交付したが，その印刷ができ上らないうちに死亡したためこれに署名押印することができなかった，と推認されるのである。思うに判決の宣告は判決書の完成を待たずにその草稿によってもこれをなし得るものではあるが，判決をした場合，調書判決書を以って判決書に代えることができる場合（刑事訴訟規則第219条）の外は，判決をした裁判官が判決書を作成しなければならないのであって（同規則第53条第54条）この判決書を作成しないときは訴訟手続上の法令違反となるものと解すべきであるところ，判決書には「裁判をした裁判官が署名押印しなければならない。裁判長が署名押印することができないときは他の裁判官の1人がその事由を附記して署名押印し，他の裁判官が署名押印することができないときは裁判長がその事由を附記して署名押印しなければならない」（同規則第55条）のであって，この手続の完了を待って初めて判決書が裁判官の作成した判決書として成立するものと言うべきであり，合議制裁判所の裁判官全員或は単独制裁判所の裁判官が判決書に署名押印することができない場合には，その措置につき何等の規定がなく，従って判決書が裁判官の作成した判決書として成立するに由ないものと解さざるを得ないのであり，たとえ判決をした裁判官が判決書の草稿を作成しその草稿によって浄書又は印刷された文書ができたとしても，更にまたこのような文書に判決宣告期日の公判に立会った裁判所書記官が裁判官が署名押印することができない事由を附記してその文書が宣告された判決の判決書であることを認証したとしても，これを以って裁判官の作成した裁判書或はこれに代る効力を有するものとなすことはできないのであるから，結局本件につき原審は法令によって要求されている判決書の作成をしなかったものとして訴訟手続に法令の違反がある」。
「その違法は（略）判決に影響を及ぼすことになる」。

　判決宣告の内容と判決書の内容に齟齬がある場合も，判決に影響を及ぼす訴訟手続の法令違反があることになるとしたのが，次の裁判例である。

【226】 仙台高秋田支判昭32・6・25 裁判特報4・13・314

判旨　「判決書の記載によれば原判決主文は「被告人を懲役1年6月に処する，未決勾留日数中60日を右刑に算入する」となされておることは所論のとおりであるところ（証拠略）を総合

第3節　法379条の控訴理由（判決に影響を及ぼすことが明らかな訴訟手続の法令違反）

すれば原審A裁判官は昭和32年3月14日終結した公判期日に即日被告人に対し判決を宣告しその際「被告人を懲役6月に処する，未決勾留日数中60日を右刑に算入する旨主文を朗読したことが明白である（略）。しかして判決は公判廷において宣告により告知せられることによって効力を生ずるもので原本の記載如何に拘らず被告人に対しては右宣告された判決が効力を有するものであることは多言を要しないのであるから原判決に事実上宣告せられた主文と相違する主文を記載してある以上原審裁判官は有効な裁判書を作成しなかったことに帰しこの違法は判決の執行を不能ならしめ判決に影響を及ぼすこと明白な訴訟手続上の法令違背を冒している」。

判決書に言渡しをした裁判所の表示がない場合には，【227】が判決に影響を及ぼす訴訟手続の法令違反があるとしたが，最高裁は，【228】において，そのような違法は判決に影響を及ぼすものではないとした。

【227】　大阪高判昭34・3・27高刑集12・1・44（判タ90・40）

判旨　「原判決書末尾の記載を見るに，裁判長裁判官A，裁判官B，裁判官Cの各署名押印があるのみで，合議体を構成した裁判所の記載が認められない。尤も原審第7回公判調書の記載によれば，右裁判官は何れも大阪地方裁判所第4刑事部を構成した裁判所の裁判官であることは認められるけれども，判決書の記載自体のみによってはこれを確認するに由がない。刑事訴訟規則第55条第1項によれば，裁判書には裁判をした裁判官が署名押印しなければならないことになってお

り，同条に所謂裁判をした裁判官とは，訴訟法上適法に構成せられた裁判所の裁判官として，裁判をした裁判官を指称するものであるから，裁判をした裁判官が判決書に署名押印をするに当っては，必ずその構成せられた裁判所を記載するの要ありものと謂わなければならない。このことは，(1)裁判書の抄本には裁判所並びに裁判官の氏名を必要な記載事項として定めてあり（刑事訴訟規則第57条第2項），判決書の原本には当該裁判所の記載のあることを当然の前提としたものと認められること，(2)所謂調書判決（刑事訴訟規則第219条同第44条）においても，公判をした裁判所の記載を必要な記載事項として定められていること，(3)官吏その他の公務員の作るべき文書には所属の官公署を表示した上で，公務員が署名押印しなければならない（刑事訴訟規則第58条第1項）ことなどに徴しても，疑を容れないところである。然らば即ち，原判決書には当該裁判所の記載を欠き，判決書原本の形式要件を具備しない違法のある」。

【228】　最決昭49・4・19刑集28・3・64（判時748・193，判タ311・257）

事実　被告人は，鳥取地方裁判所倉吉支部において，業務上過失致死事件で禁錮10月の判決宣告を受け，量刑不当を理由に控訴を申し立てたが，広島高等裁判所松江支部は，控訴を棄却したところ，その判決書末尾には裁判所の表示をしなかった。被告人は，自己の過失が大とはいえないと主張して上告を申し立てた。

判旨　「原判決書をみるに，判決をした裁判官所属の官署である裁判所の表示がなく，原判決には刑訴規則58条1項に違反する違法があるが，原判決書には判決裁判所を構成した裁判官3名の署名押印があり，判決裁判所の特定に欠ける

第9章　控訴の理由

ところはないから，原判決の右違法は判決に影響を及ぼすものとは認められない。」

判決書に裁判官の押印が欠如している場合について，次の裁判例が判示している。

【229】　最決昭36・11・30 刑集15・10・1799

事実　被告人は，東京地方裁判所八王子支部において，業務上過失傷害，道路交通取締法違反事件で禁錮8月，3年間執行猶予の判決宣告を受け，控訴を申し立てて，事実誤認を主張したものの，東京高等裁判所において，控訴棄却の判決宣告を受けた。ところが，その判決書には，裁判官3名の署名と陪席裁判官2名の押印はあったが，裁判長の押印がなかった。そこで，被告人は，上告を申し立て，弁護人は，この規則55条1項に違反する訴訟手続の法令違反は判決に影響を及ぼすものであると主張した。

判旨　「原判決書に裁判長判事Aの押印を欠いている違法あることは所論のとおりであるが，同判事の署名はなされているのであって，右判決が同判事および他の2判事とにより作成されたものと認めることができるから原判決を破棄しなければ著しく正義に反するものとは認められない。」

合議体の裁判官全員や裁判長が判決書に契印をしていないことは，訴訟手続の法令違反とならないことを，次の裁判例が明らかにしている。

【230】　最判昭25・6・15 刑集4・6・1003

事実　名古屋高等裁判所が，被告人に対する窃盗事件の判決書を作成するに当たり，陪席裁判官1名のみが契印をしたことについて，弁護人が，「契印は合議裁判官の首長たる裁判長の契印でなければならぬ筋合である。而して裁判長が事情により契印出来ない時は他の裁判官がその事由を付記して契印すべきである。」として，判決に影響を及ぼすべき訴訟手続の法令違反であると主張した。

判旨　「新刑訴においては判決書に契印がないということだけでは判決を破棄すべき法令違反ではない（刑訴378条，379条参照）。また，判決書に裁判官全員又は裁判長が契印しなければ判決書の各葉が連続しないともいえない。されば，原判決書の各葉に陪席裁判官1人の契印がある以上その連続に欠くるところは認められない。」

もっとも，規則58条2項により，契印に代えて，これに準ずる措置をとることができるとされており，現在では判決書に契印がされることはない。

第 4 節　法 380 条の控訴理由（判決に影響を及ぼすことが明らかな法令適用の誤り）

第 4 節　法 380 条の控訴理由（判決に影響を及ぼすことが明らかな法令適用の誤り）

罪となるべき事実に実体法規である刑罰法令を適用するに際して，誤った法解釈のもとに刑罰法令を適用した場合，法令適用の誤りがあることになる。

1　刑罰法令のあてはめ

刑罰法令のあてはめ自体が誤っていることを理由とする場合には，原則として，その違法は判決に影響を及ぼすものと考えられ，その旨の裁判例として，以下のものがある。

【231】東京高判昭 24・12・10 高刑集 2・3・292

判旨　「刑法第 238 条の窃盗が逮捕を免れるため暴行脅迫を加えたという準強盗罪の成立には犯人が少くとも窃盗の実行行為に着手したことを要するのである。しかして窃盗の目的で他人の家に侵入してもこれだけでは窃盗の実行着手ではない。（略）従って右事実は準強盗でなく従ってAを現場で死に致しても強盗致死罪の成立がない。

単に傷害致死罪の成立があるだけである。しかるに原判決が右事実に対し刑法第 238 条，第 240 条後段の規定を適用したのは擬律錯誤の違法があって右違法は判決に影響あること明白である。」

【232】仙台高判昭 27・9・15 高刑集 5・11・1820

判旨　「同意殺人の罪が成立する余地なく殺人罪のみが成立するものと認むべきであるのに原判決は，この解釈を誤り本件を殺人罪で問擬せず嘱託又は承諾による殺人罪とし関係法条を適用して処断したのであって之が法令適用の誤りは判決に影響を及ぼすこと明らかである」。

【233】東京高判昭 34・11・28 高刑集 12・10・974（判タ 99・29）

判旨　「原判決は判示勝馬投票券を刑法第 155 条第 3 項所定の公文書に該当するものとして法令を適用しているのであるが，本件勝馬投票券はその性質用途目的に鑑みこれを横浜市の発行すべき公文書と認めるよりは刑法第 162 条第 163 条所定の有価証券にあたるものと解するを相当とする。即ち右各本条にいわゆる有価証券とは財産上の権利が証券に表示され，その表示された権利の行使につきその証券の占有を必要とするものであって，その証券が取引上流通性を有すると否とは必ずしもこれを問わないものと解すべきであり（略）本件勝馬投票券はこれに該当するものと認められるからである。故にこの点において原判決は法令の解釈適用を誤った違法があり右違法は判決に影響を及ぼすものと認められる」。

第9章 控訴の理由

【234】 最判昭 63・10・27 刑集 42・8・1109
（判時 1296・28，判タ 684・182）

[事実] 被告会社で，タンクローリーで運搬された液体塩素を貯蔵タンクに入れる作業中，誤って大量の塩素ガスを大気中に放出させて，付近住民等に傷害を負わせたため，操作を誤ったA，その監督者B，受入担当技師C，総括責任者Dとともに，人の健康に係る公害犯罪の処罰に関する法律3条により起訴され，津地方裁判所は，いずれも有罪として，被告会社を罰金200万円，被告人ABCDを禁錮4月，2年間執行猶予の判決を宣告し，控訴審である名古屋高等裁判所もこれを支持した。これに対して，被告人から上告が申し立てられ，弁護人は，本件に人の健康に係る公害犯罪の処罰に関する法律3条を適用するのは誤りであるなどと主張した。

[判旨] 「本件事故は，アエロジルの製造原料である液体塩素を工場内の貯蔵タンクに受け入れる事業活動の過程において発生した事故であって，事業活動の一環として行っている廃棄物その他の物質の排出の過程において人の健康を害する物質を排出したことによって発生した事故ではないのであるから，本件事故につき」（人の健康に係る公害犯罪の処罰に関する法律）「公害罪法3条を適用することはできないものというべきである。したがって，被告人A，同B，同C及び同Dに対し同法3条2項の罪の成立を認め，かつ，これを前提として被告会社に対し同法4条を適用した第1審判決及びこれを支持した原判決は，いずれも法令の解釈適用を誤ったものというべきである。そして，被告会社に対しては，本件は罪とならないものとして無罪の言渡しをすべきであるから，右の誤りは判決に影響を及ぼすことが明らかである」。

なお，刑の免除を言い渡すべきであるのに，刑を言い渡したことが，判決に影響を及ぼす法令適用の誤りであるとしたのが，次の裁判例である。

【235】 大阪高判昭 38・12・24 高刑集 16・9・841（判タ 159・117）

[判旨] 「本件窃盗犯人たる被告人とその被害者（本件盗品の所有者にして且つ占有者）たるAは，刑法第244条第1項の適用を受ける同居の親族関係にあったものとして，本件被告人の原判示第2の2の窃盗については，同条によりその刑を免除すべきであるにかかわらず，右同居の親族関係にあった事実を看過し，右窃盗の点についての刑の言渡をした原判決には，判決に影響を及ぼすことが明らかな事実の誤認引いては法令適用の誤りがある」。

また，科刑上一罪の一部について犯罪が成立しないとした原判決について，判決に影響を及ぼすべき法令適用の誤りがあるとされたのが，以下の裁判例である。

【236】 福岡高判昭 26・12・12 高刑集 4・14・2092

[判旨] 「被告人等の本件各所為は，一面窃盗罪にあたるとともに他面いわゆる公衆の飲料の用に供する浄水の水道を損壊した罪にあたるものであることが明白であるから，原判決が冒頭掲記のような理由によって，被告人等の本件各所為を以て窃盗罪のみを構成するものとなし，水道損

第4節　法380条の控訴理由（判決に影響を及ぼすことが明らかな法令適用の誤り）

壊罪について，その犯罪の証明がないものとして，無罪の認定をしたのは法律の解釈を誤った結果，法令の適用を誤ったもので，その誤が原判決に影響を及ぼすことが明白である」。

【237】　東京高判昭37・6・21 高刑集4・5＝6・383（判時306・38，判タ135・70）

判旨　「道路交通法第72条第1項前段の規定は同項後段の場合と異なり刑法犯的規定であり，同項後段の場合は専ら行政取締の目的に出た行政犯的規定と解すべきであり，したがって，両者はその義務の内容も，法益も異質のものと解せられ，その規定の性質上後段の報告義務を認めた規定は，弁護人所論のごとく，決して憲法の条規に反するものとはなし難いところである。されば，原判決が本件公訴事実中報告義務違反の点を罪とならないものとして被告人に対し無罪の言渡をしたことは結局道路交通法第72条第1項の解釈適用を誤ったものというべく，この誤りが判決に影響を及ぼすことは明らかなところである」。

　もっとも，次の裁判例は，一罪の一部の刑罰法令のあてはめについて，法令適用の誤りがあるとしながら，その誤りは判決に影響を及ぼさないとしたものである。

【238】　最判昭47・3・14 刑集26・2・187（判時664・97，判タ276・256）

事実　被告人は，暴力団の抗争に備え，けん銃，日本刀のほか，ダンプカーの準備があるのを知って集合したとの兇器準備集合事件等で起訴され，大阪地方裁判所において，懲役10月の判決宣告を受け，控訴を申し立てた大阪高等裁判所においても，控訴棄却の判決宣告を受けた。これに対して，被告人から上告が申し立てられ，弁護人から，ダンプカーを兇器としたのは法令の解釈適用に誤りがあるなどと主張した。

判旨　「原判決は，（略）右ダンプカーが刑法208条ノ2にいう「兇器」にあたるとしているが，（略）原判示ダンプカーは，未だ，同条にいう「兇器」にあたらないものと解するのが相当である。これと異なる判断をした原判決には，右「兇器」についての解釈適用を誤った違法があるが，原判決の維持する第1審判決によれば，被告人らは，右ダンプカーのほか，けん銃，日本刀などの兇器の準備があることを知って集合したというのであるから，右ダンプカーを除いても，被告人につき同条所定の兇器準備集合罪が成立するのであり，原判決の右違法は判決に影響を及ぼすものとは認められない。」

　これに対して，刑罰法令のあてはめの誤りが法令適用の誤りに該当するとしながらも，正当な法令の適用と誤った法令の適用とを比較検討して，罪質，法定刑が同一であることを理由に，その違法は判決に影響を及ぼさないとしたのが，次の裁判例である。

【239】　最決昭32・1・17 刑集11・1・23

事実　被告人は，神戸地方裁判所において，行使の目的で，為替手形用紙に振出人欄を白地とした額面ほかの要件を記載した為替手形に引受けをした旨の手形を偽造して行使し，現金9

上訴の申立て　**173**

万円を詐取した等の事件で刑法162条1項等に該当するとして懲役1年の判決宣告を受け、控訴審の大阪高等裁判所において、量刑不当の論旨が理由ありとして懲役8月の判決宣告を受けた。これに対して、被告人から上告が申し立てられ、弁護人は、刑法162条1項には該当せず、162条2項が成立するから、法令適用の誤りがあるなどと主張した。

判旨　「原判決の認容した第1審判決の判示第1の事実は、被告人が、振出人欄を白地とした金額9万5千円の為替手形1通につき判示のごとき引受のあった旨の記載をなして手形の偽造をしたというのである。そして、刑法162条2項にいわゆる「虚偽ノ記入」とは、既成の有価証券に対すると否とを問わず（略）、有価証券に真実に反する記載をするすべての行為を指すものであって、手形にあっては基本的な振出行為を除きたいわゆる附属的手形行為の偽造等をいうものと解するを相当とする。されば、原判決が被告人の前記所為に対し第1審判決と同じく刑法162条1項を適用したのは違法であるといわなければならない。しかし、同条1項と2項とは、その罪質も法定刑も同じであるから、原判決の右違法は、判決に影響を及ぼすものではな」い。

　同様の判示をするものとして、大阪高判昭25・2・16特報9・26（贓物寄蔵と贓物故買）、東京高判昭27・2・12特報29・36（有価証券変造と同偽造）、東京高判昭27・10・24特報37・60（1項詐欺と2項詐欺）、名古屋高判昭28・7・7高刑集6・9・1182（公職選挙法221条1項3号と同1号）、広島高判昭28・9・9高刑集6・12・1642（建造物損壊と船舶損壊）、東京高判昭28・11・24特報39・199（強姦未遂致傷と強姦既遂致傷）等がある。

2　共　　犯

　共同正犯に対する法令の適用に際して、刑法60条の適用を遺脱したという事例について、実際には適用しているとみるべきであり、単に記載の書き落としがあるだけであるとしたのが、次の裁判例である。

【240】　最判昭24・1・20刑集3・1・40

事実　被告人は、札幌高等裁判所函館支部において、窃盗事件で懲役1年6月の判決宣告を受けたが、その判決書の法令の適用では、刑法235条と記載があるだけであった。そこで、被告人から上告が申し立てられ、弁護人は、「相被告人Aとの共犯なりと判示しながら其判決書に於て右共犯を認定した刑法60条を適用する事を遺脱したのは明に刑事訴訟法360条409条に違反する不法の判決であって破毀を免れないものと信ずる」と主張した。

判旨　「原判決において刑法第60条を適用した旨を判文上明示していないことは所論の通りである。しかし原判決は「被告人は(1)原審相被告人Aと共謀の上(イ)……窃取し……(3)原審相被告人A同Bと共謀の上……窃取し」と判示しているから原判決は第1審相被告人等と被告人とは本件犯行について共謀したことを認定し且共謀に基いて被告人は第1審相被告人等の犯行の見張をしたことを認定し本件犯行を共同正犯であると断じ

第4節　法380条の控訴理由（判決に影響を及ぼすことが明らかな法令適用の誤り）

たものである。従って刑法第60条を適用した旨を判文上明示しなくても同条を適用しているものであることは自ら明白である」。

なお，幇助犯を教唆犯と誤認した場合，判決に影響を及ぼすべき事実の誤認及び法令適用の誤りとしたのが，次の裁判例である。

【241】　仙台高判昭32・1・30 高刑集14・14・2154（判タ70・83）

事実　被告人は，福島地方裁判所相馬支部において，「新聞記事取材の目的で来訪した新聞記者Aより質問されるや，これらの事情を知りながら，これに応じて記事の材料を提供した結果，その送付の原稿に基づき，同新聞紙上に，「年少者も酷使？中村営業所人権問題，労基署でも調査へ」の表題で，Bの写真を掲載し，「解雇された被告人の話，寝耳に水でバス代横領とは心外だ，それにこの野郎ふざけるなどの暴言を吐き身体検査をされ，無実の罪を着せられ退職届も書かないのにこれを本社に提出したことは当然私文書偽造であり断固闘う」と掲載されたものを発行し，多数の読者に配布させ，以て公然事実を摘示してBの名誉を毀損した」旨の名誉毀損で罰金3000円，2年間執行猶予の判決を宣告され，これに対して，控訴を申し立て，弁護人が，教唆犯は成立せず，幇助犯が成立するに過ぎないなどと主張した。

判旨　「Aは，すでに被告人から右談話を取材する際，自己の探知していた右Bの名誉を毀損する事実に応当する事実を新聞紙上に掲載発行する意思すなわち，名誉毀損の故意があり，唯その実行が被告人の右事実に関する談話を得ることにかゝっていたにすぎず，Aは被告人の右談話により，はじめて右事実を新聞紙上に掲載発行する名誉毀損の故意を生じたものではないと認むべくかかる故意を持つAに対し情を知りながらBの名誉を毀損する談話をし，これを新聞紙上に掲載発行せしめた被告人の所為はA等の名誉毀損罪に対する教唆犯ではなく幇助犯を構成するものといわなければならない。それ故，被告人に対し右の罪の教唆犯を認め且つ正犯の法条を以て問擬した原判決には事実の認定並びに法令の適用を誤った違法がありこれらの違法は判決に影響すること明らかである」。

3　両罰規定

両罰規定の適用遺脱について，従前は判決に影響を及ぼさないものと解されていたが（最決昭30・10・18刑集9・11・2253等），次の裁判例を契機として，判決に影響を及ぼすべき法令適用の誤りとされるようになり，最決平7・7・19刑集49・7・813（判時1542・140，判タ888・149）も同旨の判断を示している。

【242】　最決昭55・11・7刑集34・6・381（判時987・129，判タ430・78）

事実　被告人は，許可を受けないで，産業廃棄物の処理業を営んだとして，高松簡易裁判所において，廃棄物の処理及び清掃に関する法律14条1項，25条，29条により罰金6万円の判決宣告を受け，控訴審の高松高等裁判所において，自然人である被告人には29条を適用する余地はないが，無用の法条を列記しただけであるから，判

第9章　控訴の理由

決に影響を及ぼさないとして，控訴棄却の判決宣告を受けた。これに対して，被告人から上告が申し立てられ，弁護人は，「14条の許可不申請をすべき主体は法人そのものであって，右許可申請について個人として業を営もうとしたものでない被告人個人が処罰される理由はない」から，原判決は，法令解釈の誤りにより，罪とならない被告人を処罰しているなどと主張した。

> 判旨　「廃棄物の処理及び清掃に関する法律（略）14条1項は，同項但書の場合を除き，産業廃棄物の収集，運搬又は処分を業として行おうとする者は，当該業（以下「産業廃棄物処理業」という。）を行おうとする区域を管轄する都道府県知事の許可を受けなければならないとし，法25条は，右14条1項の規定に違反した者を処罰する旨定めている。ところで，本件において知事の許可を受けるべきであった者は，産業廃棄物処理業を行おうとした原判示A組合であり，したがってまた，法14条1項の規定に違反した者は右組合であるから，同組合の代表理事である被告人は直接法25条によって処罰されるわけではない。しかし，被告人は，右組合の業務に関し法25条の違反行為をしたのであるから，法29条に「行為者を罰するほか」とあることにより，右罰則の適用を受けるものと解すべきである（略）。したがって，原判決が被告人の本件所為に対しては法29条を適用すべきでないとしているのは誤りであるが，この違法は刑訴法411条により原判決を破棄しなければ著しく正義に反するものとは認められない。」

両罰規定については，その立法形式により，適用条文に差異があり，実務上も誤った法適用がされることが珍しくないのであり，本件のような裁判例は，そのような誤りについての対処例と考えられる。

4　白地刑罰法規

いわゆる白地刑罰法規を補充する規定の適用遺脱について，次の裁判例は，破棄すべき法令の違反があるとした。この裁判例の読み方については，理由不備に当たるとする裁判例（例えば，福岡高判昭29・9・30高刑集7・9・1481）と判決に影響を及ぼすべき法令適用の誤りに当たるとするする裁判例（例えば，東京高判昭59・8・8刑裁月報16・7＝8・532）との両説がある。

【243】　最判昭26・7・20刑集5・8・1556

事実　被告人及び被告会社は，名古屋高等裁判所において，臨時物資需給調整法違反事件で，いずれも有罪の判決宣告を受けたが，その法令の適用に際して，繊維製品配給消費統制規則10条を掲げてはいたものの，そこでいう指定繊維品とは，昭和17年商工省告示第49号により指定されたものをいうのに，上記告示を掲げていなかった。そこで，上告審において，弁護人は，構成要件の空白部分を埋める告示を記載しなかった違法があると主張した。

判旨　「原判決は被告人Aの行為に対する適用法令として臨時物資需給調整法1条4条繊維製品配給消費統制規則10条（略）を掲げているのであるが，右規則10条のいわゆる指定繊維製品というのは同規則2条により商工大臣の指定によるものであって，昭和17年1月20日商工省告示第49号によって指定されているのである。即ち前

第4節　法380条の控訴理由（判決に影響を及ぼすことが明らかな法令適用の誤り）

示規則10条は右告示によってその内容が具備しているのであるから，臨時物資需給調整法の罰則を適用するには右規則10条の外に右告示49号を掲げなければならないのである。しかるに原判決は前示のように適用法令として右告示を掲げていないのであるから，原判決を破棄すべき法令の違反がある」。

5　刑罰法令のあてはめと判決への影響

科刑上一罪の関係にあるものを科刑上一罪と評価しなかった点において法令適用の誤りがあるとしながら，その誤りが判決に影響を及ぼさないとしたのが，以下の裁判例である。

【244】　最判昭26・12・25刑集5・13・2613

事実　被告人は，広島高等裁判所岡山支部において，A，B両名に脅迫を加えて，Aから現金を，Bから物品を喝取したほかに，2件の恐喝を敢行したと認定され，懲役1年の判決宣告を受けた。これに対して，被告人から上告の申立てがあり，弁護人は，上記認定によれば，Aに対する恐喝とBに対する恐喝とは別罪であり，刑法54条1項の観念的競合の関係にあり，これを単純一罪としたのは，従来の判例に違反する旨主張した。

判旨　「所論の犯行が処断上一罪であるとしても他の原判示恐喝の所為との関係においては刑法第45条前段の併合罪の関係にあること勿論であって，結局原判決は最も重い判示第3の恐喝罪の刑に併合罪の加重をして処断して居るのであ

るから，原審が所論の犯行について刑法第54条第1項前段第10条を適用しなかった判例違反があるとしても判決に影響を及ぼさないこと明らかである」。

【245】　最決昭42・8・28刑集21・7・863（判時494・72，判タ211・181）

事実　盛岡地方裁判所は，被告人について，①Aから金員を詐取するため，B所有不動産について，Bに無断でAを債権者とする抵当権設定登記をしようと企て，行使の目的で，B名義の委任状を偽造し，これを真正なものとして関係書類とともに登記官吏に提出して行使し，情を知らない登記官吏をして，土地建物の登記簿原本に上記抵当権が設定された旨不実の登記をさせ，これを備え付けて行使したほか，②Aに対し，B所有不動産に抵当権を設定するから70万円を貸して欲しいとうそをつき，上記抵当権が設定された旨の登記済み証を示して，真実抵当権設定登記を経由したと誤信させ，Aから借用名下に70万円の交付を受けて詐取したとの事実を認定し，①の私文書偽造，同行使，公正証書原本不実記載，同行使は刑法54条1項後段の牽連犯であり，これと②の詐欺は刑法45条前段の併合罪であるとした。控訴審である仙台高等裁判所は，他の理由で1審判決を破棄しして自判したが，1審判決の事実認定及び法令の適用を是認した。これに対して，上告趣意において，弁護人から，全体として1個の牽連犯であるから，原判決は誤りであると主張された。

判旨　「公正証書原本不実記載罪およびその行使罪と詐欺罪とは，罪質上通例手段結果の関係にあるものと認められるから，右数罪は，刑法54条1項後段のいわゆる牽連犯に当るものといわなければならない（略）。

そうすると，これと異なる見地に立って，右公正証書原本不実記載罪およびその行使罪と詐欺罪とを併合罪の関係にあるものとした原判決は，法令の解釈適用を誤ったものというべきである。しかしながら，原判決は，右数罪のほか，これらと併合罪の関係にある2個の詐欺罪および1個の業務上横領罪を合わせて1個の併合罪として，もっとも重い詐欺罪の刑に法定の加重をした刑期の範囲内で処断しているのであるから，右違法は，判決に影響を及ぼさない。」

これらは，正当に法令を適用した場合と比較しても，処断刑の範囲に差異を生じないことを理由とするものであって，以下の裁判例にあるように，多くの裁判例は同旨の見解に立つものである。

【246】　東京高判昭50・2・20高刑集28・1・101

事実　被告人は，無免許運転，その際の酒酔い運転及び業務上過失致傷，救護義務違反，報告義務違反事件で起訴され，水戸地方裁判所下妻支部において，酒酔い運転及び業務上過失致傷が観念的競合の関係にあり，他は刑法45条前段の併合罪の関係にあるとされて，無免許運転について罰金3万円，他の罪については懲役7月，3年間執行猶予の判決を宣告された。これに対して，検察官から控訴が申し立てられ，無免許運転と酒酔い運転が観念的競合の関係にあり，酒酔い運転と業務上過失致傷とは併合罪の関係にあるから，同裁判所の法令の適用には誤りがあり，これは判決に影響を及ぼすものであると主張された。

判旨　「原判示第1の無免許運転の罪と同第2の酒酔い運転の罪とは，1個の車両運転行為が同時に右両罪に該当する場合であるから観念的競合の関係にあると解すべきであり，他方右の酒酔い運転の罪とその運転中に行なわれた業務上過失傷害の罪とは，酒に酔った状態で運転したことが本件過失の内容をなしている場合であるけれども，社会的見解上は別個のものと評価すべきであるから，右両罪は併合罪の関係にあると解すべきである。従って，原判決には所論の指摘するとおり法令の適用に誤りがある。そこで，さらに右の誤りが判決に影響を及ぼすことが明らかであるか否かについて考えるに，原判決の見解に従って法令を適用すると，無免許運転に罪についてだけ罰金刑を選択したのであるから，その処断刑は，4年6月以下の懲役と5万円以下の罰金刑となるが，仮りに無免許運転の罪について懲役刑を選択した場合は，その処断刑は，4年6月以下の懲役となる。これに対し，前記のとおり正当に法令を適用すると，その処断刑は，観念的競合の関係にある無免許運転の罪と酒酔い運転の罪につき科刑上の処理をしたうえ，これについて罰金刑を選択した場合は，4年6月以下の懲役（業務上過失傷害の罪については原判決と同じく禁錮刑を選択する。）と5万円以下の罰金となり，懲役刑を選択した場合は，4年6月以下の懲役となる。以上によれば，罪数についていずれの見解をとっても処断刑に変りがないことになる。そうすると，原判決の法令適用の誤りは，いまだ判決に影響を及ぼすことが明らかであるとはいえない」。

第4節　法380条の控訴理由（判決に影響を及ぼすことが明らかな法令適用の誤り）

【247】　東京高判昭57・11・4高検速報昭57・469（判時1087・149，判タ489・129）

判旨　（原判決が）「法令の適用において，「強盗致傷の点は同法（刑法）240条前段に，強盗強姦未遂の点は同法243条，241条前段にそれぞれ該当するところ，右は1個の行為で2個の罪名に触れる場合」であると判示していることは所論指摘のとおりであるところ，刑法が強盗罪，強姦罪とは別個の犯罪類型として強盗強姦罪の規定を設け，その中でこの犯行によって生じた致死の点のみを重視してこれを特に重く処罰する定めをおいていることにかんがみると，単に傷害の結果が発生したにすぎない場合には，同罪の法定刑の範囲内でまかなおうとした趣旨と解せられるから，本件所為に対する擬律としては，同法243条，241条前段のみを適用すべきものと解するのが相当である（略）。

してみると，原判決にはこの点において法令適用の誤りがあるというべきであるが，右のように解してこれを強盗強姦未遂の単純一罪とした場合と原判決のように右罪のほか強盗致傷罪の成立をも認めて，両者は科刑上の一罪の関係にあるとして同罪所定の刑をもって処断した場合とでは，法定刑に差異がないばかりか，強盗強姦未遂罪の所定刑中有期懲役刑を選択し，刑法45条前段の併合罪の関係にある各罪につき，原判決と同様の法令を適用して，累犯の加重と最も重い右強盗強姦未遂罪につき定めた刑につき併合罪の加重をしたうえ，犯情を考慮し未遂減軽又は酌量減軽のいずれかにより1回の減軽をするのが相当と認めるべき本件においては（原判決の宣告刑は懲役6年である。）処断刑においても両者の間に差異を生じない。（略）してみれば，原判決の右のような法令適用の誤りはいまだ判決に影響を及ぼすものではな」い。

しかし，以下の裁判例は，処断刑に変動を来さない場合であっても，判決に影響を及ぼすべき法令適用の誤りとなるとしている。

【248】　東京高判昭46・8・18高刑集24・3・506（判時654・103，判タ271・284）

事実　被告人Aは，水戸地方裁判所土浦支部において，いわゆる買収行為4個で起訴されたが，3個は立候補届出前のもの，1個は立候補届出後のものであったのに，すべて立候補届出後の加重規定が適用されて，禁錮8月，2年間執行猶予の判決宣告を受け，これに対して控訴を申し立てて，弁護人は，事実誤認等を主張したが，東京高等裁判所は，次のように判断して，職権で1審判決を破棄した。

判旨　「被告人Aに関する法令の適用の当否を検討するのにまず原判決は被告人Aの立候補届出前の原判示第1の(1)(3)および第4の金員供与および饗応接待の所為もまた公職選挙法221条1項1号，3項に該当するものとしているが，同条3項にいう「公職の候補者」とは，同法の規定にもとづく正式の立候補届出により候補者としての地位をもつに至った者を称し，未だ正式の届出をしないいわゆる「公職の候補者となろうとする者」を包含しないことは最高裁判所判例（略）の示すとおりであるから，原判決が立候補届出前の原判示第1の(1)の金員供与，同(3)の饗応接待，第4の饗応接待の各所為につき同条3項を適用したのは法令の適用を誤ったものといわなければならない。もっとも，被告人Aの所為としては，そのほかに原判示第1の(2)の被告人が立候補した後の現金3万円供与があり，原判決はこれに対して同法221条1項1号，3項を適用し，これと原判示第1の

上訴の申立て　**179**

第9章　控訴の理由

(1)(3)および第4の所為とは併合罪の関係にあるものとして右の3項の規定する法定刑のうち4年以下の禁錮刑を選択し，これに併合罪の加重をしているのであるから，仮に原判示第1の(1)(3)および第4の所為に正当な法令の適用をしたとしても，併合罪加重の結果は結局その処断刑が6年以下の禁錮刑になることに変わりはない。しかし，原判決は，同一の処断刑の範囲内であるとはいえ，その掲げる適用条文よりみれば，原判示第1の(1)の現金5万円の供与，同(3)の合計金7,695円の饗応接待，第4の合計金4,080円の饗応接待の法定刑がいずれも3年以下の禁錮刑ではなく4年以下の禁錮刑であると誤解してこれに一応それぞれ刑罰評価を加え，これを基礎としてさらに正当な法令の適用をした原判示第1の(2)の現金3万円の供与と共にこれらを併合罪として全体としての量刑判断をして主文の刑を導いたものと認めるほかなく，前示の供与などの回数，その金額などからみて，その量刑判断の中で違法な刑罰評価をした部分の占める位置が特に大きいことに徴すれば，原判決にその法令適用の誤がなかったならば現になされた判決とは異なる判決がなされたであろう蓋然性が充分にあるといわざるをえないから，本件の法令適用の誤は判決に影響を及ぼすことが明らかである」。

【249】　東京高判平9・3・11東高時報48・1＝12・12

判旨　「原判決は，罪となるべき事実第4の3（略）罰条として，右事実に，包括して銃砲刀剣類所持等取締法3条1項，31条の3第1項を適用している。しかしながら，同法上，右31条の3第1項は，同法3条の4にいう「けん銃等」を所持した場合に適用されるべき罰条であって，「けん銃等」に当たらないあいくちの所持に適用されるべき罰条は，同法31条の16第1項1号であるから，この点，原判決には法令の適用に誤りがあるというほかはない（略）。ところで，原判示第4の所為については，3のあいくちの所持と，1の覚せい剤の営利目的所持，2の麻薬所持及び4の折りたたみ式ナイフの不法携帯との間に，1個の行為で4個の罪名に触れるという関係があるから，刑法54条1項前段，10条により，以上を一罪として最も重い1の覚せい剤の営利目的所持の罪（略）の刑で処断することとなる。したがって，原判示第4の所為中，3のあいくちの所持に適用される罰条は，直ちに処断刑の基礎となる刑ではない。しかしながら，観念的競合の関係にある各点に適用される各罰条の法定刑は，それ自体が処断刑にならない場合でも，刑の量定に当たり，十分に考慮しなければならないことであるから，とりわけ，本件のように，原判決が誤って適用した，銃砲刀剣類所持等取締法31条の3第1項の法定刑が1年以上10年以下の懲役であるのに対し，正しい適用法条である同法31条の16第1項1号の法定刑が3年以下の懲役又は50万円以下の罰金であって，その間に著しい軽重の差があるようなときには，右誤りが，刑の量定に大きな影響を及ぼすものといわなければならない。すなわち，原判決には原判示第4の事実に関し，判決に影響を及ぼすことが明らかな法令の適用の誤りがあるというほかない。」

続いて，誤った法令の適用と正当な法令の適用との間で処断刑の範囲に差異が生じる場合，判決への影響の有無について，相反する裁判例が存在する。

まず，判決への影響を否定する裁判例とし

第4節　法380条の控訴理由（判決に影響を及ぼすことが明らかな法令適用の誤り）

て，次のものがある。

【250】　最判昭30・3・16刑集9・3・461

[事実]　三条簡易裁判所において，被告人Aは，19件の農業団体法67条違反（罰金刑は3000円以下）を認定されて罰金7500円，被告人Bは16件の同法違反及び農業協同組合法99条違反（罰金刑は1万円以下）を認定されて罰金1万5000円の判決宣告を受け，控訴審である東京高等裁判所においては，連続犯規定の適用により，被告人Aは14件の農業団体法67条違反，被告人Bは14件の同法違反及び農業協同組合法99条違反で有罪としたものの，「原審は要するに，併合罪として罰金額を合算しその範囲内において処断するに際し，その合算額の認定を誤ったに過ぎないものであって，しかも原判決の宣告した罰金刑は正当な合算額の範囲内の刑であり，且つその範囲内の量刑として，重きに過ぎるものとは認められない」として，控訴棄却の判決宣告を受けた。これに対して，被告人から上告が申し立てられ，弁護人は，「第1審判決に於て認めたる罰金の合算額と弁護人主張の事実の罰金額（即ち控訴趣旨通りの事実の合算額）とは異なる訳である。従って正当なる合算額の範囲で量刑されたとはいい得ないもので，第1審判決をその侭に認めた第2審判決は擬律錯誤の違法を敢てしているものでこの点は判決に影響あること勿論である。」と主張した。

[判旨]　「第1審の認めた罪数による罰金の合算額は，被告人Aに対しては5万7千円，同Bに対しては5万8千円となり，第2審の認めた罪数による罰金の合算額は，被告人Aに対しては4万2千円となり，同Bに対しては5万2千円となるわけである。それ故，原判決は第1審判決が被告人Aに対し罰金7千5百円，同Bに対し罰金1万5千円を宣告したのは，何れも第2審の認める正当な罰金合算額の範囲内の刑であるとしたのであって正当である。そして，第1審のこの宣告刑は，その範囲の量刑としては重くはないし，また第1審及び第2審の認める合算額の何れに比べても甚だ低いものであるから，原審の指摘する第1審判決の法令違反は，判決の結論に影響を及ぼすことが明らかではない。」

同様の見解に立つと思われるのは，東京高判昭55・1・24東高時報31・1・3（「原判決の宣告した刑はなお右誤りを是正したうえでの処断刑の範囲内にあり，必ずしも直ちに原判決を破棄すべきものとは解せられな」いとする）大阪高判昭62・11・24判時1262・142，判タ663・228（「原判決の宣告刑が正当な処断刑の範囲内にあり，しかも処断刑の下限に近接した領域で量定されていること」を理由とする），大阪高判昭63・5・18判時1309・152（「処断刑の下限が同じであり，上限との間にかなりの幅があるところ，原判決の量刑は下限に近い刑期であって，異なった刑が言い渡された蓋然性があったとは思料し難い」とする），福岡高那覇支判昭59・10・25高検速報昭59・525（判時1176・160）（「原判決の宣告刑は，正当な処断刑の範囲内にあり，かつ，原判決の正当な処断刑に対する超過割合の外，被告人の本件犯行の罪質，態様，結果，被告人の前科等の情状を考慮すると，正当な処断刑の範囲内で量刑されたとしても，原判決の量刑と異なる判決がなされたであろう蓋然性はなかった」ことを理由とする）等がある。

第9章　控訴の理由

　一方で，以下の裁判例を初めとして，誤った法令の適用と正当な法令の適用との間で処断刑の範囲に差異が生じる場合には判決への影響を肯定する一群の裁判例が存在する。

【251】　東京高判昭46・7・5高刑集24・3・441（判時648・108，判タ267・317）

判旨　（業務上過失傷害，無免許運転，酒酔い運転の罪に問われた）「被告人に対して原判決のようにそれぞれ禁錮・懲役を選択した場合の処断刑は7年以下の禁錮となり，この三者を併合罪とした原判決の処断刑7年6月以下の禁錮はこれより重いから，原判決の右の法令の適用の誤りは判決に影響を及ぼすこと明らかである」。

【252】　東京高判昭59・3・13東高時報35・1＝3・6

判旨　「原判決は，法令の適用において，併合罪の処理をするにあたり原判示第5の無免許運転の罪の刑が最も重いとして同罪の懲役刑に併合罪の加重をしているところ，被告人の原判示第1，第3の各業務上過失傷害の所為は刑法211条前段，罰金等臨時措置法3条1項1号に，同判示第2，第4の各救護義務違反・報告義務違反の所為は道路交通法72条1項前段・後段，117条，119条1項10号に，同判示第5の無免許運転の所為は同法64条，118条1項1号に各該当し，原判決は同判示第1の業務上過失傷害罪につき禁錮刑，その余の罪につき懲役刑を選択しているものであるから，同判示累犯前科との関係で同判示第2ないし第5の罪につき再犯の加重をすると，最も刑の重い罪は同判示第3の業務上過失傷害罪であることが明白であり，従ってこの刑に刑法47条本文，10条により法定の併合罪加重をすべきものであって，原判決が前記のように原判示第5の無免許運転の罪の刑をもって最も重いとし，これに併合罪加重をしたのは法令の適用を誤ったものというほかない。そして，原判決のように誤って原判示第5の無免許運転の罪の刑に併合罪加重をすると処断刑は懲役1月以上1年6月以下となり，本件の正当な処断刑懲役1月以上15年以下とは格段の差異があるところ，原判決の量刑は右正当な処断刑の範囲内にあるとはいえ後記判示のとおり軽きに失するものと考えられるのであって，したがって，原判決の前記法令適用の誤りは判決に明らかに影響を及ぼすものと認めざるを得」ない。

【253】　東京高判平2・12・12高検速報平2・184（判時1376・128）

判旨　「被告人の前記所為は，負傷した被害者A及び同Bの各人ごとに強盗致傷罪が成立するほか，金品を奪取された被害者C及び同Dの各人ごとに強盗罪が成立し，以上は刑法45条前段の併合罪として処断すべきものと解するのが相当である（略）。そうすると，これと異なり，被告人の所為については2個の強盗致傷罪だけが成立し，両者がいわゆる一所為数法の関係にあるものとして処断すべきものとした原判決は，法令の解釈，適用を誤ったものであり，その誤りは判決に影響を及ぼすことが明らかである」。

第4節　法380条の控訴理由（判決に影響を及ぼすことが明らかな法令適用の誤り）

【254】　東京高判平5・6・1 東高時報44・1＝12・34

判旨　「原判決は，「法令の適用」の項において，原判示第1ないし第6の各罪について，罰条の適用，科刑上一罪の処理，累犯加重をしたうえ，併合罪の処理として，「刑法45条前段，47条本文，10条，14条（最も重い判示第6（詐欺罪）の罪の刑に加重）」としており，これに従うと，被告人に対する処断刑の範囲は懲役1月以上20年以下ということになる。しかし，原判示第1ないし第6の罪の中には準強制わいせつの罪（第1の事実）があり，同罪の法定刑は6月以上7年以下の懲役であるから，本件における処断刑の下限は懲役6月でなければならない。したがって，原判決には処断刑の範囲について法令適用の誤りがあることに帰するところ，右準強制わいせつの罪の本件全体の中で占める比重のほか，原判決の宣告刑が懲役2年2月と処断刑の上限よりは下限に近い領域で量定されており，かつ，下限の誤差の幅が比較的大きいことなどにかんがみると，右の誤りは判決に影響を及ぼすことが明らかといわなければならない。」

このように2つの裁判例の流れがあるが，実務的には，後者の見解が比較的有力のようである。

6　加重減軽規定

累犯加重の適用の誤りについては，累犯加重をすべきであるのに累犯加重をしなかった場合と，累犯加重をすべきではないのに累犯加重をした場合とに分けて考えるべきである。

前者については，判決に影響を及ぼすべき法令適用の誤りとするものとして，以下の裁判例を初めとして，多数の裁判例がある。

【255】　名古屋高金沢支判昭39・4・9 下刑集6・3＝4・169

判旨　「原判決は罪となるべき事実として，被告人は福井簡易裁判所において，窃盗罪により，昭和33年7月14日懲役8月（住居侵入窃盗罪で処断）に，昭和35年9月30日懲役1年2月に，昭和36年12月22日懲役10月に各処せられ，いずれも当時，その刑の執行を受け終ったものであるが，更に常習として，昭和38年10月20日頃から同月23日頃までの間，前後9回に亘り，福井県下9個所において，他人所有の金品を各窃取した旨判示していながら，法令の適用として，被告人の判示所為は，盗犯等の防止及び処分に関する法律第3条第2条に該当するので，その所定刑期範囲内において，被告人を懲役3年に処する旨説示していて，累犯加重をしていないことは，原判決書により，一見明瞭である。また原判決挙示の証拠を総合すれば，原判示常習窃盗の事実及び前科並びにその受刑事実は，いずれもこれを認めるに十分である。然らば原判決は，罪となるべき事実として，犯罪行為とそれが累犯となるべき前科とを認定判示しながら，累犯加重をしなかった点において，判決に影響を及ぼすことが明らかな法令適用の誤りを冒している」。

第9章　控訴の理由

【256】　広島高判昭41・8・16高刑集19・5・543（判時460・74，判タ196・157）

判旨　「被告人は昭和31年12月20日広島高等裁判所において窃盗罪の第1の事実につき懲役6月，第2の事実につき懲役1年に処せられ，（略）昭和35年2月11日右懲役1年の刑に引続き懲役6月の刑の執行を終了したものであることが認められる。そうすると，」（偽造診断書行使の）「各所為はそれぞれ刑法第56条の累犯に該当することになる（略）から同法第57条により累犯加重をなすべきところ，原判決理由をみるに，原裁判所は累犯に該当することを看過し，累犯加重をしていないことが明らかであるから，右は判決に影響を及ぼすことが明らかな法令違反」である。

は刑法56条3項により再犯例の適用については懲役刑に処せられたものとみなされ，本件犯行と累犯関係にあるものというべきところ，累犯となる前科は，刑訴法335条1項にいう罪となるべき事実ではないが，これに準ずるものとして必ず認定判示すべきものであるのに，原判決はこの事実を認定判示していないのであるから，原判決には，法令の解釈適用を誤った違法があるか，あるいは累犯となる前科を見落とした事実誤認があるものというべきである。

そして，累犯となる前科は，法律上刑の加重理由となる事実であって，判決主文のよって生ずる重要な理由の一部をなすものであるから，右の法令の解釈適用の誤り，または事実誤認は，判決に影響を及ぼすことが明らかであるといわなければならない。」

【257】　東京高判昭54・12・13高刑集32・3・291（判時968・133，判タ410・139）

判旨　「原判決は，被告人がAらと共謀のうえ，昭和54年4月23日午後10時15分ころから翌24日午前零時ころまでの間に，Bら2名に対し恐喝行為をし，未遂に終ったとの事実を認定し，これに刑法249条1項，250条，60条，54条1項前段，10条を適用して，被告人を懲役8月に処しているが，原審において取調べられた（略）前科調書（略）によると，被告人は，昭和50年9月25日に千葉地方裁判所において，業務上過失傷害罪及び道路交通法違反（略）罪の併合罪により，前者については禁錮刑を，後者については懲役刑をそれぞれ選択され，重い前者の刑に併合罪の加重をされた刑期の範囲内で，禁錮10月に処せられ，昭和51年8月26日に右刑の執行を受け終っていることが認められるのであって，右前科の禁錮刑

【258】　東京高判昭56・5・21東高時報32・5・22

判旨　「前科調書によると，被告人には，(1) 昭和34年11月9日詐欺罪により懲役2年に，(2) 昭和37年3月31日詐欺罪により懲役2年に，(3) 昭和42年6月21日詐欺罪により懲役3年に，各処せられた前科があり，右(3)の刑については，昭和45年3月20日同刑の執行を受け終ったことが認められるところ，原判決が認定した罪となるべき事実第1，第2の各犯行の年月日は，第1につき，昭和49年5月17日ころから同年6月4日にかけて，同じく第2につき，同年6月15日から同年7月17日にかけてであるから，いずれも，右(3)の前科との関係で再犯の該当することが明らかである。しかるに，右(3)の前科に関する事実を全く判示せず，法令の適用においても，再犯加重の法条を適用しなかった原判決には，刑

第4節　法380条の控訴理由（判決に影響を及ぼすことが明らかな法令適用の誤り）

の加重理由となる前科に関する事実誤認、ひいて、法令適用の誤りがあるものといわなければならず、この事実誤認、法令適用の誤りは、判決に影響を及ぼすことが明らかである」。

後者については、後述の【263】を除いては、判決に影響を及ぼすべき法令適用の誤りとするものが大勢であり、そのことは以下の裁判例から看取される。

【259】　東京高判昭28・1・27判決特報38・18

判旨　「被告人は原判決摘示のように昭和27年4月3日神奈川簡易裁判所において窃盗未遂罪によって懲役10月に処せられた事実は明らかであるが、本件犯行当時たる昭和27年10月4日当時」（仮出獄中のため）「右刑の執行を受け終っていたものと認めることは到底できないのである。（略）

従って、原判決には、累犯加重を為すべき場合でないのに、本件犯行当時、被告人が右刑の執行を受け終ったものと誤認し、この誤認にもとづいて、適用すべからざる刑法第56条第57条の累犯加重規定を適用した法令適用の誤りがあるのである。そして、累犯加重が為される場合においては、所定の懲役刑の長期の2倍以下の刑期範囲内において量刑処断されることとなるのであるから、累犯加重規定の適用がない場合に比し、被告人に対し、量刑不当であることは明らかであり、累犯加重に関する法令適用の誤りは、通常刑の量定即ち処断刑（従って判決主文）に影響を及ぼすことが明らかであるというべきである。」

【260】　名古屋高判昭29・7・1裁判特報1・1・5

判旨　「被告人の本件犯行は、（略）原判決掲記の前記第2犯との関係においても、又、前記第1犯との関係においても、いずれも、累犯とならないことが明らかである。そうであるから、原判決が累犯の規定を適用して処断したのは、法令の適用に誤りがあり、その誤は判決に影響を及ぼすことが明らかである」。

【261】　大阪高判昭42・9・26下刑集9・9・1155（判時511・81、判タ215・206）

判旨　「原判決は右前科と同被告人の本件犯行（略）とは、刑法56条1項の関係にあるものとして同法57条を適用し、再犯の加重をなした処断刑の刑期範囲内で刑の量定をしているのであるが、」（原判示第2の犯行当時は）「未だ右前科の刑の執行を受け終っていなかったことが明らかであるから、右犯行について再犯の加重をしたのは明らかに法令の適用を誤っているものといわねばならない。また原判示第1の犯行は（略）再犯の要件をそなえるに至るものと解することはできない。

従って（略）原判決が右犯行を再犯と認めて、これに対して刑法56条第1項57条を適用して刑の加重をしているのも、明らかに法令の適用を誤ったものである。」そして右法令適用の誤りが判決に影響を及ぼすものであることは明らかである。

次の最高裁判所の裁判例も、同様の立場に立つものと考えられる。

第9章　控訴の理由

【262】　最決平 7・7・19 刑集 49・7・813（判時 1542・140，判タ 888・149）

事実　被告人は，平成 3 年 3 月 26 日，山口地方裁判所において，「昭和 63 年 2 月 17 日，山口県知事から，虚偽又は不正の事実に基づいて一般建築業の許可を受けた」として，建設業法違反により，懲役 6 月の判決宣告を受けたが，その判決書には，累犯前科として，「昭和 58 年 11 月 11 日山口地方裁判所徳山支部で道路交通法違反の罪で懲役 5 月執行猶予 5 年の刑に処せられ，昭和 63 年 3 月 25 日右執行猶予を取消され，後記の受刑にひき続いて受刑し昭和 63 年 12 月 6 日右刑の執行を受け終わり，昭和 62 年 2 月 18 日山口地方裁判所徳山支部で道路交通法違反の罪で懲役 4 月に処せられ昭和 63 年 7 月 6 日右刑の執行を受け終わった」との事実が掲げられ，法令の適用として，建設業法違反について懲役を選択されて，刑法 56 条 1 項，57 条による累犯加重がされていた。被告人からの控訴を受けた広島高等裁判所は，事実誤認の論旨を排斥して，控訴棄却の判決を言い渡し，これに対して，被告人から上告が申し立てられた。そして，刑法 56 条 1 項は，懲役刑の執行を受け終わった日から 5 年以内に罪を犯した場合に累犯加重をする旨規定しているのに，1 審判決は，刑を受け終わる以前の罪について累犯加重をした違法があり，控訴審もこれを看過した違法があった。

判旨　「第 1 審判決が累犯前科として認定した各前科と本件犯行は，累犯の関係にないことが明らかであるから，累犯加重をした第 1 審判決の違法を看過した原判決には法令の適用を誤った違法があるが，この違法をもって原判決を破棄しなければ著しく正義に反するものとは認められない。」

これらの考え方に反して，判決に影響を及ぼすものではないとしたのが，次の裁判例である。

【263】　大阪高判昭 55・11・27 刑裁月報 12・11・1184（判時 1024・144，判タ 436・171）

判旨　「原判示本件各犯行時は，右前科の刑の執行は未だ終了していなかったことが明らかである。原判示本件各犯行前に右刑の執行を受け終わったと認定し，刑法 56 条 1 項，57 条により再犯の加重をした原判決には，同法 56 条 1 項の累犯でない前科を同項の累犯前科と誤認した結果，誤って同法 57 条を適用した違法がある。
　そこで進んで原判決の右違法が判決に影響を及ぼすことが明らかであるか否かについて検討するに，刑法 56 条の累犯前科は，法律上後犯の刑の加重理由となる重要な事実ではあるが，その故のみをもって，累犯前科を誤認し，誤って累犯加重をした違法は，当然に影響を及ぼすものであるとはいえない。（略）累犯の関係にない前科を累犯関係にあるものと誤認し，誤って累犯加重の規定を適用したため，本来あるべき刑罰評価を超えて不当に重く量刑し，量刑した蓋然性がある場合に初めて判決に影響を及ぼしたといい得るのであって，このことは誤認誤用の結果が最終的に処断刑に差異をもたらす場合であると否とによって異なるものではない。（略）判決への影響の有無は，事案に即し，誤認の具体的態様，即ち具体的にいかなる事実を誤認したため，累犯でない前科を累犯前科と誤ったかを考察し，その誤認が後犯の刑罰評価にいかなる影響を及ぼす性質のものであるかによって決せられるべきである。（略）原判決が宣告した刑をみても，それが正当な処断刑の範囲内で，しか

第4節　法380条の控訴理由（判決に影響を及ぼすことが明らかな法令適用の誤り）

もその範囲内でもはなはだ低いもののみならず，本件各犯行の内容，被告人の前科歴，生活状況等記録にあらわれた諸般の情状に照らし，原判決の刑は累犯前科に関する前記違法を正しても，まことに相当な量刑というべきで重すぎるものとは認められないから，原判決の前記違法は判決に影響を及ぼすことが明らかであるとはいえない」。

なお，再犯であるのに3犯とした場合について，処断刑に差異を生じないこと等を理由に，判決に影響を及ぼさないとしたのが，次の裁判例である。

【264】　最判昭29・4・2刑集8・4・399

事実　被告人は，昭和28年8月12日，福岡地方裁判所柳川支部において，詐欺，恐喝事件等で懲役2年6月の判決宣告を受けたが，その判決書には，累犯前科として，「昭和24年6月7日当裁判所に於て銃砲等所持禁止令違反により懲役6月（昭和27年政令118号減刑令により懲役4月に減刑）3年間執行猶予の判決を受けこの判決は同年6月22日確定し，昭和25年9月29日当裁判所に於て詐欺罪により懲役8月（前示減刑令により懲役6月に減刑）の判決を受けこの判決は昭和26年8月22日確定し，昭和26年6月5日当裁判所に於て贓物寄蔵，横領，逃走罪により懲役10月（前示減刑令により懲役7月15日に減刑）及罰金2000円の判決を受けこの判決は昭和26年8月22日確定し各刑の執行を受け終わったものである」との事実が掲げられ，法律の適用として，刑法56条1項，57条，59条による累犯加重がされていた。被告人からの控訴を受けた福岡高等裁判所は，弁護人から，上記累犯前科相互の間には刑法56条1項所定の要件が充足されていないから，刑法59条を適用したのは誤りであるとの主張について，「被告人の原判示各前科の間に刑法56条の関係なく，従って原判決が本件について刑法59条を適用したのは，同法条の解釈適用を誤った違法があること所論のとおりであるが，右の違法は必ずしも判決に影響を及ぼすことの明らかな場合にあたるものとは解せられないので，これをもって原判決破棄の理由とするに足りず。」として，他の論旨もすべて排斥して，控訴棄却の判決を言い渡し，これに対して，被告人から上告が申し立てられ，弁護人は，控訴審と同様の主張をした。

判旨　「第1審判決の認定した各前科は，本件犯罪に対し，それぞれ累犯の関係にあることは同判決の認定するとおりであって，ただ右前科相互間に刑法56条所定の条件を欠くため，本件は3犯ではなく，従って刑法59条を適用すべき場合でないのに，同判決が誤って同条を適用したにすぎない。しかし，同条によれば再犯たると3犯たるとにより処断刑に何ら差異を生じないばかりでなく，前示各前科は，その処断刑の範囲内において，いずれも累犯として量刑上当然考慮さるべきものであるから，原判決が第1審判決の前記違法は判決に影響を及ぼすことの明らかな場合にあたらないとしたのは，固より相当である。」

続いて，刑法45条後段の併合罪については，同法50条により更に裁判をすべきこととされているが，これらの規定を遺脱した場合，法令の適用に誤りがあることは明らかであるが，判決に影響を及ぼすものか否かについては，確定裁判の存在を考慮して量刑したとして，異なった内容の判決がされたと考えられる場合を除いて，判決への影響を否定す

べきであるとしたのが，以下の裁判例である。

【265】　東京高判平4・2・18 東高時報43・1 = 12・3（判タ797・268）

判旨　「被告人は，平成3年7月12日長野地方裁判所上田支部において傷害及び銃砲刀剣類所持等取締法違反の罪により懲役1年，4年間執行猶予・付保護観察の判決を言い渡され，同判決は同年7月27日確定し，これと本件強盗未遂とは刑法45条後段の併合罪の関係にあり，同法50条により未だ裁判を経ない本件強盗未遂罪につき処断すべきところ，原判決はこの事実につき全く判示するところがないから，これを看過したものと解さざるを得ず，（略）また，原判決は，本件強盗未遂罪に対し，刑法243条，236条1項を適用したうえ，同法66条，71条，68条3号により酌量減軽し，被告人を懲役2年6月に処していることが判文上明らかであるが，酌量減軽は法律上の減軽を施した刑期の最低をもってしてもなお重きに過ぎる場合になされるべきものであって，本件のように未遂という法律上の減軽事由があるのに直ちに酌量減軽をするのは違法であると解されるから，原判決には右各法令の適用の誤りがあるといわざるを得ない。
　（略）
　刑法45条後段，50条を看過した点」（は，本件事情を考慮すると），「被告人に対し2回の減軽を施してまで異なる内容の宣告刑をもって臨むような特段の事情があるとは認められない。
　（略）違法に酌量減軽をした点」（は，原判決による）「処断刑の範囲は，原判決が正当に法令を適用し，被告人に対し刑法43条本文，68条3号により法律上の減軽をした場合のそれと異なるところはなく，かつ，本件において，原審が被告人に対し更に酌量減軽をして右処断刑の刑を下回る刑を言渡すような特段の事情を認め難い」（。）
　「したがって，原判決の前記法令の適用の誤りはいずれも判決に影響を及ぼすことが明らかとはいえない」。

【266】　東京高判平11・10・13 東高時報50・1 = 12・114

判旨　「原判決は，右確定裁判を摘示せず，刑法45条後段，50条の適用を遺脱しており，法令適用の前提事実を看過したか誤認し，法令の解釈適用を誤ったものというほかない。しかし，本件は懲役刑を選択すると長期が10年となるところ，原判決はその下限に比較的近い懲役10月を科するのにとどまっており，仮に原審が正しく前記確定裁判を考慮して被告人に対する量刑をしたとしても，原判決の刑よりも軽い刑が科されたことが明らかとはいえないから，右の点は，判決に影響を及ぼすことが明らかな法令解釈適用の誤りとまではいえない。」

　もっとも，確定裁判による遮断効が認められない事案について，確定裁判の存在を根拠として，2個の刑を言い渡した場合には，以下の裁判例が指摘するように，判決に影響を及ぼすべき法令適用の誤りがあることになる。

【267】　東京高判昭35・2・16 高刑集13・1・73（判時221・34，判タ102・37）

事実　被告人は，4名の婦女子に対する売春防止法12条違反のいわゆる管理売春事件で，

第4節　法380条の控訴理由（判決に影響を及ぼすことが明らかな法令適用の誤り）

静岡地方裁判所浜松支部において，道路交通法違反による確定裁判の存在を理由として，懲役3月及び罰金3万円と懲役4月及び罰金5万円の判決を宣告され，これに対して控訴を申し立て，弁護人は，主文2つの判決は法令の解釈適用を誤ったものであると主張した。

判旨　「売春防止法第12条違反の罪は，（略）いわゆる営業犯として，継続して行われた全体を包括的に観察して単一の罪と解すべきである。故にその中間において，これと全く性質を異にする道路交通取締法違反罪による確定裁判があるの故を以て，右確定裁判の前後により本来一罪である営業犯を二分し二罪として処断しなければならない理由は存しない。（略）確定裁判が存するの故を以て，被告人の本件犯行を二分し右判決確定前の部分と確定後の部分に分ち，右確定前の部分のみが右確定裁判に係る罪と併合罪をなすとして刑法第45条後段を適用し，本来1個の犯罪につき2個の刑を言渡した原判決は法令の適用を誤り被告人に不利益を帰するものであって，違法である。」

【268】東京高判昭52・7・20 東高時報28・7・77

判旨　「原判決は，被告人の脇差2振，けん銃2丁，実包14発の各所持につき，右物品ごとにそれぞれ包括的な1個の所持罪が成立し，かつ右各所持罪が刑法54条1項前段の一所為数法に該当し，右は原判示確定裁判のあった罪と同法45条後段の併合罪であるとして被告人を処断しているのであるが，原判決挙示の関係証拠によれば，被告人は，昭和51年9月上旬ころAにまずけん銃1丁（略），脇差3振，実包6発を預け，ついで同月中ごろけん銃1丁（略）と実包14発ぐらいを預けたが，同年10月初めごろ右脇差3振を持ち帰り，さらにその2，3日後改めて脇差1振を預けたことが認められるから，右けん銃2丁については1丁ごとにそれぞれ所持罪が成立することが明らかであり，実包，脇差についてもそれぞれ別個に数個の犯罪が成立する可能性があるので，これらが物品ごとにそれぞれ包括一罪であるとはいえず，また犯行の日時，態様その他からみて，けん銃，脇差，実包の各所持罪全部が一所為数法の関係にあるともいえず，さらに原判決が摘示するように，本件においては物品ごとに包括一罪が成立し，これが一所為数法の関係に立つとしても，本件各物品につき所持が終了したのは原判決が挙示する確定判決の後であるから，本件犯行が刑法45条後段の併合罪であるとはいえない（略）ので，原判決には事実を誤認し，法令の適用を誤った違法があるといわなければならない。しかし右の違法を是正し，本件各所為を併合罪として処断することとすると，被告人に対する処断刑の上限は，原判決が摘示する処断刑の上限を上回り，明らかに被告人に不利益な結果を来すことになるから，被告人のみが控訴した本件においては，原判決の前記違法は結局判決に影響を及ぼさない」。

併合罪の加重に際しては，刑法47条本文は，最も重い罪の刑を基本として加重すべき旨規定しているが，加重の基本となる罪の刑の選択に誤りがある場合について，【268】は，処断刑の範囲に顕著な差異が生じることを理由に，判決に影響を及ぼすべき法令適用の誤りであるとしており，【269】は，処断刑の範囲に差異が生じないこと等を理由に，判決に影響を及ぼすべき法令適用の誤りとはいえないとしている。

第9章　控訴の理由

【269】　東京高判昭 59・3・13 東高時報 35・1＝3・6

判旨　「原判決は，法令の適用において，併合罪の処理をするにあたり原判示第5の無免許運転の罪の刑が最も重いとして同罪の懲役刑に併合罪の加重をしているところ，（略）累犯前科との関係で同判示第2ないし第5の罪につき再犯の加重をすると，最も刑の重い罪は同判示第3の業務上過失傷害罪であることが明白であり，従ってこの刑に刑法47条本文，10条により法定の併合罪加重をすべきものであって，原判決（略）は法令の適用を誤ったものというほかない。そして，原判決のように誤って原判示第5の無免許運転の罪の刑に併合罪加重をすると処断刑は懲役1月以上1年6月以下となり，本件の正当な処断刑懲役1月以上15年以下とは格段の差異があるところ，原判決の量刑は右正当な処断刑の範囲内にあるとはいえ後記判示のとおり軽きに失するものと考えられるのであって，したがって，原判決の前記法令適用の誤りは判決に明らかに影響を及ぼすもの」である。

【270】　東京高判昭 35・6・28 下刑集 2・5＝6・704

判旨　「法定刑を同じくする数個の同種犯罪を併合罪として刑を加重し処断刑を定める場合には，うち犯情最も重い罪を選定し，その罪の刑に法定の加重をなすべきことは，刑法第10条第3項，第47条本文の規定に徴し明らかである。しかし右の場合各個の罪の法定刑は同じであるから，いずれの罪の刑について併合罪の加重をしてもその処断刑に差異を生じないのである。よって仮りに原判決が数個の罪のうち犯情重くないものを犯情最も重いものと定めた誤があったとしても，被告人に何らの不利益を与えるものでないから，右誤は，判決に影響を及ぼすこと明らかな法令適用の誤といい得ない」。

　刑法47条ただし書の適用遺脱について，処断刑に差異が生じることを理由に，判決に影響を及ぼすべき法令適用の誤りとしたのが，以下の裁判例である。

【271】　名古屋高金沢支判昭 57・6・17 高検速報昭 57・526

判旨　「原判決は刑法45条前段の併合罪の関係にある原判示第1ないし第3の罪につき併合罪処理をするに際し，刑法45条前段，47条本文，10条を適用しただけで，同法47条但書を適用しておらず，この点において法令の適用の誤りがあり，しかして同法47条但書を適用しない場合の処断刑は懲役1月以上7年6月以下であり，正当に同条但書を適用した場合のそれは長期において2年も短い懲役1月以上5年6月以下であるからして，正当な処断刑の程度及び正当な処断刑を超える部分の正当な処断刑に対する割合並びに本件各犯行の罪質，態様，被告人の前科，その他証拠上認められる情状を考慮すると，正当に同条但書が適用されておれば原判決の量刑は現実の宣告刑より軽いものとなったであろう蓋然性が認められる。しからば，原判決の右法令の適用の誤りは，判決に影響を及ぼすことが明らかで」ある。

第4節　法380条の控訴理由（判決に影響を及ぼすことが明らかな法令適用の誤り）

【272】　東京高判昭62・10・14 判タ 658・231

判旨　「原判決は，原判示第1の所為につき道路交通法118条1項1号，64条を，原判示第2の所為につき刑法211条前段，罰金等臨時措置法3条1項1号を各適用したうえ，前者の罪につき懲役刑を，後者の罪につき禁錮刑をそれぞれ選択し，併合罪加重につき刑法45条前段，47条本文，10条を適用しているところ，まず，道路交通法118条は昭和61年法律63号（略，昭和62年4月1日施行）によって改正されて刑の変更があり，右改正法附則3項は，同法の施行前にした行為に対する罰則の適用についてはなお従前の例による旨規定しているので，原判決の宣告日である昭和62年5月7日の時点においては，右改正法施行前の行為である原判示第1の所為については右改正法附則により改正前の道路交通法が適用さるべきものであるにもかかわらず，原判決は，原判示第1の所為に対する法令の適用として単に道路交通法と記載するのみであって，その判文からは，改正前の同法を適用する趣旨でありながら右改正法附則により改正前の道路交通法を適用する旨の摘示を遺脱したものか，あるいは，誤って改正後の同法を適用したものか，いずれとも明らかではないし，この点を別としても，本件における併合罪加重においては，処断刑の長期は刑法47条但書により5年6月にとどまるにもかかわらず，原判決が同条但書の適用を遺脱したのは，法律の適用を誤ったものというべく，右誤りは判決に影響を及ぼすことが明らかである」。

【273】　東京高判平元・6・2 高検速報平元・79

判旨　「原判決は，各被告人に対し，判示第1の兇器準備集合罪につきその懲役刑に，判示第2の火炎びん使用罪及び現住建造物等放火罪につき後者の有期懲役刑にそれぞれ処すべきものとした上，刑法47条本文，10条により重い判示第2の罪の刑に併合罪の加重をするにあたり，その上限につき同法47条但書を適用すべきであるのにこれを適用せず，同法14条を適用しており，この点において原判決には法令の適用を誤った違法があり，その結果原判決は本件の処断刑の上限が懲役17年であるのにこれを懲役20年として量刑したものと解するほかはなく，これが判決に影響を及ぼすことが明らかである」。

刑法14条の適用遺脱について，次の裁判例が，それまでの判決に影響を及ぼすべき法令適用の誤りとする多数の裁判例と，相反する判断を示した。

【274】　最判昭48・2・16 刑集 27・1・46（判時612・1，判タ 289・288）

事実　被告人は，金沢地方裁判所小松支部において，贓物寄蔵，贓物牙保，有価証券虚偽記入，同行使事件で有罪の判決宣告を受けたが，判決書の法令の適用には，「累犯の加重につき刑法56条1項，57条，刑の併合加重につき刑法45条前段，47条，10条（判示第4のAM08970の約束手形に虚偽記入した罪の刑に法定の加重），48条」と記載されており，控訴申立てを受けた名古屋高

上訴の申立て　**191**

第9章　控訴の理由

等裁判所は，職権による調査を加え，1審判決の「法令の適用中において併合加重をなすにあたり，刑の最高限の制限規定である刑法14条を適用した旨の摘示がなされていない。（略）原判決の宣言刑からみて刑法14条を摘示してはいないが，同条を適用してその制限に従い量刑判断している趣旨であることが推認されるから，右摘示を欠いていたとしても，右の違法は未だ判決に影響を及ぼすものではないと認めることができる。」と判示した。これに対して，弁護人は，上告趣意において，上記判断は名古屋高判昭25・12・11高刑集3・4・770に相反すると主張した。

判旨　「所論のとおり，原判決は，右判例と相反する判断をしたものといわなければならない。

しかし，第1審判決には，同判示にかかる被告人の各罪につき累犯の加重をしたうえ，併合罪の加重をするにあたり刑法14条を適用しなかった違法があるが，被告人に対するその宣告刑（懲役6月および罰金2万円）は正当な処断刑の範囲内にあるものであり，かつ，被告人の本件犯罪事実の内容その他記録上うかがわれる情状に徴すれば，右宣告刑が重きに過ぎるものとは認められないから，右違法が判決に影響を及ぼすこと明らかであるということはできず（略），第1審判決を維持した原判決は結論において正当である。すなわち，所論引用の判例を変更して原判決を維持すべきであるから，所論判例違反は，原判決破棄の理由とはならないものである。」

刑法48条の適用遺脱について，次の裁判例は，判決に影響を及ぼすべき法令適用の誤りがあるとした。

【275】　東京高判昭51・7・26 東高時報27・7・99

判旨　「原判決は，罪となるべき事実として，原判示1の2個の業務上過失傷害（略），同2の道路交通法違反（略，無免許運転），同3の窃盗（略），同4の道路交通法違反（略，無免許運転）の各所為を認定判示し，これに対する法令の適用として，右各所為に対する各該当罰条のほか，右1につき科刑上一罪の処理をしたうえ，右1，2及び4の各罪につき所定刑中罰金刑を選択し，右3の罪につき再犯加重をしたのち，右1，2及び4の各罪に刑法第45条前段，同第48条を適用しているが，右3の罪については科刑上，他の各罪といかなる罪数関係にあるかを何ら判示しないまま，主文において，被告人を懲役10月及び罰金10万円に処する旨1個の刑を言い渡していることが認められる。しかし，右3の罪が右1，2及び4の各罪と刑法45条前段の併合罪の関係にあることは原判決の判文に照らしても明らかであるから，すべからく，この1ないし4の各罪に一括して同法条を適用し，しかるのち，刑法第48条第1，2項を適用すべきものであったといわなければならない。したがって，原判決には法令適用の誤りがあり，かつ，これが判決に影響を及ぼすことが明らかである」。

減軽規定の適用の誤りについて，以下の裁判例がある。

第4節　法380条の控訴理由（判決に影響を及ぼすことが明らかな法令適用の誤り）

【276】　東京高判昭35・4・19高刑集13・3・255（判時231・56，判タ133・33）

判旨　「原判決判示第2の準強盗未遂罪の短期は懲役5年であるところ未遂減軽及び酌量減軽をしてもその短期は懲役1年3月に止まるから，被告人に対しては法律上短期を1年3月より下すことを得ないわけである。してみれば短期を1年として，1年以上3年以下の懲役刑を言い渡した原判決は刑法第47条の解釈適用を誤った違法あるもので，その違法は判決に影響を及ぼすこと明らかである」。

【277】　東京高判昭63・5・16東高時報39・5＝8・17（判タ681・220）

判旨　「原判決は，原判示各罪となるべき事実に対する法令の適用として」，（略，法令適用の結果導き出された）「刑期の範囲内で，被告人を懲役2年8月に処する旨を判示しているところ，右法令の適用によって導き出される処断刑の下限は懲役3年であるから，原判決は刑を量定するに当り，処断刑の範囲を逸脱して宣告刑を定めた誤りを犯していることが明らかである。そして右の誤りは刑の減軽に関する規定，すなわち，法律上の減軽事由が存しないことの明らかな本件においては，刑の酌量減軽に関する刑法71条，68条3号の規定の適用を遺脱したことによると認められ，これは法令の適用に誤りがあり，その誤りが判決に影響を及ぼすことの明らかな場合にあたるというべきである。」

もっとも，酌量減軽規定の適用については，法定刑を下回る刑を科す場合のみ適用が許され，法定刑の範囲内の刑を科す場合には，適用することは違法であると判示したのが，次の裁判例である。

【278】　最判昭40・11・2刑集19・8・797（判時430・50，判タ185・133）

事実　被告人は，横浜地方裁判所小田原支部において，共犯者Bと敢行した強盗殺人，死体遺棄事件で，無期懲役の判決宣告を受けたが，その法令の適用では，「強盗殺人は刑法240条前段，60条に，死体遺棄は同法190条，60条に該当し，（略）犯情に照らして，強盗殺人罪の所定刑中死刑を選択し，同法46条1項本文により，死体遺棄罪についてはその刑を科さない。（略）被告人については，諸般の情状を酌量して，同法66条，68条1号，71条によりその刑を減軽して，無期懲役とする」旨記載されており，控訴審の東京高等裁判所において，弁護人から，「酌量減軽の規定は，これにより初めて科し得る刑を量定する場合にのみ適用されるべきであるから，1審判決が酌量減軽の規定を適用しながら無期懲役刑を科したのは，法令の解釈を誤っている」と主張したところ，「第1審判決はただ卒然として無期懲役刑を科したのではなく，被告人の犯情は死罪に該当するものとして先ず死刑を選択しているのであるが，同じく死刑に処すべき相被告人Bに比較すると犯情に憫諒すべき点があるとして右選択刑に対し酌量減軽を施し，よって無期懲役刑または10年以上の有期の懲役刑という処断刑を得，その範囲内で無期懲役刑に処すと定めたのであって，もとより判決に影響を及ぼすことの明らかな法令の解釈適用の誤は存在しない」旨判示した。これに対して，被告人から上告が申し立てられ，弁護人は，原判決は，大判昭7・6・6刑集11・756，東京高判昭26・12・6特

上訴の申立て　**193**

第 9 章　控訴の理由

報 25・67 等の判例と相反した判断をした違法があると主張した。

　判旨「原判決は，被告人の弁護人Aの主張した，酌量減軽の規定はこれによってはじめて科し得る刑を量定する場合にのみ適用されるべきものであるのに，第 1 審判決が酌量減軽の規定を適用しながら被告人に無期懲役刑を科したのは，法令解釈の誤りであるとの控訴趣意に対し，第 1 審判決はただ卒然として無期懲役刑を科したのではなく，被告人の犯情は死罪に該当するものとして先ず死刑を選択しているのであるが，同じく死刑に処すべき相被告人Bに比較すると犯情に憫諒すべき点があるとして右選択刑に対し酌量減軽を施し，よって無期懲役刑または 10 年以上の懲役刑という処断刑を得，その範囲内で無期懲役刑に処すと定めたのであって，もとより判決に影響を及ぼすことの明らかな法令の解釈適用の誤は存在しない旨判示したことは，所論のとおりである。

　ところで，所論引用の大審院判例および各高等裁判所判例は，いずれも，酌量減軽をする場合は，法定刑の最低をもって処断しても，なお重いと思料される場合に限る旨判示しているのであるから，原判決は，これらの判例と相反する判断をしたことになり，刑訴法 405 条 3 号に規定する最高裁判所の判例がない場合に大審院および控訴裁判所である高等裁判所の判例と相反する判断をした場合に当るものといわなければならない。そして，当裁判所も，右大審院および各高等裁判所の判断を正当であると認める。

　しかしながら，原判決の是認している第 1 審判決は，法定刑および酌量減軽の結果ひき出された処断刑の範囲内において，被告人を無期懲役刑に処しているのであるから，同法 410 条 1 項但書にいう判決に影響を及ぼさないことが明らかな場合に当るものといわなければならない。」

7　未決勾留日数の算入

　未決勾留日数の誤算入については，それが判決に影響を及ぼすべき法令適用の誤りであることは多数の裁判例が示すところであるが，刑法 21 条の適用遺脱について，実質的に同条を適用したものとしたのが，以下の裁判例がある。

【279】　名古屋高判昭 57・7・6 高検速報昭 57・533

　判旨「原判決は，主文第 2 項において，右被告人両名に対し，その未決勾留日数をそれぞれの本刑に算入しながら，法令の適用中でその根拠法条の適用を遺脱しているので，右は法令の適用を誤ったものといわなければならないが，判決で未決勾留日数を本刑に算入する唯一の根拠法条は刑法 21 条であることから考えて，原判決は同条にもとづいて右各未決勾留日数をそれぞれの本刑に算入したことが明白であり，その算入の内容も相当であるから，原判決の右の誤りは，判決に影響を及ぼすことが明らかでないものと認められる。」

【280】　東京高判平 9・7・7 東高時報 48・1＝12・49

　判旨「原判決は主文第 2 項において未決勾留日数中 50 日を本刑に算入するとしながら，法令の適用にあたってその根拠条文を挙示せず，その点につき何の説明もしていない。これは法令の適用を誤ったものといえるが，未決勾留日数を

第4節　法380条の控訴理由（判決に影響を及ぼすことが明らかな法令適用の誤り）

本刑に算入する根拠条文は刑法21条しかないことからすると，原判決は同条を適用しながらその摘示を遺脱したことが明らかとみられるので，右違法はいまだ判決に影響を及ぼすものではない。」

8　労役場留置

罰金刑言渡時の労役場留置の記載の欠如は，それが判決に影響を及ぼすべき法令適用の誤りであることは多数の裁判例が示すところであり，次の裁判例も同様である。

【281】仙台高判昭55・12・18判時1002・140

判旨　「原判決は，被告人が法人でも少年でもないのに，主刑として罰金8,000円を言渡しながら，右罰金を完納することができない場合に被告人を労役場に留置すべき期間の言渡をしなかったことが明らかであるから，原判決は刑法18条1項4項の適用を遺脱した違法があり，右違法は刑事訴訟法380条にいう法令の適用の誤りに該当する。」

9　没収と追徴

必要的没収や必要的追徴が定められている場合に，必要な手続を履践せずに言い渡したり，これを言い渡さなかったときには，判決に影響を及ぼすべき法令適用の誤りとなることを，次の裁判例が示している。

【282】東京高判平6・2・24高検速報平6・46

判旨　「被告人は，・・・中略・・・原判示の覚せい剤を譲り渡し，その対価として現金2万円を受領したこと，その後これを費消したことが認められる。そうすると，右2万円は，国際的な協力の下に規制薬物に係る不正行為を助長する行為等の防止を図るための麻薬及び向精神薬取締法等の特例等に関する法律2条3項の不法収益に当たり，同法14条1項1号により必要的没収の対象となり，同法17条1項に基づきその価額を追徴すべきものである。したがって，被告人に対しその追徴の言渡しをしなかった原判決は，法令の適用を誤ったもので，これが判決に影響を及ぼすことは明らかであ」る。

第三者所有物の没収手続の不備を理由に，判決に影響を及ぼすべき法令適用の誤りとされたのが，次の裁判例である。

【283】大阪高判平9・10・15判時1640・170，判タ982・300

判旨　「原判決は」，（略，本件）覚せい剤「を原判示第3の罪にかかる覚せい剤の一部で，被告人の所持，所有するものとして，覚せい剤取締法41条の8第1項本文によりこれを被告人から没収しているが，（略）被告人の所有であると認めるに足りる確たる証拠はない（略）。そうだとすると，右覚せい剤を没収するためには，刑事事件における第三者所有物の没収手続に関する応急措置法所定の手続を経なければならないところ，原判決までに右手続がなされたことは記録上認められない。

第9章　控訴の理由

したがって，右覚せい剤を没収した原判決には，没収に関する法令の解釈適用を誤った違法があり，これが判決に影響を及ぼすことは明らかである」。

第5節　法381条の控訴理由（量刑不当）

法381条は，「刑の量定が不当」であると規定しているところ，この中には，刑期や罰金額等の主刑の量定の不当を含むほか，付加刑，刑の執行猶予，刑の免除，刑の執行の減軽・免除，未決勾留日数の算入，罰金等の換刑処分，公職選挙法による公民権停止・停止期間の短縮が含まれる。

主刑の量定不当の関係では，原審の死刑判決について，重すぎて不当であるとして，原判決が破棄されて無期懲役に処されたものとして，近時のものでは，東京高判昭50・10・13東高時報26・10・173，東京高判平2・3・13東高時報41・1＝4・10（判時1347・154），東京高判平9・5・12判時1613・150，判タ949・281等がある。

逆に，原審の無期懲役が軽すぎて不当であるとして，原判決が破棄されて死刑に処されたものとして，福岡高判平昭60・10・18判タ588・108，東京高判平12・2・28高検速報平12・73，判時1805・173，判タ1027・284，東京高判平17・3・29判時1891・166等がある。

なお，原判決の量刑判断が原判決の時点では不当であっても，原判決後の情状に照らすと，結果的に相当である場合の控訴審判決の主文について，次の裁判例が論じている。

【284】　東京高判平8・7・25高刑集49・2・417（判タ925・262）

事実　被告人は，横浜地方裁判所において，覚せい剤取締法違反事件で懲役1年，5年間保護観察付き執行猶予の判決宣告を受けたが，これに対して，検察官から量刑不当を理由に控訴が申し立てられた。東京高等裁判所は，被告人が覚せい剤取締法違反による懲役1年6月，3年間執行猶予の裁判後，3か月での再犯であること，幻覚症状が出ていること等に照らすと，再度の執行猶予を付すべきものではなく，1審判決は軽すぎて不当であるとしながら，1審判決後において，薬物依存症の治療を受けて，覚せい剤依存症からの脱却が見込めること等を考慮すると，社会内で更生する機会を与えるのが相当であるとして，次のような判断を示した。

判旨　「控訴審が刑事訴訟法393条2項により，量刑に関する事情に関し原判決後に生じた事実を取り調べた場合は，控訴審はいわゆる続審となり，判断の基準時もその判決時になり，ただ原判決を破棄するについては，同法397条2項により明らかに正義に反することが必要とされる

と解するのが相当であるから，本件のように，原判決の量刑がその時点では不当であっても控訴審の判決時には相当と認められるときは，控訴を棄却すべきものと考える。」

また，反則金不納付事件については，特段の事情がない限り，反則金額を超える額の罰金を科するのは量刑不当となるとしたのが，福岡高判昭 52・12・1 刑裁月報 9・11＝12・844（判時 895・124）である。

続いて，犯行時 17 歳の少年である被告人を懲役 10 月以上 1 年 6 月以下に処した原判決について，少年法 55 条による家庭裁判所への移送をしなかったことが，重すぎて不当であるとされたのが，次の裁判例である。

【285】 福岡高判昭 62・7・16 家裁月報 39・12・162

判旨 「被告人の資質，境遇，生活態度，保護処分歴，とりわけ本件各犯行時の年齢などを総合考慮すると，被告人の更生を図るためには，基本的な生活習慣，生活態度を身につけさせることが肝要であって，施設内における矯正教育を施す必要のあること自体は否定しがたいところであるが，そのためには刑務所に収容するよりも少年院での収容教育を施すことの方が適切であると思料されるので，そもそも検察官送致の決定が相当でなかったと考えられるところであり，本件事案が悪質，重大であるとはいえ，事件を家庭裁判所に移送することなく，被告人を前記の実刑に処した原判決の量刑は，重きに過ぎ不当である」。

同様に，実刑に処せられた少年について，刑が重すぎるとして，原判決を破棄して，家庭裁判所へ移送したものとして，福岡高判昭 50・8・4 家裁月報 28・8・98（判時 803・130）がある。

未決勾留日数の算入については，実在しない未決勾留日数の算入や，実在の未決勾留日数を超えて算入した場合には，法令適用の誤りとなることは既述のとおりであるが，実在の未決勾留日数の範囲内における過少，過多の算入は量刑不当に該当する場合がある。次の裁判例においては，実務の考え方を根拠として，注目すべき反対意見が述べられている。

【286】 最決昭 58・11・10 裁判集 232・787

事実 被告人は，東京地方裁判所八王子支部において，常習累犯窃盗，住居侵入事件で懲役 4 年，未決勾留日数中 400 日算入の判決宣告を受け，これに対して控訴を申し立て，未決勾留日数の算入の過少を含む量刑不当の主張等をしたが，東京高等裁判所において，控訴棄却の判決を宣告された。そこで，上告を申し立て，未決勾留日数の算入の過少を含む量刑不当の主張等をした。なお，1 審において，被告人の未決勾留日数は 1214 日であり，異物嚥下，拒食による栄養失調等に基づく出頭不能による期日の空転もあった。

判旨 「職権により調査してみるに，原判決中，第 1 審判決が被告人に対し 1,214 日の未決勾留日数のうち 400 日を本刑に通算したにすぎない点に裁量の誤りはないとした判断は，いまだ

違法とはいえない。」
　裁判官谷口正孝の反対意見
「1　刑法21条による未決勾留日数の本刑算入は，当該裁判所の裁量によるものであって，当該事件について通常審理に必要な期間に対応する未決勾留日数を除いて本刑に算入されるが，被告人の責に帰すべき事由により勾留期間が延伸した場合にはその分の日数は本刑に算入しない。これが裁判実務における取扱い例となっている。そして，この取扱いは理論上も支持できると思う。しかし，被告人の勾留は審判の目的のための手段に止まるべきものであるから，その手段としての未決勾留日数が目的たる本刑の刑期を超過するが如きことは極めて限られた場合でなければならず，未決勾留日数の本刑算入の程度を誤った場合，裁量権の乱用として違法の評価を受けることがある。
　ところで，原判決は第1審における未決勾留日数が1,214日の長期に及んでいるが，それは被告人の拘置所内における2回にわたる異物嚥下，拒食による栄養失調のための出廷不能等専ら被告人の責に帰すべき事由によるものであるから，第1審判決が右未決勾留日数のうち400日しか本刑に算入しなかったとしても，右21条による未決勾留日数の本刑算入について裁量を誤ったものとはいえないとして，この点に関する量刑不当の控訴趣意を排斥している。
2　（略）本件の如き事件について第1審裁判所としては通常審理に必要な期間はいくら長くても10か月程度と考えてよいであろう。（略）（イ）被告人の拒食による栄養失調のための出廷不能，異物嚥下による開腹手術，治療のための出廷不能が被告人の責に帰すべき未決勾留の延伸事由に当ることは否定できない。そのための審理の遅延は記録による審理の経過を考えれば250日と計算すれば十分であろう。（略）本件第1審の審理が長期化したことについては，前記（イ）の事由を除いて被告人の責に帰すべき事由によるものと断じ難い。

3　以上述べたとおりであって，私は第1審判決が未決勾留日数1,214日のうち400日のみを本刑に算入したに止ったこと（700日程度の算入がなされるべきであったと思う）は，刑法21条所定の裁量を誤った違法があるものと考える。そして，この違法は判決に影響を及ぼすことが明らか」である。

　そして，未決勾留日数の算入が過少または不算入であるとして，量刑不当であるとされた事例として，東京高判昭51・12・13東高時報27・12・164（判時860・161，判タ349・262）（覚せい剤取締法違反で審理を受け，起訴前から判決言渡前日までの勾留が186日であったのに，全く未決算入しなかった原判決を破棄して，120日を未決算入），大阪高判平5・10・20判時1502・153（覚せい剤取締法違反で審理を受け，起訴前から判決言渡前日までの勾留が129日であったのに，全く未決算入しなかった原判決を破棄して，70日を未決算入），福岡高判平7・1・18高検速報平7・139，判時1551・138（恐喝未遂で審理を受け，起訴前から判決言渡前日までの勾留が250日であったのに，全く未決算入しなかった原判決を破棄して，100日を未決算入），大阪高判平9・2・28判時1619・149（覚せい剤取締法違反で審理を受け，起訴から判決言渡前日までの勾留が244日であったところ，主文2個の懲役刑に総計170日の未決算入をした原判決について，主文1個は無罪であるとして，原判決を破棄して，220日を未決算入），大阪高判平13・1・30判時1745・150（殺人等で審理を受け，起訴前から判決言渡前日までの勾留が1,224日であったのに，500日の未決算入をした

原判決を破棄して，1,000日を未決算入）等がある。

これに対して，未決勾留日数の不算入が量刑不当とまでいえないとされた事例として，東京高判平7・6・26高検速報平7・72，判時1551・138（窃盗で審理を受け，起訴前から判決言渡前日までの勾留が186日であったのに，全く未決算入しなかった原判決について，「当を欠くものといい得る余地がないではないが，いまだ著しく妥当性を欠く場合に該当するとはいい難」いとする）がある。

次に，付加刑である没収に関する裁判例として，無免許運転の犯罪行為組成物件として自動車を没収した原判決につき，量刑不当に当たるとした福岡高判昭50・10・2刑裁月報7・9＝10・847と，量刑不当に当たらないとした福岡高判昭55・11・19刑裁月報12・11・1143（判時997・168）がある。

さらに，道路交通法違反（速度超過）によって懲役5月に処した第1審判決について，情状立証の合理的範囲を逸脱した証拠調べを行ったことを理由に量刑不当とされた事例として，次の裁判例がある。

第5節 法381条の控訴理由（量刑不当）

【287】 東京高判平14・5・31東高時報53・1＝12・64

判旨 「原審検察官の上記立証活動についてみるに，本件車両が盗難車両であったことなどを立証することは，本件車両そのものに関する事実であり，本件速度違反に関連するものとして，相当と認められる限度で許してよいと考えられるが，これに加えて，本件犯行の約20日後の上記当て逃げ事故に関する事実につき，まず，冒頭陳述においてその主張を許した上，次いで，上記各書証を取り調べるなどして積極的にその立証を許したことは，原裁判所の措置としては，適切さを欠いている。なぜなら，上記当て逃げ事故に関する事実の証拠を取り調べることにより，被告人が自動車窃盗，盗難車譲受け等の犯罪につき有罪であると認定し実質上これを処罰する趣旨で本件の刑を定めることは，もちろんあり得ないにしても，そのことが，被告人がそれらの犯罪につき何らかの関わりを持っていたとの心証を裁判官に抱かせ，その結果，被告人の本件犯行に対する量刑判断に不当な影響を与えることになるからである。また，上記当て逃げ事故に関する証拠は，（略）情状立証としてもその合理的な範囲を超えたものといわざるを得ない。

さて，原判決は，特に量刑の理由を判示していないが，上記の審理経過にかんがみると，上記当て逃げ事故に関する事実の証拠を取り調べたことによって，被告人に対し，不当に過重な量刑をしたものと判断せざるを得ない。」

第9章　控訴の理由

第6節　法382条の控訴理由（判決に影響を及ぼすことが明らかな事実誤認）

1　構成要件該当事実の誤認

構成要件該当事実，すなわち，「罪となるべき事実」に関する事実の誤認が本条の対象であることは明白であり，旧刑訴法に関するものではあるが，次の裁判例がこのことを端的に示している。

【288】　大判大15・6・7刑集5・245

事実　被告人は，傷害致死事件により，1審の横浜地方裁判所，控訴審の東京控訴院において，有罪の判決宣告を受けたところ，上告審において，弁護人は，犯行後直ちに所轄の神奈川警察署に自首するため，同署勤務の警察官宅に赴き，一緒に同署に向かっていたのであるから，自首が成立するのに，これを誤認したものであると主張した。

判旨　「刑事訴訟法第414条ニ依リ上告理由トナルベキ事実ノ誤認ハ判決上説示ヲ要スル事実即チ同法第360条ニ所謂罪ト為ルベキ事実ニ付存スルコトヲ要スルモノトス然ルニ所論被告ガ自首ヲ為シタリヤ否ノ事実ハ素ヨリ罪ト為ルベキ事実ニ属セザルガ故ニ仮ニ論旨ノ如ク誤認アリトスルモ之ヲ上告ノ理由ト為スコトヲ得ザルモノトス」

構成要件該当事実の誤認が判決に影響を及ぼすものか否かは，法定刑が異なる犯罪への事実の誤認については，判決に影響があるとするのが一般的であるが（その詳細は，大コンメンタール刑事訴訟法第6巻254頁以下〔原田國男執筆〕），法定刑が同一の場合については，判決への影響を否定する考えが強く，判決への影響を肯定したものとしては，犯情に甚だしい差異があることを考慮したと思われるものとして，例えば，以下の裁判例が存在する。

【289】　東京高判昭34・10・27東高時報10・10・402，判タ98・54

判旨　「所論は原判決が起訴状記載の強姦致死の公訴事実に対し強姦致傷の事実のみを認め，Aを死亡するに致らしめたとの強姦致死の事実を認定しなかったのは事実誤認の違法があると主張するものである。
（略）原審が本件強姦行為と死亡の結果につき因果関係の存在を認めなかったのは事実を誤認した違法があり，右違法は判決に影響を及ぼすことが明らかである」。

第6節　法382条の控訴理由（判決に影響を及ぼすことが明らかな事実誤認）

【290】　東京高判昭52・6・30判時886・104（東高時報28・6・72）

事実　被告人ABは，浦和地方裁判所において，共謀の上，勤務中の陸上自衛官を殺害して同自衛官着装の警衛腕章1個を強取した強盗殺人事件等で有罪の判決宣告を受けたが，これに対して控訴を申し立て，弁護人は，当初から殺意はなかった等と主張した。東京高等裁判所は，当初は傷害の意図であったが，後に殺意を生じて強盗に着手した旨認定した上，以下の判示をした。

判旨　「強盗殺人も強盗致死も同一法条（刑法240条後段）に属し，且つ，法定刑も同一であるのみならず，被告人A，同Bの場合は，事実誤認の有無にかかわらず，結局成立の認められるのは強盗殺人であるから，その意味で」，（当初から強盗殺人の共謀が成立したとする原判決は，証拠上，当初は，強盗傷人の共謀が成立したにすぎず，事実の誤認があるが，その）「事実誤認は，判決に影響を及ぼさないという見解もあり得ようが，強盗傷人の共謀が成立したか，強盗殺人の共謀が成立したかは，犯行の動機・態様等を考察し，その量刑を判断する上で非常に重要であって，右事実誤認が判決に影響を及ぼすことは，やはりこれを否定できないといわばならない。」

【291】　大阪高判昭52・11・22刑裁月報9・11＝12・806（判時885・174）

事実　被告人は，自動車を運転中，前方注視を欠いていたため，前方道路を横断中のAを見落とし，自車前部を同人に衝突させて，同人を反対車線の道路中央部分に跳ね飛ばして，反対車線を走行する車両に轢過させて死亡させ，また，その救護義務及び報告義務に違反したとして起訴されたが，京都地方裁判所において，死亡までの予見可能性がないとして，業務上過失傷害及びその限度での傷害事故に関する救護義務及び報告義務違反事件として，有罪の判決を宣告された。これに対して，検察官から控訴が申し立てられ，事実の誤認があると主張した。

判旨　「Aの死亡事故発生については高度の予見可能性があったと認められるに拘わらず，（略）その存在を否定し，同人に対し原判示の傷害を負わせた限度において刑責を認め，同人を死亡させた点につき業務上過失致死の刑責を否定し，引いては公訴事実第2の道路交通法違反の事実につき，警察官に報告すべき事故の内容を同人に対する傷害事故を限度として刑責を認めた原判決には，事実を誤認した誤りがあり，これが判決に影響を及ぼすことは明らかである」。

【292】　東京高判昭54・3・29判時941・139，判タ389・146（東高時報30・3・52）

判旨　「原判決が，（略）被告人が単独で約束手形4通を偽造し，これをA及びBに手交して行使したと認定していることは明らかであるところ，（略）関係各証拠（略）を総合勘案すると，（略）同人において，右約束手形が被告人により偽造されたものであることの情を知って被告人から交付を受けたものであることが認められるのである。してみれば，右各事実につき，A及びBを被行使者として偽造約束手形の行使の事実を認めた原判決には誤謬があるといわばならない。もとより偽造有価証券の行使罪と交付罪とは，刑法163条1項の同一条項に規定されていて，その法定刑も同一に定められているのであるが，この場合の行使とは偽造有価証券を真正なものとして情

第9章　控訴の理由

を知らない者に対して使用することであるのに対し，交付とは他人に行使させる目的をもって偽造有価証券を，情を知った他人に与えることであって，被交付者が後にこれを行使するかどうかを問わないのである。従って交付は，行使に至る前段階の行為であって，交付・行使の間には類型の差があり，事案によっては特に犯情の間に差を生ずるといえる。

しかるに，原判決が右約束手形4通をそれぞれあたかも真正に成立した手形であるように装って「手交」して「行使」したと判示していることから考えると，原審は「手交」「行使」の意義に関して法令の解釈を誤ったか，あるいはその解釈を誤ったために事実の誤認をおかすに至ったと解されるのであり，これらの誤謬は本件事案の態様，回数にかんがみ判決に影響を及ぼすことが明らか」である。

【293】東京高判平6・11・16判タ887・275

[事実] 被告人は，東京地方裁判所において，Aに対する確定的殺意に基づく殺人と，Aに対する殺害行為の際にBに負傷させたか，Bの承諾の下にBに負傷させたとして，Bに対する傷害を認定されたが，これに対して，被告人は控訴を申し立て，弁護人は，Aに対する確定的殺意はなかった，Bの供述の信用性が否定される以上，Bに対する傷害については，犯罪の証明がないなどと主張した。東京高等裁判所は，Aに対する確定的殺意の認定には問題がないが，Bに対しては包丁で切りつけて傷害を負わせたものであり，Aに対する殺害行為の際にBに負傷させたか，Bの承諾の下にBに負傷させたとの1審の認定は誤りであるとした上，次のとおりの判示をした。

[判旨] 「原判決は，Aに対する殺人行為の際の打撃の錯誤によりBに傷害（略）を負わせたか，Bの同意の下に傷害を負わせたかのいずれかであるとして，被告人は，（略）Bの後頸部に切りつけて原判示傷害を負わせたとの事実を認定しており，その結論部分は，（略）場所的に若干限定されるほかは，当裁判所の認定と同一である。しかし，原判決の右認定は，被害状況に関するBの原審証言の信用性の判断を誤った結果，故意の内容，犯行の態様，違法性の程度等の認定を誤ったものであり，事実認定の結論部分がほとんど同一であっても，原判決には，事実の誤認があると解するのが相当である。そして，そもそも原判決のしたような択一的認定が許されるのかの問題は別としても，原判決の事実誤認は，事実の重要部分にわたるもので，適正な事実認定という観点から瑕疵が重大であるばかりでなく，少なくとも犯情に影響することは疑いないから，判決に影響を及ぼすことが明らかな事実の誤認に当たると解される。」

(1) 未遂と既遂

未遂と既遂との事実誤認に関しては，判決に影響しないとする裁判例も存在するが（例えば，名古屋高金沢支判昭57・6・3高検速報昭57・522），圧倒的大多数は判決に影響を及ぼすべき事実誤認としており，例えば，以下の裁判例が示すところである。

【294】東京高判昭37・5・30高刑集15・7・517（判タ133・52）

[判旨] 「本件放火は既遂と認めるべきであるのにかかわらず，原審がこれを未遂に終った

第6節　法382条の控訴理由（判決に影響を及ぼすことが明らかな事実誤認）

ものと認定したのは，その認定を誤ったもので，もとより右認定の誤が判決に影響を及ぼすことは明らかである」。

【295】　大阪高判昭43・3・4下刑集10・3・225（判時514・85，判タ221・224）

判旨　「被告人は金品を窃取しようとして，Aのズボン右後ポケット内から「財物」でないメモ1枚を抜きとったにとどまり，結局窃盗の目的を遂げなかったものであるから，その行為は窃盗未遂罪を構成するにすぎないものであるのに，右メモを「財物」と認め，窃盗既遂の事実を認定し，刑法235条のみを適用して同法243条を適用しなかった原判決は，事実を誤認し，ひいては法令の適用を誤ったものといわざるをえず，右事実誤認および法令の適用の誤りは判決に影響を及ぼすことが明らかである」。

(2)　共　　犯

共犯の誤認については，共同正犯を教唆犯と誤認した場合について，量刑上特に相異をきたすべきものと認められない限り，その誤認は判決に影響を及ぼすものではないとする裁判例もあるが（東京高判昭34・2・26高刑集12・3・219［判タ122・47］等），以下の裁判例にあるように，多くは判決への影響を肯定する。

【296】　東京高判昭29・3・26高刑集7・7・965

判旨　「被告人Aは被告人B等の本件通貨偽造の遂行を容易ならしめてこれを幇助したものにほかならず，従って通貨偽造の従犯の責を負うに止まるものと認めるべきであるから，原判決が前記のとおり被告人Aを通貨偽造罪の共同正犯に問擬したのは結局事実を誤認したもので，且つその誤認は判決に影響を及ぼすこと明らかである」。

【297】　東京高判昭40・8・9高刑集18・5・594（判タ184・153）

判旨　「被告人3名は右甲町長選挙に際し被告人Aの主謀画策に基き共謀の上，同町長の候補者となろうとしていた乙に対し候補者となろうとすることを止めさせる目的をもって金銭を供与することを企て，被告人B，同Cにおいてこれが実行行為を担当し右乙に対し現金20万円の贈与方を申入れてこれを差し出しもって金員供与の申込をしたものにほかならないから，いずれも公職選挙法第223条第1項第1号，第221条第1項第1号，刑法第60条（金員供与申込罪の共同正犯）の罪責あるものと言わなければならない。されば原判決が被告人Aの所為を金員供与申込罪の単独実行正犯，被告人B，同Cの所為をこれが幇助犯と認定したのは，いずれも事実を誤認したものであってこれが判決に影響を及ぼすことは明らかである」。

また，強盗の共謀を強盗殺人の共謀と誤認した場合，判決に影響を及ぼすべき事実誤認としたのが，次の裁判例である。

第 9 章　控訴の理由

【298】　東京高判昭 52・6・30 判時 886・104
（東高時報 28・6・72）

判旨　「本件は，幇助者であるＣが強盗を幇助する認識で幇助行為をなしたところ，被幇助者である被告人Ａらが強盗殺人を犯したという事案であって，被告人Ｃは，刑法 38 条 2 項により強盗幇助の罪責を負うは格別，強盗殺人ないし強盗致死幇助の罪責を問われる理由はない。したがって，原判決が被告人Ｃに対し成立を認め，その罪責を問うた（略）各幇助罪のうち，強盗殺人幇助罪を認めた点は事実を誤認したものといわざるを得ず，右誤認は，判決に影響を及ぼすことが明らかである。」

なお，単独犯と共犯についての誤認があった場合について，以下の裁判例は，判決への影響を否定している。

【299】　東京高判昭 28・7・17 判決特報 39・31

判旨　「右の饗応は被告人ＡとＢが共謀の上これをしたものと認むべきであり（略）いやしくも共謀があった以上その費用を被告人Ａ一人が負担するつもりであったとしても共同正犯の成立を妨げるものではないから，これを被告人Ａの単独犯行であるとしＢを被饗応者の中に加えた原判決にはこの点において事実の誤認があるといわなければならない。しかしながら，共同正犯であるべきものを単独犯と誤認したからといって，これに対する刑罰法規の構成要件上の評価は畢竟同一に帰するのであるし，ことに本件の事実関係においては共同正犯であると単独犯であるとによって被告人Ａの情状に格段の変化があるとも考えられないからその面において右の誤認は判決に影響を及ぼすことが明らかであるとはいえない」。

【300】　札幌高判平 5・10・26 判タ 865・291

事実　被告人は，旭川地方裁判所において，Ａに対する殺人未遂と，Ｂに対する確定的殺意に基づく殺人，銃砲刀剣類所持等取締法違反，火薬類取締法違反事件で有罪とされ，懲役 17 年の判決宣告を受けたが，判決書の「量刑事情」の項において，Ａに対する殺人未遂について，暴力団の最高幹部Ｃの命令を受け，Ｄからけん銃の調達を受けて犯行に及んだ旨の被告人の供述の信用性は高いが，これを担保するに十分な証拠はなく，Ｃ，Ｄの関与を否定する証拠も完全に排斥できないとしつつ，Ｃ，Ｄの犯行関与の疑いを払拭できない以上，これを被告人に有利にしんしゃくするのが相当であると判示されており，被告人は，控訴を申し立て，弁護人は，Ａに対する殺人未遂について，暴力団の最高幹部Ｃの命令を受け，Ｄからけん銃の調達を受けて犯行に及んだ点を過小評価しているなどと主張した。札幌高等裁判所は，1 審の認定を正当とした上，次のような判示した。

判旨　「共犯者の有無は，単に量刑事情にとどまらず，罪となるべき事実の認定や刑法 60 条の適用にも係る事項であるから，原判決が，その「犯罪事実」欄や「法令の適用」欄で，これらの認定・処理をしていない点をどのように判断すべきかの問題があるが，本件では，被告人が原判示第 1 の 1 の実行行為のすべてをしたことは明らかであるから，右の点は，被告人が単独でしたか他の者と共謀をしていたかの違いにすぎない（略）こと，そうして，Ａらが所論のように関与してい

第 6 節　法 382 条の控訴理由（判決に影響を及ぼすことが明らかな事実誤認）

たとして被告人の量刑を判断しても，（略）原判決の量刑は是認し得るものであること等に照らすと，原判決が，その「犯罪事実」欄や「法令の適用」欄で共犯の認定・処理をしていない点をかしとみても，それらは判決に影響を及ぼすことが明らかな場合であるとはいえない。」

【301】　東京高判平 12・5・23 東高時報 51・1 = 12・55

判旨　（原判決は本件けん銃等を単独で所持したと認定するが，本件けん銃等の携帯所持は）「被告人単独によるものではなく，被告人とAとが意思相通じた上共同して行ったものと認めるのが相当である。（略）
（略）原判決の事実認定には誤りがあり，ひいて刑法 60 条の適用を遺脱した点でその法令の適用にも誤りがあるというべきである。
（略）」しかし，本件けん銃等の携帯所持が「被告人単独によるものかAとの共同によるものかによって犯情にさほど差異があるとはいえないから，原判決の右のような事実認定の誤り及び法令適用の誤りはいずれも判決に影響を及ぼすことが明らかであるとはいえない。」

しかしながら，次の裁判例は，単独犯に比して，共同正犯の場合には犯情が軽いことを理由に，その誤認による判決への影響を肯定しており，実務家による学説もこれを支持している（注釈刑事訴訟法［新版］第 6 巻 204 頁［小林充執筆］，大コンメンタール刑事訴訟法第 6 巻 257 頁［原田國男執筆］）。

【302】　東京高判昭 31・7・2 判タ 61・72

判旨　「原判決は，被告人Aが原審相被告人B方における覚せい剤の単独所持を認定判示しているのであるが，（略）原判決が原判示犯罪を被告人の単独犯行と認定したのは事実誤認の過誤をおかしたものであって，若しこの犯行がCとの共犯なりとせば，証拠に現われたこの犯罪の動機態様，共犯者の各役割等にかんがみるときはその刑責においては消長はないにしても，その犯情においては被告人について相当軽減さるべきものがあり，従ってこの誤認は判決に影響を及ぼすことの明らかなもの」である。

(3)　確定的殺意と未必的殺意

殺意を巡って，特に，確定的殺意か，未必的殺意かに関する事実誤認の主張も多く見られるところである。

確定的殺意が認められるのに，未必的殺意の認定にとどめた場合には，判決に影響を及ぼすべき事実の誤認であるとしたのが，次の裁判例である。

【303】　東京高判昭 42・4・11 東高時報 18・4・120，判タ 210・218

判旨　（被告人は）「確定的な犯意をもって攻撃を重ねるに至ったものと推認するのが相当である。してみれば，原判決が，被告人の殺人の犯意を認定しながらも，これを未必の故意と認定したのは，証拠の評価を誤り，ひいて事実を誤

認したものといわざるをえない。

　ところで，未必の故意にせよ，確定的故意にせよ，責任条件としてはひとしく犯意あるものとして同一であり，また，一概に未必の故意というも種々の段層を内包し，それ故に確定的故意との限界は認定上も極めて微妙なものがあるところから，この点に関する事実の誤認が，果して，一般に，判決に影響あるものとすべきかは種々論議の存するところではあろうが，前記の如く，両者は認識の分量の差に非ずしてむしろ行為の質的な差であることから，行為ないしその責任の評価に影響するところが大きく，量刑上重要な要素の一となるのが一般であり，とくに本件の如く，これを無期懲役に処すべきか，有期懲役に処すべきか，隔絶した刑量の量刑問題を具体的に論旨として内包する事案においては，これを判決に影響を及ぼすことの明らかな事実の誤認と解するのが相当であ」る。

　同旨のものとして，大阪高判平8・7・24判時1584・150等がある。

　そのような場合において，判決に影響を及ぼさないとしたのが，次の裁判例である。

【304】　大阪高判平元・7・18判時1334・236

判旨　「被告人は本件行為当時被害者の殺害を意図していたと認めるべきことになるから，その故意の内容は確定的殺意ということになる。したがって，未必的殺意を認めるにとどめた原判決には，この点に事実の誤認があるものというべきである。しかしながら，もともと未必的殺意であっても確定的殺意であっても，同じく故意犯としての殺人罪が成立するのであり，その間の構成要件的評価に径庭はないというべきであるし，未必的殺意といっても，その中には認識ある過失に近いものから確定的殺意に近いものまで強弱様々なものがありうるし，確定的殺意につても，未必的殺意に近いものから事前の周到な計画を伴うものまでこれまた強弱様々のものがありうるのであるから，未必的殺意と確定的殺意の間の事実誤認が一律に判決に影響を及ぼすものと解するのは相当でなく，この点の誤認が量刑に影響するほどの犯情の差を生ずる場合にのみ判決に影響を及ぼすものと解すべきである。」

　同旨のものとして，札幌高判昭38・12・17高刑集16・9・809（判時371・65，判タ161・109）等がある。

　これとは逆に，未必的殺意しか認められないのに，確定的殺意を認めた場合について，判決に影響を及ぼすべき事実の誤認としたのが，次の裁判例である。

【305】　東京高判昭41・3・28東高時報17・3・38，判タ191・199

判旨　「兇器の形態，刺創の部位，程度，刺した回数などからすれば，被告人が未必的殺意をもって右犯行に及んだものであることはこれを否定し得ないが，被告人が右兇行に及ぶまでの経緯，状況，被告人がAとは知り合い関係になく，またBともこれまで何らの関係がなかったことなどを併せ考えると，被告人がBの抵抗に激昂したとはいえ，原判示のように確定的殺意をもってBを殺害したとは認め難い。さすれば，原判決はこの

第6節　法382条の控訴理由（判決に影響を及ぼすことが明らかな事実誤認）

点において事実を誤認したものというべきであり，右誤りは判決に影響を及ぼすことが明らかである」。

そのような場合において，判決に影響を及ぼすものではないとしたのが，次の裁判例である。

【306】　東京高判平11・11・1 東高時報50・1＝12・126

判旨　「原判決が被告人が興奮状態から被害者を殺害する確定的な故意を有していたと認定したことも首肯しえないではないが，（略）殺意が確定的であると断定するには，なお疑問を残すものといわざるをえない。したがって，その限度では，原判決の認定は是認できない。

しかしながら，本件では殺意が認められることに変わりはないのであるから，未必の故意を確定的な故意と認定したことが量刑に影響するか否かは，結局，その故意の生成過程に犯情を左右するほどの差異があるか否かによるべきものであり，所論のように当然に量刑が軽くならなければならないものではない。しかるところ，本件では，右に説示したとおり，殺意が未必的であったか確定的であったかは，興奮状態の中で咄嗟になされた刺突行為の際の心理状況の法的評価のわずかな違いに過ぎないというべきであるから，そのいずれによって，犯情が大きく左右される場合に当たるとは認められない。そうしてみると，右評価の差違は原判決の量刑に影響を及ぼすものとは認められない。」

同様の処理をしたものとして，東京高判昭53・2・23刑裁月報10・1＝2・75，東京高判昭57・4・12高検速報昭57・188等がある。

このような二つの考えがあるところではあるが，一方では，裁判員の参加する刑事裁判に関する法律2条により，平成21年5月21日以降は，殺意が問題とされる事件については，すべて裁判員が関与する手続で審理されることになり，そうすると，講学上の概念にすぎない確定的殺意や未必的殺意が実際上どこまで問題とされるのかは明確でなく，従来の裁判例がそのままで影響力を持ち続けるのかについては，なお慎重な検討が必要である。

(4)　犯罪の日時場所等

犯罪の日時場所等の誤認は，一般的には判決への影響が否定されるとされており，例えば，以下の裁判例がある。

【307】　東京高判昭63・9・12 判時1307・157，判タ682・226

事実　被告人は，銚子簡易裁判所において，窃盗，住居侵入事件で有罪の判決宣告を受け，判決書には，窃盗の犯行日を「昭和62年1月23日」と記載されていたが，証拠上，犯行日が「昭和63年1月23日」であることは明らかであった。控訴審において，弁護人は，量刑不当の主張をしたところ，東京高等裁判所は，職権判断を行い，起訴状には「昭和62年1月23日」と記載されていたが，その後，検察官から，「昭和63年1月23日」に改めると訴因変更請求があり，許可さ

第9章　控訴の理由

れており，被告人もこれを認めていたこと等に照らすと，判決に影響を及ぼすべき事実誤認とはいえないと判示した。

判旨　「原判決は，犯行の日を「昭和62年1月23日」と認定判示しているが，原判決挙示の関係各証拠によれば，その犯行の日が「昭和63年1月23日」であることが明らかであり，この点，原判決には事実の誤認があるといわなければならない。（略）判決において認定判示する犯行の日時は，罪となるべき事実そのものではなく，これを特定するため，できる限り明示することが求められているものであるから，（略）認定事実と訴因事実とが犯行の日のほかは完全に一致していることに加え，右のような審理経過，とりわけ犯行の日に関して訴因変更の手続がとられていることなどに照らし，犯行の日にかかる前示のような誤認は罪となるべき事実の特定に影響を及ぼしていないものと認められ，したがって，右誤認が判決に影響を及ぼすものでないことも明らかであ」る。

【308】　高松高判平8・10・8判時1589・144，判タ929・270

事実　被告人は，高知地方裁判所において，「平成8年1月下旬から同年2月8日までの間に，被告人方において，覚せい剤若干量を自己の身体に摂取して使用した」との事実により，懲役1年10月の判決宣告を受けた。被告人からの控訴が申し立てられ，弁護人は，そのような事実はないとして，事実誤認の主張をしたところ，高松高等裁判所は，被告人が，1審認定の時期に覚せい剤を使用したことは明らかであるが，犯行場所が被告人方と限定することはできず，「高知県内若しくはその周辺」と認定すべきであるとした上，次のような判示をした。

判旨　「犯行場所は，被告人方又は高知県内若しくはその周辺と認定すべきであって，原判決が犯行場所を被告人方と限定した点は事実を誤認したものといわざるを得ないが，本件におけるこのような犯行場所の誤認は判決に影響を及ぼすものとは認められない。」

さらに，判決に影響を及ぼすべき事実の誤認には当たらないとされたものとして，傷害の全治期間の誤認（例えば，東京高判昭62・4・13高検速報昭62・52），脱税額の誤認（例えば，広島高判昭59・10・23刑裁月報16・9＝10・671，東京高判平6・6・29判時1522・150），覚せい剤の使用方法の誤認（例えば，東京高判昭56・12・7判タ471・231）等がある。

2　違法阻却事由，責任阻却事由の誤認

違法阻却事由や責任阻却事由も本条の誤認の対象となることを，例えば，以下の裁判例が示している。

【309】　大阪高判昭28・2・27高刑集6・2・209

判旨　「本件は，刑法第36条第1項の正当防衛には当らないが，同条第2項の過剰防衛にはなると解すべきである。原判決が原審弁護人等の過剰防衛の主張を排斥したのは事実を誤認したものであって，右の誤は判決に影響を及ぼすことが明らかである」。

第6節　法382条の控訴理由（判決に影響を及ぼすことが明らかな事実誤認）

他に，正当防衛や過剰防衛等の防衛行為を巡る事実誤認が問題とされたものとして，近時のものとしては，大阪高判平11・3・31判時1681・159（過剰防衛成立），東京高判平12・11・16東高時報51・1＝12・110（過剰防衛成立），東京高判平14・2・18東高時報53・1＝12・17（正当防衛成立）等がある。

責任阻却事由については，次の裁判例が論じている。

【310】　広島高松江支判昭24・12・7判決特報5・89

判旨　「被告人は本件犯行当時飲酒酩酊によってその精神状態に障礙をきたし少くとも事物の理非善悪を弁識する能力又はこの弁識に従って行動する能力が著しく減退していたのではないかと疑わしめるものがあり，従て原審が被告人は本件犯行当時正常の精神状態にあったものとして判示事実を認定したのは審理不尽に基く事実誤認の疑いがあり判決に影響を及ぼすことが明らかである」。

他に，責任能力を巡る事実誤認が問題とされたものとして，東京高判昭42・4・5東高時報18・4・112，判タ210・217（心神耗弱を認めた原判決を否定し，完全責任能力があったとした事例），広島高判昭46・2・25判タ260・269（同様の事例），東京高判平5・8・9判時1494・158（完全責任能力を認めた原判決を否定し，限定責任能力があったとした事例），東京高判平15・12・9東高時報54・1＝12・87（同様の事例）等がある。

3　処罰条件の誤認

処罰条件，例えば，刑法197条2項所定の公務員となったこと，破産犯罪における破産宣告の確定などの誤認も，本条の対象となると考えられ，そのことは，次の旧刑事訴訟法時代の裁判例からもうかがうことができる。

【311】　大判大6・4・19刑録23・401

事実　被告人は，詐欺破産過怠破産により，1審の浦和地方裁判所，控訴審の東京控訴院で有罪の判決宣告を受けたが，上告審において，弁護人は，「単ニ『破産事件記録ニ依リ之ヲ認ムルヲ得ベク』ト説示シタルニ止マリ同上記録トシテ現存セル5冊中如何ナル部分ニ如何ナル記載アルヲ以テ判示事実ノ証拠トシタルヤ毫モ之ヲ知ルニ由ナキヲ以テ結局証拠理由不備ノ違法アリ」と主張した。

判旨　「有罪破産ニ於ケル被告人ガ破産宣告ヲ受ケ其決定確定セル事実ハ破産罪ノ処罰条件ニシテ刑事訴訟法ニ所謂罪トナルベキ事実ニ属スルヲ以テ之ヲ認メタル証拠理由ヲ明示セザルベカラズ然ルニ原判決ニ於テハ右事実ヲ認メタル一理由トシテ単ダ所論ノ如ク説示シタルノミニシテ破産事件ノ記録中ニ如何ナル記載アルヤニ付キ毫モ其内容ヲ説明セザルハ証拠ノ明示ヲ欠クノ違法アリト謂ハザルベカラズ」

4　附加刑の前提事実の誤認

続いて，附加刑の前提となる事実の誤認も本条の対象となることを，次の裁判例が示している。

> 【312】　高松高判昭24・12・7判決特報6・2

判旨　「本件映写機（略）及附属映写幕（略）は元被告人の所有であったが昭和16年7月19日居村在所村第1国民学校に寄附し同村の所有に帰したことが認められるから之を被告人の所有物と認めて没収した原判決は事実の誤認があり，其の誤認は判決に影響することが明である」。

5　加重減免事由の誤認

考慮すべきは，加重減免の理由となる事実である。

このうち，累犯前科に関する事実については，次の裁判例が本条の対象となることを明らかにしている。

> 【313】　札幌高判昭27・9・11高刑集5・10・1666

事実　被告人は，札幌地方裁判所において，連合国財産等収受所持禁止令違反事件で有罪の判決宣告を受けたが，累犯加重の事実が認定されていなかった。

判旨　「刑事訴訟法第382条にいわゆる事実の誤認の事実とは同法335条第1項の罪となるべき事実ばかりでなく判決の基礎となるべきすべての事実と解すべきである。従って判決の基礎となるべき累犯加重の原由たる前科事実につき判断を誤ったときは，刑事訴訟法第382条の事実の誤認に該当するものといわなくてはならない。」

問題となるのは，裁量的減軽事由とされる自首である。

【288】は，本条の誤認の対象外であるとしており，同旨のものとして，東京高判昭40・7・19高刑集18・5・506（判タ183・155）がある。

しかし，一方では，次の裁判例が，本条の誤認の対象としている。

> 【314】　東京高判昭41・4・7東高時報17・4・57（判時456・88，判タ193・139）

判旨　「自首は法律上の減軽事由には該当しないが，刑法第42条により裁量的にせよ刑の減軽事由とされているものであって，単なる量刑に関する事情とは異り，刑事訴訟法第382条の事実誤認に該当するものと解するのが相当であり，その誤認は本件判決に影響を及ぼすことが明らかと認められる」。

同旨のものとして，東京高判昭53・2・28東高時報29・2・38があり，近時の実務の取扱としては，この考え方が有力である。

6 量刑に関する事実誤認

なお，量刑に関する事実のうち，計画的犯行であるか偶発的犯行であるかの誤認は，本条の対象としたのが，次の裁判例である。

【315】 東京高判昭31・1・17高刑集9・1・1（判タ56・75）

<事実> 被告人は，東京地方裁判所において，強盗未遂事件で懲役2年6月の判決宣告を受けたが，その判決書の「罪となるべき事実」の冒頭には，「被告人は予てから強盗を企てていたところ」と記載されていたため，控訴を申し立てた上，そのような事実はないと事実誤認の主張をした。東京高等裁判所は，「被告人が予て強盗を企てていたという事実は原審が取り調べた全証拠によっても確認し得ないところであり，本件記録によれば，起訴状記載の如く本件は寧ろ偶発的犯行と認められるのである。しからば原判決はこの点において事実を誤認したものというべきである。」として，次のような判示をした。

<判旨>「結果の同じ犯罪において計画的犯行であるか，偶発的犯行であるかの相違は，罪となるべき事実としてではないが，犯情として当然量刑に影響を及ぼすものと認められるのである。従って判決にこれが判示されている以上，この事実に誤認がある場合はやはり判決に影響を及ぼす事実誤認と認めるのを相当とする。」

もっとも，被害弁償に関する事実誤認は，本条の対象とはならないとしたのが，次の裁判例である。

【316】 東京高判昭26・9・6判決特報24・29

<判旨>「控訴趣意第2点は原判決の理由中に一部弁償した旨の記載があるが，被告人は被害金額の全部について弁償しているからこの点において原判決には事実誤認があると主張するものであるけれども，被害の弁償に関する事実のようなものは，固より罪となるべき事実ではなく，原判決もこれを犯罪事実として認定判示したものでなく，単に法律の適用を示す際に判示したのに過ぎないことは，原判決の記載から明らかであるから，これをもって事実誤認と主張することは主張自体失当である。」

同旨のものとして，東京高判昭40・7・19高刑集18・5・506（判タ183・155）がある。

第7節 法383条の控訴理由

1 再審請求の事由があること

上告審において交通事故の身代わり犯人と判明した場合，法383条1号と同一事由を定めた同法411条4号に当たるとしたのが，次の裁判例であり，控訴審における同様の事態

の場合に，法383条1号該当事由があることになる。

> 【317】 最判昭45・6・19刑集24・6・299（判時595・40，判タ251・262）

事実 被告人は，横浜地方裁判所において，業務上過失致死事件で禁錮6月の判決宣告を受け，控訴審である東京高等裁判所において，量刑不当の主張が排斥されて，控訴棄却の判決宣告を受けた。これに対して，被告人が上告を申し立てたが，弁護人から，次のような事情で，被告人が本件の犯人ではないとの主張がされた。そこで，調査をしたところ，原判決後，Aが本件事故の真犯人であると警察署に自首し，被告人も身代わり犯人であると申し立てたため，改めて捜査が行われた結果，横浜地方裁判所において，Aに対して，業務上過失致死，犯人隠避教唆，道路交通法違反で懲役1年，被告人に対して，犯人隠避，道路交通法違反幇助で懲役6月，2年間執行猶予の判決が宣告され，被告人の刑は確定したことが明らかとなった。

判旨 「被告人については，原判決後において，刑訴435条6号にいわゆる「有罪の言渡を受けた者に対して無罪を言い渡すべき明らかな証拠をあらたに発見した」場合に該当するものといわなければならない。とすれば，本件については，同法411条4号にいわゆる再審の請求をすることができる場合にあたる事由のあることになり，かつ原判決を破棄しなければ著しく正義に反するものと認められる」。

その後も，最判昭47・12・12裁判集185・623（判時687・99，判タ286・307），最判昭48・7・20裁判集189・619，最判昭48・9・12裁判集190・97，最判昭53・12・15裁判集213・1025（判時926・130，判タ374・96）等が同様の判断を示している。

なお，窃盗事件に関し，控訴審に至って身代わり犯人であることを理由に事実誤認の主張を始めたことについて，実質的には再審事由の主張に当たるとした上，事実取調べの結果，窃盗罪と法定刑を同じくする贓物寄蔵罪が成立するとして，このような場合には，再審事由によらずに，事実誤認による破棄が相当であるとしたのが，次の裁判例である。

> 【318】 東京高判昭59・2・13東高時報35・1=3・2

判旨 「被告人は原審において公訴事実をすべて認め，検察官申請の証拠の取調べに同意し，事実関係について何ら反証していないことが明らかである。

所論は，(略)原判決後に新たに発見した証拠のあることを控訴申立の理由とするものであるから，その実質においては，同法383条1号，435条6号の再審事由の主張にあたるものと認められる。(略)
(略)
(略)原判示第1の窃盗の点は被告人の犯行ではなく，被告人は，Aと共謀のうえ，窃盗犯人であるBから贓品の印鑑1個を預り保管してこれを寄蔵したに過ぎないことが明らかである。そうだとすれば，原判決は，結局事実を誤認したことに帰着し，右誤認が判決に影響を及ぼすことは明らかである(略)。そして，原判示第1の事実について

は，窃盗罪と法定刑の同じ贓物寄蔵罪が成立し，同第2の事実についても，共同犯行であることによってその法定刑に変動を来たすことはないから，原判決で認めた罪より軽い罪を認めるべき事由が存するものとはいい得ない（略）ので，原判決破棄の事由としては，かかる場合，刑事訴訟法383条1号，435条6号によることなく，同法382条によるのを相当と解すべきである。」

2　原判決後の刑の廃止，変更又は大赦があったこと

　昭和30年法律第51号による改正前の銃砲刀剣類等所持取締令1条は，「この政令において（略）『刀剣類』とは，刃渡15センチメートル以上の刀，ひ首，剣，やり及びなぎなたをいう。」，同令15条は，「刃渡15センチメートル未満のひ首又はこれに類似する刃物は，業務その他正当な理由による場合を除く外，携帯することができない。」と各規定し，同令27条が同令15条違反には3年以下の懲役又は5万円以下の罰金を科する旨規定していた。そして，昭和30年法律第51号による改正後の銃砲刀剣類等所持取締令1条2項は，「この政令において『刀剣類』とは，刃渡15センチメートル以上の刀，剣，やり及びなぎなた並びにあいくち及び刃渡5.5センチメートルをこえる飛出しナイフ（45度以上に自動的に開刃する装置を有するナイフをいう。）をいう。」，同令15条は，「あいくちに類似する刃物は，業務その他正当な理由による場合を除く外，携帯することができない。」

と各規定し，同令27条が同令15条違反には3年以下の懲役又は5万円以下の罰金を科する旨の規定には変更がなかった。そのような法改正の経緯と刃渡13.5センチメートルのヒ首の携帯との関係を考察して，刑訴法383条3号所定の刑の廃止には当たらないとしたのが，次の裁判例である。

【319】　最決昭31・12・25刑集10・12・1701

事実　被告人は，傷害，有印私文書偽造，同行使，銃砲刀剣類所持等取締法違反事件で起訴され，昭和30年6月9日，和歌山地方裁判所御坊支部において，懲役2年の判決宣告を受けたが，銃砲刀剣類所持等取締法違反の事実として，「業務其他正当な理由が無いに拘らず昭和30年4月5日午後11時ころから同11時30分ころまで御坊市の自宅から同市内A方まで刃渡り13.5センチメートルのヒ首1振を携帯した」旨認定された。被告人から控訴が申し立てられ，弁護人が量刑不当の主張をしたが，昭和31年1月24日，大阪高等裁判所は，これを排斥して，控訴棄却の判決を言い渡した。これに対して，被告人から上告が申し立てられ，弁護人は，「刃渡り13.5センチメートルのヒ首1振を携帯した」事実を処罰する法令が原判決当時廃止されていたと主張した。

判旨　「銃砲刀剣類等所持取締令は，昭和30年法律第51号により一部改正され，この法律は同年10月1日から施行されているが，改正後の同令によれば，「あいくち」は刃渡に関係なく同令1条2項の「刀剣類」に包含され，同令2条に違反してこれを所持した者は同令26条により処罰されることとなったことは，改正前後の同令1条

15条等をくらべてみれば明らかである。そして，正当な理由がなく「あいくち（匕首）」を携帯することが犯罪となることは，新旧いずれの法律においても変りはないのであるから，所論のように刑の廃止があったものということはできない。」

　尊属傷害致死の規定が削除されたことについて，通常の傷害致死の規定が存置されたことを理由に，刑の廃止には当たるが，通常の傷害致死罪の適用ができるとしたのが，次の裁判例である。

【320】　東京高判平7・7・18高刑集48・2・158（判タ894・277）

判旨　「原判決は，罪となるべき事実として，被告人が平成6年4月29日に自己の直系尊属（実父）であるAに暴行を加えて傷害を負わせ，その結果，同年5月2日にその傷害により同人を死亡させたとの事実を認定し，被告人の原判示の所為は，刑法（以下に「旧法」というものと同じ。）205条2項に該当するとして同条項を適用している。しかし，同条項は，平成7年法律第91号（刑法の一部を改正する法律。平成7年6月1日施行）による改正後の刑法（以下「新法」という。）においては削除されている。したがって，平成7年法律第91号による改正前の刑法（以下「旧法」という。）205条2項は，被告人の行為時においては勿論有効であり，また，平成6年11月29日の原判決の言渡時においても有効であったが，原判決後に，右規定が新法から削除され，なお，平成7年法律第91号附則2条1項ただし書においても，同法施行前にした行為の処罰について，旧法205条2項は適用されない旨規定しているので，現在においては，原判示の事実に右規定を適用することは許されない。すなわち，本件においては，刑訴法383条2号に定める「判決があった後に刑の廃止があった」場合に該当する事由があると認められるのである。しかしながら，被告人の原判示の所為は，行為時においても，刑の加重的特別規定である旧法205条2項の適用がなければ，当然に普通の傷害致死として旧法205条1項が適用されるものである。そして，同条項は，新法205条に，規定の内容が構成要件，法定刑ともに同一のまま引き継がれているのであり，なお，旧法の適用に関し，平成7年法律第91号附則2条1項本文が，一定の例外を除き，同法の施行前にした行為の処罰についてなお従前の例による旨規定し，これにより，現在においても，被告人の原判示の所為に旧法205条1項を適用することはもとより許される。また，本件訴因との関係についてみても，本件訴因は，原判示の事実と同じく尊属傷害致死の事実を掲げたものであるが，被害者が被告人の直系尊属であることを犯罪構成要素から除けば，普通の傷害致死の事実を掲げたものとみることができるのであるから，訴因変更の手続を経るまでもなく，本件訴因の範囲内で普通の傷害致死の事実を認定することができるというべきである。以上要するに，本件は，尊属傷害致死罪で処罰することについては，犯罪後の法律により刑の廃止があった場合に当たるが，本件訴因の範囲内で普通の傷害致死罪により処罰することはできる場合であるので，被告人に対し免訴の言渡しをすべきものではなく，本件訴因の範囲内で認定できる犯罪事実に基づき，被告人に対し，旧法205条1項を適用して刑の言渡しをすることはできるものと考えられるのである。」

　また，法定刑に懲役刑しか定められていなかった窃盗罪について，罰金刑が付加して新

法が定められたのであるが、その立法経緯等からして、刑の変更に当たらないとしたのが、次の裁判例である。

【321】　最決平 18・10・10 刑集 60・8・523（判時 1952・175、判タ 1227・193）

事実　被告人は、侵入窃盗6件、窃盗1件、侵入強姦未遂1件、強姦未遂1件、住居侵入未遂1件を起訴され、平成18年2月13日、横浜地方裁判所において、懲役7年の判決宣告を受け、同年6月13日、被告人からの控訴を受けた東京高等裁判所において、控訴棄却の判決宣告を受けたが、「（1審判決後の法改正により）窃盗罪については、刑訴法383条2号にいう「刑の変更」があった場合に当たるものと解される。（略、1審判決認定の）罪の一部について「刑の変更」があった以上は、どのような場合であっても原判決を破棄するほかはないと解するのは極めて不合理であって、（略）「判決に影響を及ぼすことが明らかである」ときに限って原判決破棄の理由になると解するのが相当である。（略）今回の窃盗罪についての「刑の変更」の趣旨は、被害額の少ない万引き事犯のような比較的軽い類型のものにつき、罰金刑での処置を可能にすることにあることなどに照らすと、被告人について、今回の「刑の変更」を踏まえて原判決の量刑を再検討する余地はおよそ存しないと認められる。したがって、被告人につき、同法383条2号の「刑の変更」の事由はあったとはいえるが、それは、判決に影響を及ぼすことが明らかとは認められないので、原判決を破棄すべき事由とはならない。」と判示された。これに対して、被告人が上告を申し立てたが、弁護人は、法383条2号は「判決に影響を及ぼすことが明らかなとき」という制限を付していないから、原判決の判断は誤っていると主張した。

判旨　「刑法及び刑事訴訟法の一部を改正する法律（平成18年法律第36号）により窃盗罪の法定刑は「10年以下の懲役」から「10年以下の懲役又は50万円以下の罰金」に変更され、同法は本件の第1審判決後で原判決前である平成18年5月28日から施行されたが、同法は上記改正部分につき経過規定を置いていない。そうすると、上記各事実のうち窃盗罪については、原判決の時点で、刑訴法383条2号所定の「刑の変更」があったとみられる。そして、同法397条1項は同法383条所定の事由があるときは、第1審判決を破棄すべきものと定めている。

しかしながら、上記法改正の内容をみると、懲役刑の刑期には変更が加えられておらず、選択刑として50万円以下の罰金刑が追加されたにとどまるところ、その改正の趣旨は、従来、法定刑が懲役刑に限られていた窃盗罪について、罰金刑の選択を可能として、比較的軽微な事案に対しても適正な科刑の実現を図ることにあり、これまで懲役刑が科されてきた事案の処理に広く影響を与えることを意図するものとは解されない。このような法改正の内容、趣旨にかんがみると、当該窃盗罪の犯情、第1審判決が併せて認定した刑の変更のない他の犯罪の有無及びその内容等に照らし、上記法改正との関係からは第1審判決の量刑を再検討する余地のないことが明らかである場合には、刑訴法397条1項により破棄すべき「刑の変更」には当たらず、第1審判決を破棄する必要はないと解するのが相当である。」

第 10 章　上告の理由

　法405条は，上告理由として，憲法違反と判例違反の二つの類型しか認めておらず，法411条により，事実誤認等に関して，職権で破棄することを認めており，また，法406条は，法令の解釈に関する重要な事項を含む場合には，事件受理を認めている。これは，上告審が，憲法判断や法令解釈の統一を図ることを第1の目的とし，当事者の具体的救済を第2の目的としていることにあるとされている（大コンメンタール刑事訴訟法第6巻487頁［原田國男執筆］）。本稿では，憲法違反と判例違反の二つの上告理由について検討することとし，法411条については，9章の控訴の理由を参照されたい。

第1節　憲法違反

　法405条1号は，「憲法の違反があること又は憲法の解釈に誤があること」を上告の理由と規定している。憲法の違反とは，原判決の内容又はその基礎となる訴訟手続に憲法違反がある場合を指し，憲法の解釈の誤りとは，原判決の憲法上の判断に誤りがある場合を指すというのが通説とされている（注釈刑事訴訟法［新版］第6巻400頁［香城敏麿執筆］）。

　また，憲法違反の主張は，法規定自体の違憲性を主張する規定違憲の主張と，法規定の適用の違憲性を主張する適用違憲の主張がある。

　ただし，実務的には，憲法違反の主張の要件を充足していない主張が多くみられるのであり，そのような不適法な主張とされているのが，以下の場合である。

1　憲法違反に名をかりた主張

　実質的には刑訴法違反を主張するため，憲法31条違反を主張するものが多く見られ，そのような事例について，これを不適法な主張として扱ったのが，次の裁判例である。

第10章　上告の理由

> **【322】　最決昭 25・2・2 刑集 4・2・127**

事実　窃盗，逃走事件について，弁護人が上告趣意において，被告人は1審の佐賀地方裁判所での審理中てんかんの症状を起こして1週間にわたり出頭不能となったことは，記録上明らかであり，てんかん病者の発作時の行為は責任能力に影響を及ぼすのであるから，控訴審である福岡高等裁判所は，犯行時の精神症状を審査，究明すべき義務を負っていることになり，「憲法31条が被告人の人権を完うせんとしている大精神より出ていること，そして現行刑事訴訟法が完全な当事者主義をとっておらないことから当然の事理であると信ずる。即ち原審判決は憲法31条に反する違法の判決である。」と主張した。

判旨　「上告の申立は，刑訴第405条に定めてある事由があることを理由とするときに限りなすことができるものである。同第411条は，上告申立の理由を定めたものではなく，同第405条各号に規定する事由がない場合であっても，上告裁判所が原判決を破棄しなければ著しく正義に反すると認めた場合に職権をもって原判決を破棄し得る事由を定めたものである。しかるに弁護人Aの上告趣意は憲法第31条を云々するがその実質は明らかに単なる訴訟法違反の主張に過ぎず所論は，すべて明らかに同第405条に定める事由に該当しないし，また同第411条を適用すべきものと認められない」。

同様の処理は，無実の被告人を有罪にしたのは憲法11条に違反するという実質は事実誤認の主張，被告人を実刑に処したのは憲法36条に違反するという実質は量刑不当の主張等の場合にも行われている。

2　欠前提の主張

憲法違反の主張は，事実上又は法律上の前提を置くことが多いが，そのような前提が認められない場合，主張の前提がないとして，不適法な主張と解されることになり，以下の裁判例が，そのことを示している。

> **【323】　最判昭 25・4・26 刑集 4・4・697**

事実　被告人Aは，東京高等裁判所において，強盗幇助事件で有罪の判決宣告を受けたが，その判決について，弁護人は，上告趣意において，有罪の証拠として被告人A，Bの供述を挙げているが，その前提として青梅警察署での供述があり，認めれば早く帰してやるとか，共犯者が認めているという誘導尋問に基づくものがあるから，「本件断罪を基礎ずける採用されたる証拠，上告人たる被告人A並びに共犯者Bの供述は刑事訴訟法の応急措置法律10条2項，刑事訴訟法219条，憲法38条1項，3項に違反するものであると信じ，茲に上告申立る次第。」と主張した。

判旨　「所論A，Bの供述が所論の様な不当な干渉によってなされたものであることは記録上認め得ない。論旨は右不当干渉の事実を前提として原判決が憲法38条，刑訴応急措置法10条2項，旧刑訴219条に違反するものだというのであるが右事実が認められない以上前提を欠くもので理由がない。」

【324】 最決昭39・8・13刑集18・7・437（判時381・50，判タ166・123）

事実 被告人は，東京都内の歩道と車道の区別のある道路の歩道上に軽三輪自動車を約10分間駐車したとして，道路交通法48条1項違反により起訴されたが，歩道上の駐車は違法でないと主張したものの，墨田簡易裁判所で有罪を宣告され，控訴も棄却されたため，上告を申し立て，「道路交通法48条1項は，歩道上の駐車を禁じているとは解されないから，被告人の行為は違法ではない。1審の有罪判決を支持した原判決は，刑罰法規が存在しないのに，被告人の所為を有罪としており，憲法31条の定める罪刑法定主義に違反する。」と主張した。

判旨 「弁護人Aの上告趣意第1点は，違憲をいうが，道路交通法48条1項の規定は，歩道と車道の区別のある道路においては，車両は車道の左側端に沿い，かつ他の交通の妨害とならないように駐車すべきことを命じているものと解すべきであり（略），これと同趣旨に出た原審の判断は正当であるから，所論違憲の主張は前提を欠き，（略）いずれも刑訴法405条の上告理由に当らない。」

なお，罰則の不明確性を理由とする主張について，不明確ではないとして，前提を欠くとされたものとして，最決昭36・12・6裁判集140・375，最判昭47・11・22刑集26・9・554（判時684・17，判タ285・141）等がある。

3　原審不経由の主張

上告審は，原判決の当否を審査することを目的としているから，原審で主張されておらず，その判断を受けていない事項については，以下の裁判例が示すように，原審不経由の不適法な主張として取り扱われることになる。

【325】 最決昭36・7・19刑集15・7・1194

事実 被告人は，昭和34年12月14日，大阪地方裁判所において，強姦，贓物牙保，恐喝未遂事件で懲役1年及び罰金1000円の判決宣告を受け，大阪高等裁判所に控訴を申し立て，量刑不当を主張したが，控訴を棄却された。これに対して，上告を申し立てたところ，弁護人から，強姦罪の共同正犯について被害者の告訴を要しないとした刑法180条2項の規定は，憲法13条，14条に違反しているとの主張をした。

判旨 「論旨は，原判決の維持した第1審判決は，刑法180条2項を適用して，告訴がないにもかかわらず，同法177条前段，60条により被告人を処罰しているが，刑法180条2項は憲法13条，14条1項に違反するから，これが適用を是認した原判決は違憲である，と主張する。しかしかかる論旨は，原審で主張も判断もなかった訴訟手続に関する主張であるから，適法な上告理由とならない。」

第10章　上告の理由

【326】　最決昭 39・11・18 刑集 18・9・597

事実　被告人は，山形地方裁判所新庄支部において，贈賄，背任事件で有罪の判決宣告を受け，仙台高等裁判所に控訴を申し立て，贈賄事件について事実誤認を主張し，地方公務員に対して交付した金員について，社会的儀礼の範囲内であるなどと趣意を述べたが，控訴を棄却された。これに対して，上告を申し立てたところ，弁護人が刑法198条の規定違憲の主張を行った。

判旨　「所論は，刑法198条の規定は憲法29条1項に違反する旨主張する。

しかしながら，記録に徴すれば，本件第1審判決は右刑法の条項を適用して被告人を有罪としたのに対し，被告人は控訴趣意書において右刑罰法規自体の合憲性を争う主張を全くせず，従って原判決もこの点になんら触れるところなく，右控訴を棄却したものであることが明らかである。このように原審で主張判断を経なかった事項に関し，当審において新たに違憲をいう主張は，適法な上告理由に当らないものといわなければならない。けだし，元来，上告は，控訴審の判決に対する上訴であるから，控訴審で審判の対象とならなかった事項を上告理由として主張することは許されないものと解すべきであり，また控訴審では，控訴趣意書に包含されている事項を調査すれば足り，これに包含されていない事項については，たとえそれが第1審判決の適用法条の合憲性の有無に関するものであっても，職権調査の義務を当然には負うものではなく，この点に関し判断をしなかったからといって，上告を以て攻撃されるべき違法とは言い難いからである。」

したがって，1審判決が有罪とした罰則が違憲であるとしても，控訴審において，その違憲性が争われず，控訴棄却の判決がされた場合には，控訴審判決には違憲の罰則を適用した1審判決を是正しなかった訴訟手続の法令違反があるとして，法411条1号による職権破棄を求めることになる（公判法大系Ⅳ269頁以下［坂口裕英執筆］）。

4　原判決の余論，傍論等に対する主張

上告は，上訴制度の一環を担っているのであるから，上告理由は判決に影響を及ぼすものであることが必要である。したがって，原判決の判断において，その結論に影響を及ぼさない部分（余論，傍論，仮定論）に対する違憲の主張は不適法となり，そのことを次の裁判例が示している。

【327】　最決昭 39・12・3 刑集 18・10・698

事実　被告人両名は，中国大陸からの帰還問題について，民間人として尽力していたが，第3興安丸の舞鶴入港後の帰国者約700名が舞鶴引揚援護局において帰国者大会を開催した際，無給の同局非常勤職員として勤務していた女性職員が秘かに会場内でメモをしていたことが発覚し，メモには種々不審な記載があったため，同女を別室に移して監禁した。東京地方裁判所は，実質的違法性を欠く，あるいは，過剰防衛に当たるとし

て，1名を無罪に，1名を刑の免除とした。これに対して，検察官から控訴の申立てがあり，東京高等裁判所は，上記女性は私人の立場で帰国者大会を傍聴していたにすぎず，憲法19条，21条の規定に反して帰国者らの自由権を侵害又は脅威を与えたものではないし，非常勤職員の身分を有する上記女性の行為が，1審判示のような帰国者らの憲法上の自由権を侵害したものであるとしても，その侵害の程度は，被告人らが上記女性に加えた身体の自由の侵害の程度に比べて軽微なものと認められるから，被害法益と侵害法益とが均衡を失するものであるなどとして，1審判決を破棄し，被告人両名の有罪を宣告した。

判旨「原判決が，憲法19条，21条について，これらの規定は，公共の福祉に反しない限り，立法その他官憲の国務に関する行為により，国民の思想，集会，結社，言論，その他表現の自由等の抑圧，制限，禁止等をなし得ない趣旨を定めたものであって，一私人の行為による右自由権の侵害に対する保障を含むものではない旨の解釈を示すとともに，Aの本件行為は，一私人としての立場において非公開の帰国者大会を傍聴したに過ぎない旨の事実を認定していることは，所論のとおりである。しかし，原判決は，さらにAが本件当時舞鶴引揚援護局非常勤職員という公務員たる身分を有していたが故に，同女の本件行為が，仮に官憲の国務に関する行為として帰国者等の右のような憲法上の自由権を侵害したものというべきであるとしても，なおその侵害の程度は，被告人等が同女に加えた身体の自由の侵害の程度に比して軽微なものと認められるから被告人等の本件行為の違法性を阻却する事由とはならない旨判示しているのである。従って，原判決の前記憲法解釈の正否は，原判決によれば本件の違法性に関する原判決の結論に影響しないことが判示自体において明らかであって，所論違憲の主張は原判決の結論に影響のない憲法解釈を非難するものであるから適法な上告理由とならない。」

5 原判決に対する具体的論難を欠く主張

上訴制度である以上，原判決のいかなる部分が，いかなる理由により，憲法のどの条項に違反するのか，具体的論難が必要なことは明らかであり，それを充足しない主張が不適法であることは，次の裁判例が示している。

【328】 最判昭25・7・25刑集4・8・1523

事実 被告人に対する物価統制令違反事件の控訴審である名古屋高等裁判所は，「原審挙示の各証拠によれば原判決認定の犯罪事実を認定し得る」と判示したが，上告審の弁護人は，「実際は記録の検討を怠っているのではないかとも疑われるのであって，上告人は勿論誰しも原審の右判示並に斯る判示を為さるる原審の態度に対し心から敬服するものはないと思うことは，やがて原審の被告人に対する基本的人権の蔑視の態度とも見らるべきであり，斯る見地から原審が控訴論旨第2点にたいする説示に対しても同様のことが言い得ると思う。要之原判決は以上の見地よりして民主主義的裁判の性格を失える憲法違反の謗りを免れないものであり破棄を免れないものと思う。」と主張した。

判旨「論旨は，原判決の理由説明が簡単であることから推して，原裁判所は実際は記録

の調査検討を怠っているのではないかと疑い，ひいてこれを基本的人権蔑視の態度となし，憲法違反の謗りを免れないものであると主張しているが，原判決の如何なる点が如何なる理由により，憲法の如何なる条項に違反するかを示さずして，漫然憲法違反の語を用いているに過ぎないから，これを以て刑訴第405条にいわゆる憲法違反の主張をするものと認めることはできない。」

6 その他の不適法な主張

被告人の罪責と関連のない違憲の主張（最決昭50・9・26刑集29・8・657等），原判決が適用していない法令についての違憲の主張（最判昭53・6・20刑集32・4・670等），上告審の手続規定等についての違憲主張（最決昭28・2・19刑集7・2・328等）は，原判決に対する論難ではないと解されるから，不適法な主張とされている。

第2節　判例違反

法405条が判例違反を上告理由として規定した趣旨については，判例違反の審査を通じて，最高裁判所が法令解釈の統一を図ることにあるとされている。

ところで，「判例」が何を指すのかについては定説がないといってよいが，特定の裁判の中で示された論点に関する法令解釈についての判断に限定され，その一定部分が拘束力を有する「判例」であるとする点では一致していると思われる。いわゆる「結論命題」が「判例」に該当することには争いがないものの，「理由付け命題」の一部とされる「理由付けのための一般的法命題」については，「判例」に該当するかどうか争いがある（詳細は，中野次雄編・判例とその読み方と，これに掲記の文献を参照。）。

さらに，留意すべきは，判例違反というためには，当該判例が前提とする事実関係が同一であることを要することである。いくつかの判例を積み重ねた場合には，ある事実関係の下での法律的判断が導き出されることがあるが，それは「判例理論」の帰結というべきであり，ある特定の判例と直接的な抵触がない場合には，「判例違反」ではなく，法令の解釈，適用の違反ということになるのである。そのことは，例えば，最判平7・12・15刑集49・10・1127が好個の実例である（詳細は，最高裁判所判例解説刑事篇平成7年度339頁以下[三好幹夫執筆]参照）。

1 判例と相反する判断

「判例と相反する判断をした」とは，控訴審判決が法令の解釈適用について何らかの判断を示したことを必要とするというのが，以

第2節　判例違反

下の裁判例が示すところである。

【329】　最決昭26・3・27刑集5・4・695

事実　被告人は，強盗致傷事件等で，1審の岡山地方裁判所，控訴審の広島高等裁判所岡山支部において，有罪の判決宣告を受け，上告を申し立てたところ，弁護人は，控訴趣意では主張されなかった種々の主張を行い，1審の「罪となるべき事実」の記載内容や1審の訴訟手続には，高等裁判所の判例に違反した措置があったと主張した。

判旨　「所論の点はいずれも，原審において控訴趣意として主張されなかった事項であり，また刑訴392条2項は同条項所定の事由に関し控訴審に職権調査の義務を課したものではないから，原判決はこれらの点についてなんら判断を示していないのである。従ってこのような事項につき，単純に原判決の法令違反を主張することはもちろん，これを判例違反として主張するものであっても，このような主張は，刑訴405条の定める適法な上告理由にあたるものということはできない。」

【330】　最判昭37・12・25刑集16・12・1731

事実　被告人A，Bは，昭和33年9月8日，横浜地方裁判所において，争議行為中の複数の暴力行為等処罰に関する法律違反事件で懲役3月，1年間執行猶予の判決宣告を受け，東京高等裁判所に控訴を申し立て，事実誤認及び労働争議に適用することの違憲性を主張したが，控訴を棄却された。これに対して，上告を申し立てたところ，弁護人は，「一罪として起訴された事実を訴因変更の手続を経ることなく併合罪と認定し科刑した第1審判決を支持した点で，同様の事例につき「これは単なる1個の訴因内における犯行の日時，場所，対象物件の数量等の認定の差異とは異り，起訴のない事実に付審理判決したものと解する外に途がない」と判示した福岡高判昭25・5・31判決特報7・13に違反する旨主張した。

判旨　「刑訴405条2号又は3号にいう判例と相反する判断とは，有罪判決の擬律についていえば，法令の解釈適用について控訴審判決が何らかの判断をした場合においてその法律的判断が判例上の法律的判断と相反する場合をいうのであるから，第1審有罪判決の擬律について，控訴趣意においてこれを法令違反であるとして攻撃しないため，控訴審判決が何ら法律的判断を示さなかった場合には，この控訴審判決に上告理由となすべき判例と相反する判断があるとはいえない。本件についてこれをみるに，（略）第1審判決はその認定した事実のうち被告人A，同Bの各所為をそれぞれ刑法45条前段の併合罪として擬律しその加重をした刑期範囲内において量刑処断していることは明らかであるが，同判決に対し被告人側は控訴趣意において何ら右の点を違法であるとする主張をしていないこと明らかであるから，原審としてはこの点について判断しなかったのは当然であり，原審が示さない判断に判例違反があるとの主張は前提を欠き採用することができない」（【329】参照）。

したがって，原審における主張，判断を経ていない事項に関する判例違反の主張は，不適法ということになる。

2 不適法な判例違反の主張

判例違反の主張で，上記のとおり，原審不経由の主張は不適法となるが，その他に不適法とされるものには，以下の類型がある。

(1) 判例違反に名をかりた主張

判例違反の主張であっても，その主張内容に照らすと，事実誤認や量刑不当の主張に尽きるものもみられ，以下の裁判例がその不適法であることを示している。

【331】 最決昭25・10・5 刑集 4・10・1902

判旨 「原判決は，その控訴趣意第1点について要するに挙示の証拠に基き被告人両名は判示組合員であって，共謀の上判示組合員全員共同耕作（略）の結果生産し全員の共有（略）に属する玄米10俵を政府以外の者であるAに対し売渡し代金を受領した事実を認定した第1審判決を理由不備又は事実誤認はないと説示しているに過ぎないものであって，食糧管理法第3条第1項，同法施行規則第21条所定の生産者の意義に関し何等法律上の判断を示していない。従って原判決は所論大審院判決又は当裁判所の判例と異る判断をしているとは認められない。所論は結局名を判例違反に藉りて被告人両名を本件米の生産者と認めた事実認定を非難するに過ぎないから，上告適法の事由を定めた刑訴405条2，3号に当らない。」

【332】 最決昭 26・2・1 裁判集 40・1

判旨 「原審はその裁量権に基づき犯情動機等を斟酌考慮して刑の執行猶予を言渡さなかった第1審判決を是認しただけであって，何等執行猶予に関する法律上の見解を示してその法律上の判断を与えてはいないのである。されば原判決を以て所論の大審院判例に違反すとの論旨後段は結局名を判例違反に藉りてその実原判決の是認した第1審判決の量刑を非難するに帰するから，刑訴405条3号に当らない」。

(2) 事案を異にする判例を引用しての判例違反の主張

判例がある一定の事実関係を前提とする法律判断である以上，事実関係が異なれば，相反する法律判断を示したことにはならないのであるから，そのような場合には，事案を異にして適切ではないとして，以下の裁判例のように，不適法処理とされることになる。

【333】 最判昭 37・5・1 刑集 16・5・470

事実 被告人は，昭和35年3月31日，岐阜地方裁判所多治見支部において，岐阜県議会議員選挙に際して，選挙運動者Aに対して，投票とりまとめ等の費用及び報酬として供与させる目的で10万円を交付したなどとする公職選挙法違反事件で，禁錮6月，2年間執行猶予，5万円没収

第 2 節　判例違反

の判決宣告を受け，検察官とともに控訴を申し立てたところ，同年 11 月 7 日，名古屋高等裁判所において，検察官の事実誤認の主張が採用されて，1 審判決が破棄され，上記選挙に際して，選挙運動者 A に対して，投票とりまとめ等の費用及び報酬として 10 万円を供与したなどとする公職選挙法違反事件で，禁錮 6 月，1 年間執行猶予，5 万円追徴の判決宣告を受けた。これに対して，上告を申し立てたところ，弁護人は，原判決が 10 万円が A の預金と混同したことを理由に追徴を命じたのは，賄賂の追徴に関する最高裁判所，大審院及び福岡高等裁判所の各判例と相反する判断をしたと主張した。

判旨　「所論は原判決の判例違反および憲法 29 条 1 項違反を主張する。しかし引用にかかる判例（略）は，いずれも刑法の収賄罪における同 197 条の 4 の規定の解釈に関するものであって，本件に適切でない。」

【334】　最決昭 55・4・28 刑集 34・3・178（判時 965・26，判タ 415・114）

事実　被告人は，収賄事件で勾留のまま水戸地方裁判所に起訴され，余罪の収賄事件で勾留されていたが，その弁護人は，水戸地方検察庁検事から接見等に関する指定を受けたため，その取消しを求めて，同裁判所に準抗告の申立てをしたところ，これが棄却された。そこで，最高裁判所に特別抗告の申立てをしたが，その理由として，上記準抗告決定が最決昭 41・7・26 刑集 20・6・728 に違背していると主張した。

判旨　「判例違反をいう点は，所論引用の判例（略）は，被告人が余罪である被疑事件について逮捕，勾留されていなかった場合に関するもので，余罪である被疑事件について現に勾留されている本件とは事案を異にし適切でな」い。

同様に，一定の事実の存否を前提として判例違反の主張がされた場合，その主張する事実の存否が認められないときにも，不適法な主張となることを，次の裁判例が示している。

【335】　最判昭 29・6・22 裁判集 96・423

判旨　「論旨は，いずれも原判決が大審院又は当裁判所の判例に違反することを主張するのであるが，控訴趣意はたゞ量刑不当を主張をしただけであるから，所論の点は原判決の判断を経ていない事項である。従って適法な上告理由とならない。のみならず，(1)論旨第 1 点引用の判例は，郵便物を開披して在中の小為替証書を取出した事実を窃盗としたものであり，本件は郵便物そのものを全部領得したものであるから右判例は本件に適切でない。(2)論旨第 2 点及び第 3 点は，本件郵便物につき被告人の占有のほか郵便局長にも占有があることを前提として判例違反を主張するのであるが，原判決の是認した第 1 審判決は，被告人の占有を認定したのみで郵便局長の占有は認定していないのであるから，所論は判示にそわない事実を前提とする主張である。従って所論の判例は本件の場合に適切でない。」

(3)　原判決の余論，傍論等に対する判例違反の主張

原判決の判断において，その結論に影響を及ぼさない判示部分については，判例違反の

上訴の申立て　**225**

第10章　上告の理由

問題を生じないことは，憲法違反の項で説明したことと同様であり，そのことを次の裁判例が示している。

【336】　最判昭29・12・24刑集8・13・2348

事実　被告人は，昭和26年12月18日，大阪地方裁判所において，麻薬の譲受け及び贓物寄蔵事件で懲役2年及び罰金5万円の判決宣告を受け，検察官とともに大阪高等裁判所に控訴を申し立てたところ，検察官の量刑不当の主張が採用され，1審判決が破棄され，懲役3年及び罰金5万円の判決宣告を受けた。これに対して，上告を申し立てたところ，弁護人は，麻薬であることの認定には，専門家の鑑定等を要するというのが最高裁判所の判例であるのに，原判決が「これら物品はいずれも他の麻薬取締法違反事件について麻薬として押収せられた証拠物であるから反証のない限り真正の麻薬であると推認するを相当とする」旨判示しているのは，上記判例に違反する旨主張した。

判旨　「原判決が後段において「これら物品はいずれも他の麻薬取締法違反事件について麻薬として押収せられた証拠物であるから反証のない限り真正の麻薬であると推認するを相当とする」と判示していることは所論のとおりであるけれども，原判決はその前段において1審判決挙示の証拠を綜合すれば被告人の譲り受けた物品が真正の塩酸ヘロイン及び阿片粉末であることを認めるに十分であると説示しているのであるから右後段の説明は余論に過ぎない。従って所論判例違反の主張はその前提を欠き引用の判例は適切でない。」

（4）　具体的判例指摘の欠如

判例違反というためには，原判決のいかなる法律的判断がいかなる判例に反しているかを具体的に指摘する必要があることは当然であり，そのような具体的指摘を欠いた場合には，不適法な主張とされることを，次の裁判例が示している。

【337】　最決昭26・3・30刑集5・4・742

事実　被告人は，千葉地方裁判所において，強盗殺人事件事件で死刑の判決宣告を受け，東京高等裁判所に控訴を申し立てたが，控訴棄却の判決宣告を受けた。これに対して，上告を申し立てたところ，弁護人は，原判決には，1審裁判所が審理不尽，理由不備，採証法則を誤ったにもかかわらず，これを是認した点，1審が違法な証拠によって事実認定をしたにもかかわらず，これを是認した点，虚無の証拠により事実を認定した点に判例違反がある旨主張した。

判旨　「論旨は，いずれも，原判決の判例違反を主張するのであるが原判決が判例と相反する判断を示したことを理由として上告の申立をする場合には，上告趣意書にその判例を具体的に示さなければならないことは刑事訴訟規則253条の規定するところであるにかかわらず本趣意書における判例の記載は具体的に判例を示したものと云えない（略）のみならず，論旨は，第1審判決は或は任意性に疑ある供述調書を証拠とした違法あり，或はその任意性の取調べについて手続上違法あり，或は虚無の証拠を以て犯罪事実を認定し

た違法があるにかかわらず，原判決は，これを是認した等要するに第1審判決又は原判決の法令違反を主張するに帰するものであって，此等の点に関する原判示の明示若しくは黙示のいかなる判断が所論判例のいかなる点に牴触するかを具体的に主張するものということはできないのである。従って，かかる論旨は刑訴405条所定の判例違反の主張としては，その要件を欠くものというの外はなく，結局，論旨はすべて適法な上告理由とならないものである。」

(5) 法律判断を欠如した判例の引用

上記のとおり，判例違反といえるには，法律判断が相反していることが必要であるから，法律判断が示されていない判例を引用しても，不適法となることを，以下の裁判例が示している。

【338】 最判昭30・2・18 刑集9・2・332

事実 被告人は，収賄罪で起訴され，昭和26年4月21日，神戸地方裁判所において，無罪の判決宣告を受けたが，検察官の控訴申立てをうけた大阪高等裁判所は，昭和27年10月17日，検察官の事実誤認の主張を採用して，1審判決を破棄し，被告人に対して懲役6月の判決を宣告した。これに対して，被告人とともに上告を申し立てた検察官は，収賄金の没収又は追徴が遺脱されており，これが大審院連合部判決と相反する判断をしたものであると主張した。

判旨 「刑訴405条にいう「判例と相反する判断をした」というためには，その判例と相反する法律判断が原判決に示されているのでなければならないが，原判決は，ただ没収，追徴を遺脱しているだけで，なにも所論判例と相反する法律判断を示しているものとはいえないから，判例違反の主張として所論を採用することはできない。」

【339】 最判昭43・7・11 刑集22・7・646（判時526・88，判タ225・158）

事実 被告人は，寸借詐欺により起訴され，新潟地方裁判所高田支部において，懲役1年2月の判決宣告を受け，その際，「逮捕に引き続いて勾留請求がなされた場合，勾留状の発布あるいはその執行が翌日以降であっても，勾留の日数は勾留請求の日から起算するものと解すべきである」との見解の下，勾留請求の日以降の未決勾留日数60日をすべて本刑に算入する旨言い渡された。そして，勾留状の発付及び執行以降の勾留日数は59日であったため，検察官から控訴の申立てがあったが，東京高等裁判所も，同様の見解により，控訴を棄却した。そこで，検察官は，上告を申し立てた上，原判決は最判昭40・7・9 刑集19・5・508，最判昭32・12・25 刑集11・14・3377等の判例に違反するなどと主張した。

判旨 「検察官の上告趣意は，判例違反をいうが，所論引用の各判例は，勾留請求の日の翌日以降に勾留状が発せられその執行がなされた場合刑法21条によって算入の対象となる未決勾留日数をいつから起算すべきかという本件の問題につき，法律上の判断を示しているものとはみられないから，いずれも本件に適切な判例となり得ず，従って所論はその前提を欠き適法な上告理由にあ

たらない。」

(6) 適切ではない判例の引用

判例違反の主張のためには，法405条2号，3号に該当する判例を引用することが必要であり，これに反した場合には，不適法な主張ということになる。

まず，既に変更された大審院判例を引用することは不適法としたのが，次の裁判例である。

【340】 最決昭27・8・30刑集6・8・1063

判旨 「原決定の趣旨とするところは，抗告人に対する所論詐欺被告事件について，第2審弁護人Aは未だ抗告人から上告申立手続の委任を受けたものとは認められないから，抗告人が右弁護人において上告申立をして呉れるものと軽信し上告申立期間を徒過したのは抗告人の過失によるものであり，仮りに同弁護人が右上告申立手続の委任を受けたものとするならば，刑訴362条にいわゆる「代人」として，同弁護人に過失があったことに帰着するというにあるのであって，所論の如く上告申立手続の委任が成立していなかったことを認め乍ら右弁護人の過失を以て「代人」の過失とした趣旨ではない。従って，原決定は何ら」大審院決定（【70】）「と相反する判断を示したものではないから，この点に関する判例違反の主張はその理由がない。なお，論旨引用にかゝる（略）大審院第2刑事部決定はその後大審院当時既に変更せられたものであることは，原決定の説示するとおりであるから，この点に関する判例違反の主張は適法な上告理由と認められない。」

最高裁判所の判例があるのに，変更された高等裁判所の判例を引用することが不適法であるとしたのが，次の裁判例である。

【341】 最判昭26・10・16刑集5・11・2249

事実 被告人は，物価統制令違反，臨時物資需給調整法違反事件により，1審の山口地方裁判所徳山支部において，懲役1年，2年間執行猶予及び罰金10万円，罰金不完納の場合は金500円を1日に換算した期間労役場に留置するとの判決宣告を受けたが，控訴審の広島高等裁判所において，罰金3万円，罰金不完納の場合は金300円を1日に換算した期間労役場に留置するとの判決宣告を受けたところ，被告人から上告が申し立てられ，弁護人は，換刑処分について，原判決が1審判決を不利益に変更した違法があるほか，大審院判例にも違反しており，また，東京高等裁判所昭和24年8月23日判決が，「数個の独立せる事実認定の証拠を挙示するに当っては各事実毎にこれを認めた証拠の標目を示さなければならない。数個の独立せる事実の認定にその採用した証拠を区別を示さず漫然羅列するのは違法である」としたのに反しているなどと主張した。

判旨 「「労役場留置は，いわゆる換刑処分であって，その本刑に準ずべき性質のものであり，自由刑が科せられる場合と何ら異るところがないから罰金不完納の場合の労役場言渡についてもいわゆる不利益変更禁止の規定の適用がある」ことは，すでに当裁判所の判例とするところである（略）。従って，所論大審院判例に反するこ

第2節　判例違反

とを主張する論旨は，刑訴第405条第3号に定める上告の事由に当らない。(略)

(略)

有罪の言渡をするには必ずしも各犯罪事実ごとに個別的にこれを認めた証拠の標目を示さなければならないわけではなく，数個の犯罪事実について数多の証拠の標目を一括して掲げて説明しても違法でないことは当裁判所の判例とするところである(略)。それゆえ，論旨引用の東京高等裁判所の判例は当裁判所の前記判例により変更されたものである。されば，原判決には所論のような判例違反はない。」

同様に，最高裁判所で破棄された高等裁判所の判例を指摘することも不適法であることを，次の裁判例が示している。

【342】　最決昭51・9・14刑集30・8・1611（判時827・122，判タ341・302）

事実　被告人は，建造物侵入，傷害事件で起訴され，札幌地方裁判所において，建造物侵入については可罰的違法性がないとして無罪の判決宣告をされたところ，札幌高等裁判所において，検察官の控訴趣意が採用され，建造物侵入の成立も認められるとして，併合罪の処理をされた上，罰金2万5000円の判決宣告を受けた。これに対して，被告人から上告が申し立てられ，弁護人は，学生の大学当局との交渉権を否定した原判決は，「学生は大学における不可欠の構成員として学問を学び，教育を受ける者として，その学園の環境や条件の保持及びその改変に重大な利害関係を有する以上，大学自治の運営について要望し，批判し，あるいは反対する当然の権利を有し，教員団においても十分これに耳を傾けるべき責務を負うものと解せられる。」とする仙台高等裁判所昭和46年5月28日判決に違反すると主張した。

判旨　（上告趣意のうち）「判例違反をいう点は，所論引用の仙台高等裁判所の判決は，当裁判所の判決（略）により破棄されているから，刑訴法405条3号にいう判例にあたら」ない。

原判決当時は存在していなかった最高裁判所の判例に違反するという判例違反の主張も不適法とするのが，次の裁判例である。

【343】　最判昭29・11・5刑集8・11・1728

事実　被告人は，先に自転車等の窃盗事件により，懲役1年，3年間執行猶予の判決の宣告を受けていたが，その判決前に犯した窃盗事件により，川越簡易裁判所において，懲役8月の判決宣告を受けた。被告人の控訴を受けた東京高等裁判所は，昭和28年2月21日，禁錮以上の刑に処する判決を受けた罪の以前に犯していた別罪により罰金以上の刑を言い渡される場合も，刑法25条1号に該当せず，執行猶予を付さなかったのは正当であるとして，控訴を棄却した。これに対して，上告趣意は，上記判断は，最判昭28・6・10刑集7・6・1404に相反していると主張した。

判旨　「所論は，原判決が当裁判所の判例と相反する判断をしているというのであるが，挙示の判例は，原判決の宣告後になされたものであるから，これを以て刑訴405条2号の判例と解することはできず，所論は適法な上告理由とならない。」

第10章　上告の理由

なお，特殊な事例ではあるが，判例該当性が否定されたものとして，次の裁判例がある。

【344】　最決昭 25・5・12 刑集 4・5・797

判旨　（論旨は）「第1審判決が所論の告示を法令の適用の部に記載しなかったことは未だ法令の適用に誤があり其の誤が判決に影響を及ぼすものとは云い得ないと判示した原判決は（略，昭和）19年2月26日東京高等裁判所が上告審として言渡した判例に違反すると主張するのであるが，右援用の判決は東京高等裁判所がなした判決ではなく，裁判所構成法による東京控訴院が同法戦時特例第5条により上告審として為した判決であって従って刑訴法第405条第2号第3号に掲記する判例にあたらない。何となれば同条第3号には「最高裁判所の判例でない場合に大審院若しくは上告裁判所たる高等裁判所の判例……と相反する判断をしたとき」と規定し，特に大審院の判例を掲げているに拘らず上告裁判所たる控訴院の判例をこゝに掲げていなからである（裁判所法施行法第2条に基く同法施行令第1条第2号は経過法的規定であって，刑訴法第405条第3号の適用に関し，大審院及び各控訴院の為した判決を上告審たる東京高等裁判所及び当該控訴院の所在地を管轄する高等裁判所の判例と看做す趣旨でないことは云うまでもない）。」

海難審判所のした裁決も，判例には該当しないとするのが次の裁判例であるが，当然のことであろう。

【345】　最決昭 31・6・28 刑集 10・6・939

事実　被告人は，船長として，機帆船を操縦中，業務上の注意義務を怠ったため，自船を漁船に衝突させ，漁船を転覆させてその乗客を溺死させたという業務上過失致死，業務上過失艦船覆没事件で起訴され，昭和30年5月30日，松山簡易裁判所において，罰金3000円の判決宣告を受け，同年9月30日，控訴審である高松高等裁判所においても，控訴棄却の判決宣告を受けた。そこで，これに対して，上告を申し立てたが，弁護人は，同年4月21日，高等海難審判庁において，本件衝突事故は，漁船の船長の職務上の過失により発生したものであり，被告人の「所為は当時の状況に鑑み過失があったものとは認めない。」との裁決がなされ，これが確定していることを理由に，「凡そ本件の如く海難に関する事件の過失の有無の判断は海難審判所の裁決が最も権威を有するものであり普通裁判所もこれに譲らねばならない。然らば該裁決が本件に関し被告人に過失なしと裁決している以上，過失の無い処責任無しの法律の原則に基き被告人に刑事責任なきものと云はねばならぬ。然るに原判決が尚責任ありとして有罪の判決をしたことは刑事訴訟法405条2号，3号の規定に違反し及び第411条にそむくの違法あるもので原判決は破棄すべきものと信じる。」と主張した。

判旨　「上告趣意は判例違反をいうが，海難事件で審判所のなした裁決における過失の有無に関する判断は，同一事件について刑事裁判をなす司法裁判所を拘束するものではない。海難審判所のした裁決に反する判断が所論のごとく刑訴405条2号3号にいわゆる判例違反ということができないのは明白である。」

判　例　索　引

注記：判例索引は，裁判所ごとに判決年月日順に整理した。【　】は判例整理の際に付した通し番号．太字は本書での判例掲載頁（本文と判旨掲載部分）を示している。

最高裁判所

大判明 32・10・6 刑録 5・7 ……………………… 11
大判明 37・6・27 刑録 10・1416 ……………【10】12
大判明 39・4・9 刑録 12・407 ………………【133】105
大判明 42・8・17 刑録 15・1097 ……………【126】103
大判大 3・10・14 刑録 20・1853 ……………【6】9
大判大 4・10・12 刑録 21・1601 ……………【127】103
大判大 6・4・19 刑録 23・401 ………………【311】209
大判大 9・6・26 刑録 26・405 ………………………… 10
大判大 11・11・28 刑集 1・713 ………………【134】106
大決大 12・11・5 刑集 2・765 …………………【55】51
大判大 13・4・28 刑集 3・378 …………………【15】17
大判大 13・11・27 刑集 3・804 …………………【5】8
大判大 14・2・28 刑集 4・139 …………………【114】94
大判大 14・9・29 刑集 4・551 ……………………【1】4
大判大 14・10・29 刑集 4・635 ………………………… 28
大判大 15・6・7 刑集 5・245 …………………【288】200
大判大 15・10・26 刑集 5・463 ………………【91】75
大判昭 2・12・10 刑集 6・515 ………………【140】111
大決昭 3・5・15 評論 17(下)刑訴 176 ……………… 62
大判昭 4・9・5 刑集 8・432 ……………………………… 102
大決昭 5・2・15 刑集 9・70 ……………… 63,【81】68
大判昭 5・10・9 刑集 9・9・725 ………………【101】84
大判昭 6・4・23 刑集 10・166 ……………………… 87
大判昭 7・1・27 刑集 11・10 …………………【41】39
大判昭 7・6・6 刑集 11・756 ……………………… 193
大判昭 7・11・22 刑集 11・1664 ………………【61】56
大判昭 7・12・1 刑集 11・1756 …………………【2】5
大決昭 8・3・16 刑集 12・271 …………………【82】69
大判昭 8・4・5 刑集 12・382 …………………【141】112
大判昭 8・4・26 刑集 12・503 …………………【70】61
大判昭 8・5・22 刑集 12・687 …………………【25】27
大判昭 9・3・24 刑集 13・313 …………………【154】121
大判昭 9・7・23 刑集 13・997 …………………【97】80
大決昭 9・8・27 刑集 13・1083 ………………【83】70

大決昭 12・10・11 刑集 16・1347 ……………【56】52
大決昭 15・8・8 刑集 19・520 …………………【74】63
最判昭 22・12・24 刑集 1・100 ………………【135】106
最判昭 23・1・15 刑集 2・1・4 ………………【193】147
最判昭 23・3・16 刑集 2・3・237 ……………【170】134
最判昭 23・5・26 刑集 2・6・529（プラカード事件）……………………………………………【8】10
最判昭 23・6・12 刑集 2・7・668 ……………………… 87
最判昭 23・7・13 刑集 2・8・832 ……………【171】134
最判昭 23・7・20 刑集 2・8・979 ……………【194】147
最判昭 23・11・10 刑集 2・12・1512 ………………… 147
最決昭 23・11・15 刑集 2・12・1528 …………【58】53
最判昭 23・12・1 刑集 2・13・1661 …………【109】92
最判昭 23・12・27 刑集 2・14・1962 ………【107】91
最判昭 24・1・11 刑集 3・1・7 ……………………… 147
最判昭 24・1・12 刑集 3・1・20 ………………… 13, 16
最判昭 24・1・20 刑集 3・1・40 ………………【240】174
最判昭 24・2・8 刑集 3・2・69 …………………………… 13
最判昭 24・3・23 刑集 3・3・342 ……………【183】141
最判昭 24・6・16 刑集 3・7・1082 …… 【16】17,【59】54
最判昭 24・6・18 刑集 3・7・1090 ……………【184】141
最決昭 24・7・24 裁判集 12・925 …………………… 11
最判昭 24・7・30 刑集 3・8・1418 ………………… 130
最判昭 24・10・1 刑集 3・10・1629 ………………… 130
最判昭 24・12・24 刑集 3・12・2114 …………【187】142
最決昭 25・2・2 刑集 4・2・127 ………………【322】218
最判昭 25・2・24 刑集 4・2・249 ………………【108】91
最判昭 25・2・28 刑集 4・2・268 ………………【185】141
最判昭 25・4・20 刑集 4・4・602 ……………………… 147
最決昭 25・4・21 刑集 4・4・675 ……………【72】62
最判昭 25・4・26 刑集 4・4・697 ……………【323】218
最決昭 25・5・12 刑集 4・5・797 ……………【344】230
最判昭 25・5・30 刑集 4・5・885 ……………【128】103
最決昭 25・6・8 刑集 4・6・972 ……………【161】126
最判昭 25・6・15 刑集 4・6・1003 …………【230】170

上訴の申立て　*231*

判例索引

最判昭 25・7・7 刑集 4・7・1226 ……………【163】127
最判昭 25・7・14 刑集 4・8・1378 ……………【150】118
最判昭 25・7・25 刑集 4・8・1523 ……………【328】221
最判昭 25・9・5 刑集 4・9・1617 ………………【123】101
最判昭 25・9・21 刑集 4・9・1728 ……………【164】128
最判昭 25・9・27 刑集 4・9・1805（判タ 6・41）
　……………………………………………………【4】7
最判昭 25・10・3 刑集 4・10・1861 …………【157】123
最決昭 25・10・5 刑集 4・10・1902 …………【331】224
最決昭 25・10・12 刑集 4・10・2084 …………【110】92
最決昭 25・10・26 刑集 4・10・2185 ………………147
最判昭 25・11・8 刑集 4・11・2215 ……………………7
最決昭 25・11・30 刑集 4・11・2438 …………………119
最決昭 25・12・5 刑集 4・12・2489（判タ 10・54）
　……………………………………………………【42】40
最判昭 25・12・19 刑集 4・12・2562 …………【129】104
最判昭 26・1・19 刑集 5・1・42 ………………………7
最判昭 26・1・23 刑集 5・1・73 ………………【162】126
最決昭 26・2・1 裁判集 40・1 …………………【332】224
最決昭 26・2・9 刑集 5・3・397（判タ 11・51）……89
最決昭 26・3・9 刑集 5・4・500 ………………【189】143
最決昭 26・3・16 刑集 5・5・788 ………………【130】104
最決昭 26・3・27 刑集 5・4・695 ………………【329】223
最決昭 26・3・30 刑集 5・4・742 ………………【337】226
最判昭 26・4・10 刑集 5・5・820 ………………【17】18
最判昭 26・4・26 刑集 5・5・939 ………………【112】93
最判昭 26・6・1 刑集 5・7・1222 ………………【172】135
最判昭 26・6・29 刑集 5・7・1371 ……………【158】124
最判昭 26・7・20 刑集 5・8・1556 ……………【243】176
最判昭 26・9・25 刑集 5・10・1970 ……………【173】136
最決昭 26・10・6 刑集 5・11・2177（判タ 16・44）
　……………………………………………………【87】72
最判昭 26・10・12 刑集 5・11・2183 …………【124】102
最判昭 26・10・16 刑集 5・11・2249 …………【341】228
最判昭 26・10・23 刑集 5・11・2281 …………………7
最判昭 26・12・25 刑集 5・13・2613 …………【244】177
最判昭 26・5・15 裁判集 45・899（判タ 13・64）
　……………………………………………………【190】144
最決昭 27・3・6 裁判集 62・155 ………………………18
最判昭 27・5・6 刑集 6・5・733（判タ 21・50）……89

最決昭 27・8・30 刑集 6・8・1063 ……………【340】228
最決昭 27・10・31 裁判集 68・849 ……【71】61，【84】70
最決昭 27・11・18 刑集 6・10・1213（判タ 26・
　43）………………………………………………【28】30
最判昭 27・11・19 刑集 6・10・1217（判タ 26・
　44）………………………………………………【57】52
最決昭 27・12・26 刑集 6・12・1473 …………【43】40
最判昭 28・1・29 刑集 7・1・124 ………………【131】104
最判昭 28・2・19 刑集 7・2・328 ……………………222
最判昭 28・2・26 刑集 7・2・331 ………………【132】105
最判昭 28・4・16 刑集 7・4・865 ………………【206】155
最判昭 28・4・17 刑集 7・4・873 ………………【197】150
最判昭 28・5・1 裁判集 80・13 ………………………8
最判昭 28・5・12 刑集 7・5・1011 ……………【195】148
最判昭 28・6・10 刑集 7・6・1404 ……………………229
最判昭 28・9・25 刑集 7・9・1832 ……………【93】77
最判昭 28・12・22 刑集 7・13・2599 …………【118】96
最決昭 29・3・23 刑集 8・3・305（判タ 40・26）
　……………………………………………………【155】122
最判昭 29・4・2 刑集 8・4・399 ………………【264】187
最判昭 29・6・22 裁判集 96・423 ………………【335】225
最判昭 29・7・7 刑集 8・7・1052 ………………【104】87
最決昭 29・7・30 刑集 8・7・1231（判タ 42・31）
　……………………………………………………【66】58
最判昭 29・8・20 刑集 8・8・1249 ……………………127
最決昭 29・9・11 刑集 8・9・1490 ……………【37】36
最判昭 29・9・28 裁判集 98・833 ……………………8
最決昭 29・10・19 刑集 8・10・1596 …………【136】107
最判昭 29・11・5 刑集 8・11・1728 …………【343】229
最判昭 29・11・10 刑集 8・11・1816 …………………11
最判昭 29・12・24 刑集 8・13・2336 …………………88
最判昭 29・12・24 刑集 8・13・2348 …………【336】226
最決昭 30・2・10 刑集 9・2・260 ………………【137】107
最判昭 30・2・17 裁判集 102・813 ……………………78
最判昭 30・2・18 刑集 9・2・332 ………………【338】227
最判昭 30・3・16 刑集 9・3・461 ………………【250】181
最判昭 30・4・11 刑集 9・4・836 ……………………19
最決昭 30・4・15 刑集 9・4・851（判タ 51・44）
　……………………………………………………【121】98
最決昭 30・5・24 裁判集 105・1007 …………………41

最決昭 30・5・25 裁判集 105・1027 ……………… 99
最決昭 30・6・3 刑集 9・7・1136 ……………… 89
最決昭 30・10・18 刑集 9・11・2253 ……………… 175
最判昭 30・12・14 刑集 9・13・2775 ……………… 11
最判昭 30・12・21 刑集 9・14・2946 ……**【125】**102
最判昭 31・2・10 刑集 10・2・159 ……………**【142】**112
最決昭 31・5・1 裁判集 113・437 ……………… 71
最決昭 31・6・19 裁判集 113・791 ……………… 99
最決昭 31・6・28 刑集 10・6・939 …………**【345】**230
最決昭 31・7・4 刑集 10・7・1015（判タ 62・60）
　　……………………………………………**【85】**71
最決昭 31・8・22 刑集 10・8・1273（判タ 63・49）… 20
最決昭 31・12・25 刑集 10・12・1701 ………**【319】**213
最決昭 31・12・25 裁判集 116・381 ……………… 8
最決昭 32・1・17 刑集 11・1・23 …………**【239】**173
最決昭 32・5・29 刑集 11・5・1576 …………**【29】**31
最決昭 32・12・25 刑集 11・14・3377 …………… 227
最判昭 33・1・23 刑集 12・1・34（判時 142・34）
　　……………………………………………**【196】**149
最判昭 33・2・21 刑集 12・2・288 ……………**【166】**130
最決昭 33・5・9 刑集 12・7・1359 ……………… 90
最判昭 33・11・4 刑集 12・15・3439（判時 174・
　　28）……………………………………………**【94】**78
最決昭 33・11・24 刑集 12・15・3531 ……… 19,**【50】**45
最決昭 33・12・25 刑集 12・16・3555（判時 174・
　　9, 判タ 86・96）………………………**【181】**139
最決昭 34・2・13 刑集 13・2・153 ……………… 20
最決昭 34・2・25 刑集 13・2・190 …………**【105】**89
最決昭 35・2・27 刑集 14・2・206 ……………… 40
最決昭 35・3・23 刑集 14・4・439 …………**【115】**94
最決昭 35・4・19 刑集 14・6・685 …………**【111】**93
最判昭 35・5・6 刑集 14・7・861 ……………**【96】**79
最決昭 35・9・14 裁判集 135・327 ……………**【86】**72
最決昭 36・6・7 刑集 15・6・956 ……………**【73】**62
最決昭 36・7・13 刑集 15・7・1082（判時 273・
　　35）……………………………………………**【89】**74
最決昭 36・7・18 刑集 15・7・1103（判時 274・
　　31）……………………………………………… 88
最決昭 36・7・19 刑集 15・7・1194 …………**【325】**219
最決昭 36・11・30 刑集 15・10・1799 ………**【229】**170

最決昭 36・12・6 裁判集 140・375 ……………… 219
最判昭 37・5・1 刑集 16・5・470 ……………**【333】**224
最決昭 37・5・29 裁判集 1582・74 ……………… 41
最決昭 37・9・18 裁判集 144・651（判時 318・
　　34）……………………………………………**【7】**10
最決昭 37・12・25 刑集 16・12・1731 ………**【330】**223
最決昭 38・10・25 刑集 17・9・1786（判時 354・
　　47）……………………………………………**【49】**44
最決昭 38・10・31 刑集 17・11・2391（判時 353・
　　50）……………………………………………**【26】**28
最決昭 38・11・12 刑集 17・11・2367 …………… 78
最決昭 39・3・31 裁判集 150・937 ……………… 10
最決昭 39・7・17 刑集 18・6・399（判時 382・48,
　　判タ 166・122）………………………**【78】**66
最決昭 39・7・21 刑集 18・6・412（判時 380・82,
　　判タ 165・90）…………………………**【95】**78
最決昭 39・8・13 刑集 18・7・437（判時 381・50,
　　判タ 166・123）………………………**【324】**219
最判昭 39・9・25 裁判集 152・927 ……………**【67】**59
最決昭 39・11・18 刑集 18・9・597 …………**【326】**220
最決昭 39・12・3 刑集 18・10・698 …………**【327】**220
最決昭 40・7・9 刑集 19・5・508 ……………… 227
最決昭 40・7・20 刑集 19・5・591（判時 419・56,
　　判タ 180・114）……………………**【13】**15,**【46】**42
最決昭 40・9・13 裁判集 156・615 ……………**【191】**145
最決昭 40・11・2 刑集 19・8・797（判時 430・50,
　　判タ 185・133）………………………**【278】**193
最決昭 41・2・3 裁判集 158・263 ……………… 43
最決昭 41・2・24 刑集 20・2・49（判時 442・55,
　　判タ 189・146）………………………**【223】**167
最決昭 41・4・27 刑集 20・4・332（判時 447・98,
　　判タ 191・148）………………………**【32】**33
最決昭 41・7・13 刑集 20・6・609 ……………… 164
最決昭 41・7・26 刑集 20・6・728 ……………… 225
最判昭 42・5・24 刑集 21・4・576（判時 485・67,
　　判タ 208・139）………………………**【60】**55
最判昭 42・7・5 刑集 21・6・478 ……………… 164
最判昭 42・8・28 刑集 21・7・863（判時 494・72,
　　判タ 211・181）………………………**【245】**177
最判昭 42・12・21 刑集 21・10・1476 …………… 145

判 例 索 引

最決昭 43・1・17 刑集 22・1・1（判時 510・76, 判タ 218・205）……………………………………【24】26
最判昭 43・3・21 刑集 22・3・95（判時 519・7, 判タ 222・103）……………………………………【92】76
最判昭 43・4・26 刑集 22・4・342（判時 525・94）……………………………………【139】108
最決昭 43・6・12 刑集 22・6・462（判タ 222・138）……………………………………【18】20
最決昭 43・6・19 刑集 22・6・483（判時 524・81, 判タ 224・183）……………………………………【30】31
最判昭 43・7・11 刑集 22・7・646（判時 526・88, 判タ 225・158）……………………………………【339】227
最決昭 43・10・24 裁判集 169・181（判時 540・84, 判タ 228・164）……………………………………【63】57
最決昭 43・10・25 裁判集 169・209……………………………………32
最決昭 43・10・31 刑集 22・10・955（判時 539・79, 判タ 228・165）……………………………………【38】36
最決昭 43・12・4 裁判集 169・607……………………………………32
最決昭 44・3・18 刑集 23・3・153（判時 548・22, 判タ 232・344）……………………………………【21】23
最決昭 44・5・31 刑集 23・6・931（判時 558・92, 判タ 236・206）……………………………………【62】56
最決昭 44・9・4 刑集 23・9・1085［判時 573・96, 判タ 240・220］……………………………………13
最決昭 44・9・18 刑集 23・9・1146（判時 567・90, 判タ 240・220）……………………………………【20】22
最決昭 45・1・21 裁判集 176・7……………………………………32
最決昭 45・2・13 刑集 24・2・45（判時 587・94, 判タ 246・269）……………………………………90
最判昭 45・3・26 裁判集 175・511……………………………………8
最判昭 45・4・30 裁判集 176・277……………………………………32
最判昭 45・6・19 刑集 24・6・299（判時 595・40, 判タ 251・262）……………………………………【317】212
最決昭 45・9・4 刑集 24・10・1311（判時 609・97, 判タ 254・214）……………………………………【120】97
最決昭 45・9・24 刑集 24・10・1399（判時 608・171, 判タ 254・217）……………………………………【14】16
最判昭 46・2・23 裁判集 179・97……………………………………8
最決昭 46・3・24 刑集 25・2・293（判時 627・6, 判タ 260・163）……………………………………【99】82

最 1 判昭 47・3・9 刑集 26・2・102（判時 660・26, 判タ 277・124）……………………………………【100】83
最判昭 47・3・14 刑集 26・2・187（判時 664・97, 判タ 276・256）……………………………………【238】173
最決昭 47・5・18 判時 668・97……………………………………13
最決昭 47・9・26 刑集 26・7・431（判時 684・96, 判タ 283・228）……………………………………【106】90
最判昭 47・11・22 刑集 26・9・554（判時 684・17, 判タ 285・141）……………………………………219
最判昭 47・12・12 裁判集 185・623（判時 687・99, 判タ 286・307）……………………………………212
最判昭 48・2・16 刑集 27・1・46（判時 612・1, 判タ 289・288）……………………………………【274】191
最決昭 48・6・5 裁判集 189・267（判時 711・139）……………………………………【47】43
最決昭 48・6・21 刑集 27・6・1197（判時 709・108, 判タ 298・337）……………………………………【52】46
最決昭 48・7・7 裁判集 189・609（判時 709・108, 判タ 298・337）……………………………………【122】99
最判昭 48・7・20 裁判集 189・619……………………………………212
最判昭 48・9・12 裁判集 190・97……………………………………212
最判昭 49・2・21 裁判集 191・159……………………………………8
最決昭 49・4・19 刑集 28・3・64（判時 748・193, 判タ 311・257）……………………………………【228】169
最決昭 49・7・18 刑集 28・5・257（判時 746・112, 判タ 312・279）……………………………………【40】37
最決昭 50・3・20 裁判集 195・639……………………………………【33】33
最決昭 50・5・2 裁判集 196・335……………………………………【64】57
最決昭 50・9・26 刑集 29・8・657……………………………………222
最決昭 50・11・18 刑集 29・10・921（判時 800・107）……………………………………【48】43
最決昭 51・9・14 刑集 30・8・1611（判時 827・122, 判タ 341・302）……………………………………【342】229
最判昭 51・9・30 裁判集 201・569……………………………………32
最判昭 51・11・4 刑集 30・10・1887（判時 833・19, 判タ 344・311）……………………………………【213】160
最決昭 52・4・4 刑集 31・3・163（判時 859・105, 判タ 352・324）……………………………………【19】21
最決昭 52・9・14 裁判集 205・519……………………………………32
最決昭 52・11・11 刑集 31・6・1019（判時 872・

124, 判タ 357・323)……………………【119】96
最判昭 53・6・20 刑集 32・4・670……………………222
最決昭 53・10・31 刑集 32・7・1793(判時 907・
　123, 判タ 372・83)………………………【9】11
最判昭 53・12・15 裁判集 213・1025(判時 926・
　130, 判タ 374・96)……………………………212
最決昭 54・5・1 刑集 33・4・271(判時 928・120,
　判タ 388・73)………………………【34】34
最決昭 54・6・13 刑集 33・4・348(判時 929・
　134, 判タ 388・65)………………【146】115
最決昭 54・7・2 刑集 33・5・397(判時 942・140,
　判タ 399・148)………………………【90】74
最決昭 54・10・19 刑集 33・6・651(判時 945・
　134, 判タ 401・69)………………………【11】13
最決昭 55・3・31 裁判集 217・367………………57
最決昭 55・4・28 刑集 34・3・178(判時 965・26,
　判タ 415・114)……………………【334】225
最決昭 55・5・19 刑集 34・3・202(判時 968・
　127, 判タ 419・91)………………………【31】32
最決昭 55・11・7 刑集 34・6・381(判時 987・
　129, 判タ 430・78)………………【242】175
最決昭 56・9・22 刑集 35・6・675(判時 1016・
　130, 判タ 452・97))……………………【35】34
最決昭 57・2・1 裁判集 225・645……………【116】95
最決昭 57・4・7 刑集 36・4・556(判時 1041・
　137, 判タ 469・191)………………………【88】73
最決昭 57・8・11 裁判集 228・267(判時 1078・
　27)………………………………………【44】41
最決昭 58・10・19 裁判集 232・415………………32
最決昭 58・10・28 刑集 37・8・1332(判時 1095・
　22, 判タ 513・159)………………………【117】95
最決昭 58・11・10 裁判集 232・787………【286】197
最判昭 60・5・23 裁判集 240・47……………………7
最決昭 61・6・27 刑集 40・4・389(判時 1204・
　146, 判タ 611・31)………………【27】29, 【69】60
最決昭 62・7・20 裁判集 246・1363………………33
最決昭 63・1・29 刑集 42・1・38(判時 1277・54,
　判タ 668・62)……………………【165】128
最決昭 63・2・17 刑集 42・2・299(判時 1267・
　16, 判タ 662・60)………………………【12】15
最判昭 63・10・27 刑集 42・8・1109(判時 1296・
　28, 判タ 684・182)………………【234】172
最決平 4・3・27 裁判集 260・193……………【113】93
最決平 4・12・14 刑集 46・9・675(判時 1446・
　160, 判タ 808・162)………………………【3】5
最決平 5・9・10 裁判集 262・419……………【68】59
最決平 7・6・28 刑集 49・6・785(判時 1534・
　139, 判タ 880・131)………………【65】57
最決平 7・7・19 刑集 49・7・813(判時 1542・
　140, 判タ 888・149)………………175, 【262】186
最判平 7・12・15 刑集 49・10・1127……………222
最決平 16・2・16 刑集 58・2・133(判時 1855・
　168, 判タ 1148・191)……………【167】131
最決平 16・10・1 裁判集 286・349(判タ 1168・
　138)……………………………………【39】37
最決平 16・10・8 刑集 58・7・641(判時 1882・
　158, 判タ 1173・166)………………【36】35
最決平 17・3・18 刑集 59・2・38(判時 1896・
　155, 判タ 1181・190)………………【23】24
最決平 17・3・25 刑集 59・2・49(判時 1893・
　158, 判タ 1177・148)………………【22】24
最決平 17・7・4 刑集 59・6・510(判時 1908・
　177, 判タ 1908・177)………………【45】41
最決平 17・8・23 刑集 59・6・720[判時 1953・
　177, 判タ 1227・200]……………………19
最決平 17・11・25 刑集 59・9・1831(判タ 1227・
　195)………………………………………23
最決平 18・4・24 刑集 60・4・409(判時 1932・
　171, 判タ 1210・81)………………【51】46
最決平 18・10・10 刑集 60・8・523(判時 1952・
　175, 判タ 1227・193)……………【321】215
最決平 19・6・19 刑集 61・4・369(判時 1977・
　159, 判タ 1248・127)……………【143】113
最判平 19・7・10 刑集 61・5・436(判時 1986・
　159, 判タ 1252・179)……………【147】116
最判平 20・3・14 刑集 62・3・185(判時 2006・
　26)………………………………………11

上訴の申立て　235

判例索引

高等裁判所

大阪高判昭 23・6・8 高刑集 1・1・75
　………………………………【102】85,【138】108
広島高松江支判昭 24・12・7 判決特報 5・89
　……………………………………………【310】209
高松高判昭 24・12・7 判決特報 6・2 ………【312】210
東京高判昭 24・12・10 高刑集 2・3・292 ……【231】171
名古屋高判昭 24・12・19 高刑集 2・3・310
　……………………………………………【203】153
大阪高判昭 25・2・16 判決特報 9・26 ……………174
東京高判昭 25・3・4 高刑集 3・1・60 ……………149
最判昭 25・7・13 刑集 4・8・1843 ………………119
名古屋高判昭 25・12・11 高刑集 3・4・770 ………192
東京高判昭 26・9・6 判決特報 24・29 ……【316】211
東京高判昭 26・9・29 高刑集 4・12・1583 …【199】151
東京高判昭 26・12・6 判決特報 25・67 …………193
福岡高判昭 26・12・12 高刑集 4・14・2092
　……………………………………………【236】172
東京高判昭 27・1・29 高刑集 5・2・130 …………149
東京高判昭 27・2・12 判決特報 29・36 …………174
札幌高判昭 27・9・11 高刑集 5・10・1666 …【313】210
仙台高判昭 27・9・15 高刑集 5・11・1820 …【232】171
東京高判昭 27・10・24 判決特報 37・60 ………174
名古屋高判昭 28・1・21 高刑集 6・2・165 …【156】123
東京高判昭 28・1・27 判決特報 38・18 ……【259】185
大阪高判昭 28・2・27 高刑集 6・2・209 ……【309】208
東京高判昭 28・6・2 判決特報 38・117 ……【212】159
名古屋高判昭 28・6・30 高刑集 6・8・988 …【211】159
名古屋高判昭 28・7・7 高刑集 6・9・1182 ………174
東京高判昭 28・7・17 判決特報 39・31 ……【299】204
広島高判昭 28・9・9 高刑集 6・12・1642 ………174
東京高判昭 28・11・24 判決特報 39・199 ………174
東京高判昭 29・3・26 高刑集 7・7・965 ……【296】203
広島高判昭 29・4・21 高刑集 7・3・448 ……【210】158
名古屋高判昭 29・7・1 裁判特報 1・1・5 …【260】185
大阪高判昭 29・9・21 高刑集 7・8・1315 ………165
福岡高判昭 29・9・30 高刑集 7・9・1481 ………176
東京高決昭 30・2・17 裁判特報 2・4・82（判タ
　47・55）…………………………………【75】64
名古屋高決昭 30・3・22 高刑集 8・4・445 ………28

福岡高判昭 30・3・26 高刑集 8・2・200 …………165
福岡高判昭 30・3・29 裁判特報 2・7・238 …【209】158
大阪高判昭 30・4・15 高刑集 2・8・314 …………114
東京高決昭 30・4・19 裁判特報 2・9・341
　………………………………………63,【79】66
仙台高秋田支部判昭 30・5・17 裁判特報 2・10・
　476 ………………………………………【152】120
東京高判昭 30・11・29 高刑集 8・9・1145（判タ
　55・43）…………………………………【144】114
東京高判昭 31・1・17 高刑集 9・1・1（判タ 56・
　75）………………………………………【315】211
東京高判昭 31・7・2 判タ 61・72 ……………【302】205
東京高判昭 31・7・20 高刑集 9・8・860 ……【221】165
高松高判昭 31・9・22 高刑集 9・7・814（判タ
　63・68）…………………………………【224】167
仙台高判昭 32・1・30 高刑集 14・14・2154（判
　タ 70・83）………………………………【241】175
仙台高秋田支判昭 32・6・25 裁判特報 4・13・
　3143 ……………………………………【226】168
東京高判昭 33・3・5 裁判特報 5・3・81 ……【218】163
東京高判昭 33・4・8 高刑集 11・3・79 ………【178】138
東京高判昭 33・7・10 東高時報 9・7・183 ………145
東京高判昭 34・2・26 高刑集 12・3・219［判タ
　122・47］…………………………………………203
大阪高判昭 34・3・27 高刑集 12・1・44（判タ
　90・40）…………………………………【227】169
東京高判昭 34・10・27 東高時報 10・10・402, 判
　タ 98・54 ………………………………【289】200
東京高判昭 34・11・28 高刑集 12・10・974（判
　タ 99・29）………………………………【233】171
福岡高決昭 35・1・3 下刑集 2・1・16 …………63, 67
東京高判昭 35・2・16 高刑集 13・1・73（判時
　221・34, 判タ 102・37）………………【267】188
東京高判昭 35・4・19 高刑集 13・3・255（判時
　231・56, 判タ 133・33）………………【276】193
東京高判昭 35・6・28 下刑集 2・5＝6・704 …【270】190
東京高判昭 35・6・29 高刑集 13・5・416（判時
　237・35, 判タ 107・53）………………【202】153
大阪高判昭 36・3・8 判時 259・43, 判タ 119・97
　……………………………………………【145】115

大阪高判昭 36・9・15 高刑集 14・7・489 ············ 163
東京高判昭 37・5・10 高刑集 15・5・331（判タ 133・50）···**【225】**168
東京高判昭 37・5・30 高刑集 15・7・517（判タ 133・52）···**【294】**202
東京高判昭 37・6・21 高刑集 4・5＝6・383（判時 306・38, 判タ 135・70）····················**【237】**173
東京高判昭 38・9・30 高刑集 16・7・544（判時 352・82, 判タ 154・66）························**【98】**81
東京高決昭 38・11・5 下刑集 5・11＝12・1112 ···**【76】**64
札幌高判昭 38・12・17 高刑集 16・9・809（判時 371・65, 判タ 161・109）························· 206
大阪高判昭 38・12・24 高刑集 16・9・841（判タ 159・117）···**【235】**172
大阪高決昭 39・3・24 下刑集 6・3＝4・190·····**【77】**65
名古屋高金沢支判昭 39・4・9 下刑集 6・3＝4・169 ···**【255】**183
東京高判昭 40・6・17 高刑集 18・3・218（判タ 179・174）···**【219】**164
東京高判昭 40・7・19 高刑集 18・5・506（判タ 183・155）··· 210, 211
東京高判昭 40・8・9 高刑集 18・5・594（判タ 184・153）···**【297】**203
東京高判昭 41・3・28 東高時報 17・3・38, 判タ 191・199 ···**【305】**206
東京高判昭 41・4・7 東高時報 17・4・57（判時 456・88, 判タ 193・139）························**【314】**210
広島高判昭 41・8・16 高刑集 19・5・543（判時 460・74, 判タ 196・157）·······················**【256】**184
大阪高判昭 41・12・9 判時 470・64［判タ 200・176］·· 145
福岡高決昭 42・2・28 下刑集 9・2・131 ············· 67
東京高判昭 42・3・6 高刑集 20・2・85（判時 489・79, 判タ 207・115）·························**【149】**117
東京高判昭 42・4・5 東高時報 18・4・112, 判タ 210・217 ·· 209
東京高判昭 42・4・11 東高時報 18・4・120, 判タ 210・218 ··**【303】**205
大阪高判昭 42・9・26 下刑集 9・9・1155（判時 511・81, 判タ 215・206）······················**【261】**185
大阪高判昭 43・3・4 下刑集 10・3・225（判時 514・85, 判タ 221・224）······················**【295】**203
広島高判昭 43・7・12 判時 540・85（判タ 225・169）···**【53】**50
大阪高判昭 44・3・10 刑裁月報 1・3・193（判時 559・85, 判タ 237・322）······················**【204】**154
東京高決昭 45・8・4 家月 23・5・108 ················ 19
東京高判昭 46・1・18 高刑集 24・1・55（判タ 260・266）···**【188】**142
広島高判昭 46・2・25 判タ 260・269 ·············· 209
東京高判昭 46・7・5 高刑集 24・3・441（判時 648・108, 判タ 267・317）······················**【251】**182
東京高裁判昭 46・8・18 高刑集 24・3・506（判時 654・103, 判タ 271・284）··················**【248】**179
東京高決昭 48・3・26 高刑集 26・1・85（判時 711・139, 判タ 295・380）······················**【174】**136
福岡高判昭 48・7・18 刑裁月報 5・7・1105···**【208】**157
東京高判昭 50・2・20 高刑集 28・1・101·····**【246】**178
東京高判昭和 50・7・1 刑裁月報 7・7＝8・765 ···**【175】**137
福岡高判昭 50・8・4 家裁月報 28・8・98（判時 803・130）··· 197
福岡高判昭 50・10・2 刑裁月報 7・9＝10・847 ···· 199
東京高判昭 50・10・13 東高時報 26・10・173······ 196
大阪高判昭 50・10・17 判タ 333・351 ········**【179】**138
大阪高判昭 50・11・28 判時 814・157, 判タ 340・303 ···**【216】**162
東京高判昭 50・12・22 高刑集 28・4・540（判時 819・107, 判タ 335・343）····················**【217】**163
東京高判昭 51・1・27 東高時報 27・1・9（判時 816・107）···**【201】**152
東京高判昭 51・7・12 東高時報 27・7・82···**【169】**133
東京高判昭 51・7・26 東高時報 27・7・99···**【275】**192
東京高判昭 51・12・13 東高時報 27・12・164（判時 860・161, 判タ 349・262）···················· 198
東京高決昭 51・12・16 東高時報 27・12・171········· 67
東京高判昭 52・1・31 高刑集 30・1・1（判時 843・17, 判タ 347・161）························**【207】**156
東京高判昭 52・6・30 判時 886・104（東高時報

上訴の申立て *237*

28・6・72）……………………【290】201,【298】204
東京高判昭52・7・20 東高時報28・7・77 …【268】189
大阪高判昭52・11・22 刑裁月報9・11＝12・806
　　（判時885・174）………………………【291】201
福岡高判昭52・12・1 刑裁月報9・11＝12・844
　　（判時895・124）…………………………… 197
東京高判昭53・2・23 刑裁月報10・1＝2・75…… 207
東京高判昭53・2・28 東高時報29・2・38 ………… 210
福岡高判昭53・4・24 判時905・123 ………【159】124
東京高決昭54・1・23 東高時報30・1・3（判時
　　926・132, 判タ383・156）…………………【80】67
東京高判昭54・2・27 判時955・131 ………【151】119
東京高判昭54・3・29 判時941・139, 判タ389・
　　146（東高時報30・3・52）………………【292】201
東京高判昭54・12・13 高刑集32・3・291（判時
　　968・133, 判タ410・139）………………【257】184
東京高判昭55・1・24 東高時報31・1・3………… 181
東京高判昭55・5・22 東高時報31・5・58（判時
　　987・133）…………………………………【160】125
福岡高判昭55・11・19 刑裁月報12・11・1143
　　（判時997・168）…………………………… 199
大阪高判昭55・11・27 刑裁月報12・11・1184
　　（判時1024・144, 判タ436・171）………【263】186
福岡高判昭55・12・1 判時1000・137………【198】150
仙台高判昭55・12・18 判時1002・140 ……【281】195
東京高判昭56・5・21 東高時報32・5・22 …【258】184
東京高判昭56・6・23 刑裁月報13・6＝7・436
　　………………………………………………【103】86
東京高判昭56・12・7 判タ471・231 ……………… 208
東京高判昭57・3・8 高刑集35・1・40（判時
　　1045・139）…………………………………【54】50
東京高判昭57・4・12 高検速報昭57・188………… 207
広島高判昭57・5・18 高検速報昭57・561（判
　　タ475・201）………………………………【176】137
名古屋高金沢支判昭57・6・3 高検速報昭57・
　　522）…………………………………………… 202
名古屋高金沢支判昭57・6・17 高検速報昭57・
　　526）………………………………………【271】190
名古屋高判昭57・7・6 高検速報昭57・533
　　………………………………………………【279】194

東京高判昭57・11・4 高検速報昭57・469（判
　　時1087・149, 判タ489・129）……………【247】179
札幌高判昭58・5・24 高刑集36・2・67（判時
　　1108・135, 判タ506・207）………………【168】132
東京高判昭59・2・13 東高時報35・1＝3・2
　　………………………………………………【318】212
東京高判昭59・3・13 東高時報35・1＝3・6
　　……………………………………【252】182,【269】190
東京高判昭59・6・26 高検速報昭59・243…【186】141
東京高判昭59・8・8 刑裁月報16・7＝8・532…… 176
大阪高判昭59・9・19 高刑集37・3・409 ………… 145
広島高判昭59・10・23 刑裁月報16・9＝10・671
　　………………………………………………………208
福岡高那覇支判昭59・10・25 高検速報昭59・
　　525（判時1176・160）……………………………181
福岡高判昭60・10・18 判タ588・108 …………… 196
東京高判昭61・6・16 高刑集39・3・218（判時
　　1220・141）………………………………【180】138
東京高判昭62・4・13 高検速報昭62・52 ………… 208
東京高決昭62・7・2 判時1253・140 ………………23
福岡高判昭62・7・16 家裁月報39・12・162
　　………………………………………………【285】197
名古屋高判昭62・9・7 判タ653・228……【192】146
東京高判昭62・9・17 判タ657・270 ……………… 145
東京高判昭62・10・14 判タ658・231 ……【272】191
東京高判昭62・10・20 高刑集40・3・743（判時
　　1260・62, 判タ668・230）………………【222】166
大阪高判昭62・11・24 判時1262・142, 判タ
　　663・228……………………………………………181
東京高判昭63・5・16 東高時報39・5＝8・17
　　（判タ681・220）…………………………【277】193
大阪高判昭63・5・18 判時1309・152……………181
東京高判昭63・9・12 判時1307・157, 判タ682・
　　226……………………………………………【307】207
仙台高昭63・12・12 判タ684・245………【182】140
東京高判平元・6・2 高検速報平元・79 ……【273】191
大阪高判平元・7・18 判時1334・236 ………【304】206
大阪高判平2・1・31 判時1369・160 ……………145
東京高判平2・3・13 東高時報41・1＝4・10（判
　　時1347・154）……………………………………196

東京高判平 2・12・12 高検速報平 2・184（判時 1376・128）……………………………【253】182
東京高判平 3・10・29 高刑集 44・3・212（判時 1413・126, 判タ 778・265）……………【220】164
東京高判平 3・12・10 高刑集 44・3・217（判タ 780・267）…………………………【200】151
東京高判平 4・2・18 東高時報 43・1＝12・3（判タ 797・268）…………………………【265】188
東京高決平 4・10・30 判タ 811・242 …………62
東京高判平 5・6・1 東高時報 44・1＝12・34 ……………………………………【254】183
東京高判平 5・8・9 判時 1494・158………………209
大阪高判平 5・10・20 判時 1502・153 …………198
札幌高判平 5・10・26 判タ 865・291 ………【300】204
東京高判平 5・11・17 高検速報平 5・103 …【148】116
東京高判平 6・2・24 高検速報平 6・46 ……【282】195
東京高判平 6・6・29 判時 1522・150 …………208
東京高判平 6・11・16 判タ 887・275 ………【293】202
福岡高判平 7・1・18 高検速報平 7・139, 判時 1551・138 ………………………………198
東京高判平 7・6・26 高検速報平 7・72, 判時 1551・138 ………………………………199
東京高判平 7・7・18 高刑集 48・2・158（判タ 894・277）…………………………【320】214
札幌高判平 7・11・7 判時 1570・146 ……………23
大阪高判平 8・7・24 判時 1584・150 …………206
東京高判平 8・7・25 高刑集 49・2・417（判タ 925・262）…………………………【284】196
高松高判平 8・10・8 判時 1589・144, 判タ 929・270 ………………………………【308】208
大阪高判平 9・2・28 判時 1619・149 …………198
東京高判平 9・3・11 東高時報 48・1＝12・12 ……………………………………【249】180
東京高判平 9・5・12 判時 1613・150, 判タ 949・281 ………………………………196
東京高判平 9・7・7 東高時報 48・1＝12・49 ……………………………………【280】194
大阪高判平 9・10・15 判時 1640・170, 判タ 982・300 ………………………………【283】195

大阪高判平 11・3・31 判時 1681・159……………209
東京高判平 11・10・13 東高時報 50・1＝12・114 ……………………………………【266】188
東京高判平 11・11・1 東高時報 50・1＝12・126 ……………………………………【306】207
東京高判平 12・2・28 高検速報平 12・73, 判時 1805・173, 判タ 1027・284 …………196
東京高判平 12・5・23 東高時報 51・1＝12・55 ……………………………………【301】205
東京高判平 12・6・27 東高時報 51・1＝12・82 ……………………………………【205】155
東京高判平 12・11・16 東高時報 51・1＝12・110 ……………………………………209
大阪高判平 13・1・30 判時 1745・150……………199
東京高判平 14・2・5 東高時報 53・1＝12・9 ……………………………………【177】137
東京高判平 14・2・18 東高時報 53・1＝12・17 ……209
東京高判平 14・5・31 東高時報 53・1＝12・64 ……………………………………【287】199
東京高判平 15・3・20 東高時報 54・1＝12・14 ……………………………………【214】161
東京高判平 15・5・19 東高時報 54・1＝12・32（判時 1883・153）…………………【153】120
東京高判平 15・12・9 東高時報 54・1＝12・87 ……209
福岡高判平 16・2・13 判タ 1155・124………【215】161
福岡高判平 16・2・25 判タ 1155・124 …………162
東京高判平 17・3・29 判時 1891・166……………196
東京高決平 19・4・25 判タ 1251・347 ……………20
福岡高判昭 25・5・31 判決特報 7・13 …………223
広島高判昭 43・7・12 判時 540・85（判タ 225・169）……………………………………【53】50

地方裁判所

函館地決昭 34・2・27 下級刑集 1・2・505 …………62
東京地決昭 49・1・8 刑裁月報 6・1・101［判タ 307・301］………………………………23
高知地決昭 40・5・24 下級刑集 7・5・1155……63, 68

刊行にあたって

　判例総合解説シリーズは，「実務に役立つ理論の創造」を狙いとして各法律分野にわたり判例の総合的解説をするものですが，このたび刑事訴訟法についても刊行を開始する運びとなりました。

　現在，刑事訴訟法の分野でも膨大な裁判例が集積され，それらの裁判例に接することは，判例データベースの普及により容易になっています。しかしながら，多くの裁判例の中から適切な判例を検索・抽出し，判例の射程を見極めたり，判例理論を見出したりすることは，必ずしも容易ではありません。さらに，判例に対する理解を深め，その位置づけを知るためには，学説の動向にも留意する必要があります。こうした観点から，本シリーズは，刑事訴訟法の主要なテーマごとに，判例を整理し，判例の推移や学説の動向を考慮した上での理論的検討を加えて，判例についての解説を行うものです。法曹実務家，研究者，法科大学院生，法執行機関の職員など，多くの方々の執務や研究の一助になれば幸いです。

　この場を借りて一言申し上げたいことは，本シリーズの監修者の1人であるべき松浦繁氏が2006年11月に逝去されたことです。企画・立案の段階から精力的に参画された同氏を失ったことは痛恨の極みでした。ここに深甚なる哀悼の意を表するとともに，同氏のご霊前に本シリーズの刊行を報告することにつき読者のご海容をお願いする次第です。

　　　2007年初冬

　　　　　　　　　　　　　　　　　　　　監修者　渡辺咲子
　　　　　　　　　　　　　　　　　　　　　　　　長沼範良

〔著者紹介〕

大 渕 敏 和（おおぶち としかず）

（略歴）
1948 年　長崎県生まれ
1971 年　一橋大学法学部卒業，司法修習生
1973 年　東京地方裁判所判事補
以後，釧路，名古屋，岩見沢，札幌，東京，前橋，八王子，広島の高等裁判所，地方・家庭裁判所勤務のほか，最高裁判所調査官として勤務し，2007 年 11 月に福井地方・家庭裁判所長から大阪高等裁判所判事に異動し，現在に至る。

（主要著作）
著書　『違法収集証拠の証拠能力をめぐる諸問題』（共著，法曹会，1988 年）
論文　「刑事手続における訴訟費用とその裁判について」判例タイムズ 646 号，647 号（1987 年）
　　　「精神障害と責任能力」『身体的刑法犯』刑事裁判実務大系 9（青林書院，1992 年）
　　　「違法収集証拠の証拠能力」『新実例刑事訴訟法Ⅲ』（青林書院，1998 年）
　　　「上告審」『新刑事手続Ⅲ』（悠々社，2002 年）
　　　「準強姦罪について」『小林充・佐藤文哉古稀祝賀刑事裁判論集上巻』（2006 年，判例タイムズ）

上訴の申立て　　　　　　　　　　　　　　　　　　刑事訴訟法判例総合解説

2008（平成 20）年 11 月 20 日　第 1 版第 1 刷発行　5803-0101　￥2900E, B150, PP256

著　者　大渕敏和
発行者　今井　貴・稲葉文子　　　発行所　株式会社信山社　東京都文京区本郷 6-2-9-102
　　　　　　　　　　　　　　　　　　　　電話(03)3818-1019　〔FAX〕3818-0344〔営業〕　郵便番号 113-0033
出版契約 2008-5803-5　　　　　　印刷／製本　松澤印刷株式会社　渋谷文泉閣
Ⓒ 2008，大渕敏和　Printed in Japan　落丁・乱丁本はお取替えいたします。　NDC 分類 327.600 b39
ISBN 978-4-7972-5803-5　　　　　★定価はカバーに表示してあります。

Ⓡ〈日本複写権センター委託出版物・特別扱い〉　本書の無断複写は，著作権法上での例外を除き，禁じられています。本書は，日本複写権センターへの特別委託出版物ですので，包括許諾の対象となっていません。本書を複写される場合は，日本複写権センター(03-3401-2382)を通して，その都度，信山社の許諾を得てください。

渡辺咲子・長沼範良 監修
信山社　刑事訴訟法判例総合解説シリーズ

分野別判例解説書の決定版　　　　　　　　　実務家必携のシリーズ

実務に役立つ理論の創造

第1　捜査

1　職務質問と所持品検査
2　任意捜査と有形力の行使　　　　　加藤克佳
3　任意捜査において許される捜査方法の限界　寺崎嘉博
4　任意同行と被疑者の取調べ　　　　鈴木敏彦
5　国際的な犯罪　　　　　　　　　　渡辺咲子
6　逮捕に関する諸問題　　　　　　　長沼範良
7　勾留に関する諸問題　　　　　　　高部道彦
8　身柄拘束と被疑者の取調べ　　　　洲見光男
9　被疑者の弁護人　　　　　　　　　神田安積
10　令状による捜索差押え　　　　　　宇藤　崇
11　令状によらない捜索差押え　　　　多田辰也
12　強制採尿・通信傍受等の強制捜査　大澤　裕

第2　公訴・公判手続

13　検察官の起訴裁量とそのコントロール　五十嵐さおり
14　公　訴　　　　　　　　　　　　　波床昌則
15　起訴状　　　　　　　　　　　　　田中　開
16　被告人　　　　　　　　　　　　　山口雅高
17　被告人の勾留・保釈　　　　　　　中川博之
18　訴因変更　　　　　　　　　　　　佐々木正輝
19　弁護人　　　　　　　　　神田安積・須賀一晴
20　公判準備
21　公判手続・法廷秩序　　　　　　　廣瀬健二
22　迅速な裁判／裁判の公開　　　　　羽渕清司

第3　証拠

23　証拠裁判主義・自由心証主義　　　安村　勉
24　違法収集証拠の排除法則　　　　　渡辺　修
25　証人尋問(1)　　　　　　　　　　木口信之
　　証人尋問(2)　　　　　　　　　　秋山　敬
26　科学的証拠　　　　　　　　　　　小早川義則
27　自　白　　　　　　　　　　　　　渡辺咲子
28　伝聞法則　　　　　　　　　　　　杉田宗久
29　伝聞の意義　　　　　　　　　　　堀江慎司

第4　1審の裁判・上訴・再審

30　実体裁判　　　　　　　　　　　　朝山芳史
31　裁判の効力　　　　　　　　　　　中野目善則
32　上訴の申立て　　　　　　　　　　大渕敏和
33　上訴審の審理と裁判
34　再審と非常上告

各巻 2,200円〜3,200円（税別）　※予価

刊行にあたって

　判例総合解説シリーズは、「実務に役立つ理論の創造」を狙いとして各法律分野にわたり判例の総合的解説をするものですが、このたび刑事訴訟法についても刊行を開始する運びとなりました。
　現在、刑事訴訟法の分野でも膨大な裁判例が集積され、それらの裁判例に接することは、判例データベースの普及により容易になっています。しかしながら、多くの裁判例の中から適切な判例を検索・抽出し、判例の射程を見極めたり、判例理論を見出したりすることは、必ずしも容易ではありません。さらに、判例に対する理解を深め、その位置づけを知るためには、学説の動向にも留意する必要があります。こうした観点から、本シリーズは、刑事訴訟法の主要なテーマごとに、判例を整理し、判例の推移や学説の動向を考慮した上での理論的検討を加えて、判例についての解説を行うものです。法曹実務家、研究者、法科大学院生、法執行機関の職員など、多くの方々の執務や研究の一助になれば幸いです。
　この場を借りて一言申し上げたいことは、本シリーズの監修者の1人であるべき松浦繁氏が2006年11月に逝去されたことです。企画・立案の段階から精力的に参画された同氏を失ったことは痛恨の極みでした。ここに深甚なる哀悼の意を表するとともに、同氏のご霊前に本シリーズの刊行を報告することにつき読者のご海容をお願いする次第です。

2007年初冬　監修者　渡辺咲子・長沼範良